进出口单证实务

JINCHUKOU DANZHENG SHIWU

（第二版）

杨金玲 ◎ 编著

首都经济贸易大学出版社
Capital University of Economics and Business Press
·北 京·

图书在版编目(CIP)数据

进出口单证实务 / 杨金玲编著. -- 2 版. -- 北京 : 首都经济贸易大学出版社, 2024.2

ISBN 978-7-5638-3635-2

Ⅰ.①进… Ⅱ.①杨… Ⅲ.①进出口贸易—原始凭证—高等职业教育—教材 Ⅳ.①F740.44

中国国家版本馆 CIP 数据核字(2024)第 013901 号

进出口单证实务(第二版)
杨金玲　编著

责任编辑　陈雪莲
封面设计　砚祥志远·激光照排 TEL: 010-65976003
出版发行　首都经济贸易大学出版社
地　　址　北京市朝阳区红庙（邮编 100026）
电　　话　(010)65976483　65065761　65071505(传真)
网　　址　http://www.sjmcb.com
E-mail　publish@cueb.edu.cn
经　　销　全国新华书店
照　　排　北京砚祥志远激光照排技术有限公司
印　　刷　唐山玺诚印务有限公司
成品尺寸　170 毫米×240 毫米　1/16
字　　数　585 千字
印　　张　27.5
版　　次　2021 年 3 月第 1 版　**2024 年 2 月第 2 版**
　　　　　2024 年 2 月总第 3 次印刷
书　　号　ISBN 978-7-5638-3635-2
定　　价　49.00 元

第二版前言

PREFACE

众所周知,在某种程度上讲国际贸易就是典型的单据买卖,不论采用何种支付方式,买卖双方都要发生单据的交接,进出口单证贯穿整个交易过程的始终。单据代表着货物,掌握了单据就等于掌握了货物。通过单据转移,达到了货物转移的目的,国际贸易中货物的“单据化”大大地便利了商品买卖过程中货权的让渡或转移,因此,用于货款结算的进出口单证(即结汇单据)在国际贸易所涉及的所有单据中扮演最重要的角色。

党的二十大报告首次明确提出“深化教育领域综合改革,加强教材建设和管理”,这一重大部署对新时代教材工作指明了前进方向、提供了根本遵循。在全党全国人民以中国式现代化全面推进中华民族伟大复兴这一新的中心任务中,为更好地服务经济高质量发展,进一步优化营商环境,释放外贸增长潜力,推进贸易高质量发展和高水平对外开放,2022 年 12 月 30 日全国人民代表大会常务委员会对《中华人民共和国对外贸易法》进行了修订,从事进出口业务的企业不再办理对外贸易经营者备案登记手续,企业自动获取进出口权,这是外贸经营管理领域的重大改革举措,是我国政府坚定推进贸易自由化、便利化的重要制度创新。《区域全面经济伙伴关系协定》(RCEP)的全面生效,反映了区域国家加强经济一体化、实现共同发展的强烈诉求。高质量实施 RCEP,为地区和全球经济复苏注入新动能。为了更深入地探索高等职业教育高素质技术技能人才培养模式,努力构建以就业为导向、以岗位技能为核心、以工作任务为主线,将课程思政要素融入课程建设与改革,做到全过程及全方位育人,遂修订此教材。

本教材涉及进出口单证的中“开证”、“审证”、“制单”和“审单”四大环节,具体分为进出口单证概述、信用证开立、信用证分析、信用证审核、商业发票缮制、包装单据缮制、运输单据缮制、保险单据缮制、原产地证书缮制、检验证书缮制、其他单据缮制、汇票缮制、单据审核、电脑软件制单、单证综合操练十五章内容。各章有明确的知识目标、技能目标及素质目标，每章均设"案例库"，同时穿插一些动画、微课等数字化资源，使教材更加立体化。每章既有单证基础知识讲解，又以单据为实例对每种结汇单据的缮制规范进行了逐条讲解，并针对不同信用证条款要求对有些单据的一些栏目在缮制单据过程中应如何灵活处理的问题，借助"小贴士""提示板"的形式进行系统归纳总结，而且将信用证或合同中各种常见单据条款一一做了深入细致的解析，同时每章都附有相应的"知识链接"，有助于扩展学生的知识面。该教材可作为高职高专国际经济与贸易专业、跨境电商专业、国际商务专业、商务英语专业开设进出口单证或类似课程的学习教材及进出口企业单证人员的培训教材和参考书。

天津商务职业学院杨金玲教授集15年外贸企业一线实战经验与23年一线教学经验独立撰写此书。本书编写得到了北方国际集团天津金鑫家纺进出口有限公司付斌总经理、天津光大银行国际结算部刘斌及天津商务职业学院实训部张建华主任的大力帮助，他们对本书的内容编排提出了许多好的建议，天津商务职业学院齐雅莎老师提供了一些微课资源，在此一并表示感谢！

由于编者水平有限，错误在所难免，恳请专家和同行不吝赐教。

编者

2024年1月

前言

PREFACE

众所周知,从某种程度上讲国际贸易就是典型的单据买卖,不论采用哪种支付方式,买卖双方都要发生单据的交接,进出口单证贯穿在整个交易过程的始终。单据代表着货物,掌握了单据就等于掌握了货物。通过单据转移,达到货物转移的目的。国际贸易中货物的“单据化”大大地便利了商品买卖过程中货权的让渡或转移,因此,用于货款结算的进出口单证(即结汇单据)在国际贸易所涉及的所有的单据中扮演最重要的角色。

顺应“互联网+”时代的到来,中国国际贸易“单一窗口”于2017年底前在全国范围内成功推广应用,2018年8月1日“关检融合”顺利实现,原产地证纳入“单一窗口”并成功实现网上申领;2018年11月18日,全球同业银行金融电讯协会对SWIFT信用证相关报文进行升级,并增加信用证修改的续接报文MT708;2020年1月1日,国际商会新修订的《国际贸易术语解释通则2020》实施。所有这些对国际贸易的操作特别是进出口单证的缮制都带来新的变化。随着美国大力奉行“美国优先”,多边贸易自由化不断受阻,我国将自贸区的建设提升到战略层面,已经与东盟十国、新西兰、哥斯达黎加、瑞士、巴基斯坦、智利、新加坡、秘鲁、韩国、冰岛、澳大利亚、马尔代夫、格鲁吉亚、毛里求斯、柬埔寨等签署18个自贸协定,区域性优惠关税在未来相当长的一段时期将占主导地位,与之相应的各种区域性优惠原产地证书对我国的进出口贸易将产生长远的影响。

站在“职教20条”发布后职业教育的新起点,适应2019年7月教育部公布的《高等职业学校专业教学标准》中经济贸易类专业教学标准的新要求,为了更深入地探索高等职业教育高素质技术技能人才培养模式,努力构建以就业为导向、以岗位技能为核心、以工作任务为主线的教育模式,将课程思政要素融入课程建设与改革,做到全程及全方位育人。该教材涉及进出口单证的中“开证”、“审证”、“制单”和“审单”四大环节,具体分为进出口单证概述、信用证开立、信用证分析、信用证审核、商业发票缮制、包装单据缮制、运输单据缮制、保险单据缮制、原产地证书缮制、检验证书缮制、其他单据缮制、汇票缮制、单据审核、电脑软件制单、单证综合操练十五章内容。各章有明确的知识目标、技能目标及素质目标，每章均设“引导案例”，同时穿插一些动画、微课等数字化资源，使教材更加立体化。每章既有单证基础知识讲解，又以单据为实例对每种结汇单据的缮制规范进行逐条讲解，并针对不同信用证条款要求对有些单据的一些栏目在缮制单据过程中应如何灵活处理的问题，借助“小贴士”“提示板”的形式进行系统归纳总结，而且将信用证或合同中各种常见单据条款一一做了深入细致的解析，同时每章都附有相应的“知识链接”，有助于扩展学生的知识面。该教材可用于高职高专国际贸易实务专业、国际商务专业、商务英语专业、国际货运与报关专业开设的进出口单证或类似课程的教材及进出口企业单证人员的培训教材和参考书。

杨金玲教授集 15 年的外贸企业一线实战经验与 20 年的一线教学经验独立撰写此书。本书编写得到了北方国际集团天津金鑫家纺进出口有限公司付斌总经理、天津光大银行国际结算部刘斌及天津商务职业学院实训部张建华主任的大力帮助，他们对本书内容编排提出了许多好的建议，天津商务职业学院齐雅莎老师提供了一些微课资源，在此一并表示感谢！

由于编者水平有限，错误在所难免，恳请专家和同行不吝赐教。

编者

2021 年 1 月

目 录

CONTENTS

进出口单证实务

第一章　认知进出口单证

知识目标

1. 了解进出口单证的概念、分类和作用
2. 熟悉进出口单证的发展趋势

技能目标

1. 掌握进出口单证的缮制要求
2. 学会关注相关国际贸易惯例最新变化

素质目标

1. 培养契约精神和责任意识
2. 培养耐心细致的工作作风

案例库

中国香港某银行于 4 月 12 日开来 L/C 一份，金额为 540 000 美元，装期为 8 月 15 日，效期为 8 月 30 日，该证所列合同号为“CN1830325”。8 月 9 日受益人交来议付单据，所有单据中的合同号均填写为“CNI830325”。据受益人称，他们公司历来的合同号均以“CNI”为字首，开证行的来证肯定搞错了。因此，受益人坚持以本公司正式编号为准，把单据中的合同号均填写为“CNI830325”。议付行审单亦没有察觉合同号字首中“1”和“I”的不同，遂接受议付寄单，并向偿付行索汇。作为开证行的偿付行即该行的纽约分行于 8 月 9 日亦将货款 540 000 美元划收议付行在该行的账户。

但是，开证行于 8 月 13 日来电表示拒付，理由是“单证不符”。由于单据上的合同号确与来证不符，议付行无法提出抗辩，完全处于被动地位。受益人后来通过议付行与开证申请人多次协商，这批有“不符点”的单据于 9 月 14 日虽被通融接受，但以开证行要求补偿 6 108.75 美元利息而告终。从中不难看出，一个字母之差竟造成 6 000 多美元损失。

课程思政

按《跟单信用证统一惯例规定》(简称《UCP600》)的规定,单据与信用证必须严格相符。开证行、保兑行(如有保兑)或被指定行收到单据后必须以单据为唯一依据决定它们表面上是否符合信用条款。如认为不符,则可拒绝接受单据。

本案例中,受益人如果认为开证行确实将合同号字首搞错,则应立即向开证申请人提出修改信用证,否则即应按信用证要求制单交单,以免造成“单证不符”而被拒付。

议付行审单时本应对此项不符点提出修改要求,特别是应向受益人提出修改信用证中的错误合同号码,但议付行对此没有察觉。受益人“以为”开证申请人会“诚实”地承认确实将合同号码搞错,开证行也会“诚实”地认为所开出信用证的合同号确有不符。但是,实际业务运作却是对方紧紧抓住《UCP600》的规定,坚持予以拒付,并收取了赔付利息 6 000 余美元。

一个字母之差所造成的 6 000 多美元损失证明,无论是受益人还是议付行都应该提高工作质量,对本职工作都要做到一丝不苟,弘扬大国工匠精神,严把单据质量关,唯有做到单证相符、单单相符、单内相符,才能保证安全及时收汇,才不会使企业遭受经济损失,真正明白单证质量的好坏与企业的经济利益密切相关。

第一节 进出口单证概述

在国际贸易实务中,鉴于买卖双方相距甚远,不能实现一手交钱,一手交货,买卖双方货款的支付凭借的是单证,卖方以交“单”代替交货,买方见“单”付款。因此,单证在国际贸易中扮演着非常重要的角色,国际贸易就是典型的单据买卖。

一、进出口单证的概念

动画:象征性交货

进出口单证简称“单证”(Documents),是指在进出口贸易业务过程中所应用的单据与证书。在国际贸易中,由于买卖双方所在的地理位置相对遥远,国际贸易大多采用象征性交货,即买卖双方凭借单证来处理商品的交付、运输、检验、保险、报关、结汇等。进出口单证工作包括审证、制单、审单、交单和归档五个环节,它贯穿于外贸业务的成交、运输、收汇的全过程,它的专业性与时间性强,工作量大、涉及面广,除了本企业内部的协调配合外,还要与货物的生产单位、交通运输部门、银行、保险公司、海关以及有关的行政管理机关等协调配合。对进出口企业来说,在完成了货物的交付后，单证能否正确、完整、及时、清晰地缮制完成，是能否顺利结汇的关键，直接关系到企业的经济利益。因此，单证工作是进出口业务中一个非常重要的环节。

二、进出口单证的分类

（一）根据进出口贸易单证的性质划分

1. 金融单据。其包括汇票、本票、支票以及其他用于取得款项的凭证。

2. 商业单据。其包括发票、装箱单、运输单证及其他与进出口业务有关的非金融单据。

（二）根据进出口贸易单证的用途划分

1. 金融单据。其包括汇票、本票和支票等。

2. 商业单据。其包括商业发票、形式发票、装箱单、重量单和规格单等。

3. 运输单据。如海运提单，至少包括两种不同运输方式的运输单据，非转让海运单，租船合约提单，空运单据，公路、铁路或内陆水运单据，快递收据，邮包收据或投邮证明等。

4. 保险单据。其包括保险单、保险凭证和预保单等。

5. 公务单据。其包括原产地证书、检验证书和配额许可证等。

6. 其他单据。其包括寄单证明、寄样证明、航程证明和装运通知等。

（三）根据进出口贸易商品的流向划分

1. 进口单据。其包括进口许可证、信用证、进口报关单、入境货物检验证明和保险单等。

2. 出口单据。其包括出口许可证、出口报关单、商业发票、包装单据、运输单据、汇票、出境货物检验证明、原产地证书和保险单等。

（四）根据进出口单证签发的单位划分

1. 出口商自制的单据。其包括商业发票、装箱单、受益人证明函和汇票等。

2. 协作单位签发的单据。其包括运输单据、保险单据、检验证书和有关证明函等。

3. 政府机构、民间机构签发的单据。其包括进出口许可证书、检验证书和原产地证书等。

三、进出口单证的作用

从某种意义上说，国际贸易就是单据买卖，几乎所有贸易环节的具体操作都与单据的交换密切相关，即使在互联网高速发展的今天，单据仍扮演着相当重要的角色，如无纸化电子单据的运用等。不了解、不熟悉单证知识就等于不懂贸易，更无法与业务部门的相关人员进行正确的沟通和交流，这就意味着双方交易不能正常进行。进出口单证工作的重要性具体表现在以下几个方面：

(一)进出口单证是履行买卖合同的证明

买卖合同的履行一般是通过商品和货币的交换来实现的。但在国际贸易中，买卖双方分处于不同国家和地区，在多数情况下，商品和货币不能进行简单的直接交换，而必须以单证作为交换的媒介。正如国际贸易专家施米托夫在《出口贸易》一书中所述：“从商业观点来看，可以说 CIF 合同的目的不是货物本身，而是与货物有关的单据的买卖。”在进出口贸易合同履行过程中，单证大致可分为两类：一类具有商品的属性，它们有的代表商品，有的说明商品的包装内容，有的保证商品的质和量，有的为商品输入国提供必要的证明；另一类具有货币的属性，它们有的直接代表货币，有的为货币的支付作出承诺或作出有条件的保证。各种单证都具有特定的功能，它们的缮制、签发、流转和交换等具体的应用反映了合同履行的进程，也反映了买卖双方权责的发生、转移和终止。由此可见，单证是完成国际贸易程序不可缺少的资料，也是履行买卖合同的证明。

(二)进出口单证是结(付)汇的必要工具

在国际贸易中最初是以黄金、白银或铸币的交换来清偿货款的，实行现金结算，15 世纪以后发展为以票据(光票)的授受来进行结算，后者是一种非现金结算方式。随着航海运输和保险等行业的发展，海运提单从一般的货物收据演变为可以转让的货物所有权凭证，承担运输风险的保险单也变成可以背书转让的有价证券。这些单据在一定时间内可以作为一种抵押品，于是便出现了跟单汇票付款的结算方式。国际贸易中货物的单据化使得商品买卖可以通过单据买卖来实现。卖方交给单据，代表交给货物；买方付款赎取单据，代表买到货物。在国际贸易结算中，无论采用哪一种支付方式，买卖双方都要发生单据的交接。这是因为单据代表着货物，掌握了单据就等于掌握了货物，经过单据转移就达到了货物转移的目的，并使得货物的转移合法化，国际贸易中货物的单据化大大地便利了货物买卖时货权的让渡或转移。因此，在国际贸易中，全套正确、完整的单据是卖方安全、迅速结汇的必要工具，同时也是买方取得物权证明的保证。

(三)进出口单证是避免和解决争端的依据

国际贸易往往表现为单据贸易，因此，在合同订立的前、中和后期都要对相关单据严格把关，否则就可能因单据不规范、不确切、存在漏洞而引发麻烦或在发生有关争议后无法利用合法的手段(出示合格的单据)保护自己的权益，更谈不上对对方的不合理要求给予拒绝。进出口单证不但是收(付)汇的依据，当发生纠纷时，往往又是处理争议的依据。因此，它必须符合有关国家的法律、规则和惯例等要求。例如，货物在运输途中受损，货方向保险公司提出索赔时，保险单就是赔偿的凭证；涉及赔偿额的计算问题时，发票又是赔偿的依据；属于承运人的责任，向承运人索赔时，提单或其他运输单据就是处理索赔的依据；在货物品质上发生争执时，品质检验证书又是处理纠纷的依据。

(四)进出口单证是企业经营管理水平的重要标志

进出口单证工作是企业经营管理的重要组成部分,是为进出口贸易全过程服务的。单证工作的质量直接反映了企业管理水平的高低,单证工作在进出口业务中能起到"把关"的作用。如果履行买卖合同的某个环节不能正确、及时地缮制或流转有关的单证,就会影响整个合同履行的进程。同样,进出口业务管理中的问题也会在单证工作中表现出来。因此,不能只是简单地把单证工作看作是单证的缮制、复核和流转,而应视其为能否围绕单证及时、妥善处理好进出口整个业务环节中的各项工作,能否协调和解决业务中的各种矛盾,能否确保顺利结汇及维护企业的信誉,能否不断提高企业经营管理水平的重要标志。

因此,加强单证工作,提高单证质量,不仅可以有效地制止差错事故的发生,弥补经营管理上的缺陷,加速对外交货,还可以增收节支,加速资金周转,为国家创造大量外汇,并能提高企业信誉,促进对外贸易的发展,因此,有的业内专家也曾指出:单证就是外汇。

四、进出口单证的缮制要求

进出口单证工作的内容主要包括审证、制单、审单、交单和归档等五大方面。单证工作的总体要求是"证同一致"、"单证一致"、"单单一致"和"单货一致"。其中,"证同一致"是指信用证与合同保持一致,"单证一致"是指全套单据与信用证保持一致,"单单一致"是指各种单据之间保持一致,"单货一致"是指单据中所描述的货物与实际出运的货物保持一致。前述三个"一致"是针对单据处理而言的,"单货一致"应侧重在备货工作上。

(一)审证

在收到信用证后,即应着手审证。通知行的审证主要是审核信用证开证行的资信情况,核验其印鉴或密押的真实性及偿付条款等。出口商的审证主要是审核信用证的各项条款是否与合同条款相符,对"证同不符"的条款或其他不能接受的条款应及时提出并要求对方修改。

(二)制单

单证制作应做到正确、完整、及时、简明和整洁。

1. 正确(Correctness)。正确是缮制单证工作的前提,单证不正确就不能安全结汇。这里所说的正确,至少包括两方面的内容:一方面是要求各种单据必须做到"三相符"(单据与信用证相符、单据与单据相符、单据与贸易合同相符),另一方面则要求各种单据必须符合有关国际惯例和进口国的有关法令和规定。从银行的角度来说,依据《跟单信用证统一惯例》(以下简称《UCP600》),主要审核受益人提交的单据是否构成"相符交单",即受益人提交的单据应该与信用证条款、《UCP600》的相关适用条款,以及

微课:何谓单证的"三相符"原则

国际标准银行实务(以下简称《ISBP821》)一致方可交单。

相关案情

“单证相符”

我某进出口贸易公司出口德国一批涤棉漂白棉床单,相关信用证规定面料的纱支密度为30×30,78×65。该公司实际交付的床单符合该规格,但缮制商业发票时,该公司的单证员误将每平方英寸密度78×65打成78×56,单据到国外后遭到开证行拒付。因为进口商在收到该批床单产前样时,认为床单的面料手感较硬,白度不好,不易销售,早有毁约意图,正苦于没有借口,恰巧发现发票上的数字写反了,所以拒付货款。几经周折,我方进出口公司不得不以低价转卖给其他客户,损失惨重。

可见,单据缮制必须一丝不苟,不能出现任何差错;否则,买方可能利用卖方的疏漏,达到拒付货款的目的。

从进出口企业来说,除以上三个“相符”外,还要做到“单货相符”,这样单证才能真实地代表出运的货物,确保履约正常,安全收汇。跟单托收业务虽然不像信用证业务那样严格,但是如果不符合买卖合同的规定,也可能被进口商找到借口,拒付货款或延付货款。

相关案情

“单货相符”

我某大型生产企业出口一批机床到埃及,机床型号为“BIZ-12”,数量10台,每台单价为5 500美元CIF亚历山大港,合同总金额为55 000美元。货物出口后,我方企业顺利制单结汇。可一个月后,我方企业突然收到进口商的传真,告知该批货物已经抵达亚历山大港,在报关时被海关查出我方单据上的机床型号与机床上实际的型号不符,海关已扣留该批货物,若要提货,则每台机床罚款500美元,要求我方企业立即电汇该笔罚款;否则向我方提出更大的索赔。后来经过多次交涉,最后由我方企业电汇4 000美元罚款才了结此案。这就是“单货不符”造成的惨痛损失。

2. 完整(Completeness)。单证的完整性是构成单证合法性的重要条件之一,是单证成为有价证券的基础。在进出口贸易中,买卖双方在订单、合同或信用证中都会明确说明出口方需提交单据的种类、份数,有无正副本要求,是否需背书及应在单据上标明的内容。单证的完整一般是指下列几个方面:

(1)单据内容完整,即每一种单据本身的内容(包括单据本身的格式、内容、文字和签章、背书等)必须完备齐全;否则,不能构成有效文件。

(2)单据种类完整,即单证在通过银行议付或托收时,应是成套、齐全而非单一的。遗漏任何一种单据,就是单据不完整。例如,在 CIF 交易中,出口商向进口商提供的单证至少应有发票、提单和保险单。出口商只有按信用证或合同规定备齐所需单据,银行(或进口商)才能履行议付、付款或承兑的责任。

(3)单据份数完整,即要求出口商提供的各种单据的份数要按信用证或买卖合同和惯例的要求如数交齐,不能短缺。目前,国外有些地区开来的信用证所列条款日趋繁复,所需单证类别甚多,除发票、提单和保险单等主要单据外,还包括许多其他单据,如检验证书、重量单、装箱单、原产地证书、航程证明、邮包收据和电抄副本等,这些单证都需要办理一定手续和事先联系才能取得。因此,在单证制作和审核过程中,必须密切注意、及时催办,防止遗漏和误期,以保证全套单证的完整无缺。

3. 及时(Promptness)。进出口单证工作的时间性很强,各种单证都要有一个适当的出单日期。及时出单包括两个方面的内容:一方面是指各种单据的出单日期必须合理可行,即每一种单据的出单日期不能超过信用证规定的有效期限或遵循商业习惯的合理日期。例如,保险单的日期必须早于或同于提单的签发日期,提单日期不得迟于装运期限,装运通知书必须在货物装运后立即发出等。如果这些日期弄错,同样会造成出单不符。另一方面反映在交单议付上,主要是指向银行交单的日期不能超过信用证规定的交单期。《UCP600》第 14 条 c 款规定:受益人或其代表按照相关条款在不迟于装运日后的 21 个公历日内交单,但无论如何不得迟于信用证的有效期。

总之,及时是指及时制单、及时审单、及时交单、及时收汇。缮制单据是一项复杂而又细致的工作,多数单据由出口方完成,有些需要相关部门配合完成;审单时应齐抓共管,这样就可以保证在规定的时间内把全部合格单据向有关银行提交,及时交单就意味着能及时收汇,及时收汇又意味着一个良性业务环节的开始。

4. 简明(Conciseness)。单据的内容应按合同或信用证要求和国际惯例填写,力求简明,切勿加列不必要的内容,以免弄巧成拙。

简化单证不仅可以减少工作量和提高工作效率,而且也有利于提高单证的质量和减少单证的差错。

《UCP600》第 4 条 b 款规定:“开证行应劝阻申请人试图将基础合同、形式发票等文件作为信用证组成部分的做法。”因此,为了防止混淆和误解,银行应劝阻在信用证或其任何修改书中加注过多的细节内容的行为,单据中不应出现与单据本身无关的内容。

5. 整洁(Clearness)。整洁是指单证表面清洁、美观、大方,即单证内容清楚易认、简洁明了。如果说正确和完整是单证的内在质量,那么整洁则是单证的外观质量。单证的外观质量在一定程度上反映单证员的业务水平。

单证格式的设计和缮制应力求标准化和规范化,单证内容要排列整齐、主次有序,重点项目要突出醒目,字迹要清晰,语法要通顺,文句要流畅,用词要简明扼要、恰如其分。各种单证的更改都要有一个限制点(一般最多不超过三处),不允许在一份单证上多处涂改。更改处一定要盖校对章或简签。若涂改过多,应重新缮制单证。

(三)审单

审单就是单证员在缮制或取得全套单证后汇集各项单据,以发票为中心,严格、仔细地与信用证(或合同)逐项核对,做到"单证一致"、"单同一致"(非信用证支付时)、"单单一致",单据与有关惯例条款一致,防止错单、缺单出门,发现有错误应及时修改,若缺单应及时追索或补做,不符合制单要求的应重新制作,把好单证质量关。

相关案情

"单单相符"

某公司生产的产品商标为"黄河牌",习惯意译为"Yellow River Brand",而日本客户开来的信用证却音译为"Huang He Brand",单证员在缮制单据时仍按习惯打成"Yellow River Brand"。单据缮制完毕后,单证员审单时发现信用证音译为"Huang He Brand",由于临近交单期就匆匆修改了单据,但原产地证书中货物描述部分的"Yellow River Brand"没有更改,最后单据到国外因"单单不符"遭开证行拒付。鉴于该产品当时市场销路很好,最后进口商要求降价10%结束此案。

(四)交单

交单是议付和结汇的前提,进出口企业只有尽早交单才能尽早回笼资金,加速资金周转,产生更好的经济效益。交单应做到单据齐备、内容正确、提交及时。

动画:交单议付

(五)归档

进出口结汇单证是重要涉外单据文件,交单之后可能有退单、拒付、索赔和争议等事件发生。因此,必须保持一套完整的副本单据(包括信用证及其修改书)妥善归档,编排好索引,以科学的方法建立档案。这也是单证工作中的重要一环。它至少可以起到两个方面的作用:一是加强进出口业务管理的需要;二是万一发生交单后的退单、索赔、争议和仲裁等情况,能作为有效的证明文件。

第二节 缮制单据的依据与程序

一、制单的依据

(一)买卖合同

在非信用证支付方式下,买卖合同是制单和审单的首要依据,从商品名称、数量、规格和价格条件到运输方式、支付方式等均应符合买卖合同的规定;而在信用证支付方式下,虽然单据缮制应该以信用证条款为准,但是有些项目如商品的品名、规格、单价和佣金等，如果信用证没有明确规定，也需参照合同条款。

(二)信用证

在信用证支付方式下，信用证取代买卖合同而成为缮制单证的主要依据，凡是信用证下的单据，必须严格按照信用证的条款缮制。这是因为银行付款的原则是“只凭信用证而不问合同”，各种单据必须完全符合信用证的规定，银行才承担付款责任。如果信用证条款与买卖合同相互矛盾，就要修改信用证，以求得“证同一致”；否则，应以信用证为准才能达到安全收汇的目的。

(三)仓库的出库单/供货厂家的码单

有关商品的实际出运数量，一般以仓库的出库单载明的具体数量、重量、规格和尺码等为准，或以供货厂家提供的码单为准。有些商品的包装不是规格统一的，例如，棉花一般采用机压包，每包的重量很难做到完全一样，包装单的缮制应该以供货厂家提供的磅码单为准；再如，服装、鞋帽一般采用混色混码装，在实际业务中很难做到所有的货物都能严格按照搭配要求装箱，最后往往有些是零箱的，因此，包装单的缮制应该以供货厂家提供的装箱单(码单)为准。

(四)业务的特殊要求

由于每个行业都有其特定的要求，进出口企业应按规定的格式和要求缮制单据。例如，出口纺织品时经常会遇到国外进口商要求我们提供 AZO Free Certificate(无偶氮证明，这是与人类健康有关的一种特殊单据)；出口到信仰伊斯兰教国家的禽类产品，进口商有时会要求由出口地伊斯兰教协会出具有关证明；美国反恐舱单系统(America Manifest System，AMS)由美国开始运用，现已扩展运用到加拿大、澳大利亚和欧洲等许多国家和地区；农药产品出口到美国和欧盟等国时，进口商通常会要求出口方提供所出口农药产品的 MSDS(化学品安全说明书)；等等。

(五)有关国际惯例

国际贸易中有关国际惯例，如国际商会的跟单信用证统一惯例《UCP600》、国际标准银行实务《ISBP821》以及托收统一规则《URC522》和《INCOTERMS 2020》等出版物，也是正确缮制进出口单证的依据。

二、制单的程序

买卖双方经过友好洽商签订了买卖合同，如果合同中规定采用非信用证支付方式，则卖方应该按照合同要求的品质、数量备妥货物，根据合同的有关要求缮制单据；如果合同中规定采用信用证支付方式，为执行合同，买方应及时申请开立信用证，收到信用证，经审核无误后，则卖方应立即备货，货备妥后及时办理托运、制单、交单结汇等后续工作。制单一般应按照以下程序逐步完成。

(一)“核”

先将货物的出库资料(出仓单或码单)与合同或信用证核对，弄清“货同”是否相符、“货证”是否相符，如有问题需联系有关部门给予解决。

（二）“算”

单据中往往涉及很多需要计算的数字，如货物的件数、毛重、净重、尺码、单价和金额等，某些商品根据行业习惯或客户需要还需提供具体的码单，方便逐码核对和计算累计数量，这些都需要在缮制单据前计算好。

（三）“配”

根据合同或信用证规定，将本批货所需要的各种空白单据或单据的电子模版按照需要的份数配置在操作夹内，这样做既可以防止某一单据的遗漏，又能提高制单的工作效率。

（四）“制”

完成前三步的准备工作后，就可以制单了。可以利用 WORD 或 EXCEL 单据模板制单，也可以借助《远景单证通》制单软件缮制各种单据。制单一般从商业发票和装箱单着手，这是因为商业发票记载的内容比较全面，是一切单据的中心；装箱单又是商业发票的补充，把商业发票和装箱单制妥后，就可以参照商业发票和装箱单着手缮制其他单据。

单证员对各种单据的用途、单证中的每一栏目应该填制的内容及哪些是必要事项，哪些是一般事项都必须熟悉。例如，不同国家、地区的海关发票都有专门的格式，不能错用；各种格式自上而下、从正面到背面栏目繁多，都要按照规定填制，错填或漏填都会直接影响进口商收取货物和办理进口清关手续等。

（五）“审”

单据制妥后，单证员应该自己审核一遍，如有差错可立即更正，这样可以收到事半功倍的效果。如果事后经数道环节发现差错再更改或重新返工，就较费时、费事。如果更改的内容牵涉其他单据就更麻烦，还有可能造成不良影响或酿成巨大损失。

（六）“交”

如果单据经过仔细审核后没有问题，就应该尽早地交到议付行，早一天交单就意味着能早一天收款，有助于加速资金周转，提高企业的经济效益。

三、进出口单证的工作要点

从事进出口单证工作需要掌握许多“要点”。从易学、易记和实践中使用频率高低的角度，下面将进出口单证工作的各个方面都以“三要点”的形式加以说明。

（一）工作主线：合同、信用证、单据

合同、信用证、单据是一条贯穿国际贸易程序始终的主线。交易的双方在从事贸易活动时，首先应订立合同以确定彼此的权利和义务。在此基础上，如果是信用证付款方式，则由进口商本国开证行提出开证申请，并由后者向受益人开出信用证，然后进出口双方就以信用证和合同的规定为准来具体履行各自的义务，实践中履行义务多通过单据的形式实现。这条主线可简记为“3Cs”：S/C（合同）—L/C

(信用证)—DC(单据)。

(二)工作过程:制单、审单、交单

任何一个环节的单证工作都可以概括为制单、审单和交单三个方面,该工作过程的主要依据是合同、信用证、有关惯例及规定和买卖货物的原始资料。首先,制作单据。单据不同,出单人各异:发票、装箱单和汇票等由出口商出具;运输部门配合出具提单、运单和船证等;货物的保险手续则一定由保险公司办理。这就要求相关各方密切协作,按要求顺序出单。其次,对制作完成的单据应严格审核。审核的一般过程是:单证员及其所在公司内部先自行核实,确认所做单据没有问题的情况下,再向本国银行或相关部门提交;银行国际结算部将结合信用证等对单据进行逐字、逐句的审核,如果单、证内容表面一致,银行将通过一定方式把全部单据寄国外付款行;如果付款行审核后无异议,即履行付款义务;进口商在付款行赎单前也要对单据进行审核。因此,审核单据在出口方、出口方银行、进口方银行和进口方之间一直在进行。最后,如果单据的制作和审核没有发现任何问题,那么按规定的时间、方式和要求的种类、份数提交合格单据就成为顺理成章的事了。

(三)基本单据:发票、装箱单、提单

一笔业务无论内容繁简,也不管买卖双方位居哪个国家/地区,有关当事方通常都会要求出口方提交商业发票、装箱单和提单三种单据。如果交易条件不同,那么要求的单据种类也可能有所增减。例如,CIF 条件下出口方有义务提供保险单;如果所出口的商品是法定检验检疫商品,则应有相应检验检疫证书;作为支付工具的汇票也不是每笔交易都需要的,有些业务根本不需要使用汇票;如果是易货或边境贸易,当事人一手交钱,一手交货,则可能不需要单据或只要商业发票即可;如果买卖双方采用的是电汇结算方式,则因电汇属于顺汇,也不需要汇票。所以单证员对这三种单据必须认真对待、做到了如指掌。

(四)单据类型:官方(公务)、商业、金融

单据的分类有多种,上述分类主要是从出单人和单据作用的角度进行划分的。官方(公务)单据主要指的是由政府机构或民间团体核发的单据,如检验证书、进出口许可证和原产地证书等;商业单据主要是指由进出口商、运输部门和保险公司等缮制并提供的包括商业发票、装箱单、提单、保险单、受益人证明函和装运通知等在内的各种常见单据;金融单据主要用于取得货款,包括汇票、本票和支票。

(五)主要当事方:卖方(受益人)、买方(申请人)、第三方(银行/海关/运输部门等)

国际贸易中的每个环节都会涉及多个当事人,但都可以概括为三方,即出口方(受益人)、进口方(申请人)和某个第三方,所有单据的缮制、流转都是围绕这三个当事人进行的。例如,在办理保险手续时,根据交易条件的不同,可以由买方(FOB,CFR)或卖方(CIF)向第三方保险公司办理相应事宜。

(六)付款方式:汇付、托收、信用证

国际贸易实践中常用的付款方式有汇付、托收、信用证等,不管使用哪种方式付款都必须提交相应的单据。付款方式不同,所要求的单据的种类、份数、交单方式都会有所区别。例如,在电汇付款方式下,要求的单据种类相对简单,通常是最常用的基本单据,并且单据一般是由卖方直接邮寄给买方的;在 D/P 付款方式下,虽然托收属于商业信用,银行只提供服务,但为了有效地控制物权,卖方都是委托银行(托收行)将单据通过代收行转递给买方的;在信用证付款方式下,不同地区银行开出的信用证繁简不一,要求的单据的种类、份数相差甚远,银行对结汇单据的要求更是遵循"相符交单"的原则。

(七)常用术语:FOB,CFR,CIF

图片:Incoterms 2020 买卖双方责任划分

在国际贸易中,为了明确双方当事人在货物交接过程中的费用、风险、责任划分问题,通常都会在合同中采用某种贸易术语,FOB、CFR 和 CIF 三种只适用海运的术语最为常见。贸易术语不同,出口方向银行或进口方提交的单据也不同。根据《Incoterms 2020》的解释,在 FOB 条件下,应提交的单据包括商业发票、许可证和证明履行合同义务的单据或电子信息;在 CFR 条件下,则明确提出应提交在目的港提货或可以转让的运输单据,实践中特别强调此术语下出具并发送装运通知的重要性;在 CIF 条件下,提交保险单则成了出口方的法定义务。

小贴士

最新版国际贸易术语解释通则——《Incoterms 2020》

2019 年 9 月 10 日,国际商会(The International Chamber of Commerce,ICC)发布了最新版国际贸易术语解释通则——《Incoterms 2020》,并定于 2020 年 1 月 1 日生效。《Incoterms 2020》更易于访问和使用,包含更详细的说明性注释和增强的图形,阐明了每种贸易术语下进口商和出口商各自的责任、费用和风险负担。其与《Incoterms 2010》的对比如下:

	适合任何运输方式	适合海运
《Incoterms 2010》	EXW,FCA,CPT, CIP, DAP, DAT, DDP	FAS,FOB, CFR, CIF
《Incoterms 2020》	EXW,FCA,CPT, CIP, DAP, DPU, DDP	FAS,FOB, CFR, CIF

这次的改版升级主要涉及以下 7 点内容:

1. 装船批注提单和 FCA 术语条款的修改。在应用 FCA 条款的情况下,海运途中的货物是已经售出的,而卖方或买方(更可能是信用证所在地的银行)

小贴士

可能需要带装船批注的提单。但是,根据先前的 FCA 规则,交货是在货物装船之前完成的,卖方不能从承运人处获得装船提单,因为根据其运输合同,承运人很可能只有在货物实际装船后才有签发船上提单的权利或者义务。为了解决这个问题,《Incoterms 2020》的 FCA A6/B6 条款提供了一个附加选项。买卖双方可以约定,买方可指示其承运人在货物装船后向卖方签发装船提单,然后卖方有义务向买方提交该提单,通常是通过银行提交。最后,应当强调的是,即使采用了这一机制,卖方对买方也不承担运输合同条款的义务。

2. 成本的列出位置。在《Incoterms 2020》规则的相关栏目排序中,成本现在显示在每个规则的 A9/B9 处。除了重新排序之外,还有一个变化:在《Incoterms 2010》中,由不同条款分配的各种成本通常出现在每个术语规则的不同部分,《Incoterms 2020》则列出了每个规则分配的所有成本,其目的是向用户提供一个一站式的成本清单,以便卖方或买方可以在一个地方找到其依据《Incoterms 2020》应承担的所有成本。

3. CIF、CIP 中与保险有关的条款。在《Incoterms 2010》中,CIF 和 CIP 的 A3 规定:卖方有义务自费购买货物保险,至少符合协会货物保险条款(C)或任何类似条款。协会货物保险条款(C)一般指的是货物运输条款,即只需负担货物运输险,协会货物保险条款(A)规定的是"一切险"(All risks)。《Incoterms 2020》对 CIF 和 CIP 中的保险条款分别进行了规定,CIF 默认使用协会货物保险条款(C),即卖家只需要承担运输险,但是买卖双方可以规定较高的保额;而 CIP 使用协会货物保险条款(A),即卖家需要承担一切险(All risks),相应的保费也会更高。也就是说,在《Incoterms 2020》中,使用 CIP 术语,卖方承担的保险义务变大,而买方的利益会得到更多保障。

4. 在 FCA、DAP、DPU 和 DDP 中与由卖方或买方选择自己的运输工具相关的条款。在《Incoterms 2010》中,假定在从卖方运往买方的过程中货物是由第三方承运人负责的,而承运人受控于哪一方则取决于买卖双方使用哪一种贸易术语。然而,在国际贸易实务中会有类似的情况存在,尽管货物将从卖方运至买方,但货物完全可以不雇用任何第三方承运人。因此,在采用 DAP、DPU、DDP 时,卖方完全可以选择自己的运输工具,不受条款限制,同样,在采用 FCA 条款时,买方也可以选用自己的交通工具,不受条款限制,两种情况下对方很有可能要承担不必要的运输费用,所以《Incoterms 2020》明确规定,采用 FCA、DAP、DPU 和 DDP 术语时不仅要订立运输合同,而且只允许安排必要的运输。

5. 将 DAT 改为 DPU。在《Incoterms 2010》中,DAT 与 DAP 的唯一区别在于:在 DAT 中,在货物运达之后,卖方需要将货物从运输工具卸至目的地;而在

小贴士

DAP 中，只要载有货物的交通工具抵达目的地，卖方即完成交货。在《Incoterms 2010》中，“目的地”一词的定义大致包括“任何地方，无论是否覆盖……”，较为模糊。因此，国际商会决定对 DAT 和 DAP 进行两处修改。第一，调整 DAP 与 DAT 的位置，将 DAP 调至 DAT 之前。第二，将 DAT 改为 DPU，这样做的目的是强调目的地可以是任何地点，而不仅仅是“终点站”，如果该地点不在终点站，卖方应确保其打算交付货物的地点是能够顺利卸货的地点。

6. 在运输义务和费用中列入与安全有关的要求。在《Incoterms 2010》中，与安全相关的要求放在 A2/B2 和 A10/B10 项中，且条目相当有限。由于《Incoterms 2010》是 21 世纪初安全问题受到普遍关注之后术语修订的第一个版本，在此后的航运实务中，又出现了很多与安全相关的需要关注的点，所以在《Incoterms 2020》中，与安全相关的义务的明确分配已添加到每个规则的 A4 和 A7 项下。而这些要求所产生的费用也被更明确地标明放在每条规则的 A9/B9 项下。

7. 用户说明。在《Incoterms 2010》中，指引（Guidance Notes）放在每一个术语解释通则的开头，而现在有了专门的“用户解释性注释”（Explanatory Notes for Users），这些注释解释了《Incoterms 2020》的基本原则，例如何时使用、何时转移风险以及如何在买卖双方之间分配成本。解释性说明的目的有两个：①帮助用户准确、有效地使用适合特定交易的适当的国际贸易术语解释通则；②当受《Incoterms 2020》管辖的合同存在争议时，这些解释可以为协议制定者和咨询者提供必要的指导。

不难发现，《Incoterms 2020》相较《Incoterms 2010》有了明显的升级，买卖双方的权利义务关系更加明晰，用户友好度更高。《Incoterms》是一个重要的工具，其中的条款是进出口从业人员必须掌握的。《Incoterms 2020》的公布并不影响此前版本的适用，所以大家在订立合同的时候，要明确规定在合同中使用的是哪个版本的《Incoterms》。

《Incoterms》基本十年修订一次，其一路走来的历程是和全球经济发展趋势、运输模式创新和贸易环境变化息息相关的，用一个词总结就是“与时俱进”。

（八）适用范围：对内、对外、内外

与国际贸易活动有关的各种单据的适用范围是不一样的。有些只在国内流转（如报关单、货物托运委托书和开证申请书等）；对外使用的结汇单据的制作要求相对较高且必须英文制作；还有一些单据既可用于国内，又可对外出具，像商业发票这种国际贸易核心单据，对外结汇时必须提交，对内办理原产地证、保险、报关、检验、退税和记账等手续时也是必备单据。

（九）时间衔接：相同、早于、晚于

由于国际贸易中的单据众多，各种单据的出单顺序是必须考虑的一个问题。单据之间的时间必须满足有关合同、信用证和惯例的要求，且先后顺序应合理并符合逻辑性。就各种单据的出单时间先后看有相同、早于和晚于三种情形。例如，保险单必须在海运提单之前或最晚与海运提单同一天出具；原产地证的出单时间应晚于商业发票的时间；报关放行单通常应在货物装运前 24 小时制作完成；装运通知单一般应在装运后一两天内对外发出；等等。

（十）重要期限：信用证的有效期、装运期、交单期

在信用证付款条件下，应正确理解有效期、装运期、交单期三者之间的关系。当事人必须按合同、信用证、惯例完成三个规定时间内要求完成的工作。例如，在信用证只规定有效期而没有规定装运期和交单期的情况下，受益人应按《UCP600》规定最晚在信用证到期之前完成货物的装运，并在运输单据出具后 21 天内向银行交单，但不应晚于信用证规定的有效期。

（十一）份数表达：Full Set of, Copy/Fold, In Duplicate

进出口业务中所涉及的任何一种单据都有具体提交份数的规定，较多使用的短语有 Full Set of（3/3、2/2 Set of），表示全套的意思；有 Copy/Fold，例如，可以说“Commercial Invoice in 3 Folds”“Packing List in 2 Copies”等；还可以用介词短语表示，从一式两份到一式十份英语中均有固定短语，像 In Duplicate（两份）、In Triplicate（三份）、In Quadruplicate（四份）、In Octuplicate（八份）等，且至少应含有一份正本；如果没有对某种单据的份数提出要求，则一般可以只提交一份正体、一份副本；如果明确提出正、副本的份数，则应按规定制作、提交。

（十二）单据形式：统一印制单据、自制单据、电子单据

任何一种单据都体现为一定的形式。从实际业务角度讲，官方单据多为统一印制，像一正三副的 GSP Form A（格式和内容在世界范围内都是统一的），但随着国际贸易“单一窗口”标准版的引用，有些原产地证书企业可以自助打印，海关也不再印制空白证书；出口公司、运输部门、保险公司和银行等出具的单据格式、内容多自定，但相差不大；电子单据则主要针对报关无纸化推出，目前我国电子单据发展主要依托国际贸易“单一窗口”和互联网+海关政务服务平台。

（十三）清晰脉络：业务环节、办证步骤、单证流转

单证员必须清楚各种单据产生的脉络。一般而言，首先，应明确某单据产生的业务环节；其次，应清楚该单据的办证步骤；最后，应抓住单据出具后的流转过程。例如，在办理托运事宜时，其业务发生在运输环节中，在办理相关单据时，其步骤和流程可以简单地理解为这样一个顺序：S/C（合同）—L/C（信用证）—B/N（托运单）—S/O（装货单）—M/R（大副收据——散货运输）或 D/R（场站收据——集装箱运输）—B/L（海运提单）—D/O（提货单）。

（十四）特别注意：出具客检证、单据认证、处理有特殊要求的单据

在实际工作中，从业人员可能有这样的体会：卖方有时很难处理某些国家银行开

出的信用证中的一些单据要求。比较典型的情况有:第一,出具客检证。这种要求多数是情有可原的:因买卖双方分处不同国家,买方为保证自身利益不受侵犯,在货物装运之时或之前,由自己派驻出口国的代表或机构对货物进行实地检验、核实并出具相应证明,这样的合理要求应得到卖方的配合。第二,单据认证。单据认证近年来较多地出现在中东或非洲某些客户开立的信用证中,对这样的要求,我们应采取的正确做法是:宜早不宜迟(使领馆认证应考虑出口地是否设有相应机构),能做到的一定照办(如不满足对方要求,卖方就会失去一个贸易机会和贸易伙伴),成本核算中应事先考虑这笔费用(少则几百元,多则几千元)。第三,处理有特殊要求的单据。特殊要求的单据主要是指不同于商业发票、装箱单等正常单据以外的单据。例如,美国海关要求的美国反恐舱单系统(AMS)规定的单据、海关发票和非再加工证明等。

(十五)使用语言:英文、中文、第三国语言

提交的单据所使用的语言应符合信用证或有关规定。在没有明确规定的情况下,多数单据都以英语制作。但某些官方语言为法语的国家或地区可能会在订立合同或开立信用证时要求某些单据的品名或单据上的某些要求以法语形式呈现,这种要求通常应得到满足;来自日本的信用证也可能提出以日语标明某些内容,我们同样应做到;中国香港、澳门地区的客户要求在某些单据上用繁体字列明商品的中文名称也是正常的要求;中英文对照的保险单和许可证等是能够被接受的;国际铁路运单以俄、中两种文字显示也是很正常的。

需要说明的是,上述各种"三要点"并非单证工作的全部,有些业务内容和环节涉及的单据缮制包括多个要点,单证员在实际工作中应注意举一反三,绝不可马虎大意。

第三节 进出口单证的发展趋势

在传统的进出口单证工作中,一笔进出口业务常常要有数十种单证,各种单证的内容繁复,缮制与流转工作的要求高,其中出现任何一个差错都会给国家、企业造成经济损失。另外,我国进出口贸易量每年都以两位数的速度迅速递增,这种单证繁复、易出差错与进出口贸易量迅速上升的矛盾日益突出。因此,传统的单证工作已不能适应目前进出口贸易工作发展的需要,单证格式、制单方式和单证流转的改革已势在必行。具体来讲,进出口单证的发展呈现以下趋势。

一、单证的标准化

所谓单证的标准化,实际上是对传统单证格式的改革,主要包括两种情况:一是在进出口单证中推广使用国际标准代号和代码。例如,由联合国设计并推荐使用的国际标准代号和代码有:运输标志代码(由收货人简称、合同号、目的地和件号四部分组成)、国家和地区代码(由两个英文字母组成,如中国为CN、英国为GB等)、货币代号(由三个英文字母组成,前两个符号代表国名,后一个符号代表货币名，如人民币为CNY、英镑为GBP、美元为USD）、地名代码（由五个英文字母组成，前两个符号代表国名，后三个符号代表地名，如上海为CNSHG，纽约为USNYC）、日期代码（用数字表示，如2022年10月7日表示为2022-10-07）。使用国际标准代号和代码为单证的标准化创造了一个有利条件，它不仅有利于全球贸易中单证的相互沟通和流转，而且为进出口单证的电子化或无纸化创造了条件。二是设计并使用国际贸易单据标准格式。2012年联合国欧洲经济委员会与联合国亚太经济和社会委员会联合出版《一致化贸易单证设计指南无纸化贸易适用》，向世界各国推荐使用标准单证格式，其主要特点也是“套合一致”，格式规范化、标准化。

二、单证由繁到简

所谓单证由繁到简，是指要求的单据的种类在减少，单据的内容也在日益简单化。一般对信誉良好的老客户给予付款交单和汇付等比较灵活方便的付款方式，因此，信用证使用的频率逐渐呈下降的趋势。只要双方信誉良好，出口商直接发货给进口商，后者直接付款，这样有些单据存在的必要性就大大降低了。

三、新单据不断出现

随着国际贸易的发展，新单据不断出现，如2001年“9·11”后美国海关要求的AMS（American Manifest System，美国反恐舱单系统）及2011年欧盟的ENS（Entry Notification of Summary，欧盟海关提前舱单规则）。随着多边贸易自由化不断受阻，我国与世界上许多国家一样开始将自贸区的建设提升到战略层面，先后与东盟、智利、巴基斯坦、新西兰、新加坡、秘鲁、哥斯达黎加、冰岛、瑞士、韩国、澳大利亚、马尔代夫、毛里求斯、柬埔寨、尼加拉瓜、厄瓜多尔等26个国家和地区签订了20个自贸协定，对相互产品进口给予优惠关税甚至是零关税待遇，相应地产生了许多区域性优惠原产地证书，如：中国与智利自由贸易区项下原产地证书Form F、东盟10国和澳大利亚、中国、日本、韩国、新西兰签订《区域全面经济伙伴关系协定》项下RCEP原产地证书等。这就要求我们必须紧跟时代步伐，对新规定、新做法和新单证不断地进行研究和学习。

四、电脑软件制单

尽管进出口单证内容多、形式多、份数多，但是其主要内容有很多是相同的，如进出口商的名称，商品的名称、规格、数量、价格，发货人、收货人、装运港和目的港等，需要在每种单据上填写，还要反复核对，出现差错的概率很高。因此，开发和使用电脑软件制单，利用现代技术为进出口企业提供一个良好的单证制作平台就显得至关重要。例如，杭州远景计算机有限公司开发的《远景单证通V7.0》、阿丙软件有限公司推出的《EASYTODO—外贸业务管理系统》，利用电脑软件制作单据，单证上同类项目的内容只需输入一次，电脑就可以自动生成。只要一次输入正确,一份正确,份份正确,很好地解决了"单单一致"问题。而一旦出错,则会导致业务的满盘皆输,因此,电脑制单对单证人员的要求会更高。

五、单证无纸化

使用电脑软件制单,只是借用电脑软件来制作单据,制作出来的还是传统意义上的纸质单据。但是随着计算机和互联网技术的迅速发展,诞生了完全脱离纸质的 EDI(Electronic Date Interchange),即通过计算机网络传递和处理数据,称为"无纸贸易"。例如,国际贸易"单一窗口"标准版 2017 年底前在全国成功推广应用,解决 了我国目前存在的多窗口、多平台申报进出口通关的问题,实现了外贸企业"一站式"通关服务,优化了口岸业务流程,减少了数据重复录入,减少了单据的差错率,从而提高了进出口申报效率,缩短了进出口通关时间,降低了企业运营成本,大大促进了贸易便利化。企业通过登录国际贸易"单一窗口"在线录入货物检验检疫申请并将申请发送至海关,海关实施检验检疫监管,完成综合评定后建立"电子底账",自理报关企业调取电子底账数据号进行出口报关,或者将系统生成的"电子底账"数据号提供给代理报关企业办理出口报关,完全取消了纸质"出境货物通关单",实现了报检、报关的深度融合。

由于现代信息技术在世界各国、各地区的发展水平不同,以及各国贸易做法的差异、相关法律法规的差异或滞后,进出口单证的无纸化仍处在逐步推广、不断完善、创新发展的时期。但可以相信,在不久的将来,进出口单证工作的水平一定能在现代信息技术的支撑下获得跨越式提高。

知识链接

世界主要国家、地区及其代码一览表(中英文对照)

国家(中文)	国家(英文)	国际代码	港口(中文)	港口(英文)	国际代码
丹麦	Denmark	DK	哥本哈根	Copenhagen	DKCPH
埃及	Egypt	EG	亚历山大	Alexandria	EGALY
荷兰	Netherland	NL	阿姆斯特丹	Amsterdam	NLAMS
希腊	Greece	GR	雅典	Athens	GRATH
美国	America	US	亚特兰大	Atlanta	USATL
西班牙	Spain	ES	巴塞罗那	Barcelona	ESBCN
印度	India	IN	孟买	Bombay	INBOM
阿根廷	Argentina	AR	布宜诺斯艾利斯	Buenosaires	ARBUE
英国	United Kingdom	GB	佛列克斯多	Felixstowe	GBFXT
意大利	Italy	IT	热内亚	Genoa	ITGOA
德国	Germany	DE	汉堡	Hamburg	DEHAM
韩国	Korea	KR	仁川	Incheon	KRINC
日本	Japan	JP	神户	Kobe	JPUKB
法国	France	FR	马赛	Marseilles	FRMRS
澳大利亚	Australia	AU	墨尔本	Melbourne	AUMEL
加拿大	Canada	CA	蒙特历尔	Montreal	CAMTR

本章小结

进出口单证简称"单证",是指在进出口贸易业务过程中所应用的单据与证书,进出口单证从不同的角度可以有不同的分类,其中按用途分为金融单据、商业单据、运输单据、保险单据、公务单据及其他单据。单证工作贯穿国际贸易整个过程,主要包括审证、制单、审单、交单和归档五大方面。单证工作的总体要求是"证同一致"、"单证一致"、"单单一致"和"单货一致"。在缮制单证的过程中应该做到正确、完整、及时、简明、整洁。

买卖双方签订的合同、买方开立的信用证、供货厂家提供的码单和国际贸易惯例等是缮制单据的基础。

单据的缮制一般按照"核""算""配""制""审""交"六个顺序逐步完成。

进出口单证今后的发展趋势是:单证的标准化、单证由繁到简、新单据不断出现、电脑软件制单、单证无纸化。

本章测试

一、动脑思考

1. 简述进出口单证的概念、种类及其作用。
2. 进出口单证工作的总体要求及具体要求是什么?
3. 进出口单证工作的依据有哪些?
4. 进出口单证工作的顺序是什么?
5. 进出口单证今后发展的趋势是什么?

二、动手操练

实训操作(一):

下面是一些常用的结汇单据,将单据对应的中英文名称用线连接起来。

1. commercial invoice	1. 装箱单
2. packing list	2. 海运提单
3. ocean bill of lading	3. 汇票
4. insurance policy	4. 普惠制产地证格式 A
5. certificate of origin	5. 商业发票
6. GSP certificate of origin form A	6. 受益人证明函
7. beneficiary certificate	7. 海关发票
8. bill of exchange	8. 保险单
9. shipping advice	9. 一般原产地证
10. customs invoice	10. 装运通知

实训操作(二):

下面是信用证中常见的一些条款,请翻译成中文。

1. All drafts drawn under this credit must contain the clause "drafts drawn under Bank of…credit No. …dated…".

2. Beneficiary's original signed commercial invoices at least in 8 copies issued in the name of the buyer indicating (showing/evidencing/specifying) the merchandise, country of origin and any other relevant information.

3. Packing list detailing the complete inner packing specification and contents of each package.

4. Full set of clean "on board" bills of lading/cargo receipt made out to our order/to order and endorsed in blank notify buyers M/S ... Co. calling for shipment from China to Hamburg marked "Freight prepaid" /"Freight payable at destination".

5. Insurance policy or certificate covering W. A. (or F. P. A.) and war risk as per ocean marine cargo clause and ocean marine cargo war risk clause(2009/1/1) of PICC Property and Casualty Company Ltd.

6. Certificate of origin shipment of goods of ... origin prohibited.

7. Certificate of inspection certifying quality & quantity in triplicate issued by Customs of the People's Republic of China.

8. Canadian customs invoice (revised form) all signed in ink showing fair market value in currency of country of export.

9. Documents to be presented to negotiating bank within 15 days after shipment.

10. If the terms and conditions of this credit are not acceptable to you please contact the openers for necessary amendments.

第二章　信用证开立

知识目标

1. 了解开立信用证的基本程序、方法
2. 熟悉信用证申请书的格式、内容

技能目标

1. 能够根据合同正确填写信用证申请书
2. 能够灵活处理各个条款之间的关系

素质目标

1. 弘扬重合同、守信用精神
2. 自觉培养守法意识

案例库

每家开证行都有自己印就格式的开证申请书，但各家银行通常都在汇票的付款人栏目留有空白，即“Draft drawn on ＿＿＿＿＿＿”，由申请人填写。开证申请人认为，但凡申请书，均是开证申请人向开证行申请。因此，便将汇票栏目中的付款人填写成自己，使本栏目成为“Draft drawn on us”，但是根据《UCP600》的规定，信用证是不得开立以开证申请人为付款人的汇票。为与《UCP600》统一惯例相符，使得开具的信用证得以使用，开证行便将开证申请人选定的汇票付款人由“us”修改为“issuing bank”。

进口货物到港后，国内市场价格暴跌。但单证相符，开证行按时付款。开证申请人欲以“开证行未经开证申请人同意擅自将开证申请书中汇票的付款人更改为开证行”为由，拒绝偿付开证行付款。开证行依据《ISBP821》的相关规定与开证申请人多次交涉，最终开证申请人如数对开证行进行了偿付。

课程思政

本案例最关键的问题是进口国市场价格暴跌,致使进口商预期利润大大减少,或者是无利可图,导致进口商鸡蛋里面挑骨头以达到拒付的目的。开证行在没有征得开证申请人的情况下,把汇票的付款人由“us”修改为“issuing bank”,完全符合《UCP600》的规定,只有这样才能保证开出的信用证得以使用。从中不难看出,在开立信用证的过程中,对于开证行的选择至关重要,必须选择财力雄厚、资信良好、服务周到的银行作为开证行。

因此,在实际业务中,我们一定要熟悉相关的国际贸易惯例并且要学会灵活加以运用,唯有这样才能在遇到问题时能够据理力争,保护好企业的经济利益不受损失。同时也要关注相关国际贸易惯例不同版本之间的区别,要善于学习,养成终身学习的好习惯。

第一节　开证申请书概述

经过友好洽商,买卖双方就所有交易条件达成一致意见,双方签署达成合同。如果合同规定采用信用证支付方式,那么买方及时到银行申请开立信用证,是卖方履行交货义务的前提条件。

一、开证申请书的概念

开证申请书(Documentary Credit Application)是银行开立信用证的依据,是申请人与开证行之间明确彼此权利与义务关系的契约。开证申请书通常一式三份(银行两份,客户一份),申请书包括两个部分:第一部分是请求银行开出信用证的内容;第二部分是进口企业对开证行的承诺书,以明确双方的责任。

二、开立信用证的基本程序

(一)信用证开立的基础

当进出口双方在买卖合同中规定采用信用证支付方式时,应同时在合同的支付条款中对信用证的开出时间、开证行及信用证的种类、金额、到期日和到期地点等作出明确规定。

动画:开立信用证

合同中比较常见的信用证支付条款解析如下:

The Buyers shall open <u>through a bank acceptable to the sellers</u>① an <u>irrevocable sight</u>② Letter of Credit <u>for at least full CIF value</u>③ <u>to reach the sellers ×× days before the month</u>④

of shipment, valid for negotiation in China until the 15th day after the date of shipment.
④ ⑤

说明:①对信用证开证行的要求。例如,规定信用证应"通过出口商可接受的银行开立"等。②对信用证种类的要求。在合同中规定信用证是即期的还是远期的,是付款的还是议付的,是否需要汇票,是否需要加具保兑,以及是否可转让等。③对信用证金额的要求。信用证金额是开证行承担责任的最高金额。在实际业务中,信用证金额一般规定为发票价值的100%。如果买卖合同中对装运数量有"大约"字样或"溢短装条款",则应要求进口商在信用证中规定装运数量多交或少交的百分率或加注"大约"字样,同时,对信用证金额作相同幅度的增加或在金额前加注"大约"字样。④对开证时间的要求。例如,"信用证最迟在装运月份前××天开抵卖方""信用证不迟于×月×日开到出口方"等。⑤对到期日和到期地点的要求。跟单信用证统一惯例《UCP600》第6条d款i规定,信用证必须规定一个交单的截止日,规定的承付或议付的截止日将被视为交单的截止日。因此,信用证应该明确一个截止日期(有效期),没有截止日期的信用证是一份无效的信用证,该日期也是开证行、付款行和保兑行(如果有的话)承担付款责任的期限。到期地点是指一个付款交单、承兑交单的地点或除了自由议付信用证外的一个议付交单的地点。一般应规定信用证的到期地点为出口商所在地银行。

同时,买卖合同中应认真订立其他条款,如品质条款、数量条款、包装条款、装运条款、保险条款和检验条款等,因为这些条款都会在信用证中反映出来。

(二)信用证的开立程序

进口商应该在合同规定的开证时间内,向本地的出口商可接受的银行申请开立信用证。如果合同规定开证日期,则进口商应在规定期限内开立信用证;如果合同只规定了装运期的起止日,则应保证受益人在装运期开始前收到信用证;如果合同只规定最迟装运日期,则应在合理时间内开证,以使受益人有足够时间备妥货物并予出运。开证申请人应做的工作包括以下几项:

1. 填写开证申请书。进口商办理开证手续时,除了要递交有关合同的副本及附件外,还应填写开证申请书。特别要注意:开证申请书中所列内容应与买卖合同条款一致;不得将与信用证无关的内容和合同中过细的条款填入开证申请书中;不能将模糊的或有争议的内容填入申请书。

2. 开证申请人提交保证金或抵押品。开证行要先对开证申请书的内容进行审核,看其各类项目是否齐全、有无矛盾等。在此基础上,对开证申请人的资信(包括开证申请人的经营状况、资金实力和经营作风等)做仔细的调查,根据不同开证申请人的资信情况给予不同的授信额度。如果开证申请人申请开证的金额小于授信额度,则不需交付保证金或抵押品。如果开证金额大于授信额度,则对超过部分向开证申请人收取保证金或抵押品,具体做法如下:

(1)现金作押,即向开证行交付一定的现金,或者从存款账户中扣存;

(2)开证申请人也可提供抵押品;

(3)开证申请人还可以向开证行提交由其他银行或金融机构出立的保函。

3. 开证申请人向开证行支付开证费用。申请人需按开证金额的一定比例向开证行支付开证手续费,在开证当日按当天牌价(中间价)折算成人民币支付;其他费用则按实报实销的原则处理。

4. 开证行开立信用证。开证行开立信用证主要包括以下几个方面:

(1)选择开立信用证的方式。根据开证申请书的要求选择开证方法:电开或信开。

(2)按照要求开立信用证。开证行应该严格按照开证申请书开立信用证,开证申请书是开证行开证的基础。

(3)审核并签发信用证。开立信用证后,开证行的有关人员需认真审证。审证无误后,应由相应级别的有权签字人签发信用证。

(4)承担义务和责任。申请人对开证行承担的主要义务如下:①申请人必须偿付开证行为取得单据向受益人支付的货款,在其付款前,作为物权凭证的单据仍属于银行;②如果单据与信用证条款相一致而申请人拒绝"赎单",则其作为担保的存款或账户上已被冻结的资金将归银行所有;③申请人有向开证行提供开证所需的全部费用的责任。

开证行对申请人所承担的责任如下:①开证行一旦收到开证的详尽指示,就有责任尽快开证;②开证行一旦接受开证申请,就必须严格按照申请人的指示行事。

(三)信用证的通知

1. 开证行选择通知行。开证行在选择通知行时,通常会考虑通过其在出口商所在地的分支机构或代理行。这是因为分支机构或代理行之间定期交换密押、印鉴(签字样本),可以通过密押的审核和印鉴的一致来确定信用证的真实性。

2. 通知行核对信用证的真实性。如果通知行愿意通知信用证,则应合理谨慎地鉴别所通知的信用证表面的真实性,即核对电开信用证的密押或信开信用证的印鉴,只要密押、印鉴无误,通知行就可以确认其表面的真实性。如果印、押不符或无法核对,通知行必须马上将其无法鉴别的事实通知开证行。

3. 通知行对来证进行记录。通知行在核对密押或印鉴无误后,应马上对收到的信用证进行登记,其内容通常包括:开证行名称、来证地区和国家名称、来证的开证日期和收到日期、来证路线、信用证号码、受益人、金额和币别等。信用证登记完毕后,一般应及时地将信用证的副本归档备查。

4. 通知行通知信用证。通知行在确认信用证的真实性并将有关信用证的情况记录在案后,向受益人通知信用证。

(1)若系信开信用证,则通知行应缮制信用证的通知书,说明信用证的真实性,将通知书、正本信用证交给受益人。

(2)若系电开信用证,则通知行应照来电复印,复印本随附面函通知受益人,原本留存。

三、信用证开立应注意的问题

微课:开立信用证应注意的问题

向银行申请开立信用证,是一件技术性和专业性都很强的工作,做得不好就可能引起多次改证和付出不必要的费用,从而使进口商增加进口成本,因此,信用证开立的指示必须明确,申请人必须时刻牢记跟单信用证交易是一种单据交易,而不是货物交易。银行具体经办信用证结算业务的工作人员不是商人或企业家,因此,申请人不能期望他们能充分了解每一笔交易中的技术术语。即使进口商将买卖合同中的所有条款都写入信用证中,如果受益人真的想行骗,进口商也无法得到完全保护。这就需要银行与申请人共同努力,运用常识来避免开列对各方均显累赘的信用证。具体来讲,在申请开立信用证时,应注意以下几点:

1. 申请开立信用证前,对于国家管制商品、限制商品一定要落实进口批准手续及做好购汇准备。

2. 开证时间的掌握应以受益人收到信用证后在合同规定的装运期内能出运为原则。

3. 开证申请书填写完毕,为节省费用并避免日后改证,最好把开证申请书先发送给出口商,与受益人事先进行沟通,待双方对开证申请书中的所有条款达成一致后再开立信用证。

4. 开证要求“证同一致”,必须以买卖双方签订的合同为依据。如果货物描述过多、过长,则可以注明“详情参照××合同”的字样,但不能将有关合同作为附件附在信用证后,因信用证是一个独立的文件,不依附于任何贸易合同。

5. 汇票的付款期限要与买卖合同的付款期限相吻合,如为远期,则要明确远期汇票的付款期限以及起算日期,价格条款必须与相应的单据要求、负担费用及表示方法相吻合。

6. 由于银行是凭单付款,它不管货物质量如何,也不受合同约束,所以为使货物质量符合规定,可在开证时规定要求受益人提供商品检验检疫证书,明确货物的品质规格,并指定检验检疫机构。

7. 单据条款要明确。开证时必须列明需要受益人提供的单据种类、份数,规定各单据表述的内容及签发机构。特别是对于运输单据、保险单据和商业发票以外的单据,开证申请书中更应标明出单人及单据措辞等内容。

8. 合同规定的条款应转化在信用证相应的条款里并应“单据化”。因为在信用证付款方式下,只要单据表面与信用证条款相符,开证行就必须按规定承担第一性的付款责任。如果信用证申请书中含有某些条件而未列明应提交与之相应的单据,那么银行将认为未列此条件,不予理睬。

9. 国外通知行由开证行指定。如果进出口商在订立合同时坚持指定通知行,则可供开证行在选择通知行时作参考。

10. 在信用证中规定是否允许分批装运、转运，是否接受第三方运输单据等条款。

11. 如果采用空运，则不应在申请书中要求受益人提交一张以上的正本空运单据，因为只有第三张正本空运单是签发给发货人的。

12. 各银行事先印制的固定格式申请书中凡涉及选择的项目，一律在有关项目前打"×"表示选中。

13. 除非有特殊要求和规定，信用证申请书原则上应以英文开立。

14. 我国银行一般不接受开立由他行保兑的信用证及带电索条款的信用证，对可转让信用证也持谨慎态度。

15. 开证申请书文字应力求规范。进口商要求银行在信用证上载明的事项，必须完整、明确。应避免使用"适宜海运""尽快"或类似的词语，这样一方面可使银行处理信用证或受益人履行信用证条款时有所遵循，另一方面也可据此保护自己的权益。

第二节　填制开证申请书

凡经营国际结算业务的银行都有自己的信用证开立申请书，内容不尽相同，现以中国银行的开证申请书（见样例 2-1）为例，介绍信用证开证申请书的主要内容及填制规范。

一、开证申请书正面内容及填写要求

1. To（致）。填写开证行的名称，银行一般都在申请书上印有银行名称，无须填写。有些银行的开证申请书除了印有开证行名称、地址外，银行的 Swift Code 也要同时显示。

2. Date（申请开证日期）。一般在申请书右上角填写实际申请日期。

3. Applicant（申请人）。填写申请人的全称及详细地址，有的要求注明联系电话、传真号码等。

4. Credit number（信用证号码）。信用证号码由银行填写。

5. Date and expiry（信用证的有效期和到期地点）。有效期一般较最迟装运期晚 10~15 天，到期地点一般在受益人所在国。

6. Advising bank（通知行）。由开证行填写。

7. Beneficiary（受益人）。填写受益人的全称及详细地址。

8. Partial shipment（分批装运）。根据合同的实际规定在允许和禁止分批前的方框内打"×"表示选中。

9. Transshipment（转运）。根据合同的实际规定在允许和禁止转运前的方框内打"×"表示选中。

10. Amount（信用证金额）。分别用小写的数字和大写的文字两种形式表示，

并且表明币制。如果允许有一定比率的上下浮动，则要在信用证中明确表示出来。

11. Loading on board/dispatch/taking in charge at/from, not later than, for transport to(装运地/港，最迟装运日期，目的地/港的名称)。按实际填写，如允许有转运地(港)，也应清楚标明。

12. Trade terms(贸易术语)。在所提供的六种常用的贸易术语前选择适用的一种，在方框内打"×"表示选中。如果没有适用的贸易术语，则可在"or other terms"后填写实际的贸易术语。

13. Credit available with/by(兑付方式)。指定的有关银行及其兑付的方式，在"Any bank"(任何一家银行)、"Advising bank"(通知行)中选择所适用的一种并在方框内打"×"表示选中；在"by sight payment"(即期)、"by acceptance"(承兑)、"by negotiation"(议付)和"by deferred payment"(延期)四种有效兑付方式中选择一种，并在方框内打"×"表示选中，要与合同规定的相一致。

在 Against the documents detailed herein(随附下列单据)是否还需 beneficiary's draft(受益人汇票)后面进行选择，如果需要，就在方框内打"×"表示选中，并同时标明汇票的金额和付款的期限；如果不需要，汇票就留空不进行选择。

汇票金额应根据合同规定填写为：发票金额的一定百分比或发票金额的 100%(全部货款都用信用证支付)；如部分信用证、部分托收时按信用证下的金额比例填写。付款期限可根据实际填写"即期"或"远期"；如属后者，则必须填写具体的天数。付款人应该是开证行或者指定付款行。

14. Documents required(单据条款)。各银行提供的申请书中已印就的单据条款通常有十几条，从上至下一般为商业发票、运输单据(海运提单、空运单、铁路运单等)、保险单、装箱单、品质证书、装运通知和受益人证明函等，适用哪种单据就在前面的括号内打"×"表示选中。如果要求提交超过上述所列范围的单据，则可在 Other documents, if any(其他单据)后填写具体的单据名称、份数、出单人及其措辞。如有的合同要求提交 Certificate of No Solid Wood Packing Material(无实木包装材料证明)、Certificate of Free Sale(自由销售证明书)、Certificate of Conformity(合格证明书)等。申请人填制这部分内容时应依据合同规定，不能随意增加或减少。选中某单据后对该单据的具体要求(如要否签字、正副本的份数、单据中应标明的内容等)也应如实填写。

15. Description of goods(商品描述)。合同规定的货物描述有商品名称、规格、包装、单价条款和唛头等。所有内容都必须与合同内容相一致，尤其是价格条款、数量条款。价格条款里附带"As per Incoterms 2020"、数量条款中规定"More or Less"或"About"、使用某种特定包装物等特殊要求必须清楚列明，同时注明该商品正确的海关编码。

16. Additional instructions(附加指示)。该栏目通常体现为以下一些印就的条款。如需要已印就的上述条款，则可在条款前括号内打"×"表示选中。

(1) All banking charges outside the issuing bank are for beneficiary's account. 所有开证行以外的银行费用由受益人承担。

(2) Documents must be presented within ×× days after the shipment date but within the validity of this credit. 单据必须在提单日后××天送达银行并且不超过信用证有效期。

(3) Third party as shipper is not acceptable. Short form/unclean/charter party B/L is not acceptable. 第三方作为托运人不能接受,略式/不清洁/租船提单不能接受。

(4) Both quantity and amount ×× pct more or less are allowed. 数量与金额允许××%增减。

(5) Prepaid freight drawn in excess of L/C amount is acceptable against presentation of original charges voucher issued by shipping Co. /Air Line/or its agent. 银行接受凭船公司/航空公司或其代理人签发的正本运费收据索要超过信用证金额的预付运费。

(6) All documents to be forwarded in one cover unless otherwise stated above. 除非有相反规定,所有单据应一次提交。

(7) All documents must indicate contract number and L/C number. 所有单据加列合同和信用证号码。

(8) Document issued prior to the date of issuance of credit not acceptable. 不接受早于开证日出具的单据。

(9) Other terms, if any. 对合同涉及但未印就的条款还可以作补充填写。

17. Account No. , name of bank, Tel. No. , Fax No. and E-mail(账号、开户行、联系电话、传真和邮箱地址等内容)。按照实际情况由申请人进行填写。

18. Name, signature of authorized person(授权人名称、签字等内容)。申请人的法人代表签字、盖章。

样例 2-1　开证申请书

IRREVOCABLE DOCUMENTARY CREDIT APPLICATION

TO: BANK OF CHINA, TIANJIN BRANCH ①　　　　DATE: OCT. 16, 2022 ②

Applicant: ③ TIFERT TRADING CO. , LTD NO. 86, ZHUJIANG ROAD, TIANJIN, CHINA	Irrevocable Documentary Credit No. ④
	Date and place of expiry NOV. 25, 2022 IN CHINA ⑤
Advising bank ⑥	Beneficiary ⑦ NIKON IMAGING JAPAN INC RM 101, INTERNATIONAL BLDG, TOKYO, JAPAN

续表

<table>
<tr><td>Partial shipments ⑧

☒allowed ☐not allowed</td><td>Transshipment ⑨

☒allowed ☐not allowed</td><td>Amount: ⑩
USD15 600. 00(SAY U. S. DOLLARS FIFTEEN THOUSAND SIX HUNDRED ONLY.)</td></tr>
<tr><td colspan="2">loading on board/dispatch/taking in charge at/from ⑪
TOKYO, JAPAN
not later than NOV. 10, 2022
for transportation to: TIANJIN, CHINA</td><td rowspan="2">Credit available with ☒ any bank ☐ advising bank ⑬
☐ by sight payment ☐ by acceptance
☒ by negotiation
☐ by deferred payment at ____
against the documents detailed herein
☒ and beneficiary's draft for 100 pct of invoice value at SIGHT on opening bank</td></tr>
<tr><td colspan="2">Trade terms
☒ FOB☐CFR ☐CIF ⑫
☐ FCA ☐CPT ☐CIP
or other terms:</td></tr>
<tr><td colspan="3">Documents required(marked with X) ⑭
1. (×) Beneficiary's manually signed commercial invoice in __3__ copies indicating this L/C No and contract No. S/C TF201016 (photo copy and carbon copy not acceptable as original).
2. (×) Full set(including __3__ original and __2__ non-negotiable copies) of clean on board ocean bills of lading made out to ☐__________ ☒ the order of ISSUING BANK ☐ order and blank endorsed, marked "freight to collect" and notify applicant.
3. ( ) Air waybills consigned to__________, marked "freight__________" and notify__________.
4. ( ) Railway bills marked "freight__________" and consigned to__________.
5. ( ) Full set(including__________ original and __________ copies) of Insurance Policy/Certificate for 110% of the invoice value showing claims payable in China, in same currency of the credit, blank endorsed, covering all risks and war risk as per(☐ ocean marine transportation/☐air transportation/☐over land transportation).
6. (×) Weight list/Packing list in __3__ copies issued by ____ indicating quantity of goods, gross and net weights of each package and packing conditions.
7. (×) Certificate of origin issued by relative authority.
8. (×) Certificate of Quantity & Weight in __3__ copies issued by __OMIC__ indicating the actual quantity/weight of the shipped goods as well as the packing condition.
9. ( ) Certificate of Quality in ____copies issued by________.
10. (×) Beneficiary's certified copy of fax dispatched to the applicant within __2__ calendar days after shipment advising ☒ name of vessel/☐flight No. / ☐wagon No., shipment date, quantity, weight and value of shipment.
11. (×) Beneficiary's certificate certifying that one set of copy of documents have been dispatched to applicant according to the contract terms.
12. ( ) Other documents, if any</td></tr>
<tr><td colspan="3">Description of goods: H. S. CODE 9006 5100 ⑮
1 000 SETS OF NIKON CAMERA MODEL NO. D850 USD120. 00/SET FOB TOYKO DETAILS AS PER S/C NO. TF221016</td></tr>
</table>

续表

<table>
<tr><td colspan="2">
Additional Conditions: ⑯
1. (×) All banking charges outside the issuing bank are for beneficiary's account.
2. (×) Documents must be presented within 15 days after the shipment date but within the validity of this credit.
3. (×) Third party as shipper is not acceptable. Short form/unclean B/L is not acceptable.
4. (×) Both quantity and amount 5 pct more or less are allowed.
5. ( ) Prepaid freight drawn in excess of L/C amount is acceptable against presentation of original charges voucher issued by shipping Co./Air Line/or its agent.
6. (×) All documents to be forwarded in two lots unless otherwise stated above.
7. ( ) Other terms, if any:
</td></tr>
<tr><td>
⑰
ACCOUNT NO: 092211100000
WITH BANK OF CHINA, TIANJIN BRANCH (name of bank)
TRANSACTED BY:
TELEPHONE NO: 022-88006000
FAX: 022-88006666
E-MAIL: info@tifert.com
</td><td>
⑱
TIFERT TRADING CO., LTD
泰佛贸易有限公司
*
Applicant: name, signature of authorized person
(With seal)
</td></tr>
</table>

二、开证申请书背面的承诺书

开证申请人承诺书

中国银行:

我公司已办妥一切进口手续,现请贵行按我公司开证申请书内容开出不可撤销跟单信用证,为此我公司愿不可撤销地承担有关责任如下:

一、我公司同意贵行依照ICC最新修订版的《跟单信用证统一惯例》办理该信用证项下一切事宜,并同意承担由此产生的一切责任。

二、我公司保证按时向贵行支付该证项下的货款、手续费、利息及一切费用等(包括国外受益人拒绝承担的有关银行费用)所需的外汇和人民币资金。

三、我公司保证在贵行单到通知书中规定的期限之内通知贵行办理对外付款/承兑,否则贵行可认为我公司已接受单据,同意付款/承兑。

四、我公司保证在单证表面相符的条件下办理有关付款/承兑手续。如因单证有不符之处而拒绝付款/承兑,我公司保证在贵行单到通知书中规定的日期之前将全套单据如数退还贵行并附书面拒付理由,由贵行按国际惯例确定能否对外拒付。如贵行确定我公司所提拒付理由不成立,或虽然拒付理由成立,但我公司未能退回全套单据,或拒付单据退到贵行已超过单到通知书中规定的期限,贵行有权主动办理对外付款/承兑,并从我公司账户中扣款。

五、该信用证及其项下业务往来函电及单据如因邮、电或其他方式传递过程中发生遗失、延误、错漏,贵行当不负责。

六、该信用证如需修改,由我公司向贵行提出书面申请,由贵行根据具体情况确定能否办理修改。我公司确认所有修改当由信用证受益人接受时才能生效。

七、我公司在收到贵行开出的信用证、修改书副本后,保证及时与原申请书核对,如有不符之处,保证在接到副本之日起两个工作日内通知贵行。如未通知,当视为正确无误。

八、因申请书字迹不清或词意含混而引起的一切后果由我公司负责。

TIFERT TRADING CO., LTD

开证申请人

泰弗贸易有限公司

2022年10月16日

知识链接

新版《ISBP821》

在《ISBP745》发布10周年之际,国际商会再次对国际标准银行实务进行了修订并于2023年7月1日正式生效,成为国际商会第821号出版物。本次修订侧重"更新"而非"修改",主要将2013年《ISBP745》出版以后历年商会意见中较为典型、没有争议的分析结论纳入其中,进行增补,以便保持惯例与意见的一致性,确保国际标准银行实务与时俱进。本次修订新增的内容不算多,所体现的《UCP600》和《ISBP745》中的总体精神并未改变,新增的内容主要强调和明确了相关具体问题的审核原则和把握标准。主要修订新增之处如下:

1. TA813 (2014) 联合运输提单由船长签署,另加盖了一个包含船名、船公司名称和承运人名址的印章。

New paragraphs (D5 (e), E5 (e), F4 (e)) has been added stating that the signature of the master (captain) may be accompanied by a stamp that incorporates the name of the vessel.

2. TA814rev4 (2015) 能否仅以"$"符号表示美元?

A new paragraph (C7) has been added providing that an invoice presented under an LC issued in USD, bearing only the "$" sign without further qualification, fulfils the requirement of UCP 600 sub-article 18 (a) (iii) unless data in the invoice itself, or another presented document, implies that the "$" sign may refer to a currency other than USD.

3. TA818rev (2015) 商业发票上"收件人"方框中填写了申请人的详细信息。

A new paragraph (A17 (b)) has been added stating that there is no requirement for the applicant's name, address and contact details (if any) to appear in a specific box, field or space on an invoice.

4. TA835rev (2015) 保险公司代表签署保单时未表明其名称。

A new paragraph (K2 (b)) has been added stating that UCP 600 does not require that an agent or proxy is to be named in an insurance document and move existing paragraph K2 (b) to K2 (c).

5. TA836rev (2015) 船长签署了租船提单，另加盖了一个含有船名和运输公司的印章。

A new paragraph (G4 (c)) has been added stating that the signature of the master (captain) may be accompanied by a stamp that incorporates the name of the vessel.

6. TA837rev (2015) "Industries"与"Ind"。

"Industries" has been added to paragraph A1 (Abbreviations).

7. TA842rev3 (2016) 发票副本需要签署吗?

A new paragraph (A31 (b)) has been added stating that copies of documents need not be signed and move existing A31 (b) to A31 (c).

8. TA876rev (2017) 受益人证明上的信用证号码问题。

New Preliminary Consideration (paragraph viii) stating that the absence of a credit reference number, or the mistyping of a credit reference number, on a document is not a valid reason for refusal.

9. TA915rev (2021) 信用证中的"管理性条件"问题。

New Preliminary Consideration (paragraph ix) providing that administrative conditions such as a requirement for an additional photocopy of all documents, or a statement that all documents may not be stapled, should not be incorporated by an issuing bank in a credit.

本章小结

开证申请书是银行开立信用证的依据，是申请人与开证行之间明确彼此权利与义务关系的契约。开证申请书通常一式三份(银行两份，客户一份)，申请书包括两个部分：第一部分是请求银行开出信用证的内容；第二部分是进口企业对开证行的承诺书，以明确双方的责任。

开立信用证通常要经过填写开证申请书、开证申请人提交保证金或抵押品、开证申请人向开证行支付开证费用、开证行开立信用证、通知行通知信用证等环节。

本章以中国银行开证申请书为例，重点介绍了申请书各个栏目的填写规范以及信用证开立应该注意的各个问题。

本章测试

一、动脑思考

1. 开证申请书的含义是什么？
2. 开立信用证的基本程序共有哪些？
3. 申请人与开证行相互间的义务和责任各是什么？
4. 开立信用证基础性的工作有哪些？
5. 开立信用证应该注意的问题是什么？

二、动手操练

实训操作(一)：

泰佛贸易有限公司经过友好洽商与曼谷食品公司就进口大米签署合同(见样例2-2)一份，作为泰佛贸易有限公司的业务员请与中国银行天津分行办理有关信用证开立手续，填写一份中国银行开证申请书(见样例2-3)。

样例2-2 大米购货合同

泰 佛 贸 易 有 限 公 司 正 本

TIFERT TRADING CO., LTD (ORIGINAL)

天津市河西区珠江道86号

NO. 86, ZHUJIANG ROAD, TIANJIN, CHINA

购 货 合 同 编号 NO. TF-SC2022

PURCHASE CONTRACT 日期 DATE：2022/11/8

卖方

Sellers：BANGKOK FOOD COMPANY

地址

Address: 5-18 ISUKI-CHOHAKI, BANGKOK, THAILAND

电话　　　　　　　　　　　　　　　　　　　　　　　　传真

Tel: 0066-2-282828　　　　　　　　　　　　　　　　　Fax: 0066-2-2282829

兹经买卖双方同意成交商品订立条款如下：

The undersigned Sellers and Buyers have agreed to close the following transaction according to the terms and conditions stipulated below:

货物名称及规格 NAME OF COMMODITY AND SPECIFICATTION	数量 QUANTITY	单价 UNIT PRICE	金额 AMOUNT
Thai Rice　F. A. Q. 2022 Broken Grains (Max.)　20% Admixture (Max.)　0. 2% Moisture (Max.)　10%	2 000M/T	CIF TIANJIN USD360. 00	USD720 000. 00
	总值 TOTAL AMOUNT: USD720 000. 00 Say U. S. Dollars Seven Hundred And Twenty Thousand Only		

REMARKS: With 5% more or less both in amount and quantity allowed at the seller's option

PACKING: 50kg to one gunny bag. Total 40 000 bags.

SHIPMENT: To be effected during December 2022 from Bangkok, Thailand to Tianjin, China allowing partial shipments not allowing transshipment

INSURANCE: To be covered for 110% of invoice value against All Risks as per and subject to Ocean Marine Cargo Clauses (2021) of PICC Property and Casualty Company Ltd, China.

PAYMENT: The buyers shall open an L/C at sight to reach the seller before November 25, 2022 and valid for negotiation in Thailand until the 15th day after the date of shipment.

卖方 SELLERS　　　　　　　　　　　　　　　　　　买方 BUYERS

BANGKOK FOOD COMPANY　　　　　　　　　　　　TIFERT TRADING CO. ,LTD

样例 2-3　中国银行开证申请书

IRREVOCABLE DOCUMENTARY CREDIT APPLICATION

TO: BANK OF CHINA TIANJIN BRANCH	Date:
☐Issue by airmail　☐With brief advice by teletransmission ☐Issue by express delivery ☐(which shall be the operative instrument)	Credit No. Date and place of expiry
Applicant	Beneficiary (Full name and address)
Advising Bank	Amount

续表

<table>
<tr><td>Partial shipments
□allowed □not allowed</td><td>Transshipment
□allowed □not allowed</td><td rowspan="3">Credit available with ________

By □payment □acceptance □negotiation

against the documents detailed herein
and beneficiary's draft(s) for ____% of invoice value at ____ sight
drawn on ____</td></tr>
<tr><td colspan="2">Loading on board/dispatch/taking in charge at/from

not later than
For transportation to:</td></tr>
<tr><td colspan="2">Trade Terms
□FOB □CFR □CIF
□or other terms</td></tr>
<tr><td colspan="3">Documents required: (marked with ×)
1. ( ) Signed commercial invoice in ____ copies.
2. ( ) Full set of clean on board Bills of Lading made out to order and blank endorsed, marked "freight [ ] to collect / [ ] prepaid [ ] showing freight amount" notifying ________________.
( ) Airway bills/cargo receipt/copy of railway bills issued by ________________ showing "freight [ ] to collect/[ ] prepaid [ ] indicating freight amount" and consigned to________________.
3. ( ) Insurance Policy/Certificate in ______ copies for ____% of the invoice value showing claims payable in ______ in currency of the draft, blank endorsed, covering All Risks, War Risk and ____________.
4. ( ) Packing List/Weight Memo in ______ copies.
5. ( ) Certificate of Quantity/Weight in ______ copies issued by ________________.
6. ( ) Certificate of Quality in ______ copies issued by [ ] manufacturer/[ ] public recognized surveyor.
7. ( ) Certificate of Origin in ______ copies .
8. ( ) Beneficiary's certified copy of fax / email dispatched to the applicant within ______ days after shipment advising L/C No., name of vessel, date of shipment, name, quantity, weight and value of goods.
9. Other documents, if any

Description of goods:
Quantity
Price term:
Additional instructions:
1. ( ) All banking charges outside the opening bank are for beneficiary's account.
2. ( ) Documents must be presented within ______ days after date of issuance of the transport documents but within the validity of this credit.
3. ( ) Third party as shipper is not acceptable, Short form/unclean B/L is not acceptable.
4. ( ) Both quantity and credit amount ____% more or less are allowed.
5. ( ) All documents must be sent to issuing bank by courier/speed post in one lot.
6. ( ) Other terms, if any</td></tr>
</table>

实训操作(二):

2022 年 5 月,主要从事包装产品、造纸原材料等产品进出口业务的泰佛贸易有限责任公司与加拿大哈罗德有限公司签订了购买 100 公吨新闻纸的进口合同(见样例 2-4),按照合同要求进口商于 5 月 20 日向天津中信银行提出开立信用证的申请,请根据买卖双方签订的进口合同,填写中信开证申请书(见样例 2-5)。

样例 2-4　新闻纸购货合同

PURCHASE CONTRACT

No. TIFERT220515

Date: MAY 15TH 2022

THE BUYER: TIFERT TRADING COMPANY LTD.
NO. 86, ZHUJIANG ROAD, TIANJIN, CHINA
FAX: 022-85665678
TEL: 022-85665679
EMAIL: TIFERT@ trade. com

THE SELLER: HAROLD COMPANY LIMITED
NO. 28, HAROLD STREET, TORONTO, CANADA
TEL: 001-212-24245656
FAX: 001-212-24245658
EMAIL: HAROLD@ trade. net

THE UNDERSIGNED SELLERS AND BUYERS HAVE CONFIRMED THIS CONTRACT IN ACCORDANCE WITH THE TERMS AND CONDITIONS STIPULATED BELOW:

1. COMMODITY: NEWS PRINTING PAPER
2. MATERIAL: 100% RECYCLED PULP
3. QUALITY: BRIGHTNESS 58%±2%
   SMOOTHNESS ≥48S
   OPACITY ≥90%
   MOISTURE 7%~8%
4. QUANTITY: 100MTS(+/-10%)
5. UNIT PRICE: USD750. 00/MT CFR XINGANG, CHINA
6. TOTAL VALUE: USD75 000. 00 (SAY US DOLLARS SEVENTY-FIVE THOUSAND ONLY)
7. PACKING : IN ROLLS WRAPPED WITH FILM OF 50KGS EACH, GROSS FOR NET
8. TIME OF SHIPMENT: BEFORE JULY 20, 2022 WITH PARTIAL SHIPMENTS AND TRANSHIPMENT NOT ALLOWED
9. PORT OF SHIPMENT: TORONTO, CANADA
10. PORT OF DESTINATION: XINGANG, CHINA
11. INSURANCE: TO BE COVERED BY THE BUYER
12. PAYMENT: THE BUYER SHALL OPEN THROUGH A BANK ACCEPTABLE TO THE SELLER AN IRREVOCABLE LETTER OF CREDIT PAYABLE BY DRAFT AT 90 DAYS AFTER SIGHT FOR TOTAL CONTRACT VALUE TO REACH THE SELLER 15DAYS BEFORE THE MONTH OF SHIPMENT, VALID FOR FREE NEGOTIATION IN TORONTO UNTIL THE 15TH DAY AFTER SHIPMENT.

13. SHIPPING ADVICE: THE SELLER SHALL IMMEDIATELY UPON THE COMPLETION OF THE LOADING OF THE GOODS ADVISE THE BUYER OF THE CONTRACT NO., NAME OF COMMODITY, LOADED QUANTITY, INVOICE VALUE, GROSS WEIGHT, NAME OF VESSEL AND SHIPMENT DATE BY MAIL.

SELLERS　　　　　　　　　　BUYERS

RONALD　　　　　　　　　　王宏

样例 2-5　中信银行开证申请书

IRREVOCABLE DOCUMENTARY CREDIT APPLICATION

(Please mark x in appropriate boxes)

TO: China CITIC Bank Tianjin Branch　　　　　　Date:

<table>
<tr><td colspan="2">Credit to be issued by
□Full Teletransmission
□Airmail
□With A Preliminary Advice by Teletransmission</td><td colspan="2">Irrevocable Documentary Credit No.
Date and Place of Expiry Date:
Place:</td></tr>
<tr><td colspan="2">Advising Bank</td><td colspan="2">Beneficiary (Name and Address)</td></tr>
<tr><td colspan="2">Applicant (Name and Address)</td><td colspan="2">Currency Code and Amount
In Figures:
In Words:</td></tr>
<tr><td>Partial Shipments
□allowed
□not allowed</td><td>Transshipment
□allowed
□not allowed</td><td colspan="2" rowspan="2">Credit available with
□any bank □advising Bank
□by sight payment □by acceptance
□ by negotiation □by deferred payment
against presentation of the documents detailed herein and □beneficiary's draft for % of invoice value at
□sight □ ____ days sight
□ ____ days after date of shipment
drawn on □Issuing Bank □____</td></tr>
<tr><td colspan="2">Loading on board/dispatch/taking in charge at /from
For transportation to
Latest Date of Shipment</td></tr>
<tr><td colspan="2">Trade Term: □FOB □CFR □CIF
□other term (please specify):</td><td>Form of L/C
□Transferable
□Not Transferable</td><td>Confirmation
□Confirm
□Without</td></tr>
<tr><td colspan="4">Documents Required: (marked with x)
1. □ Signed Commercial Invoice in ____ originals and ____ copies indicating L/C No. and Contract No.
2. □ Full set □2/3 set (including ____ originals and ____ non-negotiable copies) of clean on board ocean Bills of Lading made out to order and blank endorsed, marked Freight □Collect □Prepaid, notifying □Applicant with full name and address □________________
3. □ Full set (including ____ originals and ____ copies) of Insurance Policy/Certificate for at least 110% of the invoice value showing claims payable in China in currency of the draft, blank endorsed, covering □ocean marine transportation □air transportation □overland transportation all risks, war risks and ________________
4. □ Packing List/Weight Memo in ____ originals and ____ copies indicating ________________</td></tr>
</table>

续表

5. ☐ Beneficiary's Certified Copy of Fax /E-mail dispatched to the applicant within hours after shipment advising name of vessel /flight No. /wagon No. , B/L No. , loading port /airport of departure, date of shipment, contract No. , L/C No. , commodity, quantity, weight and value of shipment 6. ☐ Other documents: Description of the goods: Additional Conditions 1. ☐All Banking charges and interest, if any, outside Issuing Bank and our reimbursement charge are for account of the Beneficiary. 2. ☐Documents to be presented within ____ days after the date of shipment but within the validity of the Credit. 3. ☐Both quantity and amount ____% more or less are allowed. 4. ☐Other terms:	
Signature and Seal of the Applicant Contact Person: Tel. No. Fax No.	For bank user only

第三章　信用证分析

知识目标

1. 了解信用证的概念、特点、当事人、种类等基础知识
2. 熟悉不同银行开立信开证的格式特点及其主要内容

技能目标

1. 掌握SWIFT信用证的主要内容，特别是升级后SWIFT报文格式
2. 掌握如何快速、巧妙地看懂信用证的主要条款

素质目标

1. 培养耐心细致的工作作风
2. 树立终身学习的意识

案例库

我北方某轻工进出口公司向加拿大某公司出口山地自行车500辆,合同规定用熏蒸过的木箱包装,对方开来信用证规定 PACKED IN WOODEN CASE(CKD)。我轻工进出口公司具体经办人员按照合同要求将500辆山地自行车备妥后顺利装运出口,所有单证都按照信用证要求缮制,即装箱单上也明确标明:PACKED IN WOODEN CASE(CKD),但是500辆自行车运至目的港后被进口国海关以"单货不符"为由罚款并征收了高额进口关税,随后加拿大进口商要求我轻工进出口公司承担由此带来的高额进口税费,否则不办理提货手续。

课程思政

本案例中,原来我轻工进出口公司按照合同规定出口500辆山地自行车整车,但是客户开立信用证要求包装改为CKD,我出口公司具体经办人员在阅读分析信用证过程中,一是忽略了CKD字样,二是没有弄清楚信用证中CKD(全称为COMPLETELY

KNOCKED DOWN 是完全拆散的意思)的真正含义即行装船,且所有单证均按照信用证要求缮制,导致"单货不符"。因此,被海关课以罚款和征收较高的进口关税。在国际贸易中,散件通常比整件的进口税率低,对此,我方轻工进出口公司理应赔偿。

信用证是一项自足文件,一经开出,即独立于合同之外,买卖双方的权利和义务皆以信用证规定为准。本案例中,原合同规定出口500辆山地自行车整车,但是对方开来信用证规定 PACKED IN WOODEN CASE(CKD)要求散件出运。如果经办人员分析信用证时足够细心,肯定能发现这一变动,如若不清楚 CKD 的含义,理应向前辈请教或者与进口商沟通再次确认山地车的出运状态,绝对不能想当然行事。

从中我们不难看出,掌握扎实的专业知识是何等的重要、看懂信用证并真正理解信用证中的各项条款又是何等重要,分析信用证是审核信用证的前提。因此,在实际业务中,培养自己耐心细致的工作作风,工作上精益求精,并养成终身学习的意识,不断积累实际业务中常用的英文缩写,这样才能保证企业的经济利益不受损失,做到安全及时收汇。

第一节　信用证概述

信用证(Letter of Credit,简写为 L/C)是国际贸易中常用的结算方式之一。与电汇和托收不同,信用证属于银行信用,对买卖双方都能起到保护作用,特别是在新客户之间达成的交易中,更是被作为首选的付款方式。但信用证支付方式较之电汇和托收,产生的银行费用较多,因此常被客户称为"最昂贵"的付款方式,在当今的国际贸易实际中使用此付款方式有下降的趋势。

一、信用证的概念

国际商会在《UCP600》中将信用证定义为:一项不可撤销的安排,无论其名称或描述如何,该项安排构成开证行对相符交单予以承付的确定承诺。(Credit means any arrangement, however named or described, that is irrevocable and thereby constitutes a definite undertaking of the issuing bank to honour a complying presentation)

从以上定义中我们容易看出,《UCP600》与《UCP500》的一个显著区别在于,自此以后银行开出的信用证全部为不可撤销的,不再有可撤销和不可撤销之分。

二、信用证当事人

依据信用证种类不同,所涉及的当事人也会略有不同,《UCP600》对信用证基本的当事人定义如下。

(一)申请人

申请人:指要求开立信用证的一方。(Applicant means the party on whose request the credit is issued.)

(二)受益人

受益人:指接受信用证并享受其利益的一方。(Beneficiary means the party in whose favor a credit is issued.)

(三)开证行

开证行:指应申请人要求或者代表自己开出信用证的银行。(Issuing bank means the bank that issues a credit at the request of an applicant or on its own behalf.)

(四)通知行

通知行:指应开证行的要求通知信用证的银行。(Advising bank means the bank that advises the credit at the request of the issuing bank.)

(五)议付行

议付行:指向受益人预付或者同意预付款项而购买相符交单的汇票及/或单据的银行。(Negotiating bank means the bank that purchase the drafts and/or documents under a complying presentation by advancing or agreeing to advance funds to the beneficiary.)

(六)付款行

付款行:指向议付行进行偿付的银行。(Paying bank means the bank that reimburse the negotiating bank.)

(七)保兑行

保兑行:指根据开证行的授权或要求对信用证加具保兑的银行。(Confirming bank means that adds its confirmation to a credit upon the issuing bank's authorization or request.)

(八)指定银行

指定银行:指信用证可在其处兑用的银行,如果信用证可在任一银行兑用,则任何银行均为指定银行。(Nominated bank means the bank with which the credit is available or any bank in the case of a credit available with any bank.)

三、信用证支付方式的特点

(一)信用证是一种银行信用

信用证是开证行应开证申请人请求开立的,开证行负第一性的付款责任,开证行的付款依据是"相符交单"(Complying Presentation)。只要受益人提交的单据做到相符交单,便能得到付款。在信用证付款方式下,开证行取代进口商负第一性的付款责任。

(二)信用证是独立于买卖合同之外的自足文件

信用证的开立虽然以买卖合同为基础,但信用证一经开立就成为独立于合同之外的另一种契约。就其性质而言,信用证与作为其开立基础的合同是相互独立的,即使信用证中含有对此类合同的任何援引,银行也与该合同无关,且不受其约束。信用证所约束的是开证行与受益人之间的契约关系,而买卖合同所约束的是买卖双方的契约关系。

(三)信用证是典型的单据买卖

信用证的独立性意味着信用证业务实质上是典型的单据买卖,即开证行买入单据,受益人因出售单据而获得信用证项下的款项。《UCP600》第五条规定银行处理的是单据,而不是单据所涉及的货物、服务或其他行为。(Banks deal with documents and not with goods, services or performance to which the documents may relate.)

四、信用证的种类

信用证从不同的角度可以分为多种,一份信用证同时可具备多种属性,具体如下:

(一)跟单信用证与光票信用证

1. 跟单信用证(Documentary L/C)。这是指开证行凭跟单汇票或仅凭单据付款的信用证。实际业务中使用的信用证绝大部分是跟单信用证。

2. 光票信用证(Clean L/C)。这是指开证行仅凭不附单据的汇票(光票)付款的信用证。

(二)即期信用证与远期信用证

1. 即期信用证(Sight L/C)。这是指开证行或付款行收到符合信用证条款的跟单汇票或装运单据后,立即付款的信用证。

在即期信用证中,有时加列电汇索偿条款(T/T Reimbursement Clause),即开证行授权议付行议付后,拍电报或通过SWIFT通知开证行或指定的付款行,说明提交的单据与信用证要求一致,开证行或指定付款行接到通知后,即用电汇将货款拨交议付行。

2. 远期信用证(Usance L/C)。这是指开证行或付款行收到符合信用证规定的单据后,不立即付款,而是待信用证规定的到期日再付款的信用证。

使用远期信用证,一方面,双方都要承担汇价风险;另一方面,出口商收回货款之前要承担利息上的损失,如果出口商将利息加到货价上,则进口商就要支付较高的价格,降低产品的竞争力。

远期信用证按利息由谁来承担又分为真远期信用证和假远期信用证(Usance L/C payable at Sight),前者利息的损失由受益人自己承担,后者利息的损失由开证申请人承担,受益人能够即期收到十足货款,它是开证行给予进口商的资金融通方式。

(三)保兑信用证与非保兑信用证

1. 保兑信用证(Confirmed L/C)。这是指开证行开出的信用证,由另一家银行保证对符合信用证条款规定的单据履行付款义务。保兑是指开证行以外的银行对信用证承担付款责任。保兑信用证不仅有开证行的付款保证,而且有保兑行的兑付保证,保兑行与开证行一样负第一性付款责任,这种有双重保证的信用证对出口商最为有利。

2. 非保兑信用证(Unconfirmed L/C)。这是指开证行开出的信用证没有经另一家银行保兑的信用证。

(四)可转让信用证与不可转让信用证

1. 可转让信用证(Transferable L/C)。这是指信用证规定受益人(第一受益人）可将使用信用证的权利转让给其他人（第二受益人）的信用证。

信用证只有注有“可转让”的字样时才允许转让并且只能转让一次，但第二受益人重新将信用证再转让给第一受益人不在此限制内。如果信用证允许分批装运（分批支款），则将信用证金额分别转让给几个第二受益人（总和不超过信用证金额），该项转让被视为一次转让。卖方在合同项下的交货义务不随信用证的转让而转移，就是说信用证转让后，如果第二受益人不能履行交货义务，最后还由第一受益人完成交货义务。

2. 不可转让信用证（Non-transferable L/C）。这是指受益人不能将信用证的权利转让给他人的信用证。未注明“可转让”者，即为不可转让信用证。

（五）议付信用证、承兑信用证与付款信用证

1. 议付信用证（Negotiation L/C）。这是指允许受益人向某一指定银行或任何银行交单议付的信用证。一般在单据相符的条件下，议付银行扣除利息和手续费后买入汇票和/或单据，若以后不能向开证行收回款项，议付行可向受益人追索款项。议付的实质是指履行议付责任的被指定银行或履行议付责任的任何银行对信用证项下受益人提交的相符单据给付对价，即凭相符单据向受益人垫付款项。议付信用证又分为限制议付信用证（规定了议付行）和自由议付信用证（可在任何银行进行议付）两种。

2. 承兑信用证（Acceptance L/C）。这是指银行就受益人提交的汇票和/或单据审核无误后，承兑汇票并发承兑电，到期后再付款的信用证。经银行承兑的汇票可以到金融市场进行贴现提前收回资金。

3. 付款信用证（Payment L/C）。这是指信用证指定的付款行凭受益人提交的符合信用证条款的单据付款的信用证。它又分为即期付款信用证和迟期付款信用证。即期付款是指付款行收到受益人提交的符合信用证条款的单据后立即履行付款责任，而迟期付款是指付款行在信用证规定的到期日再履行付款责任。无论是即期付款信用证还是迟期付款信用证，受益人均无须开立汇票，开证行或指定的付款行凭相符单据付款，故无法在金融市场进行融资。而且付款行的付款是终局的，若以后不能向开证行收回款项，不能向受益人追索，则银行将承担所有风险，故银行一般不愿使用此种信用证。

（六）对背信用证

对背信用证（Back to Back L/C）是指受益人要求原证的通知行或其他银行以原证为基础，另开的一张内容相似的新证。对背信用证的受益人可以是国外的，也可以是国内的。

对背信用证的内容除开证申请人、受益人、金额、单价、装运期、有效期等可有变动外，其他条款一般与原证相同。由于修改对背信用证的条款时，新证的开证人需得到原证开证人的同意，所以修改比较困难，且需较长时间。

对背信用证主要用于以下几种情况：中间商转售他人货物，从中图利；两国不能直接办理进出口贸易而需要通过第三国进行交易；原证是不可转让的；原证的受益人不能提供全部规定的货物等。

(七)对开信用证

对开信用证(Reciprocal L/C)是指两张信用证的开证申请人互以对方为受益人而开立的信用证。第一张信用证的受益人和开证人是第二张回头信用证的开证人和受益人,第一张信用证的开证行和通知行分别是第二张信用证的通知行和开证行。两张信用证的金额可以相等,也可以不等。两张信用证可以同时互开、同时生效,也可以先后开立,先后生效。

对开信用证是易货贸易、进料加工或补偿贸易业务中常采用的一种结算方式,因交易的双方都担心对方凭第一张信用证出口或进口后,另一方不履行进口或出口的义务,于是就采用这种互为联系、互为条件的开证办法,彼此得以约束。

(八)循环信用证

循环信用证(Revolving L/C)是指在一定时间内信用证被全部或部分使用后,能够重新恢复信用证原金额并再度使用,周而复始,直至达到该证规定的次数或累计总金额用完为止的信用证。循环信用证又可分为按时间循环信用证和按金额循环信用证,按金额循环信用证又可进一步分为自动循环信用证、非自动循环信用证和半自动循环信用证等。

循环信用证适用于分批装运的长期供货合同,其优点是进口方可以不必多次开证从而节省开证费用,同时也可简化出口方审证、改证等手续,有利于合同的履行。

(九)预支信用证

预支信用证(Anticipatory L/C)是指开证行授权通知行,允许受益人在装运交单前预支全部或部分货款的信用证。它是由开证行保证偿付并负担利息的信用证,是进口商通过银行开立给出口商的一种以出口贸易融资为目的的信用证。

适用预支信用证的情况通常有三种:一是该货供不应求,买方急于得手而想提前付款;二是卖方是买方在出口国的采购代理,或进行的是跨国公司内部交易;三是买方向卖方预先提供资金,帮助其克服资金不足的困难,从而使出口商降低价格。

(十)备用信用证

备用信用证(Standby L/C)是指开证行根据开证申请人的请求向受益人开立的承担某项义务的凭证,即当开证申请人未能按时偿还借款、预收款或支付货款,或未能履约时,开证行保证付款。因此,如果开证申请人按期履行合同义务,受益人就无须要求开证行在备用信用证项下支付任何货款或赔偿,所以称为"备用"信用证。

第二节 信开证

一、信开证简介

信开本信用证(Mail Credit or To be Opened by Airmail)简称"信开证",是指开证行根据开证申请人的要求,将信用证的全部内容用银行印就的信函格式开具并签署，用航空或快递的方式邮寄到通知行，再由通知行通知受益人。开证行与通知行之间应事先建立代理行关系，互换签字样本，以便通知行凭签字样本核对信开证上开证行的签字辨别信用证的真伪。这种开证方式时间长，但费用较低。对于装运日期较长或金额较小的信用证通常以信开方式开出。随着通信技术日益发达，现在信开证已不是很常用。

二、信开证格式特点

（一）格式不统一

因为每家银行的信函纸不同，所以各家银行开出的信用证从外观上看千差万别，格式非常不统一。

（二）表面内容不清晰

有些银行的信函格式预先印就的条款比较多，但这些条款不一定适用每笔进出口交易，因此，开证行在应开证申请人请求开立信用证时，不得不删除不适用的条款，然后在信函纸的空白处重新添加适用的条款，造成信用证表面内容不清晰，甚至不容易辨认。

（三）条款内容不规范

各家银行开立的信用证条款随意性很强，没有统一的栏目位置，有些条款甚至与其他条款混合在一起。比如：有些银行开立的信用证把最迟装运期与单据条款中的提单混合在一起。（Full set of clean on board ocean bill of lading made out to order notify applicant marked freight prepaid not later than Mar. 20, 2022.）再比如：将信用证的有效期与开证行保证付款的责任文句放到一起。[We hereby engage with the drawers, endorsers and bona fide holders of draft(s) drawn under and in compliance with the terms of the credit that such draft(s) must be negotiated in Japan on or before January 31, 2022.]

三、信开证主要内容

依据每笔交易的具体情况不同，每家银行开立的信开证的主要条款内容也各不相同，其格式更是千差万别，但就其实质内容而言，信用证主要涵盖以下几方面内容：

（一）信用证本身说明

1. 信用证类型（form of credit）；

2. 信用证号码（L/C number）；

3. 开证日期（date of issue）；

4. 信用证金额（credit amount）；

5. 信用证有效期和到期地点（date and place of expiry）；

6. 信用证兑用的方式（credit available with...by）。

（二）信用证当事人

1. 开证行（opening/issuing bank）；

2. 通知行(advising/notifying bank);
3. 开证申请人(applicant);
4. 受益人(beneficiary)。

(三)汇票条款

1. 出票人(drawer);
2. 付款人(drawee);
3. 收款人(payee);
4. 付款期限(tenor);
5. 出票依据(drawn under clauses)。

(四)货物条款

1. 货物的品名、货号和规格(commodity name, article No. and specification);
2. 单价和数量(unit price including trade terms and quantity);
3. 包装(packing);
4. 唛头(shipping marks)。

(五)装运条款

1. 装运港(port of loading);
2. 目的港或卸货港(port of destination/discharge);
3. 装运期(latest shipment date);
4. 装运方式(means of transport);
5. 是否分批装运(partial shipments allowed/not allowed);
6. 是否转船运输(transshipment allowed/not allowed)。

(六)单据条款

1. 单据的种类(type of document);
2. 单据的份数(the number of copies of each document);
3. 单据的填制要求(requirements for each document);
4. 出单人(issuer of each document)。

(七)其他条款

1. 特别或附加条款(special/additional clause);
2. 开证行对议付行的指示(instruction to negotiating bank);
3. 背批议付金额条款(endorsement clause);
4. 索汇方法(method of reimbursement);
5. 寄单方法(method of dispatching documents);
6. 开证行的付款保证(engagement/undertaking clause);
7. 惯例适用(subject to UCP clause);
8. 开证行签字(signature)。

四、信开证实样列举(见样例3-1)

样例3-1　信开证

ORIGINAL

PUBLIC BANK BERHAD
(INCORPORATED IN MALAYSIA)
ڤبليک بيڠک برحد　大众银行

BRANCH ADDRESS NO. 21 JALAN 9 KEPONG BARU
52107 KUALA LUMPUR
MALAYSIA

IRREVOCABLE DOCUMENTARY CREDIT　NUMBER 1506191518

Date of issue 28TH DECEMBER 2019

☐ Confirmation of our cable/telex dated

ADVISING BANK
BANK OF CHINA
TIANJIN
CHINA

APPLICANT
CEMERLANG RAYA (M) SDN BHD
LOT A14 JALAN KANAN
TAMAN KEPONG INDUSTRIAL AREA
52100 KUALA LUMPUR MALAYSIA
TELEX: RAYACO MA27061/FAX: 603-6367611

BENEFICIARY
TIANJIN NATIVE PRODUCE IMPORT & EXPORT CORPN.,
33 HARBIN ROAD
TIANJIN
CHINA

AMOUNT
US$4686.00
USD4,686-00

Expiry date for negotiation in country of beneficiary
27TH MARCH 2020　3/27

Dear Sir(s)

We hereby issue in your favour this Documentary Credit which is available by your drafts drawn on Applicant at - SIGHT in duplicate for 100% invoice value bearing the clause 'Drawn under PUBLIC BANK BERHAD Kepong Branch L/C No 1506191518' accompanied by the following documents (in duplicate unless otherwise specified) and the instructions marked ☒

☒ Documents against ☒ Payment ☐ Acceptance

☒ XXXXXX Signed Commercial Invoice XXXXXXXXXXXXXXXXXXXX

☒ XXXXXX Certificate of Chinese Origin *** by beneficiary must be shown as deduction from invoice value

☒ XXXXX Weight note and Packing list

☒ Insurance Policy/Certificate endorsed in Blank for 10% above full invoice value with claims payable at Kuala Lumpur in the currency of draft(s) irrespective of percentage covering XXXXXXX XXXXXXXXXXXXXXXXXXXXXXXXXXXXXXXXXXXXXXXXXXXXXXXXXXXXXXX XXXXXXXXXXXXXXXXXXXXXXXXXXXXXX all risks & TPND as per CIC Clause with extended cover up to buyer's warehouse in Kuala Lumpur. If transipment is effected, risks of transhipment must be covered.

☐ Insurance to be effected by Buyer

☒ Beneficiary is required to telex/fax to applicant advising shipment details immediatly when shipment is effected. Relevant original copy of telex/fax must accompany the documents presented for negotiation. If transhipment is effected, / & tranship agent's name/telex number must be advised.

☒ Full set of Clean Shipped On Board Marine Bills Of Lading made out to the Order of PUBLIC BANK BERHAD NOTIFY APPLICANT marked ☒ Freight Prepaid ☐ Freight Payable at Destination

Evidencing shipment of IRON FRYING PAN as per sales confimation No. TS7010 Packing:12pcs/ctn.
Art No.: WEG340 - 120 pcs; WEG360 - 120 pcs; WEG380 - 360pcs;
WEG410 - 480 pcs; WEG430 - 840pcs; WEG460 - 840 pcs.

Shipping Marks:
RAYACO
PORT KELANG

SPECIAL CONDITION: 1) Goods must be loaded into 1 X 20' container FCL/FCL, under service type of Bill of Lading. 2) 10% plus or minus both quantity and amount is acceptable. 3) All charges for amendment on this LC as requested **

SHIPMENT FROM Chinese Port	TO CIF Port Kelang	
LATEST SHIPMENT DATE 17th March 2020	PARTIAL SHIPMENT ☒ Allowed ☐ Not Allowed	TRANSHIPMENT ☒ Allowed ☐ Not Allowed

SPECIAL CONDITIONS

☒ All bank charges outside MALAYSIA including Advising, Negotiation and Reimbursement Commission are for beneficiary's account.

☒ The documents must be presented not later than 10 (ten) days after the date of issuance of the bill of lading (or other shipping documents). Nevertheless such presentation must not be after the expiry of this Documentary Credit.

☒ All shipping documents must indicate the Documentary Credit number.

☒ Beneficiary's certificate to the effect that one set of non-negotiable copies of shipping documents has been sent by registered express airmail /XXXXXXXXXXXX XXXXXXXXXXXXXXXXXXXXXXXXXXXXXX direct to applicant within 4 days of shipment date is

☐ required. Relevant postal receipt must accompany the documents presented for negotiation.

INSTRUCTIONS TO NEGOTIATING BANK

☒ The drafts and documents are to be forwarded to us by two consecutive registered airmail XXXXXXXXXX

☐ Upon receipt of your documents, we shall cover you as requested.

☒ In reimbursement, please draw ☒ at sight. ☐ on maturity which we shall advise on
THE BANK OF CALIFORNIA
400 CALIFORNIA STREET
SAN FRANCISCO CA94104
U.S.A.

We hereby engage with drawers and/or bona fide holders that drafts drawn and negotiated in conformity with the terms of this credit will be duly honoured on presentation and that drafts accepted within the terms of this credit will be duly honoured at maturity.
The amount of each draft negotiated must be endorsed on the reverse of this credit by the negotiating bank.
Yours faithfully,
for PUBLIC BANK BERHAD

№ 098337

THIS CREDIT IS SUBJECT TO THE UNIFORM CUSTOMS AND PRACTICE FOR DOCUMENTARY CREDITS (2007 REVISION) INTERNATIONAL CHAMBER OF COMMERCE PUBLICATION NO. 600

第三节　SWIFT 信用证

一、SWIFT 简介

SWIFT 是“环球银行间金融电讯协会”(Society for Worldwide Interbank Financial Telecommunication)的简称,是国际银行同业间的国际合作组织,该组织设有自动化的国际金融电讯网,凡参加 SWIFT 组织的成员银行,均可使用 SWIFT 办理开立信用证以及外汇买卖、证券交易、托收等业务。该组织成立于 1973 年,目前全球大多数国家大多数银行已使用 SWIFT 系统。

凡是通过 SWIFT 系统开立或通知的信用证称为 SWIFT 信用证,也称“全银电协信用证”。通过 SWIFT 开立信用证的电文格式有 MT700 和 MT701,修改信用证的格式代码为 MT707 和 MT708。其中 MT 是 MESSAGE TYPE 的缩写,所有与信用证有关的往来电文都是以 7 开头的报文格式。为适应国际贸易和银行业务的发展变化,满足监管合规要求,方便大数据运用,提高报文直通处理率,SWIFT 组织在多方收集、整理各国用户对 SWIFT 报文的改进需求后,于 2018 年 11 月 18 日对信用证相关报文的内容进行升级。鉴于目前信用证大多是 SWIFT 信用证,因此有必要对 SWIFT 信用证进行了解。

扩展资源:MT700 报文升级内容逐项解析

二、SWIFT 信用证的特点

首先,SWIFT 需要会员资格。我国的大多数专业银行都是其成员。

其次,SWIFT 的费用较低。同样多的内容,SWIFT 的费用只有 TELEX(电传)的 18%左右,只有 CABLE(电报)的 2.5%左右。

再次,SWIFT 的安全性较高。SWIFT 的密押比电传的密押可靠性强、保密性高,且具有较高的自动化。

最后,SWIFT 的格式具有标准化。对于 SWIFT 电文,SWIFT 组织有着统一的要求和格式。

三、SWIFT 信用证电文表示方式

(一)项目表示方式

SWIFT 项目的固定格式为编号、条款属性和条款内容,如:31D DATE AND PLACE OF EXPIRY:221125 CHINA。其中,“31D”就是编号,条款属性是“信用证有效期和到期地点”,条款内容是“221125 CHINA”。其意思就是该证将于 2022 年 11 月 25 日(含本日)在中国到期。

微课:SWIFT 信用证电文表示方式

在 SWIFT 电文中,一些项目是必选项目(Mandatory Field),一些项目是可选项目(Optional Field)。必选项目是必须具备的,如:31D DATE AND PLACE OF EXPIRY

(信用证有效期和到期地点)。可选项目是另外增加的项目,并不一定每个信用证都有的,如:39A PERCENTAGE CREDIT AMOUNT TOLERANCE(信用证金额允许支取的浮动范围)。

(二)日期表示方式

SWIFT 电文的日期表示为:YYMMDD(年月日)。

如:2022 年 3 月 12 日,表示为:220312;

2009 年 10 月 15 日,表示为:091015;

1998 年 12 月 9 日,表示为:981209。

(三)数字表示方式

在 SWIFT 电文中,数字不使用分格号,小数点用逗号来表示。如:

5,152,286.36 表示为:5152286,36;

4/5 表示为:0,8;

5%在 SWIFT 电文没有升级前表示为:5 PERCENT 或 05/05。

升级后在 X 原有 10 个字符“. , - ( ) / ′ + : ?”不变的基础上增加了 13 种特殊字符“= ! " % & * <> ; { @ # _ ”的使用,这样就可以直接表示为 5%。

(四)货币表示方式

在 SWIFT 电文中,货币使用国际上统一的货币代码,每种货币都用三个字母表示。如:

澳大利亚元:AUD;

加拿大元:CAD;

人民币元:CNY;

港元:HKD;

日元:JPY;

英镑:GBP;

美元:USD。

四、SWIFT 信用证的开立、修改及其续接电文格式(见表 3-1、表 3-2、表 3-3 和表 3-4)

表 3-1 跟单信用证开立格式及(MT700)电文

M/O (必/可选)	Tag 项目	Field 项目性质	Contents/Remarks 表示方式/注意事项
M	27	SEQUENCE OF TOTAL (电文页次)	1n/1n 1 位数字/1 位数字,如 1/2,最多是 1/8(一份 SWIFT 信用证最多可以有 7 个 MT701 格式)
M	40A	FORM OF DOCUMENTARY CREDIT (跟单信用证形式)	24x 24 个字符

续表

M/O (必/可选)	Tag 项目	Field 项目性质	Contents/Remarks 表示方式/注意事项
M	40E	APPLICABLE RULES (适用规则) ①UCP LATEST VERSION (统一惯例最新版本) ②eUCP LATEST VERSION (电子化交单统一惯例最新版本) ③UCP URR LATEST VERSION (统一惯例及偿付统一规则最新版本) ④eUCP URR LATEST VERSION (电子化交单统一惯例及偿付统一规则最新版本) ⑤ISP LATEST VERSION (国际备用证惯例最新版本) ⑥OTHER (其他)	在适用其他规则时,同时要在47A注明该信用证适用的具体规则的名称
M	20	DOCUMENTARY CREDIT NUMBER (信用证号码)	16x 16个字符
O	23	REFERENCE TO PRE-ADVICE (预先通知号码)	16x 16个字符
M	31C	DATE OF ISSUE (开证日期)	6n 6位数字
M	31D	DATE AND PLACE OF EXPIRY (信用证有效期和到期地点)	6n 29x 6位数字,29个字符
O	51A	APPLICANT BANK (信用证的开证行)	A or D A或D表示
M	50	APPLICANT (信用证开证申请人)	4 * 35x 4行×35个字符
M	59	BENEFICIARY (信用证的受益人)	4 * 35x 4行×35个字符
M	32B	CURRENCY CODE, AMOUNT (结算的货币和金额)	3a 15n 3个字母,15位数字
O	39A	PERCENTAGE CREDIT AMOUNT TOLERANCE (信用证金额允许支取的浮动范围)	2n/2n 2位数字/2位数字 如:05/05
O	39C	ADDITIONAL AMOUNTS COVERED (包含的额外金额)	4 * 35x 4行×35个字符 (表示信用证所涉及的保险费、利息、运费等额外金额)
M	41A	AVAILABLE WITH... BY... (指定的有关银行及信用证兑付的方式)	A or D A或D表示
O	42C	DRAFTS AT... (汇票付款期限)	3 * 35x 3行×35个字符 (必须与42a同时出现)

续表

M/O (必/可选)	Tag 项目	Field 项目性质	Contents/Remarks 表示方式/注意事项
O	42A	DRAWEE (汇票付款人)	A or D A 或 D 表示 (必须与 42c 同时出现)
O	42M	MIXED PAYMENT DETAILS (混合付款条款细节)	4 * 35x 4 行×35 个字符
O	42P	NEGOTIATION/DEFERRED PAYMENT DETAILS (议付/迟期付款条款细节)	4 * 35x 4 行×35 个字符
O	43P	PARTIAL SHIPMENTS (分装条款) ①ALLOWED ②NOT ALLOWED ③CONDITIONAL	1 * 11x 1 行×11 个字符
O	43T	TRANSSHIPMENT (转运条款) ①ALLOWED ②NOT ALLOWED ③CONDITIONAL	1 * 11x 1 行 x11 个字符
O	44A	PLACE OF TAKING IN CHARGE /DISPATCH FROM.../ PLACE OF RECEIPT (接受监管地/发运地/收货地)	1 * 65x 1 行×65 个字符
O	44E	PORT OF LOADING/AIRPORT OF DEPARTURE (装运港/出发机场)	1 * 65x 1 行×65 个字符
O	44F	PORT OF DISCHARGE/AIRPORT OF DESTINATION (卸货港/目的地机场)	1 * 65x 1 行×65 个字符
O	44B	PLACE OF FINAL DESTINATION/FOR TRANSPORTATION TO.../PLACE OF DELIVERY (最终目的地/运往……/交货地)	1 * 65x 1 行×65 个字符
O	44C	LATEST DATE OF SHIPMENT (最后装船期)	6n 六位数字 (44C 与 44D 不能同时出现)
O	44D	SHIPMENT PERIOD (装运期)	6 * 65x 6 行×65 个字符 (44D 与 44C 不能同时出现)
O	45A	DESCRIPTION OF GOODS AND / OR SERVICES (货物描述)	100 * 65z 100 行×65 个字符
O	46A	DOCUMENTS REQUIRED (单据要求)	100 * 65z 100 行×65 个字符
O	47A	ADDITIONAL CONDITIONS (附加条款)	100 * 65z 100 行×65 个字符
O	49G	SPECIAL PAYMENT CONDITONS FOR BENEFICIARY (对受益人专用支付条款)	100 * 65z 100 行×65 个字符

续表

M/O (必/可选)	Tag 项目	Field 项目性质	Contents/Remarks 表示方式/注意事项
O	49H	SPECIAL PAYMENT CONDITONS FOR RECEIVING BANK (对收报行专用支付条款)	100 * 65z 100 行×65 个字符(通常受益人看不到此条款)
O	48	PERIOD FOR PRESENTATION IN DAYS (交单期限)	3n[/35x] 3n 表示天数,即天数应为 3 的倍数,/ 后的 35x 用于描述运输单据日期以外的其他日期类型,默认交单期是从装运日(SHIPMENT DATE)开始计算,如为运输日期,则后一项内容不填;如起始日期为发票出具日期,则需在天数后面另起一行填写其他起算日,显示为 /INVOICE ISSUING DATE;48 栏如果留空,即指提单日后 21 天交单
M	49	CONFIRMATION INSTRUCTIONS (保兑指示) ①CONFIRM ②MAY ADD ③WITHOUT	7x 7 个字符
O	58A	REQUESTED CONFIRMATION PARTY (被要求加具保兑的银行)	A or D A or D 表示 显示保兑行 SWIFT CODE 或名址,注意通知行与保兑行可以不一致
O	53A	REIMBURSEMENT BANK (偿付行)	A or D A 或 D 表示
O	57A	"ADVISE THROUGH" BANK (第二通知行)	A or D A 或 D 表示
O	71D	CHARGES (费用情况) ①留空 ②OTHER	6 * 35z 6 行 x35 个字符 如果 71D 留空,即指除议付及转让费用外,所有费用由申请人承担
O	72Z	SENDER TO RECEIVER INFORMATION (附言)	6 * 35z 6 行×35 个字符
O	78	INSTRUCTIONTO THE PAYING / ACCEPTING / NEGOTIATING BANK (给付款行、承兑行、议付行的指示)	12 * 65x 12 行×65 个字符

当信用证内容超过 MT700 报文最大录入信息长度时，可以使用 MT701 报文进行补充，最多可使用的 MT701 报文数量从升级前的 3 个增加到 7 个。因此，MT701 报文中 27：Sequence of Total 栏位的报文编号应从 2 开始编制，最多至 8 结束。同时，为了保证报文信息不丢失，确保信用证内容的完整、连续和准确，MT701 报文中 20：Documentary Credit Number 栏位编号必须与其相关联的 MT700 报文编号保持一致。而 MT700 报文指定栏位中的信息不允许与任何相关的 MT701 重复；MT701 报文的内容则不允许和与其相关的 MT700 报文相冲突，见表 3-2。

表 3-2　跟单信用证开立的续接格式 MT701 电文

M/O （必/可选）	Tag 项目	Field 项目性质	Contents/Remarks 内容/注意事项
M	27	SEQUENCE OF TOTAL （电文页次）	1n/1n 如信用证续接有 1 份 MT701，MT700 电文中 27：1/2，MT701 电文中 27：2/2； 如信用证续接有 2 份 MT701，MT700 电文中 27：1/3，2 份 MT701 电文中 27：2/3 和 3/3； 如信用证续接有 7 份 MT701，MT700 电文中 27：1/8，7 份 MT701 电文中 27：2/8…8/8
M	20	DOCUMENTARY CREDIT NUMBER （信用证号码）	16x 16 个字符
O	45A	DESCRIPTION OF GOODS AND/OR SERVICES （货物描述）	100 * 65z 100 行×65 个字符
O	46A	DOCUMENTS REQUIRED （单据要求）	100 * 65z 100 行×65 个字符
O	47A	ADDITIONAL CONDITIONS （附加条款）	100 * 65z 100 行×65 个字符
O	49G	SPECIAL PAYMENT CONDITONS FOR BENEFICIARY （对受益人专用支付条款）	100 * 65z 100 行×65 个字符
O	49H	SPECIAL PAYMENT CONDITONS FOR RECEIVING BANK （对收报行专用支付条款）	100 * 65z 100 行×65 个字符（通常受益人看不到此条款）

升级前，除修改信用证到期日、装运地、装运期、有效期、信用证增减额等栏位，大多数修改内容都要在79栏位中进行自由表述，不但各家没有统一的规范，也很容易和原证产生冲突。

升级后的MT707报文取消了79栏位，并把MT707报文的栏位与MT700报文已出现过的栏位一一对应，对MT700的修改都需要通过在MT707的对应栏位内填写修改后的内容来实现。从此以后，信用证修改步入了崭新的"栏位化时代"，审单时可以清晰明了地看到每一个栏位都经历过哪些修改，大大提高了效率，见表3-3。

表3-3 跟单信用证修改格式MT707电文

M/O （必/可选）	Tag 项目	Field 项目性质	Contents/Remarks 内容/注意事项
M	27	SEQUENCE OF TOTAL （电文页次）	1n/1n 1个数字/1个数字，如1/2
M	22A	PURPOSE OF MESSAGE （报文功能）	开证行使用的 ISSU——开出修改 通知行/不加保的保兑行使用的ADVI——通知修改 加保的保兑行使用的ACNF——通知并对本次修改扩展保兑
O	50B	NON-BANK ISSUER 非银行开证人	兼顾非银行开证人特意增加了这一栏位
O	23S	CANCELLATION REQUEST （信用证撤销请求）	专门用来指示撤销信用证
M	40A	FORM OF DOCUMENTARY CREDIT （信用证类型）	24x 24个字符
M	40E	APPLICABLE RULES （适用惯例） ①UCP LATEST VERSION （统一惯例最新版本） ②eUCP LATEST VERSION （电子化交单统一惯例最新版本） ③UCP URR LATEST VERSION （统一惯例及偿付统一规则最新版本） ④eUCP URR LATEST VERSION （电子化交单统一惯例及偿付统一规则最新版本） ⑤ISP LATEST VERSION （国际备用证惯例最新版本） ⑥OTHER （其他）	在适用其他规则时，同时要在47A注明该信用证适用的具体规则的名称

续表

M/O (必/可选)	Tag 项目	Field 项目性质	Contents/Remarks 内容/注意事项
M	26E	NUMBER OF AMENDMENT (修改次数)	3n 3 位数字如:001
M	30	DATE OF AMENDMENT (修改日期)	6n 6 个数字
O	32B	INCREASE OF DOCUMENTARY CREDIT AMOUNT (信用证增额)	3a 15n 3 个字母,15 位数字
O	33B	DECREASE OF DOCUMENTARY CREDIT AMOUNT (信用证减额)	3a 15n 3 个字母,15 位数字
O	50	CHANGED APPLICANT DETAILS (变更后的申请人细节)	4 * 35x 4 行×35 个字符
O	59	CHANGEDBENEFICIARY DETAILS (变更后的受益人细节)	4 * 35x 4 行×35 个字符
O	39A	PERCENTAGE CREDIT AMOUNT TOLERANCE (变更后的信用证金额允许支取的浮动范围)	2n/2n 2 位数字/2 位数字如:05/05
O	39C	ADDITIONAL AMOUNTS COVERED (变更后的信用证额外金额)	4 * 35x 4 行×35 个字符
M	41A	AVAILABLE WITH ... BY ... (变更后的指定银行及信用证兑用方式)	A or D A 或 D 表示
O	42C	DRAFTS AT ... (变更后的信用证汇票付款期限)	3 * 35x 3 行×35 个字符 (必须与 42a 同时出现)
O	42A	DRAWEE (变更后的信用证汇票付款人)	A or D A 或 D 表示 (必须与 42c 同时出现)
O	42M	MIXED PAYMENT DETAILS (变更后的混合付款细节)	4 * 35x 4 行×35 个字符
O	42P	NEGOTIATION/DEFERRED PAYMENT DETAILS (变更后的议付、延期付款细节)	4 * 35x 4 行×35 个字符
O	43P	PARTIAL SHIPMENTS (变更后的分批装运信息)	1 * 11x 1 行×11 个字符
O	43T	TRANSSHIPMENT (变更后的转运信息)	1 * 11x 1 行×11 个字符

续表

M/O (必/可选)	Tag 项目	Field 项目性质	Contents/Remarks 内容/注意事项
O	45B	DESCRIPTION OF GOODS AND/OR SERVICES (货物描述) ①ADD ②DELETE ③REPALL	100 * 65z 100 行×65 个字符 /ADD/代表新增 /DELETE/代表删除 /REPALL/代表替换全部
O	46B	DOCUMENTS REQUIRED (单据要求)	100 * 65z 100 行×65 个字符 同 45B
O	47B	ADDITIONAL CONDITIONS (附加条款)	100 * 65z 100 行×65 个字符 同 45B
O	49M	SPECIAL PAYMENT CONDITIONS FOR BENEFICIARY (对受益人专用支付条款)	100 * 65z 100 行×65 个字符
O	49N	SPECIAL PAYMENT CONDITIONS FOR RECEIVING BANK (对收报行专用支付条款)	100 * 65z 100 行×65 个字符 (通常受益人看不到此条款)
O	71D	CHARGES (修改后原信用证相关费用信息) ①留空 ②OTHER	6 * 35z 6 行×35 个字符 如果 71D 留空,即指除议付及转让费用外,所有费用由申请人承担
O	71N	AMENDMENT CHARGE PAYABLE BY (本次修改的费用支付方)	
O	48	PERIOD FOR PRESENTATION IN DAYS (修改后的交单期限)	3n[/35x] 3n 表示天数,即天数应为 3 的倍数,/后的 35x 用于描述运输单据日期以外的其他日期类型,默认交单期是从装运日(SHIPMENT DATE)开始计算,如为运输日期,则后一项内容不填;如起始日期为发票出具日期,则需在天数后面另起一行填写其他起算日,显示为 /INVOICE ISSUING DATE;48 栏如果留空,即指提单日后 21 天交单

续表

M/O (必/可选)	Tag 项目	Field 项目性质	Contents/Remarks 内容/注意事项
M	49	CONFIRMATION INSTRUCTIONS (修改后的保兑指示) ①CONFIRM ②MAY ADD ③WITHOUT	7x 7 个字符
O	58A	REQUESTED CONFIRMATION PARTY (修改后的被指定加保银行)	A or D A 或 D 表示 显示保兑行 SWIFT CODE 或名址,注意通知行与保兑行可以不一致
O	53A	REIMBURSING BANK (修改后的偿付行)	A or D A 或 D 表示
O	57A	"ADVISE THROUGH" BANK (通知此次修改的第二通知行)	A or D A 或 D 表示
O	72Z	SENDER TO RECEIVER INFORMATION (附言)	6 * 35z 6 行 * 35 个字符
O	78	INSTRUCTIONS TO THE PAYING/ ACCEPTING/NEGOTIATING BANK (修改后的付款指示)	12 * 65x 12 行×65 个字符

升级后新增了 MT708 报文,一次超长的修改可以通过在 1 份 MT707 报文的基础上附加最多 7 份 MT708 报文来实现,见表 3-4。

表 3-4 跟单信用证修改的续接格式 MT708 电文

M/O (必/可选)	Tag 项目	Field 项目性质	Contents/Remarks 内容/注意事项
M	27	SEQUENCE OF TOTAL (电文页次)	1n/1n 1 个数字/1 个数字,如 1/2 一次超长的修改可以通过在 1 份 MT707 报文的基础上附加最多 7 份 MT708 报文来实现
M	20	SENDER'S REFERENCE (信用证号码)	16x 16 个字符

续表

M/O (必/可选)	Tag 项目	Field 项目性质	Contents/Remarks 内容/注意事项
M	23	ISSUING BANK'S REFERENCE (开证行的号码)	16x 16 个字符
M	26E	NUMBER OF AMENDMENT (修改次数)	3n 3 位数字如:001
M	30	DATE OF AMENDMENT (修改日期)	6n 6 个数字
O	45B	DESCRIPTION OF GOODS AND/OR SERVICES (货物描述)	100 * 65z 100 行×65 个字符
O	46B	DOCUMENTS REQUIRED (单据要求)	100 * 65z 100 行×65 个字符
O	47B	ADDITIONAL CONDITIONS (附加条款)	100 * 65z 100 行×65 个字符
O	49M	SPECIAL PAYMENT CONDITIONS FOR BENEFICIARY (对受益人特殊的付款条件)	100 * 65z 100 行×65 个字符
O	49N	SPECIAL PAYMENT CONDITIONS FOR RECEIVING BANK (对收款行特殊的付款条件)	100 * 65z 100 行×65 个字符

五、SWIFT 信用证实样列举(见样例 3-2)

样例 3-2　蓝色染料 SWFIT 信用证

2022NOV. 23 08:30:23		Logical Terminal Y005
MT S700	Issue of a Documentary Credit	Page 00001
		Func TJADPRQ2
MSGACK DWS765I Auth OK, key B10404188c8fD521, bkchcnbj GEBABEBR record		
Basic Header	F 01 BKCHCNBJA200 1201 619225	
Application Header	0 700 1512 041122 GEBABBE36A 2534 322414 * 041122 2212 N FORTIS BANQUE S. A./N. V. * [FORMERLY GENERALE DE BANQUE S. A. (HEAD OFFICE) BRUSSELS] * BRUSSELS	
User Header	Service Code	103:
	Bank. Priority	113:
	Msg User Ref.	108:
	Info. From CI	115:

续表

Sequence of Total	*27:	1/1
Form of Doc. Credit	*40A:	IRREVOCABLE
Applicable Rules	*40E:	UCP LATEST VERSION
Doc. Credit Number	*20:	FOBEB1M481473
Date of Issue	*31C:	221122
Expiry	*31D:	Date 221221 Place IN CHINA
Applicant	*50:	ABC CORP RUE DU 101 BRUXELLES BELGIUM
Beneficiary	*59:	TIFERT TRADING CO.,LTD NO.86,ZHUJIANG ROAD, TIANJIN, CHINA
Amount	*32B:	Currency EUR Amount 23880,00
Available with/by	*41D:	ANY BANK BY NEGOTIATION
Draft at...	42C:	SIGHT
Drawee	42A:	GEBABEBB *FORTIS BANQUE S.A./N.V. *BRUSSELS
Partial Shipments	43P:	ALLOWED
Transshipment	43T:	ALLOWED
Loading in Charge	44E:	ANY CHINESE AIRPORT
For Transport to...	44F:	BRUSSELS NATIONAL AIRPORT
Latest Date of Shipment	44C:	221206
Description of Goods	45A:	
120 KG BLUE DYESTUFF PACKED IN 1 KG ALUMINIUM BOTTLE, 6 BOTTLES IN A CARTON DELIVERY TERMS: CIP BRUSSELS		
Documents required	46A:	
+ ORIGINAL AND 3 COPIES OF SIGNED COMMERCIAL INVOICE + 1 COPY OF CERTIFICATE OF ORIGIN ISSUED BY CCPIT. + ORIGINAL AND 1 COPY OF DETAILED PACKING LIST		

+ ORIGINAL BENEFICIARY'S CERTIFICATE ATTESTING THAT ORIGINAL CERTIFICATE OF ORIGIN, ONE COPY OF INVOICE AND ONE COPY OF PACKING LIST ACCOMPANY THE GOODS.

+ INSURANCE POLICY OR CERTIFICATE IN NEGOTIATION FORM COVERING ALL RISKS AS PER OCEAN MARINE CARGO CLAUSES DD 1/1/2021 OF PICC PROPERTY AND CASUALTY COMPANY LTD INSURANCE AMOUNT MUST COVER THE INVOICE VALUE PLUS 10 PCT INCLUDING IRRESPECTIVE OF PERCENTAGE

+ ORIGINAL FOR THE SHIPPER OF AN AIR WAYBILL MENTIONING ACTUAL DATE OF DISPATCH AND FLIGHT NUMBER, FOR GOODS CONSIGNED TO ABC CORP RUE DU 101 BRUXELLES BELGIUM MARKED FREIGHT PREPAID SHOWING NOTIFY DENY CARGO BUILDING 11 BRUSSELS BELGIUM

Additional Cond.	47A:	

+ A FEE OF EUR60 (OR EQUIVALENT IN OTHER CURRENCY) FOR EACH SET OF DOCUMENTS PRESENTED WITH DISCREPANCY(IES) WILL BE DEDUCTED FROM PROCEEDS.

+ IN CASE OF DISCREPANT DOCUMENTS PRESENTED TO US AND REFUSED BY US, WE MAY RELEASE THE DOCUMENTS TO THE APPLICANT AGAINST PAYMENT/ACCEPTANCE UNLESS WE RECEIVE DISPOSAL INSTRUCTION TO THE CONTRARY FROM THE PRESENTER PRIOR TO OUR RELEASE OF DOCUMENTS

Details of Charges	71D:	ALL CHARGES OUTSIDE OUR COUNTERS ARE FOR BENEFICIARY'S ACCOUNT
PERIOD FOR PRESENTATION IN DAYS	48:	15 DAYS
Confirmation	*49:	WITHOUT
Instructions	78:	

+DRAFT MUST BE ISSUED FOR 100 PERCENT OF INVOICE VALUE AND MUST BEAR THE DATE AND THE NUMBER OF THIS CREDIT.

+THE DOCUMENTS MUST BE SENT TO US IN ONE ENVELOPE BY SPECIAL COURIER (DHL OR SIMILAR) AT THE FOLLOWING ADDRESS:

FORTIS BANK SA/NV ATTN. DOCUMENTARY CREDITS DEPT 1QA8H RUEDES COLONIES B-1000 BRUSSELS/BELGIUM

+AT RECEIPT OF STRICTLY CONFORM DOCUMENTS AT OUR COUNTERS, WE WILL COVER THE NEGOTIATING BANK AS PER ITS INSTRUCTIONS.

Send to Rec info	72:	/TELEBEN/86. 22. 2312. 4405 //FAX. 86. 22. 2331. 1275
Trailer		Order is MAC: PAC: ENC: CHK: TNG: PDE: MAC:743257CE CHK:409843197AC0

六、分析信用证应该注意的问题

1. 注意查看信用证的页次是否齐全,检查信用证是否完整。

2. 查看信用证是否有重复的现象,如果怀疑有重复问题,一定及时通过通知行与国外开证行核实。

3. 信用证一定要从头至尾阅读,一定要仔细,对于不清楚的条款一定要做一个标记,及时与国外进口商核实。

4. 对于信开证,特别要注意信用证空白处、边缘处后来又用打字机或橡皮戳记加注的文字,这些往往是对信用证内容的重要补充或新的修改,因此不能大意。

知识链接

跟单信用证统一惯例的历史回顾

19世纪末,跟单信用证产生于英国,由于它较好地解决了国际贸易中进出口双方的不信任问题,并能为贸易商提供资金融通而得到较快的推广。但是,在跟单信用证产生初期,由于缺乏对信用证的概念和操作的统一解释,在信用证操作方面银行间的做法也比较混乱。

1929年7月,国际商会在阿姆斯特丹会议上正式通过《商业跟单信用证统一规则》(Uniform Regulations for Commercial Documentary Credit),并建议各国于1930年5月15日起实施,这是UCP的第1个版本,使跟单信用证业务摆脱了无章可循的状况。1933年5月,国际商会在维也纳会议上将其修订并更名为《商业跟单信用证统一惯例》(Uniform Customs and Practice for Commercial Documentary Credits)。

1951年6月,为协调美国和其他国家的意见,国际商会在里斯本会议上通过了第1个修订本,该修订本一定程度上协调了各个当事人之间的矛盾,明确了各方的权利和义务,对许多条款和术语作了统一的规定,逐渐为欧洲大陆和美国的银行所接受。

1962年4月,国际商会在墨西哥会议上通过了第2次修订本,更名为《跟单信用证统一惯例》(Uniform Customs and Practice for Documentary Credits),此次修改为英国及英联邦国家所接受,《跟单信用证统一惯例》成为国际上普遍接受和使用的统一惯例。

1974年12月,国际商会对《跟单信用证统一惯例》作了第3次修订。该修订本吸收了集装箱运输及其运输单据的最新发展,并对信用证各方之间的关系作了更明确的区分和界定。

知识链接

1983年6月，国际商会对《跟单信用证统一惯例》作了第4次修改。该版本的最主要修改就是增加了备用信用证的内容，并将体现运输业发展的新技术标准以及电子传输方面的最新发展包含其中。

1993年4月，国际商会对《跟单信用证统一惯例》作了第5次修订，并于1994年1月1日生效实施。该版本的最主要修改就是增加了新的内容，更正了基本概念，明确了议付定义，增加了银行的责任，保障了受益人的利益。

2006年10月，国际商会在巴黎BNP Paribas银行会议大厅举行的ICC银行技术与管理委员会2006年秋季例会上，通过了对《跟单信用证统一惯例》的第6次修改，并于2007年7月1日生效实施，即《UCP600》。

目前世界上大多数国家的银行都采用了《跟单信用证统一惯例》，各国法院几乎都把《跟单信用证统一惯例》作为裁决跨国信用证纠纷的“法律准则”。但《跟单信用证统一惯例》毕竟不是一个国际性的法律规章，只是一个国际贸易惯例，因此要得到这个“法律准则”的保护，必须在信用证上注明根据《跟单信用证统一惯例》某号出版物开立。

本章小结

本章介绍了信用证的概念、信用证当事人、信用证支付方式的特点、信用证的种类，简单介绍了信开本信用证及信开证格式特点、信开证主要内容并列举了信开证实样。

鉴于目前使用的大多是SWIFT信用证，重点介绍有关SWIFT的基本知识，SWIFT信用证的特点，SWIFT信用证电文表示方式，SWIFT信用证的开立、修改及其续文的电文格式，同样列举了SWIFT信用证实样。

本章测试

一、动脑思考

1. 简述信用证的概念及基本当事人。
2. 信用证支付方式有何特点？
3. 信开证的格式特点有哪些？
4. SWIFT信用证的特点有哪些？
5. 简述SWIFT信用证的电文表示方式。

二、动手操练

实训操作(一):

泰佛贸易有限公司餐具科与加拿大客户签署一份价值 46 980 美元陶瓷餐具的出口合同,成交餐具共计 2 032 套,采用信用证方式支付。现客户通过加拿大皇家银行开来信用证(见样例 3-3),请分析该信用证并填写分析单(见样例 3-4)。

样例 3-3 陶瓷餐具信开证

THE ROYAL BANK OF CANADA

BRITISH COLUMBIA INTERNATION CENTRE

1055 WEST GEORGIA STREET, VANCOUVER, B.C. V6E 3P3

CANADA

□CONFIRMATION OF TELEX/CABLE PER-ADVISED　　DATE:APR. 8, 2022

TELEX NO. 4720688 CA　　PLACE:VANCOUVER

IRREVOCABLE DOCUMENTARY CREDIT	CREDIT NUMBER: 01/0501-FCT	ADVISING BANK'S REF. NO.
ADVISING BANK: BANK OF CHINA, TIANJIN BRANCH NO. 80, JIEFANG BEI LU, TIANJIN, CHINA	APPLICANT: NEO GENERAL TRADING CO. #362 JALAN STREET, TORONTO, CANADA	
BENEFICIARY: TIFERTTRADING CO., LTD NO. 86, ZHUJIANG ROAD, TIANJIN, CHINA	AMOUNT: USD46 980.00 (U. S. DOLLARS FORTY SIX THOUSAND NINE HUNDRED AND EIGHTY ONLY)	
EXPIRY DATE: MAY 15, 2022	FOR NEGOTIATION IN APPLICANT'S COUNTRY	
GENTLEMEN: WE HEREBY OPEN OUR IRREVOCABLE LETTER OF CREDIT IN YOUR FAVOR WHICH IS AVAILABLE BY YOUR DRAFTS AT SIGHT FOR FULL INVOICE VALUE ON US ACCOMPANIED BY THE FOLLOWING DOCUMENTS: +SIGNED COMMERCIAL INVOICE IN 3 COPIES. +PACKING LIST IN 3 COPIES, SHOWING THE INDIVIDUAL WEIGHT AND MEASUREMENT OF EACH ITEM. +ORIGINAL CERTIFICATE OF ORIGIN AND 3 COPIES ISSUED BY THE CHAMBER OF COMMERCE. +FULL SET CLEAN ON BOARD OCEAN BILLS OF LADING SHOWING FREIGHT PREPAID CONSIGNED TO ORDER OF THE ROYAL BANK OF CANADA INDICATING THE ACTUAL DATE OF THE GOODS ON BOARD AND NOTIFY THE APPLICANT WITH FULL ADDRESS AND PHONE NO. 77009910.		

<table>
<tr><td colspan="5">+INSURANCE POLICY OR CERTIFICATE FOR 130 PERCENT OF INVOICE VALUE COVERING: INSURANCE CARGO CLAUSES(A) AS PER I. C. C. DATED 1/1/2021.
+BENEFICIARY'S CERTIFICATE CERTIFYING THAT EACH COPY OF SHIPPING DOCUMENTS HAVE BEEN DISPATCHED TO THE APPLICANT WITHIN 48 HOURS AFTER SHIPMENT.
COVERING SHIPMENT OF:
4 ITEMS OF CHINESE CERAMIC DINNERWARE INCLUDING:
DS1511 30-PIECE DINNERWARE AND TEA SET,544SETS
DS2201 20-PIECE DINNERWARE SET,800SETS
DS4504 45-PIECE DINNERWARE SET,443SETS
DS5120 95-PIECE DINNERWARE SET,245SETS
DETAILS IN ACCORDANCE WITH SALES CONTRACT HSDS03027 DATED APR. 3, 2022
[ ]FOB / [ ]CFR / [X]CIF/ [ ]FCA TORONTO CANADA.</td></tr>
<tr><td>SHIPMENT FROM
TIANJIN</td><td>TO
VANCOUVER</td><td>LATEST
APR. 30, 2022</td><td>PARTIAL SHIPMENTS
PROHIBITED</td><td>TRANSSHIPMENT
PROHIBITED</td></tr>
<tr><td colspan="5">DRAFTS TO BE PRESENTED FOR FREE NEGOTIATION IN CHINA WITHIN 15 DAYS AFTER SHIPMENT, BUT WITHIN THE VALIDITY OF CREDIT. ALL DOCUMENTS TO BE FORWARDED IN ONE COVER,BY AIRMAIL,UNLESS OTHERWISE STATED UNDER SPECIAL INSTRUCTION.</td></tr>
<tr><td colspan="5">SPECIAL INSTRUCTION:
+ALL BANKING CHARGES OUTSIDE CANADA ARE FOR ACCOUNT OF BENEFICIARY.
+ALL GOODS MUST BE SHIPPED IN 1x 20' CONTAINER CY TO CY AND B/L SHOWING THE SAME.
+THE VALUE OF FREIGHT PREPAID HAS TO BE SHOWN ON BILLS OF LADING.
+DOCUMENTS WHICH FAIL TO COMPLY WITH THE TERMS AND CONDITIONS IN THE LETTER OF CREDIT SUBJECT TO A SPECIAL DISCREPANCY HANDLING FEE OF USD35.00 TO BE DEDUCTED FROM ANY PROCEEDS.</td></tr>
<tr><td colspan="5">DRAFT MUST BE MARKED AS BEING DRAWN UNDERTHE ROYAL BANK OF CANADA AND ITS NUMBER 01/0501-FCT; THE AMOUNTS ARE TO BE ENDORSED ON THE REVERSE HERE OF BY NEGOTIATING BANK. WE HEREBY AGREE WITH THE DRAWERS, ENDORSERS AND BONA-FIDE HOLDER THAT ALL DRAFTS DRAWN UNDER AND IN COMPLIANCE WITH THE TERMS OF THIS CREDIT SHALL BE DULY HONORED UPON PRESENTATION.
THIS CREDIT IS SUBJECT TO THE UNIFORM CUSTOMS AND PRACTICE FOR DOCUMENTARY CREDITS (2007 REVISION) BY THE INTERNATIONAL CHAMBER OF COMMERCE PUBLICATION NO. 600.
Yours Very Truly,
David Jone   *Joanne Hsan*
AUTHORIZED SIGNATURE   AUTHORIZED SIGNATURE</td></tr>
</table>

样例 3-4 信开证分析单

信用证本身说明	信用证种类		是否生效	□是 □否	密押/印鉴是否相符	□是 □否	是否保兑	□是 □否
	信用证号码		金额		到期地点		兑用方式	
	开证日期		装运日期		有效期		交单期	
当事人	开证行			通知行				
	开证人			受益人				
	付款行			议付行				
汇票条款	出票人			付款期限	□即期	□远期		
				付款金额	□发票全额	□发票的____%		
	收款人			出票依据				
	付款人							
货物描述	品名		规格/货号		贸易术语		唛头	
	数量		包装/件数		单价			
	合同/订单号		溢短装条款		总额			
装运条款	装运港		目的港		分批		转运	
	运输方式	□海运 □空运 □陆运 □其他			装运日期	最早 最晚		
单据条款	种类	份数	签字	主要内容/特别加注				
	发票		□盖章 □手签					
	装箱单		□盖章 □手签					
	提单	托运人		运费支付				
		抬头人		份数				
		通知人		特别加注				
	保险单	抬头人		份数				
		保险险别		赔付地点/币种				
		依据条款		保险加成				
	产地证	种类	□一般原产地证书 □普惠制原产地证书	签发机构		份数		
	检验证	种类	□品质证 □重量证 □其他证书	签发机构		份数		
	其他单据							
特殊条款								

实训操作(二):

泰佛贸易有限公司食品部与沙特阿拉伯客户达成出口 1 700 箱蘑菇罐头的合同,金额为 13 260 美元,采用信用证方式支付。现收到客户通过银行开来的第 0011LC123756 号 SWIFT 信用证(见样例 3-5),请分析信用证,并填写信用证分析单(见样例 3-6)。

样例 3-5 蘑菇罐头 SWIFT 信用证

2022 MAR. 22 09:18:11		LOGICAL TERMINALE102
MT 700		ISSUE OF A DOCUMENTARY CREDIT PAGE00001 FUNCMSG700 UMR06881051
MSGACK DWS765I AUTH OK,KEY B198081689580FC5,BKCHCNBJ RJHISARI RECORO		
BASIC HEADER		F 01 BKCHCNBJA940 0588 550628
APPLICATION HEADER		0 700 1057 010320 RJHISARIAXXX 7277 977367 020213 1557 N * ALRAJHI BANKING AND INVESTMENT * CORPORATION * RIYADH * (HEAD OFFICE)
USER HEADER		SERVICE CODE 103:(银行盖信用证通知专用章) BANK. PRIORITY 113: MSG USER REF. 108: INFO. FROM CI 115:
SEQUENCE OF TOTAL	* 27	1 / 1
FORM OF DOC. CREDIT	* 40A	IRREVOCABLE
APPLICABLE RULES	* 40E	UCP LATESTVERSION
DOC. CREDIT NUMBER	* 20	0011LC123756
DATE OF ISSUE	* 31C	220320
DATE/PLACE OF EXPIRY	* 31D	DATE 220505 PLACE CHINA
APPLICANT	* 50	NEO GENERAL TRADING CO. P.O. BOX 99552, RIYADH 22766,KSA
BENEFICIARY	* 59	TIFERTTRADING CO.,LTD NO. 86,ZHUJIANG ROAD,TIANJIN,CHINA
AMOUNT	* 32B	CURRENCY USD AMOUNT 13260,00
AVAILABLE WITH/BY	* 41D	ANY BANK IN CHINA, BY NEGOTIATION
DRAFTS AT ...	42C	SIGHT
DRAWEE	42A	RJHISARI * ALRAJHI BANKING AND INVESTMENT * CORPORATION * RIYADH * (HEAD OFFICE)
PARTIAL SHIPMTS	43P	NOT ALLOWED

续表

TRANSSHIPMENT	43T	NOT ALLOWED
LOADING ON BRD	44E	CHINA MAIN PORT, CHINA
PORT OF DISCHARGE	44F	DAMMAM PORT, SAUDI ARABIA
LATEST SHIPMENT	44C	220430
DESCRIPTION OF GOODS	45A	ABOUT 1700 CARTONS ROSE BRAND CANNED MUSRHOOM PIECES & STEMS 24 TINS X 425 GRAMS NET WEIGHT (D. W. 227 GRAMS) AT USD 7. 80 PER CARTON CFR DAMMAM PORT, SAUDI ARABIA.
DOCUMENTS REQUIRED	46A	
		+ SIGNED COMMERCIAL INVOICE IN TRIPLICATE ORIGINAL AND MUST SHOW BREAK DOWN OF THE AMOUNT AS FOLLOWS: FOB VALUE, FREIGHT CHARGES AND TOTAL AMOUNT CFR. + FULL SET CLEAN ON BOARD BILL OF LADING MADE OUT TO THE ORDER OF AL RAJHI BANKING AND INVESTMENT CORP, MARKED FREIGHT PREPAID AND NOTIFY APPLICANT, INDICATING THE FULL NAME, ADDRESS AND TEL NO. OF THE CARRYING VESSEL'S AGENT AT THE PORT OF DISCHARGE. + PACKING LIST IN ONE ORIGINAL PLUS 5 COPIES, ALL OF WHICH MUST BE MANUALLY SIGNED. + INSPECTION (HEALTH) CERTIFICATE FROM TIANJIN CUSTOMS OF THE PEOPLE'S REPUBLIC OF CHINA STATING GOODS ARE FIT FOR HUMAN BEING. + CERTIFICATE OF ORIGIN DULY CERTIFIED BY CCPIT STATING THE NAME OF MANUFACTURERS OR PRODUCERS AND THAT GOODS EXPORTED ARE WHOLLY OF CHINESE ORIGIN. + THE PRODUCTION DATE OF THE GOODS NOT TO BE EARLIER THAN HALF MONTH AT TIME OF SHIPMENT. BENEFICIARY MUST CERTIFY THE SAME. + SHIPMENT TO BE EFFECTED BY CONTAINER AND BY REGULARE LINE. SHIPMENT COMPANY'S CERTIFICATE TO THIS EFFECT SHOULD ACCOMPANY THE DOCUMENTS. + INSURANCE POLICY OR CERTIFICATE IN 1 ORIGINAL AND 1 COPY ISSUED OR ENDORSED TO THE ORDER OF AL RAJHI BANKING AND INVESTMENT CORP FOR THE INVOICE VALUE PLUS 10 PERCENT COVERING INSTITUTE CARGO CLAUSES (A) AND INSTITUTE STRIKES CLAUSE.
ADDITIONAL CONDITION	47A	
		+A DISCREPANCY FEE OF USD50. 00 WILL BE IMPOSED ON EACH SET OF DOCUMENTS PRESENTED FOR NEGOTIATION UNDER THIS L/C THE DISCREPANCY FEE WILL BE DEDUCTED FROM THE BILL AMOUNT. +PAYMENT UNDER THE GOODS ARE TO BE APPROVED BY SAUDI GOVERNMENT LAB.

续表

CHARGES	71D	ALL CHARGES AND COMMISSIONS OUTSIDE KSA ON BENEFICIARIES' ACCOUNT INCLUDING REIMBURSING, BANK COMMISSION, DISCREPANCY FEE (IF ANY) AND COURIER CHARGES.
CONFIRMATION	*49	WITHOUT
REIMBURSING BANK	53D	AL RAJHI BANKING AND INVESTMENT CORP RIYADH (HEAD OFFICE)
INSTRUCTION TO PAYING BANK	78	DOCUMENTS TO BE DESPATCHED IN ONE LOT BY COURIER. ALL CORRESPONDENCE TO BE SENT TO ALRAJHI BANKING AND INVESTMENT COPRORATION RIYADH (HEAD OFFICE)
SEND REC INFO	72	REIMBURSEMENT IS SUBJECT TO ICC URR 725
TRAILER		ORDER IS <MAC:> <PAC:> <ENC:> <CHK:> <TNG:> <PDE:> MAC:E55927A4 CHK:7B505952829A HOB:

样例 3-6　SWIFT 信用证分析单

	项目	项目性质(英文)	项目性质(中文)	具体内容
信用证本身说明	27	SEQUENCE OF TOTAL	电文页次	
	40A	FORM OF DOCUMENTARY CREDIT	跟单信用证形式	
	40E	APPLICABLE RULES	适用规则	
	20	DOCUMENTARY CREDIT NUMBER	信用证号码	
	31C	DATE OF ISSUE	开证日期	
	31D	DATE AND PLACE OF EXPIRY	信用证有效期和到期地点	
当事人	51a	APPLICANT BANK	信用证开证行	
	57a	ADVISE THROUGH BANK	通知行	
	50	APPLICANT	信用证开证申请人	
	59	BENEFICIARY	信用证受益人	
金额	32B	CURRENCY CODE, AMOUNT	结算的货币和金额	
兑用	41a	AVAILABLE WITH... BY...	指定的有关银行及信用证兑付的方式	
汇票	42C	DRAFTS AT...	汇票付款期限	
	42a	DRAWEE	汇票付款人	

续表

	项目	项目性质(英文)	项目性质(中文)	具体内容
装运条款	43P	PARTIAL SHIPMENTS	分装条款	
	43T	TRANSSHIPMENT	转运条款	
	44E	PORT OF LOADING/AIRPORT OF DEPARTURE	装运港/出发机场	
	44F	PORT OF DISCHARGE/AIRPORT OF DESTINATION	卸货港/目的地机场	
	44C	LATEST DATE OF SHIPMENT	最迟装运期	
货物描述	45A	DESCRIPTION OF GOODS AND/OR SERVICES	货物描述	
单据条款	46A	DOCUMENTS REQUIRED	单据要求	
特殊条款	47A	ADDITIONAL CONDITION	附加条款	
交单	48	PERIOD FOR PRESENTATION	交单期限	
保兑	49	CONFIRMATION INSTRUCTION	保兑指示	
费用	71D	CHARGES	费用情况	
其他	53D	REIMBURSING BANK	偿付行	
	78	INSTRUCTION TO THE PAYING/ACCEPTING/NEGOTIATING BANK	给付款行、承兑行、议付行的指示	
	72	SENDER TO RECEIVER INFORMATION	附言	

第四章　信用证审核

知识目标

1. 了解信用证的常用条款及其表示方式
2. 熟悉信用证审核的主要依据

技能目标

1. 掌握信用证审核的基本方法和基本技能
2. 掌握信用证的修改原则，能够草拟改证信函

素质目标

1. 培养耐心细致的工作作风
2. 培养精益求精的大国工匠精神

案例库

国内甲公司与国外乙公司成交一笔芸豆出口贸易，合同规定采用信用证支付。随后收到国外客户开抵的信用证，其中部分条款规定："600 M/Tons of Kidney Beans. Partial shipments are allowed in two lots, 400 M/Tons to Antwerp not later than May31,2022 and 200M/Tons to Brussels not later than June 30, 2022"(600公吨芸豆，允许分批装运，分两批，400公吨于2022年5月31日前运至安特卫普，200公吨于2022年6月30日前运至布鲁塞尔。)

国内甲公司有关人员审查信用证条款，未发现什么问题，即与有关货代联系订舱事宜，但是5月末船期和舱位紧张，400公吨必须由两条船分装。货代随即联系国内甲公司，询问安特卫普的400公吨须两条船装是否可以？信用证是否允许分批装运？国内甲公司业务员查对信用证后认为没有问题，因为信用证允许分批装运。所以甲公司于5月18日在A轮装200公吨至安特卫普港，19日装B轮200公吨至安特卫普港。装运完毕，于5月22日即备齐信用证项下的所有单据向议付行办理议付。议付行审核单据后提出异议，但是国内甲公司不承认单据存在不符点，坚持要求议付行寄单至国外开证行。最后决定由甲公司向议付行提供担保函，如

开证行有异议,由甲公司自行承担责任,议付行对开证行仍照常寄单而不表明单据有不符点情况(即对内提不符点,对外不提)。

但单到国外,开证行于5月29日提出:“第×××号信用证项下的单据收到,经审核发现不符点。我信用证规定只分两批装运,400公吨5月31日前运至安特卫普,200公吨6月30日前运至布鲁塞尔。你方于5月18日只装200公吨至安特卫普,5月19日又装200公吨至安特卫普。如此说来,你方起码要装三批以上,所以违背了我信用证规定。我行经研究,无法接受单据。同时我行经与开证申请人联系亦不同意接受单据,速复对单据处理的意见。”

至此,国内甲公司对开证行和议付行关于上述单据的异议做了进一步的分析探讨,才不得不承认以前是误解信用证条款。只好向国外乙公司商洽,最后以降价为条件而结案。

课程思政

本案例的国内甲公司对信用证中的装运条款没有正确地理解,误认为每批之中还可以再分批。议付行在议付时就提出异议,国内甲公司没有引起注意,仍然坚持自己的理解。当时议付行又不接受,双方各执己见,所以才商定采取只是国内甲公司向议付行提供担保议付,而要求议付行仍照常向开证行寄单且不说明有不符点的情况,开证行如有异议由受益人负责。但单寄到国外,于5月29日开证行也提出该不符点,国内甲公司这时才组织有关人员对信用证该条款进行了探讨,发现自己以前的理解是错误的。

从本案例中我们可以看出,审证工作是国际贸易中一项非常重要而又细致的工作,需要对信用证条款有一定理解能力的人员承担这项工作,才能对企业安全收汇起到把关的作用。出口业务整个流程从成交、签订合同到审证(改证)、备货、租船订舱、保险、报验、报关直至装运,任一个环节出现问题,最后均会在单证工作上暴露出来,造成单证不符,被对方拒付货款或拒收货物。本案例的分批装运问题,虽然当时有船舱不足的原因,但审证人员当时认为可以再分批,误解信用证条款、违背信用证条款规定才是造成此次事故的真正原因。因此,我们在实际业务中,一定要熟悉有关国际贸易惯例,要真正理解信用证各个条款的内涵,并严格按照信用证要求进行具体的业务操作,只有做到相符交单,才能保证货款安全及时收回,更要不断关注国际贸易惯例的最新变化,关注前沿动态,做到干到老,学到老,养成终身学习的习惯。

第一节　信用证条款解析

信用证是开证行应买方的请求，开给卖方的一种有条件的银行保证付款的承诺。如果采用信开或普通电开证，不同国家、不同地区开来的信用证，形式繁简差异很大，如果采用 SWFIT 系统开立信用证，格式则基本统一。无论采用哪种形式开立信用证，其基本条款大同小异，现将进出口业务中常见的信用证基本内容解析如下。

一、信用证本身说明

1. 信用证号码。每个信用证都有它的编号（Credit Number ×××）。

2. 信用证的性质。每个信用证都表明它是什么性质的信用证，例如：Documentary Transferable Credit 不可撤销的跟单信用证。

3. 信用证的有效期及到期地点。每个信用证都必须明确列明其有效期及到期地点。

（1）直接写明到期日和到期地点：

Expiry date：Mar. 15，2022 in China for negotiation.　有效期：2022 年 3 月 15 日前，在中国议付有效。

This credit remains valid/in force/good in China until Mar. 15, 2022 inclusive. 本信用证在中国限至 2022 年 3 月 15 日前（含 2022 年 3 月 15 日）有效。

（2）以"交单日期""汇票日期"等表达信用证有效期：

This credit shall cease to be available for negotiation of beneficiary's drafts after Mar. 15, 2022.　本信用证受益人的汇票在 2022 年 3 月 15 日前议付有效。

Bill of exchange must be negotiated within 15days from the date of Bill of lading but not later than Mar. 15, 2022.　汇票自提单日起 15 天内议付，但不能迟于 2022 年 3 月 15 日。

二、信用证当事人

1. 信用证的开证行名称及其详细地址，以及开证日期。其主要表达方式有：

（1）Opening（Issuing, Establishing）Bank　开证行。

（2）Date of issuing　开证日期。

2. 信用证的通知行，即将信用证有关事项通知受益人的银行。其主要表达方式有：

（1）Advising（Notifying）Bank　通知行。

（2）Advised through...　由……（银行）通知。

3. 开证申请人的全称及其详细地址。其主要表达方式如下：

（1）Applicant/ Principal/ Accountee/ Accreditor/ Opener　开证申请人。

(2) At the request of Messrs A　应 A 的请求。

(3) By order of Messrs A　按 A 的指示。

(4) For account of Messrs A　由 A 付款。

(5) At the request of and for account of Messrs A　应 A 的请求并由 A 付款。

4. 受益人的全称及详细地址,其主要表达方式如下:

(1) In favour of Messrs...　以……为受益人。

(2) Beneficiary　受益人。

(3) In your favour　以你方为受益人。

三、信用证的金额及汇票

1. 信用证上的金额有以下几种表达方式:

(1) Amount for a sum not exceeding USD50 000.00　总金额不超过 50 000 美元。

(2) Amount: USD50 000.00 (5% more or less allowed)　金额 50 000 美元(允许增减 5%)。

(3) up to an aggregate amount of USD50 000.00　总金额不超过 50 000 美元。

(4) for the amount of USD50 000.00　金额 50 000 美元。

(5) to the extent of USD50 000.00　总金额不超过 50 000 美元。

2. 信用证上的汇票有以下几种表达方式:

(1) draft(s) drawn on (or upon) us　以我行(指开证行)为付款人出具汇票。

(2) draft(s) are to be drawn at 30 days sight for 100% invoice value on our bank　以我行为付款人按发票十足金额出具见票后 30 天到期的汇票。

(3) You are authorized to draw on Bank of China, Singapore up to an amount not exceeding USD12 500.00　兹授权你方以新加坡中国银行为付款人,开具金额不超过 12 500 美元的汇票。

(4) Credit available with any bank by negotiation against beneficiary's drafts in duplicate for 100% of the invoice value drawn at sight on ××× Bank　以×××银行为付款人,由受益人按发票货值 100%开具的即期一式两份汇票,与任何银行议付有效。

(5) All drafts drawn under this credit must contain the clause "drawn under Bank of China, Singapore Credit No. 61212 dated Aug. 15, 2022."　所有凭本信用证开具的汇票均须包括本条款:"本汇票凭中国银行新加坡分行 2022 年 8 月 15 日开立的第 61212 号信用证开具。"

四、货物描述

货物描述内容一般包括商品名称、品质、数量、单价、贸易术语等。

1. 2 100 dozen of "COOK" brand hoes Art No. H3162-3/4LBS, hoes dark blue painted at USD12.8 per dozen, CIF Tokyo.　2 100 打"厨师"牌锄头,货号 H3162-3/4LBS,深蓝色油漆,每打 12.8 美元 CIF 东京。

2. Shipment of 850 cartons Mount Elephant Brand Canned Water Chestnuts Sliced, Packed in Cartons each of 6 tins × 305g At USD11. 50/carton CFR Montreal As per S/C No. 20GW0203　装运850箱“象山”牌听装马蹄片，纸箱装，每箱6罐×每罐重305克。单价每箱11.50美元CFR蒙特利尔，依据第20GW0203号合同。

五、装运条款

1. 装船期的表达方式有以下几种：

(1) Shipment latest date: June 30th, 2022　最迟装运期2022年6月30日。

(2) Shipment must be effected not later than June 30th, 2022　装运期不得迟于2022年6月30日。

(3) Evidencing shipment/dispatch on or before June 30th, 2022　证明货物于2022年6月30日前装运。

(4) Bills of Lading must be dated not hater than June 30th, 2022　提单日期不得迟于2022年6月30日。

(5) Bills of Lading must be dated not before the date of this credit and not later than June 30th, 2022　提单日期不得早于本信用证开证日期，但不得迟于2022年6月30日。

2. 转船及分批装运的表达方式有以下几种：

(1) Transshipment is allowed/permitted　准许转船。

(2) Transshipment is permitted except at Israeli　除了在以色列港口外准许转船。

(3) Transshipment at Hongkong allowed　允许在香港转船。

(4) Transshipment: prohibited (or not allowed, or not permitted)　不准转船。

(5) Partial shipments are permitted (or allowed)　准许分运。

3. 装运港及目的港的表示法有：

(1) Shipment from China to Karachi　自中国装运往卡拉奇。

(2) Dispatch/Shipment from Chinese port to London　自中国口岸装运往伦敦。

(3) Evidencing shipment from China to Kuwait by steamer in transit to Saudi Arabia　证明从中国用船装运至科威特，转运到沙特阿拉伯。

六、需要提交的结汇单据

1. 信用证中一般都明确规定议付时须提交有关装运单据(Shipping Documents)，其表达方式有：

(1) Documents marked“×”below　须提交下列注有“×”标志的单据。

(2) Documents required　需要下列单据。

(3) Accompanied by the following documents marked“×”in duplicate　随附下列注有“×”标志的单据一式两份。

(4) Draft(s) must be accompanied by the following documents marked“×”

汇票须随附下列注有“×”标志的单据。

(5) available against surrender of the following documents bearing our credit number and the full name and address of the opener 议付时,以提交下列注明本信用证号码及开证申请人全称和详址的各项单据为有效。

2. 信用证中要求提交具体单据的表达方式有:

(1)商业发票(Commercial Invoice):

①Signed invoice in duplicate 已签署的发票一式二份。

②Beneficiary's original signed commercial invoices in 8 copies issued in the name of the buyer indicating the merchandise, country of origin and any other relevant information. 受益人所出具的以买方为抬头人并经签署的正本商业发票一式八份,须列明商品、原产地名称以及其他有关情况。

(2)提单(Bill of Lading):

①Full set clean on board bill of lading made out to order and endorsed in blank marked freight prepaid notify applicant. 全套洁净已装船提单,做成空白抬头、空白背书,注明运费已付,并通知开证申请人。

②Full set/sole original clean on board bill of lading made out to shipper's order endorsed in blank marked freight prepaid and notify applicant. 全套或单张正本洁净已装船提单,做成凭发货人指定抬头、空白背书,注明运费已付,并通知开证申请人。

③Full set of shipped on board ocean bill of lading made out to order marked freight prepaid and notify the applicant. The name and address of shipping agent at destination must be indicated on bill of lading. 全套的已装船海运提单做成空白抬头,注明运费已付,并通知开证申请人,提单上要显示船公司在目的港代理的名称和地址。

(3)保险单(Insurance Policy):

①Insurance is to be effected by buyers/openers/ accreditors 由买方投保。

②Insurance policy/certificate for full invoice value plus 10% covering... marked“×” 保险单或保险凭证,按发票100%金额加10%投保下列注有“×”标志的险别。

③Insurance policies/certificates in duplicate covering WPA and war risks for full CIF invoice value plus 10% subject to ocean marine cargo clauses and war risks clauses of CIC dated 1/1/2021 up to Kuala Lumpur. Claims payable at Kuala Lumpur. 保险单或保险凭证一式二份,按发票100%CIF值加10%,根据2021年1月1日订立的中国保险条款中的海运货物险及战争险条款投保水渍险及战争险至吉隆坡,在吉隆坡索赔。

(4)商检证书:

①Certificate of quality and weight in duplicate 品质和重量证书一式二份。

②Certificate of quality and quantity in triplicate　品质和数量证书一式三份。

(5)包装/重量单：

①Packing/weight list in triplicate　包装/重量单一式三份。

②Weight and measurement list in triplicate　重量及尺码单一式三份。

(6)原产地证书：

①Certificate of origin in triplicate　原产地证书一式三份。

②Generalized system of preference certificate of origin Form A　普惠制原产地证书格式 A。

(7)受益人装船电抄：

①Copy of beneficiary e-mail addressed to... advising the name of steamer, sailing date, number of bill of lading, invoice No. date and amount sent immediately after shipment required.　受益人须在装船后立即发邮件到……通知船名、开船日期、提单号、发票号码、发票日期及发票金额，需提交一份邮件作为结汇单据之一。

②Copy of fax advising the applicant of full shipping particulars within 2 working days after shipment showing: net/gross weight, quantity, B/L number and date, commodity, name of vessel, ETD, ETA, invoice value and L/C number.　装船后两个工作日内传真通知开证申请人装运细节，包括净重/毛重、数量、提单号和日期、货物描述、船名、预计出发时间、预计到达时间、发票金额和信用证号，传真副本作为结汇单据之一。

(8)受益人寄单证明书：

Beneficiary's certificate stating that one set of non negotiable documents have been airmailed directly to applicant within 10 days of shipment.　受益人证书声明在装船后 10 天内已把一套不可议付的装运单据直接航空邮寄给开证申请人，该证明函作为结汇单据之一。

七、其他方面

1. 交单期。

(1)The Documents must be presented within 15 days after shipment, but within credit validity.　必须在装船后 15 天内交单，但须在本信用证有效期内。

(2)Documents to be presented within 15 days after issuance date of transport documents but within credit validity.　必须在运输单据的签发日期后 15 天内交单，但要在本信用证有效期内交单。

2. 特别条款。特别条款主要是根据进口国政治、经济和贸易情况的变化，或每一笔具体交易的需要而作出的特别规定。常见的条款有佣金、折扣、费用议付和索偿等。

(1)Signed invoice must show 5% commission.　经签署的发票须标明 5%的

佣金。

(2)5% commission to be deducted from the invoice value. 5%的佣金须在发票金额中扣除。

(3)Less 3% commission to be shown on separate statement only. 用单独声明书列明所扣3%佣金(暗佣)。

(4)The price quoted includes a discount of 5% which must be shown on your final Invoice but is to be the subject of a separate credit note, the amount of which is to be deducted from your draft. 所列价格中包括5%折扣在内,最后发票上应开列未扣除5%折扣的价格,但须另出一份贷记通知书。汇票金额扣除此项折扣金额。

(5)At the time of negotiation you will be paid less 5%, being commission payable to..., and this should be incorporated on the bank's covering schedule. 议付时,须扣除5%的金额作为付给××的佣金,议付行应将佣金金额填入银行议付通知书。

(6)Port of congestion surcharges, if any, at the time of shipment, is for opener's account. 装运时如有港口拥挤附加费,应由开证申请人负担。

(7)Charges must be claimed either as they arise or in no circumstances later than the date of negotiation. 一切费用须于发生时或不迟于议付期索偿。

(8)15 days grace period permitted in respect of shipment and negotiation of documents in case vessel not available for shipment during the stipulated period. 如本证所规定的装运期内无船可装,装运期及议付单据期限可宽延15天。

3. 信用证保证付款。

We hereby issue this documentary credit in your favour. It is subject to the Uniform Customs and Practice for Documentary Credits(2007 Revision, International Chamber of Commerce Publication No. 600) and engages us in accordance with the terms thereof. 兹开立以你方为受益人的跟单信用证。本证遵守《跟单信用证统一惯例》(2007年修订本,国际商会第600号出版物)的规定,并以此为条件同我行联系办理付款。

第二节 信用证审核详述

一、审核信用证的依据

信用证的审核依据首先应该是买卖双方所签订的合同,信用证中的条款应该与合同中的条款相一致,其次要依据《UCP600》和《ISBP821》。《UCP600》和《ISBP821》虽不是法律,但在国际货款的结算中已被全球各地银行普遍接受,买卖合同中没有规定的相关条款,而恰巧双方又在此类问题上发生争议,就要以

《UCP600》和《ISBP821》的相关规定为准；最后鉴于国际贸易的复杂性，各个国家的贸易做法又不完全相同，因此审核信用证也应结合实际业务中的习惯做法。

二、通知行审核的重点

通知行是指应开证行的要求通知信用证的银行，其权利和义务是验明信用证的真实性并及时澄清疑点，及时把信用证通知给有关受益人，其有权利收取相关费用。这就决定了通知行审证的侧重点与受益人是不同的，其主要是从宏观上把握信用证。通知行的审核与买卖双方签订的合同无关，主要有以下几个方面。

（一）从政策上审核

从政策上审核主要包括审核开证行所在国与我国是不是正常的外交关系，对我国政治态度是友好还是怀有敌意，开证行的政治背景如何，信用证中是否有歧视性内容，等等。

如：信用证中规定"31D: DATE AND PLACE OF EXPIRY 221118 IN REPUBLIC OF CHINA"，我们作为受益人是绝对不能接受此类信用证的，因为我们国家的正确名称应该是"THE PEOPLE'S REPUBLIC OF CHINA"。

再如：信用证装运条款中规定"44E: LOADING ON BOARD/DISPATCH/TAKING IN CHARGE AT/FROM CHINESE PORT 44F: FOR TRANSPORTATIION TO HONGKONG"，我们也应该坚决要求开证人将CHINESE PORT修改为一个具体港口名称，绝对不能将中国与香港并列开来。

（二）对开证行的经营作风和资信情况进行审查

审核信用证的金额是否与开证行的资信状况相称，如是保兑信用证，对保兑行的资信情况也要审查。一般地，银行开立信用证的最高金额是其总资产的15/10 000，超出此金额则信用证付款就没有保证，而对世界排名前五百位的大银行一般则无金额控制。资信状况较好的银行有：美国摩根大通银行 、花旗银行；日本东京三菱银行、住友三井银行；英国巴克莱银行、密德兰银行等。

（三）审核索汇路线是否合理

如果索汇路线和索汇方法迂回曲折，就会影响到收汇时间甚至不能安全收汇。如某银行开立的美元信用证，由美国之外的分行偿付或付款，这样收汇速度就较慢，对卖方不利，一般就需要提请修改。

（四）审核信用证的印鉴、密押是否相符

凡是信开信用证都须审核两个授权人的签字，如发现签字不清，或在其鉴册及增补的印鉴上找不到该人签字时，就在其来证上注明"印鉴不符，待证实后办理出运"的字样；与此同时，发函或发电查询开证行，待得到证实后再通知受益人，如果仍得不到证实说明该证系假证。对于电开信用证，通知行须核对密押是否正确，如果发现密押不符，通知行应在该证上明确注明"密押不符，请勿出运"或类似字样，提醒受益人注意；收到国外银行的复电证实后，应以书面的形式通知受益人，不能口头通知。如得不到证实，说明该证为假证，受益人不能使用。SWIFT开立的信用证则无须核对密押。

三、受益人审核的重点

动画：审核信用证

(一)从总体审核信用证是否具有“四性”

1. 有效性。这是审证关键的一步，主要从以下几个方面把握：

(1)信用证是否有有效期，没有有效期的信用证对受益人如同废纸一张。

(2)信用证是否有保留性条款，有保留性条款存在，该证暂不生效的，也是无效。

例如：孟加拉国一家银行开来的信用证有这样一个条款：“This credit will become operative after receipt of satisfactory credit report on the beneficiary through their bank.”(在收到通过银行开立的有关受益人令人满意的资信报告后该证才变得有效。)这是一个非常典型的暂不生效条款，只有受益人拿到令开证申请人满意的资信报告，开证申请人才到银行对该证进行修改，收到正式修改后受益人才可使用该证，至于何谓“满意”的资信报告，非常模糊，应该删除。

(3)信用证是否有银行保证付款的责任文句。对于信开证和一般电开证，要有开证行或指定的付款行在什么情况下履行付款责任的字句，否则该证无效。

如：“We hereby engage with drawers, endorsers and/or bona fide holders that drafts drawn and negotiated on presentation and that drafts accepted within the terms of this credit will be duly honored at maturity.”(我们兹对出票人、背书人及/或善意持票人保证：凡按本证条款开具及议付的汇票一经提交即予承兑；凡依本条款承兑的汇票到期即予照付。)

(4)信用证是否有适用于跟单信用证统一惯例《UCP600》的约束。升级后的SWIFT报文中取消了凡是通过SWIFT开立的信用证，除非报文中另有规定，信用证均自动受开立之日有效的国际商会跟单信用证统一惯例约束的规定，并在报文中相应增加了40E域适用规则这一必选项，来表明所开立的信用证适用的规则。SWIFT报文格式的这一变动，是为了更好地体现《UCP600》适用于所有在正文中标明按其办理的跟单信用证这一规定。同时，增加一个专门40E域来注明信用证适用的规则，更便于受益人清楚地了解约束信用证的规则，从而减少发生误解的可能性。

2. 真实性。对于信开证主要查看是否有银行加盖的“印鉴相符”章，对于电开证主要查看是否有银行加盖的“押符”章，如果没有这类印章，则要就信用证的真实性向通知行提出疑问，做进一步核查。另外，如果信用证是开证申请人直接邮寄给受益人的，受益人应该首先请其银行对信用证的真伪进行辨别，确认无误后才可以办理有关出运手续。

3. 完整性。这主要是指信用证本身的内容要完整，要包括所有的页次(含附件)，包括通知行通知信用证所附的面函，如果有预通知(Pre-advise)，还应包括简电(Brief Cable)，如果信用证随后有修改书，无论有几次修改都应该把它们“锁”在一起，信用证要有专人登记管理。否则的话，信用证就不完整。对于SWIFT信用证，27：信用证页次如果写明1/2，一定要找到2/2，否则该证也是不完整的。

4. 风险性。这主要是指审查信用证是否含有“软条款”，如果发现有类似的条款一定要删除，否则安全收汇就会失去保证。

提示板

软条款信用证及常见条款

信用证中的"软条款"(Soft Clause),在我国有时也称为"陷阱条款"(Pitfall Clause),是指在不可撤销的信用证加列一种条款,使出口商不能如期发货,据此条款开证申请人(买方)或开证行具有单方面随时解除付款责任的主动权,即买方完全控制整笔交易,受益人处于受制人的地位,是否付款完全取决于买方的意愿。这种信用证实际变成了随时可以撤销或永远无法生效的信用证,银行担保付款的职能完全丧失。带有此种条款的信用证实质上是变相的可撤销信用证,极易造成单证不符而遭开证行拒付。"软条款"具有极大的隐蔽性,证中含有制约受益人权利的"软条款"。常见的"软条款"归纳如下:

1. 限制信用证生效的条款。如:"本证生效须由开证行以修改书形式另行通知"或"本证是否生效依进口商是否能取得进口许可证"或"待货样经开证申请人确认后生效"。此类条款使出口货物能否装运完全取决于进口商,出口商则处于被动地位。

2. 限制出口商装运的条款。如:"货物只能待收到申请人指定船名的装运通知后装运,而该装运通知将由开证行随后以信用证修改书的方式发出。受益人应将该修改书包括在每套单据中议付",此条款使卖方装船完全由买方控制。

3. 限制出口商单据的条款。如:"受益人所交单据中应包括:由开证申请人或其代表签署的检验证书一份"或"受益人所交单据中应包括:由开证申请人手签的说明运输船名、船龄或航线等确认函一封",要求使用 CMR 运输单据。我国没有参加《国际公路货物运输合同公约》,所以我国的承运人无法开出 CMR 运输单据,出口商议付货款的单据被进口商牢牢地控制着。

4. 限制出口商交单的条款。如:"船样寄开证申请人确认后受益人才可交单"或"货物运抵目的地经外汇管理局核准后才可交单议付货款"。

5. 开证行有条件付款责任的条款。如:"开证行在货到目的港后通过进口商品检验后才付款"或"在货物清关或由主管当局批准进口后才支付货款"。

6. 1/3 正本提单迳寄开证申请人。进口商可能持此单先行将货提走,使出口商货、款两空;或规定提交记名提单,承运人可凭收货人合法身份证明交货,不必提交正本提单,使出口商货、款两空。

7. 自相矛盾的条款。如:"既规定允许提交联运提单,又规定禁止转船"或"采用 CFR 成交,要求提交保险单作为议付货款的单据之一"。

8. 含空运单的条款。空运单往往是记名抬头,提货人凭身份证明就可提货,不需提交空运单,货权难以控制。

(二)以所依据的合同条款为基础逐条审核信用证

1. 审核信用证本身说明。

(1)开证日期:主要核查开证申请人是否按合同要求及时开出信用证。

如:买卖双方在合同中的支付条款中规定:“The buyer shall open through a bank acceptable to the seller an irrevocable letter of credit at sight to reach the seller 30 days before the month of shipment valid for negotiation in China until the 15th day after the date of shipment.”在装运条款中同时规定:“Shipment to be effected in June, 2022.”

受益人所收到信用证的开证日期为“31C DATE OF ISSUE 220610”最迟装运期为“44C: LATEST DATE OF SHIPMENT JUNE 30, 2022”说明买方没有严格按照合同规定及时开证,应该追究买方的责任,否则的话,卖方有可能反被买方认为没有按期履行交货义务。

(2)信用证证号:证号用于区分不同的信用证,每个信用证只能有一个证号,如果证号在信用证中出现过两次或两次以上且不相同,应该通过通知行与开证行进行澄清。

(3)信用证有效期和到期地点:信用证必须有有效期,否则该证不是一个有效的信用证。有效期通常应该比最迟装运期晚 10~15 天为宜,这段时间主要用来制单结汇。如果信用证有效期距最迟装运期太近,如 3~5 天,应该要求开证人改证,否则很容易出现迟期交单的情况。

到期地点的到期,原则上不接受信用证在国外到期,应该在受益人所在国到期。其原因在于:无法控制单据到达开证行的时间,单据在寄送过程中有可能丢失。如果接受在国外到期,必须提前一个邮程寄单。

(4)信用证金额:金额的审核主要有以下几个方面:

①信用证中所使用的货币是否与原合同使用的货币一致。

②注意单价、数量与总金额是否匹配,总金额是否超过合同总价。对带有溢短装条款的来证,应注意允许数量增减的同时,总金额有无增减幅度的规定,两者的增减幅度是否一致;单价中是否含有佣金或折扣,信用证的总额是否已经扣除佣金或折扣,加佣的方法和付佣的对象是否正确。

③金额的大小写是否一致。

④允许少支取信用证金额的 5%,但前提条件是:a. 信用证禁止分批;b. 信用证项下的货物全部发运;c. 信用证的单价没有降低。

2. 审核信用证当事人。

(1)开证申请人:开证申请人的名称和地址原则上应该与合同中的买方的名称和地址一致。

(2)受益人:受益人的名称和地址应该与合同中的卖方名称和地址一致,否则会给制单结汇带来困难,为安全收汇留下隐患。无论是公司的名称还是办公地点的更换,都最好反映到信用证和单据中来。

3. 审核汇票条款。

(1)付款期限：即期信用证需凭即期汇票和/或单据付款，远期信用证需凭远期汇票和/或单据付款。如果合同中规定的付款方式是即期付款信用证，而开来的信用证是凭见票后30天期的汇票付款，等于把即期付款变成了远期付款，受益人应该要求开证人改证，否则受益人要承担30天迟期收汇的利息损失及汇率变动风险。

(2)付款人：付款人必须是开证行或开证行指定的另一家付款行，《UCP600》不允许以开证申请人为汇票的付款人。

4. 审核装运条款。

(1)装运港：装运港应该与合同中的规定相一致，但如果信用证笼统地规定为"China ports""Chinese ports"，应该是可以接受的，因为这样为受益人执行合同带来便利，但 from China port to Hongkong 除外。

(2)目的港：目的港一定要具体，不能笼统规定"EMP"(欧洲主要港口)，选择港，在一个航线上最多不能超过三个，注意世界上有很多重名港，为了防止错卸货物，应该在港口后面加上国别。

(3)装运期：不能具体规定某年某月某日，应该是一个时间段，如跨月装运，装运期要留有余地，特别有时规定的是最迟×年×月×日装运，但也有时会规定不能早于×年×月×日装运，一定要引起注意。在表示时间方面有以下几个词语，需要注意它们所代表的具体时间概念。

①词语"on"or"about"(于或约于)或类似措辞将被理解为一项约定，按此约定某项事件将在所述日期前后各五天内发生，起讫日均包括在内。

②词语"to"(×月×日止)，"until"(至×月×日)，"till"(直至×月×日)，"from"(从×月×日)及"between"(在×月×日至×月×日之间)，用于确定装运期限时，包括所述日期。词语"before"(×月×日之前)及"after"(×月×日之后)不包括所述日期。

③词语"from"(从×月×日)以及"after"(×月×日之后)用于确定到期日时不包括所述日期。

④词语"first half of month"(上半月)和"second half of month"(下半月)应分别理解为每月1日至15日，16日至月末最后一天，包括起讫日期。

⑤词语"beginning of a month"(月初)、"middle of month"(月中)、"end of month"(月末)应分别理解为"每月1日至10日""11日至20日""21日至月末最后一天"，包括起讫日期。

(4)装运方式：装运方式应该与合同规定一致，如与合同规定不符应该要求修改，否则会额外增加运输成本。如合同本规定海运，但信用证却规定空运。

(5)分批装运：《UCP600》规定部分支款或部分发运。注意部分支款或部分发运(Partial drawings or shipments)与分期支款或分期发运(Installment drawings or shipments)的区别，必须严格按照来证要求出运，其中有任何一批没有按规定期限支取或发运，信用证对该期及以后各期均失效。如果做不到，应该改证。

(6)转船运输:如果信用证禁止转运,应与船公司或货代公司联系看是否有直达船到达信用证指定港口,如果没有直达船,应该洽开证申请人改证。但如果船公司或货代公司可以签发全程提单,或用集装箱装运、拖车或子船装运,即使信用证禁止转运,也没有必要修改信用证。

5. 审核货物条款。

(1)品名:信用证中货物描述部分出现的商品名称应该与合同中的品名条款相一致,如果有拼写错误,最好要求开证申请人修改,不要在制单时采用将错就错的变通办法,因为有些检验检疫部门在出具检验报告时不允许用错误的品名,那样就会出现单证不符的情况。

(2)规格:应仔细审核产品的规格,如果出现信用证中的规格与原合同中规定的货物规格不符,哪怕只有些许不符,无论实际的品质规格比信用证的品质规格是高还是低,都应该要求开证申请人进行修改,如果不修改,完全按照信用证制单,不但银行无从核对,而且会因单货不符给进口通关带来麻烦。

(3)单价:审核单价一定要注意以下几个方面:

①单价是否完整,完整的单价应该包括计价货币、单位价格金额、计量单位及贸易术语,四者缺一不可,否则的话就需要修改。

②为了避免引起异议,如合同中在贸易术语后加有适用的惯例及惯例的版本年份,信用证中也应该对此列明。

(4)数量:数量的审核主要有以下几个方面:

①信用证中所采用的计量单位是否与原合同一致。

②数量前是否有溢短装条款,幅度是否与原合同一致。

③数量前有“about”“approximate”“circa”表示可允许多装或少装10%。

④信用证没有规定溢短装条款,数量也允许多装或少装5%,但前提条件是:a. 未规定数量不得增减;b. 支取金额不超过信用证金额;c. 货物不是按包装单位或个数计数的,而是按长度、体积、容量、重量等计数的。

(5)包装:审核包装主要有以下几个方面:

①包装所采用的包装材料是否与原合同一致。

②包装方式是否与原合同一致。

③包装不宜使用过于笼统的表示方法,如“seaworthy packing”或“customary packing”等。

(6)唛头:订立合同时唛头通常有三种表示方式:

①规定具体唛头。

②唛头由卖方选择(at the seller's option)。

③唛头由买方选择(at the buyer's option)。

如果是第一种情况,审核信用证中唛头是否与原合同规定一致,如果不同特别是已经按合同中指定的唛头备好货且该批货数量很大,应洽客户修改;如数量不是很大,可以配合客户重新刷唛,但应该告知客户这完全是配合对方,并希望其今后注意。

如果是第二种情况,一般信用证中不会出现唛头,卖方自己设计即可。

如果是第三种情况,以信用证中规定的唛头为准进行备货。

(7)合同号码和合同日期。信用证中援引的合同号码或签订的合同日期是否与实际的合同相符,如果有不符之处也应该提出改证要求。

6. 审核单据条款。由于买卖双方交易的商品不同、贸易往来国家的贸易管制不同及贸易上的习惯做法不同,每份信用证项下要求提交议付货款的单据种类会有很大差别,加之出口合同中一般不约定单据条款,这些都使得审核单据条款无从下手。

微课:单据审核的基本要求

(1)从总体来看:

①主要看信用证项下所要求提交的各种单据是不是常用的结汇单据,常用的结汇单据有商业发票、装箱单、运输单据(提单、空运单、陆运单)、保险单、原产地证、检验证书、各种证明函及汇票。

②要求提交的各种单据的出单主动权是否牢牢地控制在受益人手中,比如发票是否需要由开证申请人或其代表副签。

③要求提交的各种单据是否与贸易术语相矛盾,比如贸易术语采用的是 CFR,但要求受益人提交保险单作为议付货款的单据之一。

④要求提交的各种单据是否符合贸易上的习惯做法,比如出口的蘑菇罐头,在装运港已经由海关的检验检疫部门实施法检,结论是符合人类食用,并出具了合格的植物检验证书,但信用证又要求货到目的港经进口国官方检验机构检验合格后开证行才付款,这样就违背了信用证结算业务的习惯做法,即银行只管单不管货的业内常规做法。

(2)具体来说如下:

①审核商业发票:

a. 出具人:商业发票应当看似由受益人或者由已转让信用证项下的第二受益人出具。

b. 货物描述:商业发票显示的货物、服务或履约行为的描述应当与信用证中的描述一致,但不要求如镜像一致。例如,货物细节可以在发票的多处显示,当一并解读时,其显示的货物描述与信用证中的描述一致即可。

c. 签署:商业发票无须签署或注明日期。如果要求签署,则必须签署,且应注意签署的方式是否能够满足,是否需要由开证申请人或其代表副签。

②审核装箱单:

a. 出单人:看信用证规定装箱单的出具人是否能够满足。当信用证没有规定出具人名称时,装箱单可以由任何实体出具。

b. 装箱单内容:当信用证有明确的包装要求时,从业务实际出发看是否能满足。

c. 签署：主要看是否需要由开证申请人或其代表副签。

③审核提单：

a. 正本提单份数：主要看提单是否有 1/3 正本提单迳寄开证申请人，如果有此类规定，托运人无法控制物权，不宜接受。

b. 提单收货人：是否有凭开证申请人指定，如果有此类规定，一旦在交易中发生意外，不便于托运人转卖货物，转让提单受牵于开证申请人，不宜接受。

c. 运费支付情况：是否与贸易术语相矛盾，如果采用 FOB、FCA 贸易术语，运费支付情况应该是“FREIGHT TO COLLECT”或“FREIGHT PAYABLE AT DESTINATION”；如果采用 CFR、CPT、CIF、CIP 贸易术语，运费支付情况应该是“FREIGHT PREPAID”或“PREIGHT PAID”。如果提单条款中的规定正好与之矛盾，则必须要求修改。

d. 签署人：主要是指提单种类，如果信用证不接受货代或运输行提单，只接受船公司提单，一定要洽货代或运输行是否能提供船公司提单，否则，不能接受船公司提单。还有，提单的签署一定要表明其身份。

④审核保险单：

a. 投保手续：结合所采用的贸易术语，确认谁应负责办理投保手续。如采用的是 FOB、CFR、FCA 和 CPT 等贸易术语，则应该由买方办理投保手续，单据条款中不能把保险单作为议付单据之一；如果采用的是 CIF 或 CIP 贸易术语，理应由卖方办理投保手续，保险单作为议付货款时向银行提交的单据之一。

b. 保险金额：保险金额一般应该为发票金额的 110%，如果按发票金额的 120% 或 130%投保，首先要征求保险公司的同意，看是否能够按发票金额的两三成投保，如果保险公司不同意，则应洽开证申请人改证。如果投保金额过高，则要提防保险欺诈的可能。

c. 保险险别：保险险别应该与买卖双方签订的合同中的保险条款为准，如果投保险别与合同中规定的不符，且买方允许超出的保费在信用证中额外支取，可以按新的保险险别投保，否则需修改信用证。投保险别要么以中国保险条款规定的险别为准，要么以伦敦协会保险条款为准，不能在一份保单中部分险别是中国保险条款项下的险别，而部分又是伦敦协会保险条款项下的险别，即不能混在一起。

d. 保险勘察代理人：如果信用证指定保险勘察代理，受益人应要求改证。因为我国保险公司规定保险勘察代理人须由保险公司自主选择。

⑤审核原产地证书：

a. 份数：原产地证书作为一种公务单据，在我们国家一般都只签发一份正本，如果信用证要求提交二份及以上份数，必须洽开证申请人修改。

b. 出具人：信用证规定原产地证书的实体出具人，是否能够满足。没有规定出具人名称时，原产地证书可以由任何实体出具。

比如：当信用证要求提交由当地商会出具的原产地证书作为议付货款的

单据之一时，最好要求开证申请人修改为由当地贸促会出具，因为我们国家没有商会这样的组织。当然，在进出口贸易实际业务中，也有在产地证第五栏（For certifying authority use only）栏目中加注"China Council for the Promotional of International Trade is China Chamber of International Commerce"字样，进行灵活处理的做法。

c. 收货人：当信用证规定原产地证书显示收货人信息时，是否与运输单据中的收货人信息相矛盾。

⑥审核检验证书：

a. 检验的机构：一般应该由独立于买卖双方之外的第三方对产品进行检验检疫。有的规定由客户自行检验或由其授权的代理人实施检验检疫，我们在实际业务中统称为"客检证"，对此我们原则上不接受，应该删除此条款或改为由各地海关（CUSTOMS OF THE PEOPLE'S REPUBLIC OF CHINA）来实施检验。

b. 检验的时间：一般我们接受在装运港实施检验检疫，所签发的检验证书作为向银行议付货款的单据之一，不接受货到目的港由进口国的检验检疫部门检验，特别是检验结果与最终付款结合在一起时更不能接受，必须修改，因为业内有一句俗话叫"货到地头死"。

⑦审核其他单据：

其他单据的种类比较繁杂，从出具人看主要分受益人出具的寄单、寄样证明函和装船通知，以及船公司出具的船籍、船龄和航程证明函等。一般而言，受益人签发的各种证明，只要在实际业务中能够按照证明函要求做到，则没有问题。但是，对于船公司出具的各种证明函，最好先洽船公司是否能够出具，否则，需要洽开证申请人修改。

7. 审核费用条款。信用证是一种比较"昂贵"的结算方式，所涉及的银行费用很多，如开证费、通知费、议付费、修改费、保兑费、付款费、电信费、邮递费以及现在非常普遍的不符点单据扣费等，这些费用本应由开证申请人负担，由于现在是买方市场，目前通常的做法是进口国发生的费用由开证人负担，出口国发生的费用由受益人负担。但如果信用证规定所有的银行费用都由受益人负担，就应该让开证申请人改证，这笔费用大体上占议付金额的0.2%，对货值较低的产品确实是一笔不小的费用。

最后还应提醒的是对信用证的条款逐条进行审核的同时，还应该核查各个条款之间是否存在矛盾之处，同时还要核查信用证中三个比较重要的日期（装运期、有效期和交单期）是否合理，也要检查信用证有无拼写错误。如果有此类问题，最好连同其他内容一并提出改证要求。总之，信用证审核要求审核人十分细心，需要认真对待，这样才能保证安全及时收回货款。

第三节　信用证修改

一、修改信用证的原则

在全面审核信用证的基础上，发现信用证条款与合同条款不符时，并非一概要求对方修改，而应确切把握好改与不改的界限。一般来讲，如果信用证与合同的不符并非实质、并非重大且受益人能够做到，不会影响受益人及时、安全收汇，就可不必要求对方修改信用证。但如果出现的不符比较严重或有关内容受益人无法做到，则必须要求修改。因此，对于发现的所有与合同条款不符之处，要进一步分清是原则性问题，还是非原则性问题，分别作出必须修改、可改可不改、无须修改的决定。

（一）必须修改的条款

若信用证中的条款明显带有敌意或歧视性，或有些条款严重与合同不符，或有些条款要求受益人无法满足，或有些单据受益人无法提供，则必须要求开证申请人进行改证。例如：

1. 我某土产进出口公司供应“发渣”（Human hair barber's cutting waste）给日本某公司，信用证在单据条款列明受益人向银行议付货款时需提交“Veterinary Inspection Certificate”（兽医检验证书），我们应该坚决地要求开证人删除此单据。

2. 我天津某公司收到台商开来的信用证规定：“Shipment from Tianjin, China to Keelung, Taiwan with transhipment not allowed.”此条款有“一中一台”的含义，决不接受。

3. 信用证如果漏写有效期，必须要求开证人修改信用证，因为没有有效期的信用证对受益人如同废纸一样。

4. 信用证货物描述部分，如商品的品名、规格型号、单价（含贸易术语）、数量（含溢短装条款）、包装等与合同不符，必须要求开证申请人改证。

5. 信用证中的总金额（含溢短装条款）、计价货币、金额的大小写与合同不符，如：信用证开来的总额为净值（佣金已扣除），但在附加条款中又列明结汇后另付开证申请人3%的佣金，这是开证人故意双倍索要佣金，必须要求开证申请人改证。

6. 信用证中采用的贸易术语为CFR迪拜，在单据条款中又把保险单作为议付单据之一，再如信用证规定运输方式为海运，但单据条款中却出现了空运运单作为议付的单据之一，这些都是矛盾性的条款，作为受益人既无法提供保险单，也无法提供空运运单，故必须要求开证申请人将有关保险单的条款删除，把空运运单改为海运提单。

7. 信用证中列有软条款，必须要求开证申请人删除。如1/3正本提单迳寄开证人，客检证、对背信用证只有在原证项下货款收进后才付款，只有货物再出口得到货款后才付款等，此类条款都必须要求开证申请人删除。

8. 信用证中的交单期或有效期距装运期太近，受益人没有充足的时间缮制各种装运单据，无法保证在交单期及有效期前将全套单据交到议付行，容易出现迟期交单情况，故要求开证申请人延展有效期和交单期，通常应该是装船后 10~15 天交单比较适宜。

9. 信用证指定卸货泊位或指定卸货码头，因指定泊位受吃水限制，指定码头有时没有空泊位，一般船公司都不愿意接受此类条款，应该要求开证申请人改证。

10. 信用证规定商业发票由开证申请人会签（Counter-signed by Applicant），不能接受必须删除由开证申请人会签的字样，因为受益人签发发票的主动权受控于开证申请人。

（二）可改可不改的条款

经审核发现信用证中的有些条款与合同不完全相符，但如果实际业务中经过与有关部门协商能够做到，就无须修改信用证；但若协商后仍不能解决，则必须要求开证申请人改证。例如：

1. 合同中规定允许分批和转船，但信用证禁止分批和转船。这时受益人一方面需要与生产部门取得联系，确认合同项下货物能否一次性赶在最迟交货期届满前备好，另一方面与船公司或货代公司确认是否有发指定目的港的直达船，如果两方面都能够解决，就无须要求开证申请人改证；反之，就必须改证。

2. 信用证要求提供船龄证明，限制船龄不超过 15 年，如果在装运期内能租到船龄符合来证要求的船只，可以不必修改信用证，否则应修改信用证取消此条款。

3. 信用证没有规定最迟装运期视为最迟装运期与有效期为同一天，即双到期信用证，至于双到期信用证是否修改，取决于生产中的备货情况。如果提早将货备妥而能够提早出运，有充足的时间来制单结汇，就无须改证。反之，若到最后才能将货备妥，就必须要求开证申请人改证，最好分别延展装效期。

4. 原则上不接受信用证在国外到期，如果时间比较充裕，能提前一个邮程将单据寄出，能保证在有效期届满前单据到达开证行或付款行，就无须修改信用证，否则需要改证。

5. 信用证规定分期支款或分期发运（Installment Drawings or Shipments），如果任何一期未按信用证规定期限支取或发运，信用证对该期及以后各期均告失效。如果受益人不能保证严格按照信用证规定的时间表（Time Schedule）履行交货义务，应要求开证人修改信用证，否则可不必修改信用证。

6. 信用证规定的实际装运期较合同规定的装运期有所提前，是否需要修改信用证，取决于生产厂商的货源准备情况，如果能提前将货备好，则无须改证，否则应要求开证申请人改证。

7. 信用证指定装某船公司的船只，受益人首先应与该船公司联系确认是否能够租订其船只，如果可以，则无须改证；如果该船公司舱位比较紧张，则须改证。

8. 信用证允许转运且指定转运港口，有时还限定由某个船公司接转，或某港装集装箱船等，审证时应与船公司或货代公司了解照办是否有困难，如果可以做到，无须改证,否则就要求开证申请人改证。

(三)无须修改的条款

经审核发现信用证的有些条款与合同规定不符,或合同中根本就没有提及一些问题,经仔细推敲对受益人执行合同带来更大的便捷,或虽合同中没有规定但接受此类条款对受益人不会有任何不利之处,就无须改证。

1. 合同中规定装运港为天津,而受益人收到的信用证规定装运港为"中国港口",无须改证,因为这样的条款更为方便受益人执行合同。

2. 信用证附加条款中规定"On deck shipment not allowed"(货装甲板不允许),只要我们在办理租船订舱手续时提醒船公司或货代公司配载时注意不要把货装在甲板上即可,无须要求开证申请人改证。

3. 合同中的保险条款规定按中国保险条款(CIC)的一切险和战争险投保,而来证规定按伦敦协会的ICC(A)险和Institute war clause投保,基于两种险别的承保责任范围大体相当,无须改证。

4. 信用证中往往有不符点扣费条款,每个银行的扣费标准不同,一般在50美元左右,只要我们缮制的单据保证做到"单单一致""单证一致",这笔费用就不会产生,因此无须改证。

5. 有些信用证有抵制以色列条款,要求船公司出具证明证实出口货物不含有以色列原材料、不装以色列船只、不停靠以色列港口等,一般船公司都能出具此类证明,故无须改证。

6. 信用证有时规定要求有随船单据,只要及时将信用证要求的单据交给船长并签发一个收据给受益人即可,因此无须改证。

7. 有些银行开来的信用证要求商业发票或原产地证书由进口国驻出口国的使馆签证,前提条件是如果受益人所在地设有该国的使馆,对于此条款受益人可以置之不理,视为该地区没有该国的使馆,无须提供认证的商业发票或原产地证书。

8. 如果信用证没有明确禁止分批装运,合同项下货物数量较多,为了降低风险,加速资金周转,受益人欲部分发运、部分支取货款,只要在信用证最迟装运期前将货全部发运即可,无须修改信用证为允许分批装运,因为《UCP600》允许部分支款或部分发运。

9. 如果来证规定的最迟装运期比合同中的装运期晚,如果货物能及早备妥就可以及早出运,受益人不必等到最迟期限才安排出货;如果万一备货过程中出现意外,不能按原合同规定的装期交货,也无须再通知开证申请人延展装运期,因此对受益人更为有利,故无须改证。

10. 信用证规定不准在某港口转船,只要能在其他港口中转又不增加额外费用,可以不必改证。

11. 信用证规定不准装某船公司的船只,这种条款一般容易做到,租船订舱时只要不是该公司的船只即可租订,无须改证。

12. 合同中规定装运港为Mombasa(蒙巴萨),来证规定装运港Mombasa in

transit to Nairobi(内罗比),意思是货到蒙巴萨后由进口商自负风险和费用将货物转运到内陆城市内罗比,对受益人来讲还是港至港提单,无须改证。

13. 信用证在 Aden(亚丁)、Aqaba(阿喀巴)、Colon(科隆)、Beirut(贝鲁特)、Post said(塞得港)五个目的港后加 Free area(自由贸易区),这是一个贸易上的习惯做法,则无须改证。

14. 信用证中唛头显示的目的港名称与实际目的港不一致,这可能是转口货,在与进口商确认后,可照信用证规定缮制单据,无须改证。

以上列出的无论是必须修改的条款,还是可改可不改的条款,抑或是无须修改的条款,仅仅是其中比较有代表性的条款,绝不是此类条款的全部。我们今后需要不断地总结、不断地积累,从而很好地掌握审证的技巧。

二、修改信用证应该注意的事项

信用证修证(Amendment to Credit)是指对已开立的信用证中的某些条款进行修改的行为。信用证的修改,开证申请人或受益人都有权提出。

动画:修改信用证

(一)请求修改

1. 受益人提出修改。受益人如发现信用证与合同不符需要修改,则必须及时向开证申请人提出,只有开证申请人有权决定是否接受修改信用证这一请求。受益人通常采用传真或邮件的形式提出修改请求。常见用语为 We find some discrepancies... please amend them to read 或 Please amend the L/C as follows 等。此外,对修改信用证的要求,出口商应尽可能地一次提出,避免出现多次修改信用证的情况。

2. 开证申请人主动修改。开证申请人也可就信用证相关条款请开证行作出修改,但修改是否生效取决于各有关当事人的态度,只有受益人有权决定是否接受信用证修改这一结果。如果是这种情况,就没有请求修改的环节。

(二)申请修改

开证申请人接到要求修改信用证的信函,应及时到开证行办理改正手续,向开证行发出修改信用证的指示。

(三)履行修改

开证行审核同意后,接受申请人的修改申请后以加押电传或 SWIFT 方式向信用证原通知行发出修改通知。自发出修改通知之时起,开证行即不可撤销地受该修改的约束。对保兑信用证而言,保兑行可选择是否将其保兑扩展至修改,若保兑行选择仅将修改通知受益人而不加保兑,必须毫不迟延地告知开证行和受益人。

(四)通知修改

如开证行利用通知行的服务将原信用证通知受益人,则它仍须利用同一银行的服务发出修改书。通知行收到修改书后,先鉴别其真实性,再通知原受益人。除非电传或SWIFT电文中有其他规定,电信通知修改应被视作有效的修改文件。

信用证修改须以银行正式通知为准。开证行发出的信用证修改书中应注明本次修改的次数。信用证是银行开出的,其修改也应由银行作出并通知。实际业务中受益人千万不可仅凭开证申请人的改证声明就想当然地以为信用证已经修改。通过开证申请人直接寄送的修改申请书或修改书复印件不是有效的修改书。

(五)修改生效

《UCP600》第10条规定:除第38条另有规定者外,凡未经开证行、保兑行(如有)以及受益人同意,信用证既不能修改也不能撤销。

受益人收到修改书通知后,应及时审查信用证修改通知的内容,看其是否与自己提出的修改要求一致。如不一致,受益人可以拒绝,要求开证申请人继续修改。

受益人接受或拒绝修改的方式有两种:其一是在收到修改书后立即作出接受或拒绝接受修改的通知;其二是用交单表示,即受益人所交单据与修改书的内容相符,则认为其接受了该修改,否则视为其不接受修改。沉默不等于接受。

《UCP600》第10条f款特别指出,修改书中作出的除非受益人在某一时间内拒绝接受修改,否则修改将开始生效的条款将被不予置理。因此,修改是否生效取决于受益人的接受或拒绝。但需注意的是,按惯例出口商对信用证修改通知只能全部拒绝或接受而不能部分拒绝或接受。

如果是保兑信用证,保兑行可将其保兑承诺扩展至修改内容,且自其通知该修改之时起,即不可撤销地受到该修改的约束。然而,保兑行可选择仅将修改通知受益人而不对其加具保兑,但必须不延误地将此情况通知开证行和受益人。

如果是可转让信用证,《UCP600》第38条e款规定,任何有关转让的申请必须指明是否以及在何种条件下可以将修改通知第二受益人。转让信用证必须明确指明这些条件。《UCP600》第38条f款规定,如果信用证被转让给一个以上的第二受益人,其中一个或多个第二受益人拒绝接受某个信用证修改并不影响其他第二受益人接受修改。对于接受修改的第二受益人而言,信用证已作相应的修改;对于拒绝接受修改的第二受益人而言,该转让信用证仍未被修改。

(六)修改费用

信用证修改费用的收取通常视具体情形:如信用证修改是由开证行开证时失误引起的,开证行负担改证费;如修改是受益人提出的,由受益人与开证申请人协商;如信用证修改是因为开证申请人在申请开证时未按照合同填写开证申请书而引起的,由此发生的改证费由开证申请人承担,即一般按照责任归属来确定修改费用由谁承担。

知识链接

《UCP600》与《ISBP821》的关系

相同点:《UCP600》和《ISBP821》都是国际商会著名的出版物,是信用证结算业务中的两个最重要的国际惯例。

不同点:《UCP600》是适用于跟单信用证(包括备用信用证)的一些规则,而《ISBP821》用来审核跟单信用证项下提交的单据。《UCP600》是信用证结算的圣经,《ISBP821》是信用证审单的圣经。

二者的关系可以形象地比喻为:《UCP600》是骨架,《ISBP821》是血肉。《ISBP821》是《UCP600》的补充,是对《UCP600》所反映的信用证审单实务的最佳解释,我们应该把二者作为一个有机整体而不是各自孤立的(规则)来适用。

《ISBP821》详细地解释如何应用《UCP600》中所反映的实务做法,即《ISBP821》澄清了对《UCP600》解释的不确定性。

《ISBP821》旨在统一并规范全球各地银行审核信用证项下单据的不同做法,减少单据的不符点,降低单据的拒付率,以使得信用证的操作更为简便。

本章小结

本章介绍了信用证常用条款及其表示方式,信用证开立后是否符合合同条款要求、是否符合跟单信用证统一惯例《UCP600》、是否符合业务中的习惯做法,这就要求对信用证进行审核。审核信用证是通知行和受益人共同的责任,但二者在审核上各有侧重。通知行主要从政策上、从开证行的资信和信用证的真实性进行宏观上审核,而受益人更多的是以合同条款为依据逐条对信用证的条款进行微观上的审核。

经过仔细审核,对不能接受的信用证条款或删除或修改,对可改可不改的条款要视业务具体决定改与不改,对受益人更为有利的条款则完全无须修改。

修改信用证应做到一次性向开证人提出,避免多次修改信用证的情况发生,对于修改内容要么全部接受,要么全部拒绝,部分接受修改中的内容是无效的。

本章测试

一、动脑思考

1. 信用证支付方式常见条款有哪些？
2. 审核信用证的依据是什么？
3. 什么是软条款信用证？列举常见的软条款。
4. 受益人如何从总体上把握信用证的“四性”？
5. 修改信用证的程序是什么及应注意哪些问题？

二、动手操练

实训操作(一)：

泰佛贸易有限公司经过友好洽商与日本伊藤忠株式会社就出口女士衬衫签署一份合同(见样例 4-1)，伊藤忠株式会社按合同要求及时开出信用证(见样例 4-2)，作为公司单证员，请依据双方签订的合同审核信用证是否有不妥之处，填写下列信用证审核单(见样例 4-3)。

样例 4-1　女士衬衣合同

SALES CONFIRMATION

NO. TF 220110

DATE：JAN. 10, 2022

SELLER：TIFERT TRADING CO., LTD

ADDRESS：NO. 86, ZHUJIANG ROAD, TIANJIN, CHINA

BUYER：ITOCHU CORPORATION

ADDRESS：NO. 6, OSACY STREET, OSAKA, JAPAN

THE SELLER AGREES TO SELL AND THE BUYER AGREES TO BUY THE FOLLOWING COMMODITY MENTIONED IN THIS CONTRACT SUBJECT TO THE TERMS AND CONDITIONS STIPULATED AS FOLLOWS：

NAME OF COMMODITY & SPECIFICATION	QUANTITY	UNIT PRICE	AMOUNT
100% Cotton Ladies Shirt		CIF Osaka	
Style No. 49393	3 216pcs	USD2.45/pc	USD7 879.20
Style No. 49394	3 960pcs	USD1.55/pc	USD6 138.00
Style No. 49395	1 560pcs	USD1.85/pc	USD2 886.00
Total	8 736pcs		USD16 903.20

TIME OF SHIPMENT：

Within 45 days after receipt of letter of credit and not later than the month of MAY 2022 with partial shipments and transshipment allowed.

PORT OF LOADING：Tianjin, China

PORT OF DESTINATION：Osaka, Japan

TERMS OF PAYMENT:

By 100% confirmed irrevocable sight letter of credit opened by the buyer to reach the seller not later than April 15th, 2022 and to be available for negotiation in China until the 15th day after the date of shipment. In case of late arrival of the L/C, the Seller shall not be liable for any delay in shipment and shall have the right to rescind the contract and/or claim for losses.

INSURANCE:

To be effected by the seller for 110% of the CIF invoice value covering all risks and war risk only as per China Insurance Clauses dated 1/1/2021.

PACKING: Each piece in a plastic bag, 12 pieces to a carton.

SHIPPING MARKS: ITOCHU
OSAKA
NO. 1-728

SELLER	BUYER
TIFERT TRADING CO., LTD	ITOCHU CORPORATION
张辉	伊藤郎忠

样例 4-2　女士衬衣信用证

LETTER OF CREDIT

MT700		ISSUE OF A DOCUMENTARY CREDIT
SEQUENCE OF TATAL	27	1/1
FORM OF DOC. CREDIT	40A	IRREVOCABLEABLE
APPLICABLE RULES	40E	UCP LATEST VERSION
DOC. CREDIT NUMBER	20	ABL-AN107
DATE OF ISSUE	31C	220405
DATE AND PLACE	31D	220605 AT NEGOTIATING BANK'S COUNTER
APPLICANT	50	ITOCHU CORPORATION NO. 6, SACY STREET, OSAKA, JANPAN
BENEFICIARY	59	TIFERT TRADING CORP., LTD NO. 68, ZHUJIANG ROAD, TIANJIN, CHINA
AMOUNT	32B	CURRENCY USD AMOUNT 16484,70
AVAILABLE WITH/BY	41D	ASAHI BANK, LTD NEW YORK BRANCH BY NEGOTIATION
DRAFTS AT...	42C	AT 30 DAYS' SIGHT FOR FULL INVOICE VALUE
DRAWEE	42A	ASAHI BANK LTD, TOKYO
PARIAL SHIPMENTS	43P	ALLOWED
TRANSHIPMENT	43T	PROHIBITED
LOADING IN CHARGE	44E	CHINESE PORTS
FOR TRANSPORT TO	44F	OSAKA, JAPAN
LATEST DATE OF SHIPMENT.	44C	220531
DESCRIPTION OF GOODS	45A	100% COTTON LADIES APRON

STY NO	QUANTITY	UNIT PRICE
49393	3 216pcs	USD2. 45/pc
49394	3 690pcs	USD1. 55/pc
49395	1 560pcs	USD1. 85/pc

TRADE TERMS CIFC3 OSAKA

DETAILES AS PER S/C NO TT 220110

SEQUENCE OF TATAL 27 2/2

DOCUMENTS REQUIRED 46A

+2/3 SET OF ORIGINAL CLEAN ON BOARD OCEAN BILLS OF LADING MADE OUT TO ORDER OF SHIPPER AND BLANK ENDORSED AND MARKED "FREIGHT PREPAID" NOTIFY APPLICANT WITH FULL NAME AND ADDRESS

+ORIGINAL SIGNED COMMERCIAL INVOICE IN 5 FOLDS INDICATING S/C NO.

+INSURANCE POLICY/CERTIFICATE IN TWO FOLDS ENDORSED IN BLANK, FOR 120PCT OF THE INVOICE VALUE INCLUDING: THE INSTITUTE CARGO CLAUSES(A), THE INSTITUTE WAR CLAUSES, INSURANCE CLAIMS TO BE PAYABLE IN JAPAN IN THE CURRENCY OF THE DRAFT

+CERTIFICATE OF ORIGIN IN 1 ORIGINAL AND 1 COPY

+PACKING LIST IN 3 FOLDS

+BENEFICIARY'S CERTIFICATE STATING THAT ONE SET OF ORIGINAL B/L AND ONE COPY OF INVOICE AND PACKING LIST TO BE SENT DIRECTLY TO THE APPLICANT ATT. OSACY SECTION IMMEDIATELY AFTER SHIPMENT

ADDITIONAL COND. 47A

+T. T. REIMBURSEMENT IS PROHIBITED.

+THE GOODS TO BE PACKED IN EXPORT STRONG COLORED CARTONS

+INSPECTION IS TO BE EFFECTED BEFORE SHIPMENT AND RELEVANT CERTIFICATES/REPORTS ARE ISSUED AND SIGNED BY THE AUTHORIZED PERSON OF APPLICANT AND WHOSE SIGNATURE IS THE SAME AS THAT KEPT IN OUR RECORD.

DETAILS OF CHARGES 71D

ALL BANKING CHARGES ARE FOR ACCOUNT OF BENEFICIARY.

PRSENTATION PERIOD 48

DOCUMENTS TO BE PRESENTED WITHIN 5 DAYS AFTER THE DATE OF SHIPMENT BUT WITHIN THE VALIDITY OF THE CREDIT

CONFIRMATION 49 WITHOUT

INSTUCTIONS 78

THE NEGOTIATION BANK MUST FORWARD THE DRAFTS AND ALL DOCUMENTS BY REGISTERED AIRMAIL DIRECT TO US IN TWO CONSECUTIVE LOTS, UPON RECEIPT OF THE DRAFTS AND DOCUMENTS IN ORDER, WE WILL REMIT THE PROCEEDS AS INSTRUCTED BY THE NEGOTIATING BANK.

样例 4-3　信用证审核单

收证日期

信用证证号		合同号		订单号	
开证行				开证日期	
开证人					
受益人					
货物名称		数量		金额	
装运期		有效期		交单期	
装运港		目的港		可否分批	
贸易术语		汇票期限		可否转运	
特殊条款					

单据种类及份数	汇票	商业发票	装箱单	重量单	尺码单	保险单	海运提单正本	海运提单副本	原产地证书	GSP原产地证书	品质证	重量证	植检证	船行证明	寄单证明	寄样证明	受益人证明	邮包收据

需要修改内容	来证条款内容	应修改后条款内容

外销员签字		部门经理签字	

实训操作(二):

作为泰佛贸易有限公司外销员,请就上述发现的不符点草拟一封改证函(见样例 4-4)给日本伊藤忠株式会社。

样例 4-4 信用证改证函

TIFERT TRADING CO., LTD

NO. 86, ZHUJIANG ROAD, TIANJIN, CHINA

Date: Apr. 8, 2022

Dear sir,

We are very glad to have received your L/C No. ABL-AN107 dated 220405. On perusal we found some discrepancies unacceptable to us. Please amend the credit as follows:

1.

2.

3.

4.

5.

We are waiting for your amendment with keen interest.

Thanks for your cooperation in advance!

Your faithfully,

Mary

第五章　商业发票缮制

知识目标

1. 了解商业发票的概念和作用
2. 熟悉商业发票的不同格式、主要内容

技能目标

1. 掌握商业发票的缮制规范、缮制技巧及应注意的问题
2. 力争掌握对不同发票条款的灵活处理

素质目标

1. 培养严谨踏实的工作作风
2. 时时保持敬业精神，处处维护企业利益

案例库

国内某制造商与比利时ABC公司就出口重型机械设备签署合同一份，贸易术语为CIF Antwerp（安特卫普），采用的付款方式是远期跟单信用证，凭见票后30天汇票并且随附经ABC公司会签的商业发票（Commercial invoice countersigned by ABC Corp）、装箱单、提单等单据付款。该贸易公司及时备妥货物装运出口，同时将缮制好的商业发票通过DHL快递给ABC公司，并发邮件告知商业发票已经寄出望收到后速会签。但迟迟不见ABC公司会签的发票，由于受益人议付单据中的发票缺少ABC公司的签章，银行以单证不符为由拒付。最后经过长达两年的交涉，该制造商虽然得到赔偿但仍损失惨重。

课程思政

本案的最大失误在于国内的制造商接受了经ABC公司会签的商业发票（Commercial invoice countersigned by ABC Corp）作为议付货款的单据之一，使得本来由受益人自己出具的商业发票大大地受牵于ABC公司，使得受益人无法保证在

信用证规定的有效期和交单期内备妥全部结汇单据，致使单证不符，信用证的银行保证付款的承诺丧失殆尽。因此，我们在实际业务中，一定要重合同、守信用，要维护契约精神，凡是信用证条款与合同条款不一致且对我们安全收汇带来隐患的，我们必须坚决要求进口商修改，唯有这样才能保证做到相符交单，才能安全及时收回货款，才能避免今后再发生这样惨重的损失。

第一节　商业发票概述

商业发票是全套单据中的核心，无论采用何种支付方式、采取何种贸易术语、采用何种运输方式，每笔业务都离不开商业发票，商业发票也是出口商和进口商收付货款和记账的依据，是办理报关、纳税的计算依据。因此，在实际进出口业务中，商业发票非常重要。

一、商业发票的概念

商业发票(Commercial Invoice)有时简称发票(Invoice)，是指在货物装出时卖方开立的载有货物名称、数量和价格等内容的价目清单，以此作为买卖双方交接货物和结算货款的主要单证之一。在制单工作程序中，一般应首先缮制发票，然后再缮制装箱单、提单和保险单等其他单据。因此，发票可以说是整套单据的核心。

二、商业发票的作用

商业发票的作用主要体现在以下几个方面：

1. 发票是整套出口单据的核心，也是缮制其他单据的依据。发票是出口商自行缮制的单据，是装运货物的总说明，它可以帮助进出口贸易中有关当事人了解整笔交易的概况。发票缮制后，其他单据应参照信用证和发票进行缮制。

2. 发票便于进口商核对已发货物是否符合合同条款的规定。发票记载了一笔交易的主要项目，包括装运货物的名称、规格、数量、单价、总值等内容。它能够帮助进口商了解出口商的履约情况，核查出口商是否按照合同规定的要求装运所需货物。因此，发票是出口商向进口商发送货物的凭证。

3. 发票可以作为出口商和进口商收付货款和记账的依据。发票是销售货物的凭证，进出口双方均需按照发票记载的内容逐笔登记入账。对出口商而言，通过发票可了解销售收入，核算盈亏，及时对外催收应付账款；对进口商而言，也应根据发票逐笔记账，及时履行付款义务。

4. 发票也可作为出口商和进口商在当地办理报关以及纳税的计算依据。货物出运前，出口商需向海关递交包括商业发票在内的一系列单据，凭此报关。而发票中有关货物的说明和记载的金额是海关确定税金、验关放行的凭据。在货物到达目的港后，进口商也需向当地海关提供出口商的发票通关，海关以此核定税金，使进口商能够清关提货。

5. 在不用汇票的情况下，发票替代汇票作为付款的依据。在进出口业务使用信用证结算方式中，当使用汇票需要缴纳印花税时，往往不要求使用跟单汇票，仅凭发票就可代替汇票进行货款结算。

除以上几点作用外，发票还可在保险索赔时作为货物价值的证明，或作为统计的凭证等。

第二节　商业发票缮制详述

商业发票由进出口企业自行缮制，目前还没有统一的格式，但就其内容而言大体相同，商业发票缮制规范见样例5-1。

动画：缮制单据

1. 单据名称。在国际贸易货款结算中，一般使用商业发票(Commercial Invoice)，但不要求一定要标出“Commercial”的字样，即单据名称可简单地标出发票(Invoice)，但无论如何不能以临时发票(Provisional Invoice)或形式发票(Proforma Invoice)来替代。

2. 签发人(Issuer)。在以信用证付款方式下，一般填写信用证中受益人的名称和地址；在以托收和电汇付款方式下，一般填写合同中卖方的名称和地址。

如果进出口企业有自己预先印制好的固定格式的发票(一般会在发票的顶端印有醒目的进出口企业名称、地址)，那么在这种情况下，进出口企业无须填写发票的签发人。但注意要核对印制好的进出口企业的名称、地址是否与信用证上的受益人的名称、地址完全一致。如果受益人的名称、地址有变更，则发票也要随之作出相应更改。

小贴士

(1)信开证和电开信用证中常见受益人的表示方式如下：

beneficiary 受益人，in favour of 以(某人)为受益人，in one’s favour 以……为受益人，favouring yourselves 以你本人为受益人；

(2)SWIFT 信用证中受益人对应的栏目编号59(59场/域)。

3. 抬头人(To)。在以信用证付款方式下，一般填写信用证中开证申请人的名称和地址；在以托收和电汇付款方式下，一般填写合同中买方的名称和地址。

小贴士

(1)信开证和电开信用证中常见开证申请人的表示方式如下：

applicant 申请开证人，principal 委托开证人，accountee 开证人，accreditor 委托开证人，opener 开证人，for account of Messrs 付(某人)账，at the request of Messrs 应(某人)请求，on behalf of Messrs 代表某人，by order of Messrs 奉(某

小贴士

人)之命,by order of and for account of Messrs 奉(某人)之命并付其账户, at the request of and for account of Messrs 应(某人)要求并付其账户,in accordance with instruction received from accreditors 根据已收到委托开证人的指示;

(2)SWIFT 信用证中开证申请人对应栏目编号 50(50 场/域)。

填写时应注意进口商名称、地址分行填写,对已更名或已被承认独立的国家,应使用新名称。

4. 运输的详细情况(Transport Details)。运输详细情况的填写应与货物的实际启运港(地)、目的港(地)和运输方式相一致,如果货物需经转运,则应把转运港的名称填写上。例如:Shipment from Shanghai to Hamburg with transshipment at Hongkong by vessel(自上海装运至汉堡,在香港转运)。如果信用证规定启运港为"Any Chinese Port",则货物必须在某一中国港口装运,发票应填写具体装货港口的名称,最好后面再打上"China"字样;鉴于国际上有大量重名港存在,为防止错发错运,在目的港后面最好也加上进口国国别。

5. 发票号码(Invoice No.)。它由进出口企业根据实际情况自行编制。发票号码应由年份和部门缩写及流水号组成,因为这样能从发票号码中看出这一票业务发生的时间及部门,以便于日后查对。

6. 日期(Date)。这是指发票的出单日期。在信用证业务下,发票日期一般在信用证开证日期之后,提单签发日之前,且不能迟于信用证的交单期和有效期,发票的出单日期是全套单据中最早的日期。《UCP600》第 14 条 i 款规定:单据日期可以早于信用证的开立日期,但不得晚于交单日期。

7. 合同号(S/C No.)。合同号码应与信用证中提及的合同号码保持一致,若一笔交易涉及几个合同号码,则都应在发票上填写出来。

8. 信用证号(L/C No.)。填写此笔业务所依据的信用证号码,与信用证要严格保持一致。当采用其他付款方式时,此项可不填。

9. 付款方式(Terms of Payment)。一般应填写该笔业务的付款方式,如电汇付款方式填写 By T/T,托收付款方式填写 By D/P,信用证付款方式填写 By L/C,赊销付款方式填写 By O/A (Open Account)。

10. 唛头(Marks and Numbers)。信用证或合同有指定唛头时,必须严格按照规定填写唛头;信用证或合同没有指定唛头时,进出口企业可自行设计唛头,设计唛头应遵循容易识别、简洁明了的原则。唛头内容可包括客户名称的缩写、合同号(或订单号)、目的港和包装件数等。如果没有唛头,则打"No Mark"或"N/M"。

11. 货物描述(Number and Kind of Packages, Description of Goods)。一般填写货物的件数和货物描述两大部分内容,其中货物描述部分必须与信用证中的描述完全一致,对于货物的品名,不能随意添加或省略有关的字或句;无论是以数字表示的货物规格,还是以文字表示的货物规格,都必须逐字、逐词核对,不能有任何出入;否则,会造成单据与信用证不符,影响收汇安全。如果信用证没有要求提交装箱单,货物的包装方式、数量也最好在发票上载明,且既要与实际装运货物相符,又要与信用证规定一致。

提示板

何谓"与信用证的货物描述一致"?

发票中货物描述要与信用证中货物描述一致,但并不要求如同镜子反射那样一致,信用证中的货物描述细节可以在发票的若干地方反映出来,只要合并在一起时与信用证规定一致即可视为与信用证中货物描述一致。

另外,如果 L/C 在货物描述中载明了合同号码或订单号码,如"As per S/C No. ×× "或"As per Indent No. ×× ",则在发票中也要列出;如果信用证有附件,如相关条款规定"Details as per Attached S/C No. ×× which is the integral part of Credit"("具体细节按所附第××号销售合同,它是信用证的一部分"),则要参照附件内容缮制发票。

如果采取托收和电汇等其他结算方式,那么应与合同规定的货物描述相符。

小贴士

(1)信开证和电开证中常见的货物描述的表示方式如下:

description of goods 货物描述,covering shipment of 装运的货物,description of merchandise 商品描述,shipment covering following goods 装运下列货物,shipment of goods as following 装运的货物如下,covering value of 货物的价值,covering 包括(货物);

(2)SWIFT 信用证中货物描述对应的栏目编号为 45A(45A 场/域)。

12. 数量(Quantity)。一般填写货物实际出运的数量,不要遗漏计量单位,并应正确掌握有关伸缩条款。《UCP600》第 30 条 a 款规定:凡"约""近似""大约"或类似意义的词语用于信用证金额或信用证所列的数量或单价时,应解释为有关金额或数量或单价有不超过 10% 的增减幅度。例如:信用证金额前有"最大的"(Maximum)的字样,则表明已规定了金额的上限,在实际操作时,只按信用证规定的数量或其下限掌握出运情况;还应注意的是,发票中商品的数量应该为实际出运货物的数量,在数量前不能有"About"的字样,特别是允许分批装运或允许溢短装的情况下更应该注意。

13. 单价(Unit Price)。单价的填写一定要完整,即包括所使用的计价货币、计量单位、单位金额和贸易术语四部分,特别是贸易术语非常重要,因为它涉及买卖双方责任的承担、费用和风险的划分问题,也是进口地海关核定关税的依据。如果信用证中给出的贸易术语包含术语的来源,如《Incoterms 2020》,则发票必须如实反映出来,同时发票的货币币种要与信用证上的货币币种完全一致。

14. 总金额(Amount)。发票总值一般不能超过信用证金额。除非信用证另有规定,银行可以拒收其金额超过信用证所允许金额的商业发票。如果由于超装货物导致金额增加,则可与信用证下议付的金额分开办理,将超出信用证金额的部分另外缮制汇票,按托收方式另行收汇。特别要注意的是:小数点的位置是否对齐,总金额是否正确,金额和数量的横乘、竖加是否有矛盾。

15. 声明文句(Statement)与发票有关的附加条款(Additional Clauses Relating with Commercial Invoice)。此项是根据不同国家(地区)及不同信用证的要求填制的。声明文句中词语要求内容确切、通顺、简洁。由于各国法令或习惯的差异,部分来证要求在发票上加注各种费用及其金额、原产地、特定号码及有关证词等声明文句,一般可将这些内容填写在发票货物描述栏以下的空白处(也叫发票的自由处理区)。信用证有的条款,不能原文照抄,而要视具体情况重新组织。

常用的声明文句如下:

(1)加注运费、保险费和 FOB 金额。在 CIF 的价格条件下,有些来证要求发票上分别列明运费、保险费和 FOB 金额,则必须按照实际发生的费用填写,并且三者之和应等于 CIF 金额。

(2)证明原产地。例如,有些来证要求加注原产地证明句,只需打上:We hereby certify that the goods mentioned above are of China Origin 等。

(3)注明特定号码。例如,有些来证要求在发票上注明进口许可证号码(Import Licence No.)等。

图片:手签发票

16. 签字(Signature)。它是指签发人的签名或盖章。商业发票只能由 L/C 规定的受益人出具,《UCP600》第 18 条 a 款 iv 规定:除非信用证另有规定,商业发票无须签字或注明日期。但是必须注意,有些国外来证常要求出口商提供签署(Signed)的商业发票,出口商提供的发票必须有出口商的签字盖章;甚至有些国外来证要求出口商提供手签(Manually Signed)的商业发票,出口商提供的发票必须由出口商的法人代表或主要职员(Chief Clerk)亲笔签字。

样例 5-1　商业发票

Issuer　② TIFERT TRADING CO. , LTD NO. 86, ZHUJIANG ROAD, TIANJIN, CHINA	商 业 发 票　① *COMMERCIAL INVOICE*	
To　③ PARIS INTERNATIONAL CORP. 88, GREAT TOWER BUILDING, PARIS, FRANCE	No.　⑤ INVOICE NO. 123456	Date　⑥ DEC. 10, 2022
Transport details　④ SHIPMENT FROM TIANJIN TO MARSEILLES BY SEA	S/C No.　⑦ 22CAN-1108	L/C No.　⑧ PIC123456
	Terms of payment　⑨ BY L/C AT SIGHT	

续表

Marks and numbers	Number and kind of packages Description of goods	Quantity	Unit price	Amount
⑩	⑪	⑫	⑬	⑭
N/M	LEATHER BAGS		FOB TIANJIN	
	50CARTONS ITEM NO. SL100	1 000PCS	@ USD2. 00/PC	USD2 000. 00
	100CARTONS ITEM NO. SG120	2 000PCS	@ USD1. 50/PC	USD3 000. 00
	150CARTONS ITEM NO. SF200	3 000PCS	@ USD3. 00/PC	USD9 000. 00
	300CARTONS	6 000PCS		USD14 000. 00
	PACKED IN CARTONS OF 20PCS EACH.			
	AS PER SALES CONFIRMATION NO. 22CAN-1108 AND BUYER'S ORDER NO. : FE021G.			
	⑮ WE HEREBY CERTIFY THAT THE ABOVE GOODS ARE OF CHINESE ORIGIN.			
			⑯ TIFERT TRADING CO., LTD 泰佛贸易有限公司 *	

第三节　商业发票条款解析

一、商业发票条款解析详述

信用证中对商业发票条款的表述方法很多,首先以较复杂的条款为例,解析一下发票单据条款通常的几个组成部分。

<u>Manually signed</u>① <u>commercial invoice</u>② <u>in duplicate</u>③ <u>issued by</u>④ beneficiary <u>made out in the name</u>⑤ of XYZ Co. , Ltd <u>showing</u>⑥ freight charges, insurance premium and FOB value separately and <u>certifying</u>⑦ the goods are of Chinese origin.

说明:①对发票签署的规定;②对发票类型的规定;③对发票份数的要求;④对发票签发人的要求;⑤对发票抬头人的规定;⑥对发票需加注内容的规定;⑦对发票声明文句的要求。

需要说明的是,信用证的发票条款不完全像解析中列举的条款那样完整,往往有很多省略,如省略⑤对抬头人的规定,则视为以开证申请人为发票抬头人。

下面就比较常见的发票条款举例进行解析,说明缮制发票时应如何具体把握。

(一)有关发票抬头人的条款

1. 信用证规定以第三方为发票抬头人。

例如:"Applicant: ABC Co. , Ltd ... all documents including invoice must be in name of XYZ Co. , Ltd. ”

该条款要求缮制单据(包括发票)时注意抬头人一定要按照信用证的要求填写成 XYZ Co. , Ltd,而不能填写成 ABC Co. , Ltd,这表明开证申请人仅为中间商,而非真实买主。

2. ××银行或公司代(O/B or A/C)××公司申请开证,发票抬头人应将 Applicant 内容全部打上。

例如:“Applicant:The Fuji Bank Ltd, Osaka A/C ABC Co. , Ltd. ”

该条款要求缮制发票时注意抬头人应该填写成“The Fuji Bank Ltd, Osaka A/C ABC Co. , Ltd”,不能漏填写其中任何一方。

又如:“Applicant:ABC Co. , Ltd O/B XYZ Co. , Ltd. ”

该条款要求缮制商业发票时发票抬头人应该填写成“ABC Co. , Ltd O/B XYZ Co. , Ltd”。

(二)规定发票份数的常见条款

例如:“Signed commercial invoice in 1 original and 3 copies. ”

该条款要求向银行议付货款时应提交经受益人签署的一份正本和三份副本发票,这样才算完整提交商业发票。

《UCP600》18 条 a 款 iv 规定:商业发票无须签字,但如信用证规定要求提交签字的发票,则必须签字。

信用证常见单据份数的表示方式参见表 5-1。

表 5-1 信用证常见单据份数的表示方式

In Duplicate	In 2-fold	In 2 copies	一式两份
In Triplicate	In 3-fold	In 3 copies	一式三份
In Quadruplicate	In 4-fold	In 4 copies	一式四份
In Quintuplicate	In 5-fold	In 5 copies	一式五份
In Sextuplicate	In 6-fold	In 6 copies	一式六份
In Septuplicate	In 7-fold	In 7 copies	一式七份
In Octuplicate	In 8-fold	In 8 copies	一式八份
In Nonuplicate	In 9-fold	In 9 copies	一式九份
In Decuplicate	In 10-fold	In 10 copies	一式十份

提示板

何谓正本单据?

《UCP600》规定,正本单据应符合以下条件:

(1)信用证中规定的各种单据必须至少提供一份正本。

(2)除非单据本身表明其不是正本,银行将视任何单据表面上具有单据出具人正本签字、标志、图章或标签的单据为正本单据。

(3)除非单据另有说明,银行将接受下列单据作为正本单据,如果该单据:

①表面看来由单据出单人手工书写、打字、穿孔签字或盖章;

②表面看来使用单据出单人的原始信笺出具;

③声明单据为正本,除非该项声明表面看来与所提示的单据不符。

(4)如果信用证要求提交副本单据,则提交正本单据或副本单据均可。

(5)如果信用证使用诸如"一式两份""两张""两份"等术语要求提交多份单据,则可以提交至少一份正本,其余份数以副本来满足。但单据本身另有说明的除外。

(三)发票上常见的费用条款

1.发票上分别列明运费、保费和FOB的金额。例如:"Signed commercial invoice in 1 original and 2 copies showing breakdown of freight charges, insurance premium and FOB value."

该条款要求缮制发票时注意应在发票自由处理区分别列明运费、保险费和FOB的金额,并使三者之和与CIF相等。

2.发票上显示扣除的佣金或折扣。例如:"Manually signed commercial invoice in triplicate showing less 3% com. from the total value."

该条款要求缮制发票时注意在总额中应减去3%的佣金。

	Amount
	USD1 000.00
less 3% com.	30.00
	USD970.00

3.发票显示扣费条款。例如:"Commercial invoice in duplicate showing less USD200.00 as washing label cost."

该条款要求缮制发票时注意在总额中减去USD200.00洗水标的费用。

	Amount
	USD1 000.00
less washing label cost	200.00
	USD800.00

(四)发票上加各种备注或证明的常见条款

例如:"Signed commercial invoice in triplicate must show the following:

-country of origin — P. R. of China

-Import Licence No.

-Freight cost per garment

-FOB value

-H. S. Code

-Certify that shipment contains no solid wood packing materials."

该条款要求在缮制商业发票时,注意在自由处理区加注原产地——中国、进口许可证号、运费、FOB 金额、海关税则号及非木质包装证明等内容。

此条款要求显示的内容比较多,应按要求逐一在发票上显示出来,其目的是便于进口国海关对进口的商品验估征税,判定有无倾销等。发票上填写非木质包装证明,进口时可免于熏蒸消毒处理。许多国家对木质包装都有熏蒸消毒处理的规定,以防国外病虫害传入本国,因此,大多要求出具非木质包装证明。

(五)发票签字条款

例如:"Commercial invoice in 3-fold must be manually signed and dated."

该条款要求缮制商业发票一式三份时必须手签并注明日期。如果信用证要求手签而没有手签,就会构成不符点,遭银行拒付。

(六)发票认证条款

例如:"Singed commercial invoice in 2copies original of which should be certified by chamber of commerce or CCPIT and legalized by UAE Embassy/Consulate at beneficiary's country."

该条款要求缮制商业发票时注意:一是要签字;二是其中一份正本需由受益人所在国的商会或贸促会认证,再经阿拉伯联合酋长国大使馆或领事馆认证。

此类条款应尽可能要求开证申请人改证,取消经阿拉伯联合酋长国大使馆或领事馆认证,仅保留由商会或贸促会认证。因为使馆或领事馆认证时间长、费用高,所以很容易错过信用证的交单期和有效期,遭银行拒付。若不能取消,则核算成本时应将认证费用考虑在内,并留足交单期。

(七)发票需由收货人副(会)签条款

例如:"Commercial invoice in triplicate duly signed by beneficiary and counter signed by Mr. Jason as applicant's legal representative."

该条款要求缮制商业发票时注意:一是要求受益人签署发票一式三份;二是由作为申请人合法代表的 JASON 先生会签。

该条款风险较大,因为能否安全、及时收汇的主动权完全掌握在会签人手里,大大降低了信用证的银行信用,故受益人应尽可能争取取消此类条款。《ISBP821》第 4 条明确规定:信用证不应规定提交由开证申请人出具及/或副签的单据。如果信用证含有此类条款，则受益人必须要求修改信用证，或者遵守该条款并承担无法满足这一要求的风险。

（八）发票含有证明词条款

例如："Commercial invoice must indicate the following:

(1) that each item is labeled 'made in China';

(2) that one set of non-negotiable shipping documents to be airmailed in advance to buyer."

该条款要求受益人缮制商业发票时在自由处理区加注声明文句如下：

We hereby certify that

(1) each item has been labeled "Made in China";

(2) one set of non-negotiable shipping documents has been airmailed in advance to ××（填写买方公司的名称）。

以此证明受益人已经在每件商品标明"中国制造"字样，并且把一套副本装运单据已预先空邮给买方。为了表明受益人已经履行完信用证规定的义务，注意声明文句的时态用完成时，不要照抄照搬原文句。

又如："Commercial invoice must in 2 copies certifying that this invoice shows the actual price of the goods described and that no other invoice has been or will be issued and that all particulars are true and correct."

该条款要求缮制发票时在自由处理区加注声明文句如下：

We hereby certify that this invoice shows the actual price of the goods described and that no other invoice has been or will be issued and that all particulars are true and correct.

以此证明本发票的价格即所述商品的真实价格，现在并未签发今后也不会签发其他发票，所有细节是正确无误的。

凡要求加注声明文句的发票，无论信用证是否要求提交经受益人签署的发票，受益人都必须签署发票，因为这是由证词的特性决定的。

二、商业发票缮制应注意的问题

（一）发票的种类

信用证要求"发票"，但未作进一步的要求，则提交任何形式的发票都可以接受，如商业发票、海关发票、税务发票、最终发票和领事发票等。但是"临时发票"（Provisional Invoice）、"形式发票"（Proforma Invoice）或类似的发票是不可接受的，除非信用证另有授权。当信用证要求提交"商业发票"时，提交名称为"发票"的单据也满足要求，即便该单据含有供税务使用的声明。

（二）发票的签发人

除可转让信用证外，发票由表面看来必须由信用证中具名的受益人出具，地址中的电传或传真号码等内容无须提供；如果需要提供，则也可不必与信用证中的相同，但必须在同一国家内。可转让信用证,由已转让信用证项下的第二受益人出具。

当受益人或第二受益人变更了名称,且信用证提及的是以前的名称时,只要发票注明了该实体"以前的名称为(第一受益人或第二受益人的名称)"或类似措辞,发票就可以新实体的名称出具。

(三)发票的抬头人

除信用证另有规定或可转让信用证外,发票必须以申请人为抬头。地址中的电传或传真号码等内容无须提供;如果需要提供,则也可不必与信用证中的相同。如果信用证有指定其他抬头人,则按来证规定制单。如果该信用证已被转让,则银行也可接受由第二受益人提交的以第一受益人为抬头的发票。

(四)发票的货物描述

发票显示的货物、服务或履约行为的描述应当与信用证中的描述一致,但不要求如镜像一致。例如,货物细节可以在发票的多处显示,当一并解读时,其显示的货物描述与信用证中的描述一致即可。

发票上的货物描述部分是发票的中心内容,必须反映实际装运的货物,必须与信用证规定相符。如果信用证规定了多种货物,则应根据实际发货情况注明其中一种或几种,不可盲目照抄,发票也不能显示信用证未要求的货物(包括样品和广告材料等,即使注明免费)。信用证规定的货名并非英文文字,如中文或法文,这时发票也应照原文显示出来。

如果出运的货物较多,信用证上标有统称时,则发票上可在具体品名上按来证显示统称。如果信用证只规定了货物的总称,则发票除应照样显示外,还可加列详细的货名,但不得与总称矛盾。如果信用证未规定货物的总称,但列举的货物名称很详细,则发票除显示详细的货物名称外,还可加注统称。

(五)发票的数量

发票必须如实反映实际装运的货物的数量,特别是允许分批装运和允许溢短装的情况下更应该注意。即使信用证没有溢短装条款,信用证要求的货物数量可以有5%的溢短装幅度,但如果信用证规定货物数量不得超额或减少,或信用证规定的货物数量是以包装单位或个数计算的,不适用此条。货物数量在5%幅度内的溢装并不意味着允许支取的金额超过信用证金额。

如:信用证金额为5 000美元,信用证的货物描述为"20M/T of Chinese Wheat at USD250.00/MT CIF Hamburg"。受益人实际发货20.5公吨。虽然溢装0.5公吨符合《UCP600》第30条b款规定,但总金额将超过信用证金额125美元。因此,在发票上应该做如下扣减。

Shipping Marks	Description of Goods	Qty	Unit price	Amount
			CIF Hamburg	
N/M	Chinese Wheat	20.5MTS	USD250/MT	USD5 125.00

Less excessive value for collection	125.00
	USD5 000.00

如果该信用证需要出具汇票,则受益人应该出具两套汇票:一套汇票金额为5 000 美元,在信用证项下议付;另一套汇票金额为 125 美元,通过光票托收。

(六)发票的总金额不能超过信用证的最高限额

发票中显示的单价和币种必须与信用证中的一致,发票必须显示信用证要求的折扣或扣减,发票还可显示信用证未规定的预付款或佣金、折扣等有关的扣减额。

例如:信用证金额为 4 750 美元,信用证的货物描述为"20M/T of Chinese Wheat at USD250.00/MT CIFC 5% London",受益人实际发货 20 公吨。显然信用证金额为净值。因此,即使信用证发票条款中未说明需要扣佣,缮制商业发票时必须先列明 CIFC 5%含佣价以满足信用证条款要求,然后在发票金额下扣佣以满足金额条款要求。

Marks & Nos.	Description	Qty	Unit Price	Amount
			CIFC 5% London	
N/M	Chinese Wheat	20MTS	USD250/MT	USD5 000.00
			Less 5% com.	250.00
				USD4 750.00

(七)发票的总金额允许比信用证少支取 5%

如果信用证禁止分批装运,只要货物全部装运,且单价(如信用证有规定的话)没有减少,则发票金额有 5%的减幅是可接受的;如果信用证未规定货物数量,则发票的货物数量即可视为全部货物数量。

(八)发票的格式要求

如果在一张发票中有多种货号的货物内容,那么在缮制发票时要求格式整齐,且每一货号的货物内容和总数排列有序,应做到:横排是每一货号的货物内容,如货号、规格、数量、单价和该货号的金额,竖列应是各货号该列内容的总和,如数量和总金额。

(九)佣金和折扣

发票中对佣金、折扣等用词要正确。如果信用证或合同规定的单价含有"佣金",则发票中绝不可以以"折扣"代替。如果信用证规定为"现金折扣",则也不能只写"折扣"或"贸易折扣"。总之,此类项目一个字不能错,也不能省。如果信用证既有佣金也有折扣,那么一般是先扣除折扣,然后再计扣佣金,因为折扣部分是不应支付佣金的。

例如:国外开来信用证货物描述为"2 000pcs of Ladies blouses at USD2.10/pc CIF London, including less 5% commission and 5% allowance(discount) total amount USD4 200",应首先核对信用证。如果与信用证相符,按商业习惯在缮制商业发票

时,应在总金额(单价×数量)中先扣除5%的优惠(折扣)得出一个毛净价,然后在此基础上再扣除5%的佣金得出净价。具体缮制如下:

Marks & Nos.	Description	Qty	Unit Price	Amount
			CIF London	
N/M	Ladies blouses	2 000pcs	@USD2. 10/pc	USD4 200. 00
			less 5% allowance	210. 00
				USD3 990. 00
			less 5% commission	199. 50
				USD3 790. 50

(十)发票的签署

除非信用证要求,发票无须签字或标注日期。但如果信用证要求的证明文句加注在未要求签字的发票上,则该发票必须签署。

如果发票内容过多,由一页以上组成,其签署通常是在第一页或最后一页。除非信用证或单据自身规定签字应在何处,否则,签字可以在单据的任何地方。

第四节　其他发票

在国际贸易结算中大多使用的是商业发票,此外,还有以下几类发票。

图片:形式发票

一、形式发票(Proforma Invoice)

形式发票亦称预开发票、报价发票、估价发票,系卖方应买方要求在货物出运前出具的一种非正式发票。其主要用作交易的发盘或供买方向本国当局申请进口许可证及审批外汇。形式发票的内容包括拟售商品名称、数量、规格、单价、付款方式、装运方式及交货期等栏目。

形式发票是一种非正式的参考性发票,并非基于实际售货而缮制的,也不是付款凭证,对买卖双方无最终约束力,因此,在正式成交后,还需另外重新缮制正式的商业发票作为议付凭证。

形式发票与商业发票在内容和格式上非常相似,且两者关系紧密。信用证在货物描述中常出现“按某年某月某日之形式发票”的条款,此时,出口商应按照形式发票来制单,在商业发票上填写“As per Proforma Invoice No. ××dated××”即可;但若形式发票作为信用证的附件,制单时出口商要完全按形式发票的内容缮制商业发票,银行也会按形式发票的要求审单。

二、领事发票(Consular Invoice)

有些国家,如拉丁美洲国家、菲律宾等规定,凡进口货物,必须领取进口国驻出口国的领事签证的发票,它是货物进口征收关税的前提条件。

领事发票是一份官方签署的单据,有些国家制定了固定格式的领事发票,这种格式可以从进口国驻出口国的领事馆获得。在实际业务中,常常是某些国家来证规定由其领事在出口商的商业发票上认证,从而证实商品的实际产地。同时,领事发票的签发或认证,需缴纳一定的签证或认证费用,作为领事馆的部分费用来源。因此,出口商在对外报价时不能遗漏这笔费用。

在信用证支付方式下,应对领事发票签证或认证条款认真审核。如果本地区没有该进口国大使馆或领事馆,那么应尽可能从信用证中删除领事发票,或改由中国国际贸易促进委员会认证。

三、证实发票(Certified Invoice)

图片:证实发票

证实发票系加注有证实发票内容真实无误等文句的商业发票。有的国外进口商在来证中要求受益人在商业发票上加注证明文句,以说明发票所列内容的真实性、正确性。例如:在发票内注明"We hereby certify that the contents of invoice herein are true and correct"(兹证明此发票内容的真实无误),此时应将发票下端印就的"E. & O. E."(有错当查)字样删除。

四、联合发票(Combined Invoice)

联合发票即将其他单据的内容混合出具在商业发票上,这些单据包括装箱单、重量单、产地证和保险单等。联合发票的使用只限于我国港澳地区,但现在也很少使用。

五、收讫发票(Receipted Invoice)

收讫发票系加注有收讫文句的商业发票。有的国外进口商在来证中要求受益人在商业发票上加注收讫文句,用以说明受益人已从出口地银行取得货款。收讫发票的缮制与商业发票基本相同,只需在商业发票的结尾部分加注下列类似文句:"Payment received against credit No. ... dated ... issued by ... bank"。

六、厂商发票(Manufacturer's Invoice)

厂商发票是由制造厂商提供给出口商的销售货物的证明。它以本国货币计算价格,用来证明出口货物的出厂价格。来证要求提供厂商发票,主要是为了供进口国海关估价、核税,并核查出口国出口的商品是否低价倾销,是否应征收反倾销税。厂商发票的签发人不是信用证的受益人,而是产品的实际生产制造者,其货物价值应低于 FOB 价。

七、样品发票(Sample Invoice)

图片:样品发票

出口商为了更好地让客户了解商品的品质、价值等,使客户对商品有一个更直观的印象,以便向市场推销,往往在交易前先发送实样,供客户选择,基于上述原因而缮制的发票叫样品发票。它不同于商业发票,其目的主要是帮助客户更好地向市场推销商品和方便报关取样。若所提供的样品的价值不大,多数是免费赠送的,但有时也可以收取部分款项,也可以全额收取样品款,这应视不同商品、不同贸易的具体情况而定。无论是以上何种情况,均应在发票上注明。

八、海关发票(Customs Invoice)

海关发票是进口国(地区)海关制定的,由出口商填制,供进口商凭以报关用的一种特定格式的发票。它是一种特殊用途的发票,供进口国海关审查货物的原产地、成本价值以及统计定税之用。

(一)常见海关发票种类

1. 加拿大 Canada Customs Invoice;
2. 美国 Special Customs Invoice;
3. 新西兰 Certificate of Origin to New Zealand Form 59;
4. 西非 Combined Certificate of Value and of Origin and Invoice of goods for Exportation to West Africa Form C;
5. 尼日利亚 Combined Certificate of Value of Origin and Invoice of goods for Exportation to Federation of Nigeria;
6. 加纳 Combined Certificate of Value and Invoice in Respect of Goods for Importation into Ghana Form C61;
7. 东非 Combined Certificate of Value and Invoice in Respect of Goods for Importation into Kenya Uganda and Tanzania;
8. 赞比亚 Invoice and Certificate of Value for Export to Zambia;
9. 牙买加 Invoice and Declaration of Value Required for Shipments to Jamaica Form C23;
10. 加勒比共同体 Caricom(Caribbean Common Market) Invoice。

(二)海关发票缮制规范

现以加拿大海关发票为例,介绍海关发票缮制规范(见样例 5-2)。加拿大海关发票的栏目用英文、法文两种文字对照,内容繁多,要求每个栏目都要填写,不得留空;若不适用或无该项内容,则必须在该栏目内填写“N/A”(Not Applicable),各栏目具体的缮制方法如下:

1. 卖方的名称与地址(Vendor's Name and Address)。要填写出口商的名称及地址,包括国家和城市名称。信用证支付条件下此栏填写受益人名址。

2. 直接运往加拿大的装运日期(Date of Direct Shipment to Canada)。要填写直接运往加拿大的装运日期,此日期应与提单日期相一致。

3. 其他参考事项,包括买方订单号码(Order Reference, Include Purchaser's Order Number)。要填写有关合同、订单或商业发票号码。

4. 收货人名称及地址(Consignee, Name and Address)。要填写加拿大收货人的名称与详细地址。信用证项下一般为信用证的开证申请人。

5. 买方(Purchaser's Name and Address)。要填写实际购货人的名称及地址。如与第四栏的收货人相同,则此栏可打上"Same as Consignee"。

6. 转运国家(Country of Transshipment)。要填写转运地的名称。如在香港转船,可填写"From Shanghai to Vancouver with transshipment at Hongkong by vessel"。如不转船,可填 N/A(即 Not Applicable)。

7. 生产国别(Country of Origin of Goods)。要填写 CHINA。若非单一的国产货物,则应在 12 栏中逐项列明各自的原产地国名。

8. 运输方式及直接运往加拿大的起运地点(Transportation: give mode and place of direct shipment to Canada)。只要货物不在国外加工,不论是否转船,均填写起运地和目的地名称以及所用运载工具,如 From Shanghai to Montreal by Vessel。

9. 价格条件及支付方式,如销售、委托发运、租赁商品等(Condition of sales and terms of payment, i. e. sale, consignment, shipment, leased goods, etc)。按商业发票的价格术语及支付方式填写。如 CIF Vancouver D/P at sight 或 CFR Montreal by L/C at sight。

10. 货币名称(Currency of Settlement)。卖方要求买方支付货币的名称,须与商业发票使用的货币相一致,如 CAD。

11. 件数(Number of Package)。填写该批商品的总包装件数,如 600 CARTONS。

12. 商品详细描述(Specification of Commodities, Kind of Packages, Marks and Numbers, General Description and Characteristics, i. e. Grade, Quality)。应按商业发票相同项目描述填写,并将包装情况及唛头填入此栏(包括种类、唛头、品名和特性,即等级、品质)。

13. 数量(Quantity, State Unit)。应填写商品的具体数量,而不是包装的件数。

14. 单价(Unit Price)。应按商业发票记载的每项单价填写,使用的货币应与信用证和商业发票一致。

15. 总值(Total)。应按商业发票的总金额填写。

16. 净重及毛重的总数(Total Weight)。填写总毛重和总净重,应与其他单据的总毛重和总净重相一致。

17. 发票总金额(Total Invoice Value)。按商业发票的总金额填写。

18. 如果1～17栏的任何栏的内容均已包括在所随附的商业发票内(If any of fields 1 to 17 are included on an attached commercial invoice,check this box □)。在方框内填一个"√"记号,并将有关商业发票号填写在横线上。

19. 出口商名称及地址,如并非卖方(Exporters name and address, if other than vendor)。如出口商与第一栏卖方不是同一名称,则列入实际出口商名称;而若出口商即第一栏卖方,则在本栏打上"The Same as Vendor"。

20. 负责人的姓名及地址(Originator, Name and Address)。此栏仍填写出口企业名称、地址、负责人名称。

21. 主管当局现行管理条例,如适用者(Departmental Ruling,if any)。这是指加方海关和税务机关对该货进口的有关规定。若有,则要求填写;若无,则填"N/A"(即Not Applicable)。

22. 如果23～25三个栏目均不适用(If fields 23 to 25 are not applicable check this box □)。如23～25栏不适用,可在方框内打"√"记号。

23. 如果以下金额已包括在第17栏目内(If included in field 17 indicate amount)。

ⅰ. Transportation charges, expense and insurance from the place of direct shipment to Canada.

自起运地至加拿大的运费和保险费:可填运费和保险费的总和,允许以支付的原币填写。若不适用则填"N/A"。

ⅱ. Costs for construction, erection and assembly incurred after importation into Canada.

货物进口到加拿大后进行建造、安装及组装而发生的成本费用,按实际情况填写;若不适用,可打上N/A。

ⅲ. 出口包装费用(Export Packing)。包装费用金额可按实际情况填写;如无,则填"N/A"。

24. 如果以下金额不包括在第17栏目内(If not included in field 17 indicate amount)。若17栏不包括,则注明金额:ⅰ,ⅱ,ⅲ三项,一般填"N/A"。如果在FOB等价格条件下,且卖方替买方租船订舱,其运费于货到时支付,则ⅰ栏可填写实际运费额。

25. Check(If Applicable)。若适用,在方格内打"√"记号。本栏系补偿贸易、来件、来料加工和装配等贸易方式专用;一般贸易不适用,可在方格内填"N/A"。

样例 5-2 加拿大海关发票

CANADA CUSTOMS INVOICE

Revenue Canada	Revenue Canada	CANADA CUSTOMS INVOICEFACTURE DES	Page	of
Customs and Excise	Douanes et Accise	DOUANES CANADIENNES		de

1. Vendor (Name and Address) Vendeur (Nom et adresse) TIFERT TRADING CO., LTD NO. 86, ZHUJIANG ROAD, TIANJIN, CHINA	2. Date of Direct Shipment to Canada/Date d' expedition directe vers ie Canade OCT. 31, 2022 B/L NO. 202218 3. Other References (include Purchaserys Order No.) Autres reterences(inclure ie n de commande de ? acheteur)
4. Consignee (Name and Address) Destinataire (Nom et adresse) VANCOUVER CHEMICAL CO., LTD 1191 GREEN MAIN LAND STREET, VANCOUVER, B.C., CANADA, V3K 5Z1	5. Purchaser's Name and Address(if other than Consignee) Nom et adresse de/acheteur(S'll differe du destinataire) THE SAME AS CONSIGNEE 6. Country of Transshipment/Pays de transbordement N/A 7. Country of Origin of Goods pays d' origine des marchandises CHINA IF SHIPMENT INCLUDES GOODS OF DIFFERENT ORIGINS ENTER ORIGINS AGAINST ITEMA IN12 SIL' EXPEDON COMPREND DES MARCHANDISES D' ORIGINES DIFFERENTES PRECISER LEUR PROVENANCE EN12
8. Transportation Give Mode and Place of Direct Shipment to Canada Transport Preciser mode et point d' expedition directe vercte vers ie canada SHIPMENT FROM TIANJIN, CHINA TO VANCOUVER, B.C., CANADA BY VESSEL	9. Condirtions of Sale and Terms of Payment (ie Saie. Consignment Shipment, Leased Goods, etd.) Conditions de vente et modaitites de paiement (P. ex vente, expedition en consignation, location, de marchandises, etc.) FOB TIANJIN BY L/C AT 75DAYS AFTER B/L DATE 10. Currency of Settlement/Devises du paiement USD

11. No of P' kgs Nore de colis	12. Specification of Commodities (Kind of Packages, Marks, and Numbers, General Description and Characteristics, ie Grade, Quality) Designation des articles (Nature des colis, marques et numeros, description ger erale et caracteristiques, P ex classe, qualite)	13. Quantity (State Unit) Quantite (Preciser i unite)	Selling Price/Prix de vente 14. Unit Price Prix unitaire	 15. Total
950 CTNS	ACID DYES	1 000KG	USD11.48/KG FOB TIANJIN	USD11 480.00

18. if any Of fields 1 to 17 are included on an attached commercial invoice, check this box/ si tout renseignement relatlvement aux zones 1 e 17 ligure sur une ou des tactures ☑ commerciaies ci-attachees cocher cette case commercial invoice No. 1 N de la factre commerciaie TF234	16. Total Weight/Poids Total Net 1 000KG	 Gross/Brut 1 050KG	17. Invoice Total Total de la facture USD11 480.00

19. Exporter's Name and Address(if other than Vendor) Nom et adresse de ? exportateur(s'll differe du vendeur) THE SAME AS VENDOR	20. Originator (Name and Address)/Expediteur d' origine(Nom et adresse) TIFERT TRADING CO., LTD NO. 86, ZHUJIANG ROAD, TIANJIN, CHINA 经办人签字
21. Departmental Rulikg(if applicable)/Decision du Ministere (S' lly a lieu) N/A	22. If fields 23 to 25 are not applicable, check this box Si ies zones 23 e 25 sont sans objet, cocher cette case ☑

23. if included in field 17 indicate amount Si compris dans ie total a ia zone 17, preciser (Ⅰ) Transportation charges, expenese and insurance from the place of direct shipment to Canada Les frais de transport, depenses et assurances a partir du point of expedition directe vers is Canada. $ N/A (Ⅱ) Costs for const: action, erection and assembly incurred atter importation into Canada Les couts de construction, d' erection et d' assemblage, pres imporaation au. Canada $ N/A (Ⅲ) Export packing Le cout de/emballage d' exportation $ N/A	24. If not included in field 17 indicate amount Si non compris dans le total a ie zone 17, Dreciser (Ⅰ) Transportation charges, expense and insurance to the place of direct shipment to Canada Les frais de transport, depenses et assurances Iusqu' au point d' of expedition directd vers ie Canada $ N/A (Ⅱ) Amounts for commissions other than buying commissions Les commissions autres que celles versees Pour ? achat $ N/A (Ⅲ) Export packing Le cout de ? emballage d' exportation $ N/A	25. Check (if applicable) Cochet (s'lly a liso) (Ⅰ) Royalty payments or subsequent proceede are paid or payable by the purchaser Des redevances ou prodults ont ete ou seront Verses par ? acheteur N/A ☐ (Ⅱ) The purchaser has supplied goods or services for use in the production of these goods L'acheteur a fouml des merchandises ou des Services pour ia production des merchandises N/A ☐

知识链接

不同国家对发票的要求

(1)智利:发票内要注明运费、保险费和FOB价值。

(2)墨西哥:发票要手签。一般发票要求领事签证,可由贸促会代签,并注明“THERE IS NO MEXICAN CONSU LATE HERE”(本地无墨西哥领事),在北京可由墨西哥驻华使馆签证。

(3)澳大利亚:发票内应加发展中国家声明,可享受优惠关税待遇。声明文句如下:“Developing country declaration that the final process of manufacture of the goods for which special rates are claimed has been performed in china and that not less than one half of the factory or works cost of the goods is represented by the value of the labor or materials or of labor and materials of China and Australia.”

(4)黎巴嫩:发票应加证明其真实性的文句。如:“We hereby certify that this invoice is authentic, that it is the only one issued by us for the goods herein, that the value and price of the goods are correct without any deduction of payment in advance and its origin is exclusively China.”

(5)科威特:发票内要注明制造厂商名称和船名,注明毛、净重并以千克表示。

(6)巴林:发票内应加注货物原产地证明,并且手签。

(7)斯里兰卡:发票要手签,并且要注明BTN NO。

(8)秘鲁:如信用证要求领事签证,可由贸促会代替,发票货名应以西班牙文表示。同时要列明FOB价值、运费和保险费等。

(9)巴拿马:可由我贸促会签证并须注明:“此地无巴拿马领事。”

(10)委内瑞拉:发票应加注西班牙文货名,由我贸促会签证。

(11)阿拉伯地区:一般都要求发票注明货物原产地,并由贸促会签证,或者由贸促会出具产地证书。

(12)伊朗:发票内应注明关税号。

(13)尼泊尔、印度:发票手签。

(14)土耳其:产地证书不能联合在发票内。

本章小结

本章简要地介绍了商业发票的概念和作用。商业发票是在货物装出时卖方开立的载有货物名称、数量和价格等内容的价目清单,作为买卖双方交接货物和结算货款的主要单证之一。

鉴于商业发票是全套单据的核心,本章结合发票实例重点介绍了商业发票的各个栏目的缮制规范,信用证常见商业发票条款的解析,并以具体条款为例介绍了缮制商业发票应该注意的问题及灵活处理发票条款的具体办法。

最后介绍了形式发票、领事发票、证实发票、联合发票、收讫发票、厂商发票、样品发票和海关发票等有关知识,并以加拿大海关发票为例,重点讲述了海关发票的缮制规范及应注意的问题。

本章测试

一、动脑思考

1. 商业发票的概念及其作用是什么?
2. 请列举信开证中开证申请人和受益人通常的表述方式。
3. 商业发票一般由几个部分组成?各部分包括什么内容?
4. 缮制商业发票应注意哪些问题?
5. 除商业发票外,还有哪些发票?请列举一二。

二、动手操练

实训操作(一):

作为泰佛贸易公司的单证员,请根据所提供信息,利用空白发票(见样例5-3)填写一份商业发票。

1. 出票人:TIFERT TRADING CO., LTD
   NO. 86, ZHUJIANG ROAD, TIANJIN, CHINA
2. 抬头人:TOYOHANM AND CO., LTD
   NO. 56, NISHIKI 6-CHOME, NAKAKU
   NAGOYA, JAPAN
3. 发票号:CQ345
4. 发票日期:MARCH 15 , 2022
5. 合同号:22AB23M
6. 信用证号:052-LC-153639
7. 唛头:T. C.
   KOBE
   NO. 1-50

8. 货物描述：2 000 PCS OF 100% COTTON QUILT CASE S/NO. 7834 SIZE 145CM × 195CM USD4. 75 PER PC CIF KOBE PACKED IN CARTONS OF 40PCS EACH DETAILS AS PER CONTRACT NO. 22AB23M DATED FEB. 18, 2022

9. 装运港：TIANJIN

10. 目的港：KOBE

11. 有权签字人：王宏

样例 5-3 空白商业发票

TIFERT TRADING CO. ,LTD

NO. 86, ZHUJIANG ROAD, TIANJIN, CHINA

Commercial Invoice

致

TO:

发票号

Invoice No. ____________

日期

Date ____________

合同号

Contract No. ____________

起运港

Port of departure ____________

目的港

Port of destination ____________

唛头及号数 Marks & Numbers	品名 Descriptions	数量单位 Quantities	单价 Unit Price	总价 Amount

实训操作(二)：

1. 信用证有关信息摘录如下：

ALAHLI BANK OF KUWAIT

IRREVOCABLE LETTER OF CREDIT NO. 609/23262

KUWAIT, DATE：MAY5, 2022

BENEFICIARY：

TIFERT TRADING CO., LTD

NO. 86,ZHUJIANG ROAD, TIANJIN, CHINA

ADVISING BANK：

BANK OF CHINA, TIANJIN BRANCH

APPLICANT：

SAMIEH TEXTLE & BLANKET CO., LTD

P. O. BOX 299934, SAFAT,

KUWAIT

AMOUNT：

ABOUT USD 7 200.00 (ABOUT SEVEN THOUSAND TWO HUNDRED U. S. DOLLARS ONLY.)

SHIPMENT FROM TIANJIN TO KUWAIT NOT LATER THAN JUNE30,2022

VALID UNTIL JULY 15,2022 IN CHINA

PLEASE ADVISE OUR ABOVE IRREVOCABLE LETTER OF CREDIT AVAILABLE BY BENEFICIARY'S DRAFTS AT SIGHT WITHOUT RECOURSE DRAWN ON US FOR THE FULL INVOICE VALUE AND ACCOMPANIED BY THE FOLLOWING DOCUMENTS：

-SIGNED COMMERCIAL INVOICE IN QUINTUPLICATES CERTIFYING THAT EACH PIECE CARTON/ CASE OF THE GOODS CARRIES THE NAME OF COUNTRY OF ORIGIN IN NON - DETACHABLE OR NON - ALTERABLE WAY.

COVERING ABOUT 6 000 YARDS ART 032, 65% POLYESTER 35% VISCOSE MIXED SUITING FABRICS WEIGHT：ABT. 250 GRAMS PER SQUARE METER SIZE：58" × ABT. 25 YARDS PIECES @ USD 1.20 PER YARD CFR KUWAIT

CERTIFIED ON INVOICES THAT ALL OTHER DETAILS OF THE GOODS SHIPPED ARE AS PER INDENT NO. CTT/CH-33/93 DATED JUNE 10,2022.

2. 补充信息资料如下：

(1) SHIPPING MARKS：

ABUZIAD-KUWAIT

CTT/CH-33/93

MADE IN CHINA

NO. 1-12

(2) INVOICE NO. 22MSF43

(3) DATE：JUNE 30, 2022

(4) PACKED IN CARTONS OF 22 PIECES EACH (NO. 1-10) 10 PIECES EACH (11-12)—TOTAL：240 PIECES

(5) AUTHORIZED SIGNATURE：张强

作为泰佛贸易公司的单证员，请根据以上信用证摘录信息及补充相关信息，利用空白发票（见样例5-4）独立填写一份商业发票。

样例 5-4　空白商业发票

<table>
<tr><td colspan="2" rowspan="2">Issuer</td><td colspan="3" rowspan="3">商业发票
COMMERCIAL INVOICE</td></tr>
<tr></tr>
<tr><td colspan="2" rowspan="2">To</td></tr>
<tr><td>No.</td><td colspan="2">Date</td></tr>
<tr><td colspan="2" rowspan="2">Transport details</td><td>S/C No.</td><td colspan="2">L/C No.</td></tr>
<tr><td colspan="3">Terms of payment</td></tr>
<tr><td>Marks and Numbers</td><td>Number and kind of package
Description of goods</td><td>Quantity</td><td>Unit Price</td><td>Amount</td></tr>
<tr><td></td><td></td><td></td><td></td><td></td></tr>
<tr><td colspan="5">Total：
Say total：</td></tr>
</table>

第六章　包装单据缮制

知识目标

1. 了解包装单据的概念、种类和作用
2. 熟悉包装单据的不同格式、主要内容

技能目标

1. 掌握包装单据的缮制规范、缮制技巧及应注意的问题
2. 学会根据不同商品的特点结合信用证包装条款的要求自行设计包装单据格式

素质目标

1. 培养严谨务实的工作作风
2. 树立终身学习的意识

案例库

荷兰某银行开来的信用证要求受益人(XYZ COMPANY)提交一式三份的装箱单(PACKING LIST IN TRIPICATE)作为议付货款的单据之一,受益人将货物如期出运后,提供包括装箱单在内的全套装运单据交中国银行天津分行议付货款。但单据到达开证行后遭拒付,其理由是装箱单出具人不同于信用证受益人。

课程思政

本案的最大焦点在于装箱单必须由受益人出具吗?受益人为此请求中国银行天津分行帮助与开证行接洽,议付行引用《ISBP821》Para M3 款与开证行据理力争,当信用证没有规定出具人名称时,装箱单可以由任何实体出具。最后,开证行如数付清全款。从中我们不难看出,熟悉和掌握《ISBP821》对保证安全收汇是何等重要。因此,在实际业务中,我们必须要熟知国际贸易中常用的国际惯例,如《UCP600》《ISBP821》《URC522》等,这样在遇到国外开证行无理拒付时,才能据理

力争，保护好企业自身的经济利益不受损失，并且要关注版本的变化，要干到老、学到老，养成终身学习的好习惯。

第一节 包装单据概述

国际贸易中买卖双方交易的商品大多是带包装的，商品的特性不同，使用的包装材料及包装方式不同，包装单据的缮制要求也不同。包装单据是对商业发票的必要补充，也是国际贸易中常用的单证之一。

一、包装单据的概念

包装单据(Packing Document)是指一切记载或描述商品包装情况的单据，列明信用证或合同中买卖双方约定的有关包装事宜的细节，便于国外买方在货物到达目的港时供海关检查和核对货物。通常可以将其有关内容加列在商业发票上，但是在信用证有明确要求时，就必须严格按信用证要求单独缮制包装单据。包装单据是商业发票的重要补充和主要结汇单据之一，主要用来说明出口商品的包装和内装货物的细节状况，便于有关方面对进出口货物的品种、花色、尺寸、规格和数量进行查验和核实。

二、包装单据的种类

常用的包装单据主要有装箱单(Packing List)、花色搭配单(Assortment List)、重量单(Weight List/Note)、磅码单(Weight Memo)、尺码单(Measurement List)、规格单(Specification List)和包装明细单(Packing Specification)等。之所以有这样一些形式的包装单据，主要是由于进口商对所购商品的某一或某几方面比较关注，希望出口方重点提供该方面的信息。包装单据由出口商用英文缮制，格式自定义，内容繁简应以满足合同及信用证规定、符合银行惯例和适应客户需要为准。各种包装单据的具体内容如下所述。

(一)装箱单

装箱单(Packing List)亦称包装单、花色搭配码单(简称“码单”)，是用以说明货物包装细节的清单。除散装和裸装货物外，一般进出口交易都要求提供装箱单，以便在货物到达目的港(地)后海关验货和收货人核对货物。装箱单主要载明货物装箱的详细情况，包括所装货物的名称、规格、花色搭配和数量等，尤其是不定量包装的商品要逐件列明每批货物的花色搭配。

(二)重量单

重量单(Weight List)又称磅码单(Weight Note/Memo)，是用以说明货物重量细节的清单。重量单也是发票的补充单据，是买方计价、计数或计算运费的依据，多见以重量计量、计价的商品，有的还需增列皮重；按公量计量、计价的商品，则需列明公量及计算公量的有关数据。

(三)尺码单

尺码单(Measurement List)是用以说明单位包装的长、宽、高及总尺码细节的清单。其作用是便于买方及承运人了解货物的尺码,合理安排运输、装卸和仓储,同时它也是计算运费的重要依据。

(四)规格单

规格单(Specification List)亦称包装明细单,是用以说明包装规格细节的清单,多用于规格、型号较多的货物,其作用是便于买方了解整批货物的详细情况,方便转售货物。规格单的内容与装箱单相似,但偏重于每件货物的包装规格,一般要求列明包装的方式及内含量。

总而言之,装箱单、重量单、尺码单和规格单均作为发票的一种补充单据,其说明的重点各有不同,但内容不能互相矛盾。

三、包装单据的作用

包装单据是发票的补充,对大多商品交易来说是不可缺少的文件。进口地海关验货、公证行检验、进口商核对货物时,通常以包装单据为依据,了解每个包装单位内所装的具体的货物,方便转售货物。其具体作用表现在以下几个方面:

1. 包装单据是出口商缮制商业发票及其他单据时计量、计价的基础资料。
2. 包装单据是进口商清点数量或重量以及销售货物的依据。
3. 包装单据是海关查验货物的凭证。
4. 包装单据是公证或检验检疫机构查验货物的参考资料。

第二节　包装单据缮制详述

包装单据的内容和缮制规范因进出口企业及其经营的产品、合同或信用证中的要求等方面的不同而不同。概括起来,分为简式包装单和繁式包装单两种。前者主要适用于定量包装的商品,即每个包装单位内所装的商品的量是固定的,只需说明每个包装单位内装多少,总共有多少包装单位,则总的数量、重量等详细情况就清楚了,此类包装单据多用于大宗农产品;后者适用于不定量包装的商品,即每个包装单位中所装商品的规格、色号、尺码和数量都不同,则需要逐件列明内包装商品的详细情况,包括商品的货号、色号、尺码搭配、毛净重和包装的尺码,此类包装单据用于服装、纺织、轻工和鞋帽等商品。现分别介绍简式和繁式两种包装单据的缮制规范。

一、简式包装单的缮制规范(见样例6-1)

1. 单据名称。单据名称一般用装箱单(Packing List)表示,也有的用重量单(Weight Note)表示,视信用证和合同的要求而定,单据名称一般显示在单证上端。如信用证要求提供 Packing List

图片:简式包装单

and Weight Note,并且同意接受联合单据,则后加上 and Weight Note 作为包装单据的名称即可。

2. 出单人(Issuer)。在以信用证付款方式下,一般填写信用证中受益人的名称和地址;在以托收和电汇付款方式下,一般填写合同中卖方的名称和地址。

如果进出口企业有自己预先印就好的固定格式的装箱单,一般在装箱单的顶端印有醒目的进出口企业名称、地址,在这种情况下,进出口企业无须填写装箱单的出单人/签发人,但要注意核对印就的进出口企业的名称、地址是否与信用证上的受益人的名称、地址完全一致。如果受益人的名称、地址有变更,则装箱单也要随之作出相应更改。

3. 受单方(To)。在信用证付款方式下,一般填写信用证中开证申请人的名称和地址;在托收和电汇付款方式下,一般填写合同中买方的名称和地址。

填写时应注意进口商名称、地址不应放在同一行,对已更名或已被承认独立的国家,应使用新名称。

在某些情况下也可不填,或填写"To whom it may concern"(致有关方)。

4. 发票号码(Invoice No.)。发票号码由进出口企业根据实际情况自行编制。一般在编制发票号码时,从发票号码的数字顺序中能看出这一票业务发生的时间及部门,以便于日后查对。

5. 日期(Date)。装箱单的出单日期,一般与商业发票日期一致或略迟于商业发票日期,但不能早于发票日期,也不能迟于提单日期及信用证的交单期和有效期。

6. 唛头(Marks and Numbers)。信用证或合同有指定唛头的,必须严格按照规定填写唛头;信用证或合同没有指定唛头的,进出口企业可自行设计唛头,且与商业发票、提单等单据中的唛头一致。

7. 货物描述(Number and Kind of Packages, Description of Goods)。一般填写货物件数和货物名称及规格两大部分内容,其中货物名称可以用统称,通常对货物的包装情况作详细说明,特别是信用证要求提供 Detailed Packing List 时更应该详细地列出有关包装的细节,如规格、型号、花色、尺码和内装量等。

8. 数量(Quantity)。一般都要填写每种规格货物实际出运的数量,不要遗漏计量单位,同时要注明合计数。

9. 件数(Package)。一般填写每种规格货物的包装单位数量,以最大外包装单位计,同时要注明合计数。注意该数量为运输包装单位的数量,而不是计价单位的数量。

10. 毛重(Gross Weight)。一般填写每种规格货物的毛重,以公斤为单位,保留两位小数,同时要注明毛重的合计数。

11. 净重(Net Weight)。一般填写每种规格货物的净重,以公斤为单位,保留两位小数,同时要注明净重的合计数。

12. 尺码(Measurement)。一般填写每种规格货物的体积,以立方米为单位,保留三位小数，同时要注明体积的合计数。

13. 小写合计(Total in Figure)。填写毛重、净重和尺码的合计数，用小写阿拉伯数字表示。

14. 大写合计(Say Total in Words)。一般将总件数用文字进行叙述，并且要与小写的总件数一致。

15. 声明文句(Statement)。填写与装箱单有关的附加条款(Additional Clauses Relating With Packing List)。

部分来证要求在装箱单上加注各种声明文句，一般可将这些内容填写在装箱单货物描述栏以下的空白处(也叫装箱单的自由处理区)。信用证有的条款不能原文照抄，而要视具体情况重新组织语句。

16. 签字(Signature)。出单人的签字或盖章。装箱单只能由L/C规定的受益人出具，除非信用证另有规定，装箱单无须签字。但是必须注意，有些信用证常要求出口商提供签署(Signed)的装箱单，出口商提供的装箱单必须有出口商的签字盖章；甚至有些信用证要求出口商提供手签(Manually Signed)的装箱单，出口商提供的装箱单必须由出口商的法人代表或主要职员(Chief Clerk)亲笔签字。

样例6-1　简式包装单

<table>
<tr><td colspan="3">Issuer ②
TIFERT TRADING CO., LTD
NO. 86, ZHUJIANG ROAD, TIANJIN, CHINA</td><td colspan="4">装箱单 ①
PACKING LIST</td></tr>
<tr><td colspan="3">To ③
PARIS INTERNATIONAL CORP.
88, GREAT TOWER BUILDING, PARIS, FRANCE</td><td colspan="2">Invoice No. ④
INVOICE NO. 123456</td><td colspan="2">Date ⑤
DEC. 10, 2022</td></tr>
<tr><td>Marks and Numbers ⑥</td><td>Number and kind of package
Description of goods ⑦</td><td>Quantity ⑧</td><td>Package ⑨</td><td>G. W. ⑩</td><td>N. W. ⑪</td><td>Meas. ⑫</td></tr>
<tr><td>N/M</td><td>LEATHER BAGS
ITEM NO. SL100
ITEM NO. SG120
ITEM NO. SF200
PACKED IN CARTONS OF 20PCS EACH
L/C NO. PIC123456</td><td>1 000PCS
2 000PCS
3 000PCS</td><td>50CARTONS
100CARTONS
150CARTONS</td><td>100.00KG
200.00KG
300.00KG</td><td>95.00KG
190.00KG
285.00KG</td><td>2.150M³
4.300M³
6.850M³</td></tr>
<tr><td colspan="7">⑬ TOTAL: 6 000PCS 300CARTONS 600.00KG 570.00KG 13.300M³

⑭ SAY TOTAL: THREE HUNDRED CARTONS ONLY

⑮ WE HEREBY CERTIFY THAT EACH ITEM HAS BEEN MARKED THE LABEL "MADE IN CHINA"

⑯ TIFERT TRADING CO., LTD 泰佛贸易有限公司 *</td></tr>
</table>

图片：繁式包装单

二、繁式包装单的缮制规范（见样例6-2）

在纺织品、服装等出口货量较大的情况下，缮制详细包装单和包装说明需要花费大量时间和劳动力。在实际业务中，根据加工厂提供的详细码单，缮制一套长达数十页的包装单有时需要一整天时间。为了节省时间，提高效率，也可以使用特制的单据格式，中、英文对照，由加工厂直接填制，经过审核后盖章，即作为出口单据交银行结汇。

1. 出单人（Issuer）。在以信用证付款方式下，一般填写信用证中受益人的名称和地址；在以托收和电汇付款方式下，一般填写合同中卖方的名称和地址。

2. 单据名称（Name of Document）。单据名称一般填装箱单（Packing List），也有的填重量单（Weight Note），视信用证和合同的要求而定，单据名称一般印在单证上端。例如：来证要求提供 Packing List and Weight Note，并且同意接受联合单据，则在已印就的 Packing List 后加上 and Weight Note 作为包装单据的名称即可。

3. 页数（Pages）。繁式装箱单页数，若是多页，填写 1/n…n/n，其中分母“n”代表总的页数。

4. 发票号码（Invoice No.）。发票号码由进出口企业根据实际情况自行编制。一般在编制发票号码时，从发票号码的顺序数字中能看出这一票业务发生的时间及部门，以便于日后查对。

5. 日期（Date）。装箱单的出单日期。一般与商业发票日期一致或略迟于商业发票日期，但不能早于发票日期，也不能迟于提单日期及信用证的交单期和有效期。

6. 箱号（Carton No.）。外包装的顺序编号，如 1~10，11~30，…

7. 箱数（Cartons）。每一顺序序列中外包装的数量，如外包装的顺序编号为 1~10，则此栏填写“10”，若为 11~31，则填写“21”，即由最尾的箱号减去前面的箱号再加 1 得出。

8. 款式（Style）。款式按照信用证或合同要求和工厂所提供的装箱码单填写。

9. 色号（Color）。填写每列顺序编号中具体货物的颜色代码，颜色代码以买卖双方合同中的规定为准。

10. 每箱尺码搭配（Size Assortment Per Carton）。填写每列顺序编号中每箱货物的具体尺码，尺码代码有的分为 S、M、L、XL，有的分为 92、98、104，具体以买卖双方合同中的规定为准。

11. 每箱数量（Qty Per Carton）。填写每箱内的货物数量。

12. 共计数量（Total Pcs）。每一顺序序列中外包装内的总数量，如顺序编号 1~10，即填写 10 箱内共计总数量。

13. 每箱毛重（G. W. Per Carton）。要填写每箱毛重，每箱内所装的数量因款式不同而不同，故每箱的毛重也可能有所不同。

14. 每箱净重（N. W. Per Carton）。填写每箱净重，由于每箱内所装的数量因款式不同而不同,故每箱的净重也可能有所不同。

15. 每箱尺码(Measurement Per Carton)。填写由每箱外包装的长×宽×高得出的实际立方米。注意:一般长、宽、高以厘米为单位,而尺码习惯以立方米表示,要进行单位换算。

16. 总箱数(Total Cartons)。一批货物累计的总外包装的数量。

17. 总数量合计(Total Quantity)。一批货物累计总的计量单位数量。

样例 6-2　繁式包装单

泰佛贸易有限公司①

Tifert Trading Co. , Ltd

No. 86, Zhujiang Road, Tianjin, China

装 箱 单　②

Packing List

页数 Pages 1/1　③　　　　发票号 Invoice No. HY0158 ④

日期 Date: APR. 18, 2022 ⑤

箱号 Carton No. ⑥	箱数 CTNs ⑦	款式 Style ⑧	色号 Color ⑨	每箱尺寸搭配 SIZE ASSORTMENT PER CARTON ⑩						每箱数量 PCS/CTN ⑪	共计数量 TTL PCS ⑫	每箱毛重 G. W. CTN/KG ⑬	每箱净重 N. W. CTN/KG ⑭	每箱尺码 MEAS CTN/CBM ⑮
				92	98	104	110	116	122					
1-10	10	A01	6	5	5	5	5	5		25	250	20	18	0. 160
11-20	10		8		5	5	5	5	5	25	250	20	18	0. 160
21-30	10		9		5	5	5	5	5	25	250	20	18	0. 160
31	1		9	4	5	5	4	3	1	22	22	18	16	0. 120
TTL	31 ⑯										772 ⑰	618 ⑱	556 ⑲	4. 920 ⑳

Marks & Nos.　　Description of goods　　TOTAL GROSS WEIGHT 618KG

H & M　　31 CARTONS　　NET WEIGHT 556KG

HAMBURG　　100% COTTON MEN'S SHIRT　　MEASUREMENT 4. 920CBM ㉓

C/NO. 1-31　　㉒

㉑

TIFERT TRADING CO., LTD

泰佛贸易有限公司

*

㉔

18. 总毛重(Total G. W.)。一批货物累计总的毛重,以公斤为单位,保留两位小数。

19. 总净重(Total N. W.)。一批货物累计总的净重,以公斤为单位,保留两位小数。

20. 总尺码(Total Measurement)。一批货物累计总的尺码,以立方米为单位,保留三位小数。

21. 唛头(Shipping Marks)。信用证或合同有指定唛头的,必须严格按照规定填写唛头;信用证或合同没有指定唛头的,进出口企业可自行设计唛头,且与商业发票、提单等单据中的唛头一致。

22. 货物描述(Description of Goods)。一般填写货物件数和货物名称,其中,货物名称可以用统称,通常对货物的包装情况做详细说明,特别是信用证要求提供 Detailed Packing List 时更应该详细地列出有关包装的细节,如规格、型号、花色、尺码、内装量等。

23. 合计(Total)。毛重、净重和尺码的最后合计,要求与提单等单据相符。

24. 签署(Signature)。出单人的签字或盖章。装箱单只能由 L/C 规定的受益人出具,除非信用证另有规定,装箱单无须签字。但是必须注意,有些信用证常要求出口商提供签署(Signed)的装箱单,出口商提供的装箱单必须有出口商的签字盖章;甚至有些信用证要求出口商提供手签(Manually Signed)的装箱单,出口商提供的装箱单必须有出口商的法人代表或主要职员(Chief Clerk)的亲笔签字。

第三节　包装单据条款解析

一、包装单据条款解析详述

信用证中对包装单据条款的表述方法很多,首先以较复杂的条款为例,解析一下包装单据条款通常的几个组成部分。

<u>Signed</u>① <u>packing list</u>② <u>issued by</u>③ beneficiary <u>in</u>④ one original and two copies <u>indicating</u>⑤ the detail of style No., color No., sizes and quantities in each carton and also total net weight, gross weight and measurement.

说明:①对包装单据签署的规定;②对包装单据类型的规定;③对包装单据签发人的规定;④对包装单据份数的要求;⑤对包装单据加注内容的要求。

需要说明的是,信用证中的包装单据条款不完全像解析中列举的条款那样完整,往往有很多省略,如④份数要求,如果省略视为需要向银行提交包装单一式两份,即一份正本一份副本。

下面就比较常见的包装单据条款举例进行解析,以此说明缮制包装单据时应如何具体把握。

1. Separate packing list in full details required. 该条款要求单独缮制装箱单,应注意列明每件包装的详细情况,单件包装的毛重、净重、尺码,以及总的毛重、净重、尺码。

2. Combined packing list is not acceptable. 该条款要求缮制装箱单时应注意要单独出具,不能与发票等单据联合。

3. Packing list showing gross and net weight expressed in kilos of each type of goods required. 该条款要求缮制装箱单时应注意严格按照要求出具,标明每种货物的毛重、净重,以公斤为单位。

4. Packing list in 3 copies manually signed by the beneficiary. 该条款要求缮制装箱单时应注意向银行交单议付前一定要亲笔签署装箱单一式三份,不能以盖章代替。

5. Packing list in triplicate not showing beneficiary's name. 该条款要求缮制装箱单时应注意不能显示受益人的名称,需要用白纸缮制。

6. Detailed weight and measurement list showing the detail of colors, sizes and quantities in each carton and also net weight and gross weight. 该条款要求缮制包装单据时应注意重量单,尺码明细单可合并出具,但应严格按照信用证要求详注每件包装细节,详注每箱货物的颜色、尺寸和数量以及毛重和净重。

7. Manually signed packing list in triplicate detailing the complete inner packing specifications and contents of each package. 该条款要求缮制装箱单时应注意详注每件货物内包装货物的规格和每件包装单位内的具体货物,并且包装单一定要亲笔签名。

8. Detailed packing list in quadruplicate showing gross weight, net weigh, net net weight, measurement, color, size and quantity breakdown for each package, if any applicable. 该条款要求装箱单应注意严格按照信用证要求缮制,注明每个包装的毛重、净重、净净重、尺码、颜色、尺寸和数量,向银行提交装箱单一正三副。

9. Packing list in one original and two copies issued by beneficiary indicating quantity, gross and net weight of each package/container. 该条款要求缮制装箱单时应注意标明每件或每容器的毛重、净重,向银行提交装箱单一正两副。

10. Packing/weight list issued by beneficiary in three photo copies, showing carton marks, style no, color, size, quantity, g. wt, n. wt, dimension per carton, packing method and break down of total quantity shipped in pieces, per style, per color, per size and must not show invoice No. and description of goods. 该条款要求缮制装箱单/重量单时应该显示纸箱唛头、款式、颜色、尺码、数量、毛重、净重、每箱体积、包装方法以及装运总数的细分,按款式、颜色和尺码各项的细目排列,但不可显示发票号和货物描述,向银行提交三份副本装箱单。

11. 2 original and 2 copies of Packing List showing goods packed in 50×200L iron drums, on 17 pallets — packed with plastic foil strapped tightly around drums and

pallet. 该条款要求缮制包装单时，要在单据上标明货物装 50 个 200 升的铁桶，共 17 个托盘，打好托盘和铁桶后需使用塑料薄膜予以紧固，向银行提交两份正本和两份副本的包装单。

在实际进出口业务中，要严格按照要求备货，同时在缮制装箱单时应注意按信用证要求制单，最后要加注证明词："We hereby certify that the goods have been packed in 50×200L iron drums, on 17 pallets — packed with plastic foil strapped tightly around drums and pallet."

12. Packing/weight List in triplicate stating: kind number, content, net weight (kg), gross weight(kg) and measurement of each and total packages and confirming that glyphosate acid tech 95% is packed in 25kg net woven bags lined with plastic bags, packing must be suitable and in accordance with international regulations in force for the carriage of glyphosate acid tech 95% by rail, road and/or sea. Packing must be absolutely neutral with regard to the origin. 该条款要求受益人缮制装箱单/重量单时要在单据上标明件号、货物、每件的毛净重和体积、总件数，明确 95%的草甘膦原药用内衬塑料袋的 25 公斤净重编织袋包装，所用包装合适，与现行的通过铁路、公路和/或海洋运输草甘膦原药的国际准则相一致。包装必须是中性的，不应标明货物原产地。

在实际进出口业务中，要严格按照要求备货，使用中性包装，不能显示原产地，同时缮制装箱单时应注意严格按照信用证要求出具，最后要加注证明词："We hereby confirm that glyphosate acid tech 95% have been packed in 25kg net woven bags lined with plastic bags, packing is suitable and in accordance with international regulations in force for the carriage of glyphosate acid tech 95% by rail, road and/or sea."

二、缮制包装单据应注意的问题

1. 当信用证要求提交装箱单时，提交的单据包含货物包装的任何信息以满足其功能，并表明信用证规定的名称，或标明相似名称，或没有名称，即符合要求。

2. 装箱单应当由信用证规定的实体出具。当信用证没有规定出具人名称时，装箱单可以由任何实体出具。包装单据如由受益人出具，如信用证没有要求，可以不签字、不盖章，也不必注明出单日期。只要装箱单的出具人不是受益人，其就可以显示不同于其他一种或多种规定单据上注明的发票号码、发票日期和运输路线。

3. 如果信用证同时要求有装箱单和重量单，受益人应分别出具两种单据，最好不要合二为一联合出具。如果受益人将两种单据名称印在一起，来证仅要求出具其中一种时，最好将另一种单据的名称删除。

4. 如果没有特别要求，包装单据可以不显示收货人。

5. 当信用证明确规定了包装要求，且没有规定与其相符的单据时，如果提交装箱单，那么其提及的有关货物包装的任何数据不应与该要求矛盾。

6. 装箱单上的唛头应与发票上的规定一致，唛头中的"C/NO 1-UP"字样是指包装件号，应根据实际按序编写。这里的 UP 应理解为总箱数，缮制包装单据时要具体化,标明总件数。

7. 装箱单中的货物描述可以与发票相同,也可在与信用证中货物描述不抵触的情况下只显示商品统称。

8. 包装单据中毛重应注明每个包装件的毛重和此包装件内不同规格、品种、花色货物各自的总毛重,最后在合计栏处标注所有货物的总毛重;净重应注明每个包装件的净重和此包装件内不同规格、品种、花色货物各自的总净重,最后在合计栏处标注所有货物的总净重;尺码则要求注明每个包装件的尺寸和总尺码。

9. 银行只审核总量,包括但不限于总数量、总重量、总尺码或总包装件数,以确保相关的总量与信用证中和任何其他规定单据上显示的总量没有矛盾。

10. 包装单据一般不显示货物的单价和总金额。进口商转售时通常自制发票,使用出口商提供的原始包装单据,这样就可以避免泄露其购买成本。

11. 货物如装托盘,尺码单上应同时标明托盘本身的尺码和连同托盘的总尺码。

12. 包装单据应如实反映货物的实际包装情况,并且要符合信用证关于装箱的规定。如信用证规定货物装 25 公斤或 50 公斤的编织袋内,货物实际装在 25 公斤的编织袋内,包装单据应该打制成"Packed in pp woven bags of 25kg net each",不应该照抄信用证原句。不管信用证是笼统规定(Sea worthy packing 或 standard export packing),还是具体要求(Packed in woven bags),均应准确显示在单据之上。

13. 散装货物一般不需要提供包装单据。

14. 如来证规定包装单以"Plain Paper","in plain"或"in white paper"等形式出具,单据上不应显示双方的名称,也不可签章。

提示板

中性装箱单如何缮制?

如果信用证要求提供"中性装箱单"(Neutral Packing List),则装箱单名称仍可填写成"Packing List",但装箱单内不能显示卖方的名称,也不能签署。

如果信用证规定包装单为"Plain Paper","In Plain"或"In White Paper"等,则在包装单内既不显示卖方名称,也不显示买方名称,也不能签署。

其他内容与普通包装单据的缮制要求一样。

微课:中性装箱单的缮制

15. 如合同或信用证对 Outer/master Packing(外/主包装)和 Inner Packing(内包装)提出具体要求的话,缮制包装单据时应予以满足。

16. 若信用证要求在包装单据上标明商品的标签上的内容,应予以满足。例如,出口纺织品时,信用证要求:"Each piece has a sewing label stating 100% cotton made in China and washing instructions."(标签应缝制在每件商品上,应明确纯棉产品、中国制造、洗涤注意事项)。对此,在装箱单的自由处理区应加注证词:"We

hereby certify that each piece has a sewing label stating 100% cotton made in China and washing instructions."

17.有的信用证要求将制作完毕的装箱单粘贴在盛装货物的集装箱箱门内侧，必须照办。

18.信用证要求的包装单据正本和副本必须如数提交，没有明确规定，按惯例一般理解为一式两份，即一份正本，一份副本。

知识链接

一些国家对进口商品包装的规定

在国际贸易中，由于各国国情不同以及文化存在差异，对商品的包装材料、结构、图案及文字标志等要求不同，了解这些规定，对我国外贸出口大有裨益。

(1)禁用的标志图案。

阿拉伯国家规定进口商品的包装禁用六角星图案；

德国对进口商品的包装禁用类似纳粹和军团符号标志；

利比亚对进口商品的包装禁止使用猪的图案和女性人体图案。

(2)使用文种的规定。

加拿大政府规定进口商品必须英、法文对照；

销往中国香港地区的食品标签必须用中文，但食品名称及成分须同时用英文注明；

希腊政府正式公布，凡出口到希腊的产品包装上必须要用希腊文字写明公司名称，代理商名称及产品质量、数量等项目；

销往法国的产品装箱单及商业发票须用法文，包括标志说明，不以法文书写的应附译文；

销往阿拉伯地区的食品、饮料，必须用阿拉伯文说明。

(3)禁用的包装材料。

美国规定，为防止植物病虫害的传播，禁止使用稻草做包装材料，如被海关发现，必须当场销毁，并支付由此产生的一切费用；

新西兰农业检疫所规定，进口商品包装严禁使用以下材料：干草、稻草、麦草、谷壳或糠、生苔物、土壤、泥灰、用过的旧麻袋及其他材料；

菲律宾卫生部和海关规定，凡进口的货物禁止用麻袋和麻袋制品及稻草、草席等材料包装；

澳大利亚防疫局规定，凡用木箱包装(包括托盘木料)的货物，进口时均需提供熏蒸证明。

本章小结

本章简要地介绍了作为商业发票补充的包装单据的概念、种类及其作用。

根据信用证的具体要求并结合不同商品的特性,包装单据可分为装箱单、重量单、尺码单和规格单等,各种包装单据都各有侧重,但其内容基本相同,缮制方法也类似。

以最常见的装箱单为例,结合装箱单实例重点介绍了装箱单的各个栏目的缮制规范、信用证常见包装单据条款解析以及缮制包装单据应该注意的问题。

本章测试

一、动脑思考

1. 包装单据的概念、种类及其作用是什么?

2. 请简述包装单据的缮制规范。

3. 请上网搜索常见的包装单据条款(至少5个条款)。

4. 请翻译以下包装条款:

(1) Packing/weight list in quadruplicate made out in the name of ABC Co., Ltd clearly showing colors in each carton and also net weight and gross weight of each carton as well as the total gross weight, net weight and measurement.

(2) Packing list in 3 copies showing color assortment, size breakdown per carton and certifying no origin mentioned on the outside of cartons.

二、动手操练

实训操作(一):

作为泰佛贸易公司的单证员,请根据所提供信息,利用空白装箱单(见样例6-3)填写一份装箱单。

1. 出票人:TIFERT TRADING CO., LTD
NO. 86, ZHUJIANG ROAD, TIANJIN, CHINA

2. 抬头人:TOYOHANM AND CO., LTD
NO. 56, NISHIKI 6-CHOME, NAKAKU
NAGOYA, JAPAN

3. 发票号:CQ345

4. 发票日期:MARCH 15, 2022

5. 合同号:22AB23M

6. 唛头:T. C.

KOBE

NO. 1-50

7. 货物描述:2000 PCS OF 100% COTTON QUILT CASE S/NO. 7834 SIZE 145CM×195CM USD4. 75 PER PC CIF KOBE PACKING IN CARTONS OF 40PCS EACH DETAILS AS PER CONTRACT NO. 22AB23M

8. 毛重:1 300KG

9. 净重:1 250KG

10. 尺码:2. 912CBM

11. 有权签字人:王宏

样例 6-3 空白装箱单

TIFERT TRADING CO. , LTD

NO. 86, ZHUJIANG ROAD, TIANJIN, CHINA

PACKING LIST

TO:

Invoice No. ____________

Date ____________

Contract No. ____________

MARKS & NOS.	DESCRIPTION	(CTN)	(KG)	(KG)	(CBM)

实训操作(二)：

1. 信用证有关信息摘录如下：

SEQUENCE OF TOTAL	27：1/1
FORM OF DOCUMENTARY CREDIT	40A：IRREVOCABLE
APPLICABLE RULES	40E：UCP LATEST VERS10N
DOCUMENTARY CREDIT NUMBER	20：00IM01413
DATE OF ISSUE	31C：220731
DATE AND PLACE OF EXPIRY	31D：220915 CHINA
APPLICANT	50：NEW WORLD INTERNATIONAL INC 129 HAYWARD WAY CA 91733, USA
BENEFICIARY	59：TIFERT TRADING CO., LTD NO. 86, ZHUJIANG ROAD, TIANJIN, CHINA
CURRENCY CODE, AMOUNT	32B：USD30940,00
AVAILABLE WITH... BY	41D：ANY BANK BY NEGOTIATION
DRAFTS AT	42C：AT SIGHT FOR 100 PCT OF INVOICE VALUE
DRAWEE	42D：CATHAY BANK LOS ANGELES, CA.
LOADING/DISPATCH/TAKING/FROM	44E：TIANJIN PORT, CHINA
FOR TRANSPORTATION TO...	44F：LOS ANGELES PORT, CA, USA
LATEST DATE OF SHIPMENT	44C：220831
DESCRPT OF GOODS/SERVICES	45A：2000PAIRS LADIES SLIPPERS FOB TIANJIN, CHINA
DOCUMENTS REQUIRED	46A：

+SIGNED COMMERCIAL INVOICE IN 1 ORIGINAL AND 3 COPIES

+PACKING LIST IN 1 ORIGINAL AND 3 COPIES

2. 补充信息资料如下：

(1) SIZE：EACH CARTON CONTAINING 37/10 38/10 39/10 40/10

(2) PACKING：IN CARTONS OF 40 PAIRS EACH

(3) MEASUREMENT：0.356M^3/CTN

(4) GW：15KG/CTN, NW：14KG/CTN

(5) SHIPPING MARK：NEW WORLD/00IM01413/LOS ANGELES PORT/CTN NO. 1-50

(6) INVOICE NO. LS628 DATED AUG. 20, 2022

作为泰佛贸易公司的单证员，请根据以上信用证摘录信息及补充相关信息，利用空白装箱单(见样例6-4)独立填写一份装箱单。

样例 6-4　空白装箱单

<table>
<tr><td colspan="3">Issuer</td><td colspan="4">装 箱 单
PACKING LIST</td></tr>
<tr><td colspan="3">To</td><td colspan="2">Invoice No.</td><td colspan="2">Date</td></tr>
<tr><td>Marks and Numbers</td><td>Number and kind of package
Description of goods</td><td>Quantity</td><td>Package</td><td>G. W.</td><td>N. W.</td><td>Meas.</td></tr>
<tr><td></td><td></td><td></td><td></td><td></td><td></td><td></td></tr>
<tr><td colspan="7">Total:

Say total:</td></tr>
</table>

第七章 运输单据缮制

知识目标

1. 了解海运提单、空运运单、陆运单据等运输单据的基本知识
2. 熟悉海运提单、空运运单、陆运单据等运输单据的格式、主要内容

技能目标

1. 掌握海运提单的缮制规范、缮制技巧及应注意的问题
2. 力争掌握不同装运条款下提单的灵活处理

素质目标

1. 培养耐心细致的工作作风
2. 培养精益求精的大国工匠精神

案例库

2022年4月我公司(上海某公司)与美国一客户商签订了一份金额为USD105 000的床品出口合同,6月初收到买方开出的不可撤销信用证,信用证要求出具记名××公司的提单,并指定货物由美国某船公司装运。货物出运后全套单据经议付行寄开证行,正常的结汇时间已过,但货款一直未到账,此时收到开证行的拒付电,称单据有一处不符点,全套单据由开证行暂为保管。我公司查货物下落,船公司告知货物已被提走。我公司要求船公司做出解释,三份正本提单仍在银行,我方也并无放货指令,凭什么放货?船公司告知,记名提单可不凭正本提单,仅凭收货人的身份证明即可放货,船公司无责任。不久三份正本提单连同其他单据被开证行退回,我公司面临着手持正本提单却货、款两空的残酷现实。

在要求船公司赔偿货物无果的情况下,我公司一纸诉状把船公司推上了被告席。然而被告认为此案适用于美国1936年海上货物运输法,放货的理由是提单背面条款中已约定,按此法规定记名提单项下承运人可以不凭正本提单放货,只要收货人提供了证明自己合法身份的有关文件即可。一审上海海事法院认定,被告未

提供完整的美国1936年海上货物运输法,法律文本无从依据,故本案适用于《中华人民共和国海商法》。根据《中华人民共和国海商法》第七十一规定,提单无论是记名或不记名都是物权凭证,承运人必须凭正本提单放货,现原告正本提单在手,被告已将货物放掉,属于严重侵权行为,判决被告赔偿原告全部货款和利息损失。被告不服,立即上诉上海市高级人民法院,要求终审法院依据美国法律改判此案。在法庭的要求下,上诉方提供了完整的美国1936年海上货物运输法文本,通过研读这份完整的法律文本发现,此法只适用于往来美国港口的运输业务,此案并未涉及美国港口,故终审判决:驳回上诉,维持原判。终审判决书下达7天内,我公司即收到了被告赔偿的全部货款及利息。

课程思政

本案例的焦点就是记名提单是不是物权凭证?这个问题在不同国家有不同规定,这需要我们在实际业务中特别给予重视,否则就会重蹈覆辙。从中我们可以看出,熟悉各国法律法规在国际贸易中是何等重要。再有,为了避免此类问题产生,在货款没有保证的前提下,尽量不采用记名提单,而应该多采用指示性提单,这样可以牢牢地控制物权,如果进口商借故拒收货物,也便于出口商通过转让提单的方式转卖货物。俗话说商场如战场,在实际业务中,我们一定要牢牢树立风险意识,在货款没有保障的情况下,万万不能轻易放弃物权,只有这样,我们才能避免遭受重大的经济损失。

第一节　运输单据概述

国际贸易中买卖双方交易的商品,都要借助一定的运输方式由卖方运送至买方。国际贸易中,常用的运输方式有海运、陆运和空运,其中80%~90%的货物通过海运完成,主要是由于海运运载能力大,运价相对便宜。不同的运输方式,都有自己专用的运输单据格式。

一、运输单据的概念

运输单据是进出口贸易单证工作中最重要的单据之一,也是进出口贸易中买卖双方最为关注的单据之一。它是指托运人按要求装运货物后,承运人或其代理人签发的收到货物的书面凭证。

运输单据的种类很多。在不同的运输方式下,必须使用不同的运输单据。

根据《UCP600》的规定,运输单据共分为以下七大类:

1. 至少包括两种不同运输方式的运输单据(Transport document covering at least two different modes of transport);

2. 海运提单(Bill of Lading or B/L);

3. 不可转让海运单(Non-negotiable Sea Waybill);

4. 租船合约提单(Charter Party Bill of Lading);

5. 空运单据(Air Transport Document);

6. 公路、铁路或内陆水运单据(Road, Rail or Inland Waterway Transport Documents);

7. 快递收据、邮政收据或投邮证明(Courier Receipt, Post Receipt or Certificate of Posting)。

二、运输单据的作用

运输单据的作用主要包括以下几个方面:

1. 运输单据是承运人或其代理人已按运输单据所列内容收到相应的货物的证明,是货物已装船、已发运或已由承运人接管的证明。

2. 在象征性交货条件下,运输单据是卖方已履行交货义务的证明。卖方以交单代替交货,买方凭单付款。

3. 运输单据是承运人与托运人之间订立运输契约的证明。

4. 运输单据中的海运提单是物权凭证,收货人或提单的合法持有人有权凭提单在目的港向承运人索要提单项下的货物。谁拥有提单,谁就有权力要求承运人交付货物。因此,海运提单是有价证券,可以买卖转让,具有质押权。

第二节 海运提单缮制

一、海运提单的概念

海洋运输是国际贸易货物运输中最主要的运输方式,具有运价低、运量大的特点,海运中使用最多的是海运提单。海运提单(Marine Bill of Lading 或 Ocean Bill of Lading),简称"提单"(B/L),是由船长或承运人或其代理人签发,证明收到特定的货物,或已将特定货物装船,并将约定的货物运至特定的目的港(地),交付于收货人或提单持有人的物权凭证,也是承运人和托运人之间运输合同的证明。

二、海运提单的作用

海运提单的作用主要表现在以下几个方面:

1. 海运提单是承运人或其代理人应托运人的要求签发的货物收据(Receipt for the Goods),确认承运人或其代理人已经按海运提单所列内容收到货物。

2. 海运提单是托运人和承运人之间运输合约(Contract)的证明,双方必须履行提单上所载明的权利和义务。

3. 海运提单是物权凭证(Title of Goods),提单的持有人对提单上所载明的货物拥有所有权,并可以经过背书进行抵押、转让,受法律保护。货物抵达目的港后,提单的合法持有人凭提单要求承运人交货,承运人有义务向提单的持有人交付提单项下的货物。

三、海运提单的当事人及相关方

海运提单的当事人及相关方具体如下:

1. 承运人(Carrier),亦称船方。其可以是船舶的所有人,即船东,也可以是租船人。提单是承运人收到货物的收据,也是货权的凭证。《UCP600》第 20 条 a 款规定:提单无论名称如何,必须看似表明承运人名称,并由承运人、船长或其代理签署。银行接受提单的条件是:提单表面要注明承运人的名称。

2. 托运人(Shipper),亦称货方。其一般是合同中的卖方,或者第三方。

3. 收货人(Consignee),亦称提单的抬头人。收货人有在目的港(地)凭提单向承运人要求提货的权利。

4. 被通知人(Notify Party)。这是指船公司或货代公司在货物到达目的港时发送到货通知的收件人,一般是收货人的代理人,严格地讲不是提单的当事人。空白抬头提单注明被通知人,便于承运人在货到目的港时,通知办理报关提货手续。在信用证付款方式下,被通知人往往是开证申请人(即买方),但因信用证是由银行开出的,在其未赎单付款前,只能作为被通知人负责照顾货物,而没有货物的所有权。

5. 目的港提货代理(Agent for Delivery at Destination)。这是指承运人在目的港的代理,是为方便收货人在目的港(地)联系办理提货手续而设的。

6. 持有人(Holder)。这是指经过正当手续持有提单的人。例如:不记名提单经过记名背书转让,或者空白背书经过交付的受让人,就可以凭提单领取货物。

四、海运提单的种类

图片:托书和提单

(一)按货物是否已经装船划分

1. 已装船提单(On Board B/L or Shipped B/L)。这是指在货物已经装上指定船舶后,承运人所签发的提单。这种提单必须以文字表明货物已装运于某具名船只,且提单上明确记载装船的日期。

2. 备运提单(Received for Shipment B/L),又称收讫待运提单。这是指在承运人已收到托运货物,但由于某些原因(如船公司的船期问题,或船只未到港等),货物暂时存放在仓库等待装运这一期间所签发的提单。待运货物一旦装运,经承运人或其代理人在备运提单上批注货物已装上某具名船只及装船日期并签署后,备运提单就变成了已装船提单。

(二)按提单上对货物外表状况有无不良批注划分

1. 清洁提单(Clean B/L)。这是指未载有明确宣称货物或包装有缺陷等类似批注的提单。

2. 不清洁提单(Unclean B/L)。这是指承运人对货物的表面状况或包装另加批注(Notation)以表示货物或其包装有疵瑕状态的提单。《UCP600》第 27 条款明确规定:“银行只接受清洁提单。”因此,必须注意:对于带有不清洁批注的提单,银行将不予接受。为了安全收汇,在货物装船时,如发现问题,应及时采取措施进行修复或更换,力求取得清洁提单,因为清洁提单是提单转让的先决条件。

提示板

清洁提单 VS 不清洁提单

在实际业务中如何界定清洁提单和不清洁提单?这是一个很重要的问题。提单中常见的批注有以下几类:

(1)对货物与包装状况的批注。

①One Bag Broken(一包破);

②One Bale of Rubber Stained by Water(一包橡胶有水渍);

③All Timber Loaded Wet(全部木材在水湿状况下装船);

④Carton No. 23 Mildew Stained(第23号纸箱有霉迹);

⑤Two Boxes Crashed, Contents Exposed(两箱打碎,内装货物暴露);

⑥One Case Broken, Content Exposed(有一箱破损,内装货物暴露);

⑦Three Steel Tubes Bent(三条钢管弯曲);

⑧Damaged by Vermin(Rats)(有虫或被鼠咬);

⑨Two Drums, Nos. 3 & 5 Badly Dented N/R for Condition of Contents(第三和第五两桶严重碰凹,船方对其内容不负责)。

(2)对附加费用的说明。

Port expenses at destination to be borne by the consignee(目的港费用由收货人负担)。

(3)免责批注。

①N/R for Number of Pieces Caused by Bundles off(散捆后船方对件数不负责);

②Shipper's Load and Count(托运人装载和计数);

③STC(Said to Contain), SBS(Said by Shipper), SLAC(Shipper's Load & Count) & SLCAS(Shipper's Load Count & Seal)(内容据托运人报称、内容据托运人计数等);

④Charges Additional to the Freight(运费之外的费用)。

(4)对运输的说明。

①Ship May Discharge the Goods at the Neatest Port If Unable to Reach the Destination(如不能进入目的港,船方可将货物在就近港口卸下);

②Goods Maybe Loaded on Deck(货物有可能装舱面)。

(5)未明确表示货物与包装不良的批注。

①Used/Second-hand Gunny Bags(用过的/二手麻袋);

②Used Drums(旧桶)。

提示板

(6) Packing Condition Maybe not Suitable for Sea Transport(包装状况可能无法满足海运航程)。

(7)对货物数量的批注。

①Short Shipped/Loaded One Jar(少装一坛);

②Shut Out Five Cases(少装五箱)。

(8)如果提单上没有出现"清洁"字样或出现"清洁"字样但又被删除,并不视为有不清洁批注或不清洁。

在上述八类批注中,第(1)类批注的无疑是不清洁提单。第(2)类是说明费用的,除非信用证另有相反规定,银行都会接受这种提单。第(3)和第(4)类实际上是承运人认为需要时重申他的权利和责任,一般提单条款中已有类似说明,提单上加注这些内容,对收货人权益并无影响。第(5)类并没有明确表明货物与包装的缺陷。第(6)类说明货物包装可能不适宜海运要求,但没有明确说明不适宜海运。所以有第(2)、第(3)、第(4)、第(5)和第(6)这几类批注的都不属于不清洁提单。第(7)类说明了货物的短少。货物在装船时由于损坏等原因,出口商一时又不能补齐货物,承运人就在提单上加这类批注。提单上有这类批注时,托运人均按实际出运数来缮制发票和收取货款,对收货人来说仍是货真价实,不会吃亏。所以一般说来进口商可以接受这类单据。第(8)类肯定是清洁提单。

尽管如此,在实际业务中也应尽可能避免多余的批注。如第(7)类情况也曾发生进口商拒付的实例。我国某港货物在夜间装船,不慎货物落海一件,因船即将离港,来不及更换提单,船长在签单时注明:"Shut-out One Package"(少装一件),结果进口商以提单是不洁提单为由提出拒付货款,最后几经交涉,降价才付款。因此,为谨慎起见,在这种情况下出口商还是应该尽可能更换提单,以防对方拒付。

(三)按不同的运输方式划分

1. 直达提单(Direct B/L)。这是指货物装船后,中途不再换船而直接驶达最终目的港所签发的提单。凡信用证规定不许转运或转船者,受益人必须提供直达提单。

2. 转船提单(Transshipment B/L)。这是指货物从装运港装船后,需要在其他中途港口将货物转换入另一船只,有时甚至换船不止一次,然后再驶往目的港所签发的包括运输全过程的提单。为节省转船附加费,减少货运风险,收货人一般不同意转船,但常常不可能直运,必须转船。因此,在进出口贸易中转船运输方式是十分常见的。

3. 联运提单(Through B/L)。这是指经过两种或两种以上运输方式联合运输货物,其中一程运输方式为海运,由第一程承运人或其代理所签发的,包括全程运输的,并能在目的港凭以提货的提单。但签发联运提单的承运人一般都在提单中规定,只负担他负责运输的一段航程内的货损责任,货物从他所负责的运输工具卸下后,其责任即告终止。

（四）按船舶的不同运营方式划分

1. 班轮提单（Liner B/L）。有固定航线，按照预定的船期，停靠固定港口而航行的船舶叫作班轮，货物由班轮承运而签发的提单叫作班轮提单。班轮运输船方负责装卸货、理舱、平理，装卸费用计算在班轮费之内。班轮提单船方的责任以提单背面印就的条款为依据。

2. 租船提单（Charter Party B/L）。这是指承运人根据租船合同而签发的提单。多适用于大宗商品的运输，当货方向船方租船时，需订立租船合同。租船提单上常注明："一切条件、条款和免责事项按照×年×月×日的租船合同。"这种合同受租船合同条款的约束。银行在接受这种提单时，将不审核租船合同，即使信用证要求提交租船合同。

（五）按提单的抬头不同划分

1. 记名提单（Straight B/L）。这是指托运人在收货人一栏内指定具体收货人名称的提单。记名提单的收货人已经确定，只能由该特定的收货人提货，托运人不能通过背书的方式将记名提单转让给第三者。因此，只在某些特定的情况下使用该提单。

记名提单的收货人可以是买主、开证行或代收行，但银行一般不愿接受以买主为收货人的记名提单，因为一些国家的惯例是记名提单的收货人可以不凭正本提单而仅凭"到货通知"（Notice of Arrival）和收货人的身份证明即可提货，这样银行如垫款却不能掌握货权，风险太大。

2. 不记名提单（Bearer B/L）。这是指在提单的收货人一栏内只写明"货交提单持有人"（To Bearer），而不填写具体收货人的名称。不记名提单不需要背书即可转让，只要把提单交给受让人即可。因此，这种提单对买卖双方均有较大的风险，在进出口贸易中基本不使用，有些国家明文规定不准使用这种提单。

3. 指示提单（Order B/L）。这是指在提单的收货人一栏内填写"凭指示"（To Order）或"凭××指示"（To the Order of××）的提单。这种提单经过背书后可以转让，因此，在进出口贸易中广泛使用。

（六）按提单内容的繁简划分

1. 全式提单（Long Form B/L），又称"繁式提单"。这是指不仅提单正面有内容，而且在提单背面还列有承运人和托运人的权利和义务等条款的提单。

2. 略式提单（Short Form B/L），又称"简式提单"。这是指提单只在正面列出了必须记载的内容，而背面没有任何内容的提单。略式提单背面没有列明承运人与托运人的责任、权利和义务等条款，在一定程度上影响了它的流通性，所以有些信用证明确规定不接受略式提单。但只要没有这种明确规定，银行可以接受略式提单。在这种情况下，提单上一般均加列"本提单货物的收受、保管、运输和运费等事项，均按本公司全式提单的正面、背面的铅印、手写、印章和打字等书面的条款和例外条款办理，该全式提单存本公司、分支机构或代理人处，可供托运人随时查阅"等字样。

（七）其他种类的提单

1. 甲板提单（On Deck B/L），又称"舱面提单"。这是指承运人对装上舱面甲板的货物所签发的提单。一般货物均应装在舱里，装在舱面容易受损。但有些货物如危险品、活禽或体积过大的货物等只能装在甲板上。承运人签发此类提单时要注明"货装甲板"。《UCP600》第26条a款规定:"运输单据不得表明货物装于或者将装于舱面,声明货物可能被装于舱面的运输单据条款可以接受。"除非信用证另有规定,银行将不接受甲板提单。

2. 过期提单(Stale B/L)。它有两层含义:一是指提单晚于货物到达目的港,造成货到无提单提货,被列为过期提单;二是超过装运日期21天后才到银行议付的提单,也被列为过期提单。因此,有些来证规定银行不接受过期提单,主要是为了避免货物先于提单到港,买方却不能如期提货,给买方增加额外的费用,造成不必要的损失。在实际业务中,近邻国家之间发生贸易时,如货物运往韩、日地区,以及新、马、泰地区,从装运港到目的港的航程很短,但单据处理的时间较长,往往会超过货物实际的运输时间,造成买方不能在船到目的港前收到提单,从而使提单过期。鉴于以上情况,在近洋国家的交易中,常常订有"过期提单可以接受"(Stale B/L is acceptable)的条款。

3. 倒签提单(Anti-Dated B/L)。这是指承运人或其代理人应托运人的要求,在货物装船完毕后,以早于该票货物实际装船完毕的日期作为提单签发日期的提单。当货物的实际装船时间迟于信用证规定的装运期时,托运人为了使提单日期与信用证之规定相符,常常请求承运人按信用证规定日期签单。承运人倒签提单的做法,掩盖了事实真相,是隐瞒迟期交货的侵权行为,要承担风险。特别是当市场上货价下跌时,收货人可以以"伪造提单"为由拒收货物。

4. 预签提单(Advanced B/L)。这是指在信用证即将到有效期,而货物尚未装船或尚未装船完毕的情况下,托运人要求承运人提前签发的已装船清洁提单。即托运人为了能及时结汇而从承运人那里借用的已装船清洁提单。承运人签发这种提单不仅掩盖了事实真相,而且面临着比签发倒签提单更大的风险。一方面是因为货物尚未装船而签发清洁提单,有可能增加承运人的货损赔偿责任;另一方面还因签发提单后,因种种原因而改变原定的装运船舶,或发生货物灭失、损坏,或退关,这样就会使收货人掌握预借提单的事实,以此为由拒绝收货,并向承运人提出赔偿要求,甚至向法院起诉。但与倒签提单一样,实际业务中为了经济利益,承运人得到托运人的保函后也可能签发这种提单。

五、海运提单的主要内容

(一)提单正面条款

1. 已装船条款。Shipped on board the vessel named above in apparent good order and condition(unless otherwise indicated)the goods or packages specified herein and to be discharged at the above mentioned port of discharge or as near hereto as the vessel may safely get and be always afloat.

上述外观状况良好之货物或包装(除另有说明者外),已装上述指定船只,并应在上述卸货港或船只所能安全到达并保持浮泊的附近地点卸货。

2. 内容不知悉条款。The weight, measurements, marks, numbers, quality,

contents and value, being particulars furnished by the shipper, are not checked by the carrier on loading.

由发货人所提供的重量、尺码、标记、件数、品质、内容和价值各项目,承运人于装船时并未核对。

3. 承认接受条款。The shipper, consignee and the holder of this bill of lading hereby expressly accept and agree to all printed, written or stamped provisions, exceptions and conditions of this bill of lading, including those on the back hereof.

发货人、收货人及本提单持有人明确地表示接受并同意本提单,包括背面所印刷、书写或盖章的一切条款、免责事项和条件。

4. 签署条款。In witness whereof, the carrier or his agents has signed bill of lading all of this tenor and date, one of which being accomplished, the others to stand avoid. Shippers are requested to note particularly the exceptions and conditions of this bill of lading with reference to the validity of the insurance upon their goods.

为证明以上各项承运人或其代理人已签署各份内容和日期一样的正本提单,其中一份正本提单一经完成提货手续,则其余各份均告失效。要求发货人特别注意本提单中关于该批货物保险效力的免责事项和条件。

提单正面的条款除以上四个条款不变外,其他栏目内容随着每批出运的货物不同而变化,一般包括承运人、托运人、收货人、被通知人、船名航次、装货港(装运港)、目的港(卸货港)、唛头、包数件数、货物描述、毛重、尺码、运费的支付、目的港代理、提单的签发日期和地点及份数、承运人或者其代理人签署及其他一些与提单相关的说明等。

(二)提单背面条款

提单背面印就的条款规定了承运人与托运人(货方)之间的权利、义务和责任豁免,是双方当事人处理争议时的主要法律依据。现以全式正本提单(Long Term)为例,介绍提单的背面条款。其中主要有以下几点:

1. 定义条款(Definition Clause)。其主要对"承运人""托运人"等关系人加以限定。前者包括与托运人订有运输合同的船舶所有人,后者包括提货人、收货人、提单持有人和货物所有人。

2. 管辖权条款(Jurisdiction Clause)。这是指当提单发生争执时,按照法律,某法院有审理和解决案件的权利。

3. 责任期限条款(Duration of Liability)。这是规定承运人对货物灭失或损害承担赔偿责任的期间条款。一般海运提单规定承运人的责任期限是从货物装上船舶起至卸离船舶为止,集装箱提单则从承运人接受货物至交付指定收货人为止。

4. 包装和标志(Packages and Marks)。这是要求托运人对货物提供妥善包装和正确清晰的标志。因标志不清或包装不良所产生的一切费用由货方负责。

5. 运费和其他费用(Freight and Other Charges)。这是指运费规定为预付的,应在装船时一并支付,到付的应在交货时一并支付。当船舶和货物遭受任何灭失或损失时,运费仍应照付;否则,承运人可对货物及单证行使留置权。

6. 自由转船条款(Transshipment Clause)。这是指承运人虽签发了直达提单,但由于客观需要仍可自由转船,并不需经托运人同意。转船费由承运人负担,但风险由托运人承担,而承运人的责任范围也仅限于其本身经营的船舶所完成的那段运输里程。

7. 错误申报(Inaccuracy in Particulars Furnished by Shipper)。这是指承运人有权在装运港和目的港查核托运人申报的货物数量、重量和尺码等内容。如果发现与实际不符,则承运人可收取运费罚款。

8. 承运人责任限额(Limit of Liability)。该条款规定承运人对货物灭失或损坏所造成的损失所负的赔偿限额,即每一件或每计算单位货物赔偿金额最多不超过若干金额。

9. 共同海损(General Average-G. A.)。该条款规定若发生共同海损,按照什么规则理算。国际上一般采用1974年约克—安特卫普规则理算。在我国,一些提单常规定按照1975年北京理算规则理算。

10. 美国条款(American Clause)。该条款规定来往美国港口的货物运输只能适用美国1936年海上货运条约(Carriage of Goods by Sea Act—1936),运费按联邦海事委员会(FMC)登记的费率执行,如提单条款与上述法则有抵触,则以美国法律为准。此条款也称"地区条款"(Local Clause)。

11. 舱面货、活动物和植物(On Deck Cargo, Live Animals and Plants)。对这三种货物的接受、搬运、运输、保管和卸货规定,由托运人承担风险,承运人对其灭失或损坏不负责任。

六、海运提单的缮制规范(见样例7-1)

不同的国家、不同的船公司使用的海运提单的格式不尽相同,但其内容基本一致,包括以下主要项目:

1. 提单号(B/L No.)。其一般列在提单右上角。提单上必须注明承运人或其代理人指定的提单编号,以便核查。其他单据如装运通知、保险单中也常常要求注明提单号码。没有提单号,提单无效。

2. 承运人(Carrier),也称船方。其可以是船舶的所有人即船东,也可以是租船人。《UCP600》第20条规定:"提单无论名称如何,必须看似表明承运人名称,并由承运人、船长或其具名代理人签署。"也就是说,银行接受提单的条件是:提单表面要注明承运人的名称,即承运人的名称必须出现在提单的表面,并表明承运人身份。

3. 托运人(Shipper),也称发货人(Consignor)。这是指委托船公司或货代公司办理运输手续的人。在信用证付款方式下,如果信用证无特殊规定,则应以受益人为托运人。如果受益人是中间商,货物是从产地直接装运的,这时也可以以实际供货方为发货人。《UCP600》第14条k款规定:"任何单据中注明的托运人或发货人无须为信用证的受益人。"也就是说,如信用证无特殊规定,除汇票外任何单据以第三方为发货人,银行都可接受。不过,此时从安全收汇的角度也必须考虑其可行性。

如果是托收和电汇支付方式,托运人一般填写卖方的名称和地址。

相关案情

第三方提单

某进出口公司接到国外开来信用证规定:"…Hongkong Shun Tai Feeds Development Co. as shipper on Bill of Lading."(……以香港顺泰饲料发展公司作为提单发货人。)该进出口公司在装运时即按信用证上述规定以转口商香港顺泰饲料发展公司作为提单的托运人。但在向银行交单议付时单证员才发现:该提单是空白抬头,须托运人背书。提单既以香港顺泰饲料发展公司作为托运人,则应让香港顺泰饲料发展公司盖章进行背书。但该公司在本地并无代表,结果只好往返联系,拖延了三个星期香港才派人来背书,最后因信用证过期无法议付,造成损失。

4. 收货人(Consignee)。这是提单的一个要项,是银行审核的重点项目,因为关系到物权的控制。信用证支付方式下,通常是以"Made out to, Consigned to, Issued to, In the Name of"加以引导,即缮制提单收货人时应填写"to"和"of"后所提到的内容。提单收货人的具体填写规范见表 7-1。

表 7-1　提单收货人填写规范

收货人不同类型			条款实例	收货人栏填写	背书情况及注意情况
记名式 Straight B/L	收货人已经确定,提单不能转让,实际中使用不多		Full set of B/L consigned/issued / delivered/made out to ×× Co.	×× Co.	不能背书转让,适用于贵重商品
不记名式 Bearer B/L	收货人不确定,谁持有提单就能向承运人提取提单项下货物,实际中一般不使用		Full set of B/L made out to bearer	To bearer	无须背书即可转让
指示式 Order B/L	记名指示 To Order of ××	凭托运人指示	Full set of B/L made out to order of shipper 或 to shipper's order	To order of shipper 或 shipper's order	托运人背书
		凭开证行指示	Full set of B/L made out to our order 或 to ×× bank's order	To order of ××Bank 或 To ×× Bank's order	开证行背书
		凭开证申请人指示	B/L issued to order of Applicant	To order of + 开证申请人的具体名称	开证申请人背书,尽量避免此种提单
	不记名指示 To Order 凭指示		Full set of B/L made out to order	To order	托运人背书
备注:承运人一般不接受一票货物有两个或两个以上的收货人					

指示式提单如要转让,提单必须履行背书手续。背书又分为不记名背书和记

名背书。

(1)不记名背书,又称空白背书。例如:来证要求"Blank Endorsed",则背书时只需填写背书人的名称、地址,即托运人在提单背面直接签章即可。在这种情况下,货权归提单的持有人。

(2)记名背书。如果来证要求"Endorsed to XYZ Co.",则背书时既要填写背书人的名称和地址,又要注明被背书人(指海运提单转让对象)的名称和地址,即在提单背面注明"Endorsed to XYZ Co."或"Deliver to XYZ Co.",然后由背书人在其下方签章。在这种情况下,货权属于该记名人,且该记名人还能再背书转让给其他人。

在托收付款方式下,提单的收货人栏一般填写"To Order"或者"To Order of Shipper",然后由托运人背书。注意不能做成凭进口商(收货人)指示,因为如果这样,代收行和托运人均无法控制货权。一般也不做成代收行指示性抬头,因为托收统一规则《URC522》第10条规定:"未经银行事先同意,货物不得以银行的地址直接发送给该银行,或者以该行为收货人或者以该行为抬头人。"

在电汇付款方式下,提单的收货人栏一般填写"To Order"或者"To Order of Shipper",然后由托运人背书。在全部货款预付情况下,也可以做成记名抬头。

5. 被通知人(Notify Party)。这是指货到目的港由承运人通知其办理报关提货等手续的人,一般是进口商或其代理人,货物到目的港后,承运人凭此栏内容通知其办理提货。在信用证付款方式下,信用证在单据条款提单中往往会提及具体通知人(Notify ×× Co),被通知人按照信用证要求填写 Notify 后面提及的具名公司即可。

提示板

提单被通知人栏填写的几种特例

提单的被通知人的名称和地址一定要详细,地址不详,无法及时通知,会延误提货,造成损失。

(1)若来证中规定的被通知人有详细地址、电话和传真号码等,应严格按信用证规定填写,不应与信用证规定的申请人细节相矛盾;

(2)如若来证未规定被通知人,则正本提单可留空,但在副本提单上要填写信用证申请人的名称和地址;

(3)若是记名提单且收货人有详细地址,则填写"The Same as Above"、"The Same as Consignee"或"Ditto"表示同上;

(4)若来证要求两个或两个以上的公司为被通知人,则应把所有这些公司的名称、地址都完整地填写在被通知人栏;

(5)如果来证中规定 Notify...Only,意指仅通知某某,则 Only 一词不能漏掉。

如果采用托收或电汇付款方式,则被通知人一般填写合同的买方。一般来说,被通知人不是提单的当事人,只是收货人的代理人。空白抬头提单注明被通知人,以便承运人在货到目的港时,通知其办理报关提货手续。

6. 前程运输(Pre-Carriage by)。如果涵盖至少两种不同运输方式,填写前程运输工具的名称;否则,留空。

7. 收货地点(Place of Receipt)。如果涵盖至少两种不同运输方式,填写实际接收货物的地点;否则,留空。

8. 船名航次(Ocean Vessel Voy. No.)。填写载货船舶的船名及航次。

9. 装运港(Port of Loading)。按信用证或合同规定填写货物实际装船的港口名称,需注意下面“提示板”中所提及的几种特例。

提示板

提单装运港栏目填写的几种特例

(1)任何中国港口或中国主要港口。若信用证规定为“Any Chinese Port”或“China Main Port”,则应填写具体的港口名称,如“Shanghai, China”,而不能笼统照抄。

(2)装运港后国别无须注明。提单应当显示信用证规定的装运港。当信用证规定了装运港,也表明了装运港的所在国时,提单上无须注明该国别名称。

(3)装运港的地理区域无须显示。当信用证规定了装运港的地理区域或港口范围(例如,“任一欧洲港口”或“汉堡、鹿特丹、安特卫普港”)时,提单应当显示实际的装运港,且其应当位于该地理区域或港口范围之内,提单无须显示该地理区域。

(4)提单显示多个装运港。当提单显示一个以上的装运港时,无论是预先印就的“收妥待运”提单,还是预先印就的“已装船”提单,该提单应当表明装船批注并载有每个装运港所对应的装船日期。

(5)同一票业务,装运港名称不能混用。我国某些港口有两种不同的名称,如天津的港口有的信用证写成天津港(Tianjin port),有时信用证写成新港(Xingang port),一票业务中,所有的单据要么用Tianjin,要么用Xingang,不能混用。

(6)对港澳台地区出口时装运港后不可出现“China”字样。

10. 卸货港(Port of Discharge)。按信用证或合同规定填写货物被实际卸下的港口名称。需注意以下“提示板”中的几种特例。

提示板

提单卸货港栏目填写的几种特例

(1)世界重名港问题。世界上某些不同的国家有重名的港口,这种情况下,港口后面一定要加注国名。例如:维多利亚港(Victoria)共有八个,巴西、加拿大、几内亚、喀麦隆、澳大利亚、塞舌尔、马来西亚和格林纳达都有。

提示板

(2)卸货港应具体化。如果来证笼统写 EMP、AMP、JMP 等缩略语，则应填写某具体的卸货港名称，如“Rotterdam”。

(3)选择港问题。如果来证规定目的港为 Kobe/Nagoya/Yokohama，则表示为卖方选港，提单只列一个具体卸货港即可。如果来证规定 Option Kobe/Nagoya/Yokohama，则表示为买方选港，提单应按次序全部照其填写。

(4)卸货港后加注卸货码头问题。如果来证规定某港口，同时又规定具体的卸货码头，则提单应照其填写。例如：到槟城目的港有三种表示：“Penang”“Penang/Butterworth”“Penang/Georgetown”。后两种表示并不是选择港，

Butterworth 和 Georgetown 都是槟城港中的一个具体的卸货码头，如果信用证中规定了具体的卸货码头，提单则要照填写。

(5)卸货港填写位置。信用证要求的具名卸货港，应当显示在提单的卸货港栏位。然而，具名卸货港也可以显示在“最终目的地”或类似栏位中，只要批注表明卸货港为“最终目的地”或类似栏位中的港口即可。

(6)转船问题。如果信用证允许转运，可在提单的货物描述上方加注“With Transshipment at…”。例如：从上海港到汉堡，在香港转运，那么就在装运港栏填写“Shanghai”，在卸货港栏填写“Hamburg”，在货物描述上方或其他空白处加注“With Transshipment at Hongkong”。

(7)转内陆问题。如果货运至目的港需再转运到内陆某地，或利用邻国港口过境，则须加注“In transit to...”的字样。注意在 CIF 或 CFR 价格条件下，应在货物描述的空白处或唛头内加注“转运至……”的字样，表示转入内陆运输的费用由买方自理。例如：从目的港迪拜转运沙特阿拉伯，可在货物描述的上方或唛头最底行加注“In Transit to Saudi Arabia”。

(8)内陆公共点。美国一些信用证规定目的港后有 OCP 的字样，提单应照加。OCP 即 Overland Common Points，一般叫作“内陆公共点”，如果按照该条款运输，则可以享受内陆地区运输的优惠运费率。例如：Shipment from Tianjin to San Francisco OCP Detroit，意指货从天津运到旧金山港后再转运至内陆底特律。卸货港栏填写“San Francisco”，交货地点栏填写“OCP Detroit”或在提单的货物描述上方的空白处填写“OCP Detroit”。

(9)卸货港后加注自由港、自由贸易区问题。有些来证规定目的港后有 Free Port(自由港)，Free Zone(自由区)，提单也可照其填写，例如：Aden(亚丁)、Aqaba(阿喀巴)、Colon(科隆)、Beirut(贝鲁特)、Port Said(塞得港)这些目的港后应加 Free Zone，买方可凭此享受减免关税的优惠。

(10)新加坡一些信用证规定“Singapore PSA”，PSA 意指 Port of Singapore Authority，即要求在新加坡当局码头卸货。该码头费用低廉，但船舶拥挤，一般船只不愿意停泊该码头，除非承运人同意。

注意提单印有“Intended Vessel/Port of Loading/Port of Discharge”及/或其他含“Intended...”等不肯定的描述字样者，则必须加注“装船批注”（Shipped on Board Notation），并把实际装货的船名、装货港口和卸货港口等项目标注，即使预期的船名和装卸港口并无变动，也需重复标明。

11. 交货地点（Place of Delivery）。填写最终目的地名称，如果最终目的地就是目的港，则此栏可留空不填。

12. 集装箱号、铅封号和唛头（Container Seal No. or Marks & Nos.）。按实际情况填写集装箱号、铅封号和唛头。唛头是为了装卸、运输及存储过程中便于识别而刷在外包装上的装运标记，是提单的一项重要内容，是提单与货物的联系要素，也是收货人识别货物的重要依据。提单上的唛头应与发票等其他单据以及实际货物保持一致，否则会给提货和结算带来困难。

提示板

提单唛头栏填写的几种特例

唛头是连接货物与单据的重要因素，也是装运单据中的一个要项，填写时应注意以下几种情况：

（1）如信用证规定唛头的细节时，载有唛头的单据应当显示该细节。单据唛头中的数据的顺序，无须与信用证或其他规定单据上的一样；如果信用证上没有指定唛头，则以合同为准；如果合同上也没有规定，则可按买卖双方在往来邮件中商定的唛头或受益人自定；如果都没有约定，实际货物也没有刷唛头，则填写 N/M。

（2）如果信用证中指定唛头，并有“仅限于……”的字样，唛头内的每一个字母、数字、图形和排列位置等应与信用证规定完全一致，保持原形状，不得随便错位、增减等。如来证规定唛头为 ABC/PO NO. 987/HAMBURG/NO. 1-UP，缮制单据唛头时要作适当的调整，在“/”处另起一行，最后的“UP”要具体化，实际出运的件数是多少即填写多少，如果实际出运货物 600 箱，那么该唛头的正确填写方法是：

ABC
PO NO. 987
HAMBURG
NO. 1-600

（3）如果信用证中指定唛头，但没有“仅限于……”的字样，则可以增加内容，但不能删减内容。就是说单据上唛头显示的信息，可能超出通常意义的“唛头”或者信用证规定的“唛头”显示的信息。这些额外信息比如但不限于货物种类、处理易碎货物的警告、货物毛净重等。一些单据的唛头显示了额外信息而其他单据没有显示，如此不视为数据矛盾。

提示板

(4)若合同或信用证规定唛头用英文表示图形,如“YKK in Diamond”或“YKK in triangle”等,则应将菱形或三角形等具体图形表示出来。

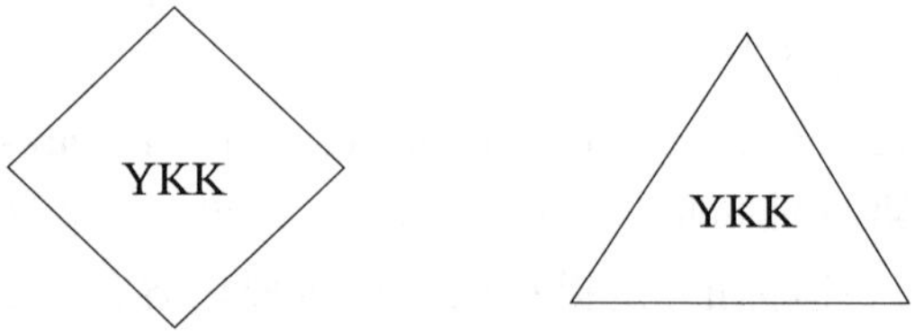

(5)如我国港澳台地区开来的信用证中的唛头为繁体中文,也应该照抄,不能以简体中文代替。

(6)在集装箱运输下运输单据经常在“唛头”或类似栏位中,仅仅显示带有或不带有铅封号的集装箱号,而其他单据显示了更加详尽的唛头细节,如此不构成矛盾。

(7)散装货物没有唛头,可以表示“No Mark”或“N/M”。裸装货物常以不同的颜色区别,例如:钢材、钢条等刷上红色标志,提单上可以以“Red Stripe”表示。

13. 包装或容器的件数(No. of Containers or P’kgs)。这是指外包装单位数量而非计量单位数量,要按实际包装具体情况填列,填写此栏目应注意下面“提示板”所提及的事项。

提示板

填写小写件数的几种特例

(1)如果是包装货物,则按实际包装情况填写,如60塑料桶(60 Plastic Drums)、70铁桶(70 Iron Drums)、80木箱(80 Wooden Cases)、90纸箱(90 Cartons)等。

(2)如果是裸装货物,应加件数,如一辆轿车(1 Car)、一台机器(1 Machine)等。

(3)如果散装货物,如煤、矿石、原油等,此栏加“In Bulk”,数量可以不用大写。

(4)如果是集装箱运输,由托运人装箱的整箱货可只注集装箱数量,如2 Containers等。

(5)如果是托盘装运,此栏应填写托盘数量,同时用括号加注货物的包装件数,如“2 Pallets (20 Cartons)”。

提示板

(6)如果是两种或多种包装,如有5箱毛衫、6包床单、4桶染料,提单小写件数栏内要逐项列明,而且包装单位数量合计为15件,在大写数栏内加大写合计。具体如下:

5 Cartons	Sweater
6 Bales	Bed Sheet
4 Drums	Dying Stuff
15 Packages	

Total: Fifteen Packages Only.

14. 货物描述(Description of Goods)。提单中的货物描述一般只填写商品的名称。在信用证付款方式下,应按信用证规定的品名并与其他单据如发票中的品名相一致,注意避免不必要的描述,更不能画蛇添足。例如:信用证上品名是Shoes(鞋子),绝不能擅自详细地描述成Men's Canvas Shoes(男式帆布鞋),或Ladies' Casual Shoes(女式轻便鞋)等。如果品名繁多、复杂,则可用不与信用证中货物的描述相抵触的统称。如果信用证中的品名是用法语、繁体中文或其他语种表示的,则提单应照其填写。

在托收和电汇付款方式下,按照合同中的货物描述填写,一般只写商品的名称,合同既有商品统称,也有具体商品名称时,仅写商品的统称即可,无须填写商品的规格等详情。

凡危险品必须写清楚化学名,列明危险品等级(CLASS No.)、国际海上危险品运输规则页码(IMCO Code Page)、联合国危规号码(UN Code No.)等。

15. 毛重(Gross Weight)。填写总毛重,除非信用证另有规定,重量一般以公斤表示,通常保留两位小数。如果是裸装货物没有毛重,只有净重,则在净重公斤数前加注"Net Weight"的字样。

16. 尺码(Measurement)。填写总尺码,除非信用证另有规定,体积一般以立方米表示,通常保留三位小数。

17. 运费支付情况(Freight & Charges)。在信用证付款方式下,按照信用证规定填写。除非信用证另有规定,此栏一般不填写运费的具体数额,只填写运费支付情况。提单显示的运费支付事项,无须与信用证规定的等同一致,但不应与该单据、任何其他规定的单据或信用证中的数据相矛盾。当信用证规定运费以外的费用不可接受时,提单不应显示运费之外的费用已经或将要产生。提单提及的可能加收的费用,如由于卸货或卸货后的延迟可能加收的费用(滞期费),或由于延迟归还集装箱可能加收的费用(滞箱费),不属于运费以外的额外费用。

在托收和电汇付款方式下,运费的支付情况参照合同中采用的贸易术语,具体有以下"小贴士"所示的几种表示方式。

小贴士

运费支付情况常用的表示方式

(1)在 CFR 或 CIF 价格条件下出口,填运费预付(Freight Prepaid)或(Freight Paid)。

(2)在 FOB 价格条件下出口,填运费到付(Freight Collect 或 Freight Payable at Destination)。当有些来证要求注明所支付的运费的金额,只需按实际支付额填写即可。

(3)如果信用证规定 Charter Party B/L Acceptable(租船契约提单可以接受),提单内可注明 Freight as per Charter Party 表示运费按租船契约支付。

(4)如果卖方或船公司不愿意暴露具体运费的支付情况,提单可注"Freight Paid as Arranged"(运费已照约定付讫),或者运费按照约定的时间或办法支付,提单可注"Freight Payable as per Arrangement"。

(5)对于货物的装卸费负担问题,经常是船方要求在提单上注明有关条款,如:

"F. I."(Free In):船方不负担装船费;

"F. O."(Free Out):船方不负担卸船费;

"F. I. O."(Free In and Out):船方不负担装船费和卸船费;

"F. I. O. S."(Free In, Out and Stowed):船方不负担装卸费和理舱费;

"F. I. O. S. T."(Free In, Out, Stowed and Trimmed):船方不负担装卸费和理舱费、平舱费。

18. 大写包装单位数量(Total Number of p'kgs in Words)。把 13 栏的小写件数用文字叙述一遍,并且要与小写的一致,最后以"Only"结尾。

例如:小写总件数为 60 Iron Drums,在大写总件数栏填写:"Sixty Iron Drums Only"。

19. 提单签发地点及日期(Place and Date of Issue)。提单签发地点一般为实际装货港;提单签发日期一般为实际装货完毕的时间,不能晚于信用证规定的最迟装运期(Latest Shipment)。

20. 正本提单签发份数(No. of Original B/L)。应按信用证的规定提供要求的份数。正本提单的份数要在提单上注明,并用英文大写数字表示,如 One, Two, Three。每份正本提单的效力相同,当其中一份提货后,其他各份均失效。《UCP600》第 20 条 a 款 iv 对正本提单规定,仅可签发一份正本提单,如果签发多份正本,全套意味着提单中表明的全部正本份数。

在托收和电汇付款方式下,一般多填写二份或者三份(Two or Three)。

提示板

常用的提单正本的份数表示方式

(1)Full Set of B/L…,是指全套提单但没有指明具体份数,按习惯作两份正本解释。

(2)Full Set(3/3) Plus 2 N/N Copies…,本证要求提交签署的全部三份正本。这里的3/3意为:分子的数字指交银行的份数,分母的数字指应签署的份数。N/N(Non-Negotiation)意为不可议付,即副本。

(3)2/3 original clean on board ocean bills of lading…,指签署三份正本提单,其中两份向议付行提交,另一份迳寄进口商。

(4)Full set not less one copy on board marine bills of lading…,指应向议付行提交的已装船海运提单是全套正本(至少一份正本)。

小贴士

一份提单上可能会出现的图章有以下几种:

(1)签发提单的公司印章(最多出现两处);

(2)提单更正章(一般不应超过三处);

(3)已装船批注章(标明已装船);

(4)日期文字章(表明装船完毕);

(5)电放章(电放提单时使用)等。

21. 承运人签章(Signed for the Carrier)。提单必须有承运人或其代理人的签字才能生效。

《UCP600》第20条对提单的签字方式作了以下规定,即表明承运人的名称,并被下列人员签署:

——承运人或其具名代理人;

——船长或其具名代理人。

承运人、船长或其具名代理人的任何签字都必须标明其承运人、船长或代理人的身份,代理人的任何签字都必须标明其是代表承运人还是船长。

提单常见的签署方式见“提示板”所述。

提示板

提单常见的签署方式

(1)承运人签署的提单

提单上部显示承运人为: COSCO

提单签字处: COSCO

(签字)

As Carrier 或 The Carrier

提示板

(2)代理人签字的提单

提单上部显示承运人为：COSCO

提单签字处：ABC SHIPPING COMPANY

(签字)

As agent for and/or on behalf of the carrier COSCO 或

as agent for and/or on behalf of COSCO as carrier(或 The carrier)

(3)船长签字的提单

提单上部显示承运人为：COSCO

提单签字处：COSCO（或不注或注船名）

(签字)

As Master 或 The Master

(4)代理人签字的提单

提单上部显示承运人：COSCO

提单签字处：ABC SHIPPING COMPANY

(签字)

As agent for and/or on behalf of the master ×× of the carrier COSCO 或 As agent for and/or on behalf of ×× as master(或 the master) of COSCO as carrier(或 the carrier)

22. 已装船批注(Laden on Board the Vessel)。有些提单正面没有预先印就类似已装上船的条款，这种提单便称为备运提单。备运提单转化为已装船提单的方式有两种：①在提单的空白处加“已装船”批注或加盖类似内容的图章。例如：“Shipped on Board”。有的只加“On Board”，然后加装船日期并加提单签发人的签字或简签。所谓简签，就是指签字人以最简单的签字形式，通常只签本人姓名中的一个单词或一个字母来代替正式签字。②在备运提单下端印有专供填写装船条款的栏目：Laden on Board the Vessel，已装船标注。有人称之为“装船备忘录”。装船后，在此栏处加注必要内容，如船名等，填写装船日并由签字人签字或简签。

23. 其他(Others)。有些国家来证要求在提单上注明信用证号码、进口许可证号码等，应按要求照办，一般在提单空白处加注即可。再如，有些合同或信用证要求在提单上显示卸货港交货代理人的详细信息，有些船公司或货代公司的提单格式上有此栏目，将卸货港交货代理人的详细信息填写在相应的栏目中即可。如果提单没有此栏目，将卸货港交货代理人的详细信息填写在提单的空白处即可。值得注意的是：当信用证要求提单显示卸货港的交货代理人或类似措辞的名称、地址和联络细节时，其地址无须位于卸货港，也无须与卸货港在同一个所在国。

样例 7-1　海运提单

Shipper ③
TIFERT TRADING CO. , LTD
NO. 86, ZHUJIANG ROAD, TIANJIN, CHINA

B/L No. SINO0980 ①

中国外运天津公司
SINOTRANS TIANJIN COMPANY ②

OCEAN BILL OF LADING

Consignee or Order ④
TO ORDER

Notify Address ⑤
PARIS INTERNATIONAL CORP.
88, GREAT TOWER BUILDING, PARIS, FRANCE

RECEIVED in apparent good order and condition(unless otherwise indicated) the goods or packages specified herein and to be discharged at the mentioned port of discharge or as near thereto as the vessel may safely get and be always afloat.
The weight, measure, marks and numbers, quality, contents and value, being particulars furnished by the Shipper, are not checked by the Carrier on loading.
The Shipper, Consignee and the Holder of this Bill of Lading hereby expressly accept and agree to all printed, written or stamped provisions, exceptions and conditions of this Bill of Lading, including those on the back hereof.
IN WITNESS whereof the number of original Bills of Lading stated below have been signed, one of which being accomplished the other(s) to be void.

Pre-carriage by ⑥	Place of Receipt ⑦
Vessel ⑧ HANJIN EXPRESS V. 186	Port of Loading ⑨ TIANJIN
Port of Discharge ⑩ MARSEILLES	Final Destination ⑪

Container Seal No. or Marks and Nos.	Number and Kind of Package	Description of goods	Gross Weight (KG)	Measurement (M^3)
⑫ N/M	⑬ 300 CARTONS	⑭ LEATHER BAGS ⑰ FREIGHT TO COLLECT ㉓ L/C NO. PIC12345	⑮ 600. 00KG	⑯ 13. 300M^3

Freight and Charges			TOTAL NUMBER OF P'KGS IN WORDS ⑱ THREE HUNDRED CARTONS ONLY.
Ex. rate	Prepaid at	Freight Payable at	Place and Date of Issue ⑲ TIANJIN DEC. 25,2022
	Total Prepaid	Number of Original B(s)/L ⑳ THREE	SINOTRANS TIANJIN COMPANY ㉑ 张涛 Signed for or on behalf of the carrier

Laden on board the vessel ㉒
HANJIN EXPRESS V. 186
DEC. 25,2022
SINOTRANS TIANJIN COMPANY
张涛

第三节 海运提单条款解析

一、海运提单条款解析详述

信用证中对提单条款的表述方法很多,首先以较复杂的条款为例,解析一下提单条款通常的几个组成部分。

Full set of / Complete set of / 3/3 set of ① clean on board ocean marine bill of lading ② plus two N/N copies ③

made out / consigned: to order / to shipper's order / to our order / to XYZ Co. ④ endorsed: in blank / to our order ⑤ marked freight

prepaid / to collect / payable at destination ⑥ notify: applicant / us / ABC CO. ⑦ …is: acceptable. / unacceptable. ⑧

说明:①对提单正本的份数要求;②对提单的种类要求;③对提单副本的份数要求;④对提单抬头人的要求;⑤对提单背书的要求;⑥对运费支付情况的要求;⑦对被通知人的要求;⑧其他特殊要求。

需要说明的是,信用证中的提单条款不完全像解析中列举的条款那样完整,往往有很多省略,如果省略③,则视为向银行交单议付无须提供副本提单。

下面就比较常见的提单条款举例进行解析,说明缮制提单时应如何具体把握。

1. Full set clean on board port to port bill of lading plus three non-negotiable copies, made out to order and blank endorsed to our order, marked freight prepaid dated not later than the latest date of shipment nor prior to the date of this credit.

该条款要求全套港至港清洁已装船提单,并加三份不可议付的副本。提单要制成空白抬头并做记名背书给开证行,注明运费预付,日期不迟于最迟装运日期,也不得早于信用证的开证日期。

填制提单时注意:①收货人栏填写成"To Order",在提单背面由托运人背书并加注"Deliver to ×× Bank (开证行名称)"的字样;②正本提单被通知人栏留空,副本填写开证申请人的名称和详细地址。

2. Full set of not less than two clean on board marine bills of lading marked freight prepaid and made out to order and endorsed to our order showing Blue Bird Trading

Company as notifying party. Short form bills of lading are not acceptable. Bill of lading stating shipment to effected in containers and showing container numbers.

该条款要求提交全套不少于两份正本的已装船海运提单，注明运费已付，空白抬头，背书给开证行，并以蓝鸟贸易公司作为被通知人。简式提单不接受，提单注明集装箱装运及集装箱号码。

填制提单时注意：①收货人栏填写成“To Order”；②被通知人栏填写成“Blue Bird Trading Company”；③单据交银行议付前，提单由托运人做记名背书给开证行；④提单的空白处加注“We hereby state that shipment has been effected in containers and container No. is...”字样。

3. Full set clean on board ocean bill of lading, made out to order and blank endorsed, evidencing shipment from Shanghai to New York port not later than April 05 2022, marked freight prepaid and notify the applicant.

该条款要求全套清洁已装船的海运提单。

填制提单时注意：①收货人填写成“To Order”并由托运人做空白背书，即在背面加盖该托运人公司的橡皮印章；②提单除了装运港栏正常填写成“Shanghai”，目的港栏填写“New York Port”外，在提单的空白处要加注“We hereby evidence shipment from Shanghai to New York port not later than April 05,2022”，且留意提单的签发日期不要晚于2022年4月5日；③运费支付情况填写“Freight Prepaid”；④被通知人栏填写开证申请人。

4. Full set of clean on board marine bill of lading made out to order of Overseas Union Bank Ltd notify applicant and marked freight payable at destination.

该条款要求全套清洁已装船海运提单。

填制提单时注意：①收货人栏填写成“To Order of Overseas Union Bank Ltd”，提单由Overseas Union Bank Ltd背书，托运人无须背书；②通知人栏填写开证人名称；③运费支付情况填写成“Freight Payable at Destination”。

5. Full set of clean shipped on board marine bill of lading, made out to our order, marked freight prepaid, notify opener, indicating L/C No. and S/C No., received for shipment B/L not acceptable.

该条款要求全套清洁已装船海运提单，不接受收妥待运提单。

填制提单时注意：①收货人栏填写成“To Order of ×× Bank(开证行名称)”；②运费支付情况填写成“Freight Prepaid”；③被通知人栏填写开证申请人；④在提单的空白处加注信用证号码和合同号码，即：L/C No. ××和S/C No. ××。

6. Bill of lading must specifically state that the merchandise has been shipped or loaded on board a named vessel and bill of lading must evidence that merchandise has been shipped or loaded on board a named vessel in the on board notation.

该条款要求在提单上特别注明货物装上一具名船只，填写提单时注意虽然在提单上已有一个填写船名的栏目，但仍要在提单的已装船批注处加注为“We certify that the merchandise has been loaded on board a named vessel ×××”字样。

7. Bill of lading should mark freight payable as per charter party, evidencing shipment from whampoa, China to Gulfport, USA.

该条款强调运费要根据租船契约支付,并强调装运由中国的黄埔至美国的哥尔夫波特港。在填写提单时,不应因这两项内容已加注在提单相应的栏目内而放弃重写一次,正确的填写方法是在提单空白处打上“Freight payable as per charter party”和“We hereby evidence that shipment has been made from whampoa, China to Gulfport, USA”等文句。

8. Terms as intended in relation to name of vessel, port of loading and port of arrival are not acceptable.

该条款不允许在有关船名、装运港、目的港表达中出现“预计”的字样,在具体缮制提单过程中应遵照办理。如果船公司的提单上印有“预计”的字样,应该要求开证申请人修改信用证。

9. Company's certificate confirming that the vessel named in B/L is a vessel of a conference line. This document is only to be presented in case of shipment by sea freight.

这是一项要求托运人把货物交给班轮公会承运的条款。托运人在收到信用证时就应根据实际情况决定是否能做到。从填制提单的具体方式来看有两种处理办法:其一,由船公司出具一张船籍证,证明装载船是某班轮公会的;其二,由船公司在签发提单时务必在提单上加注证明该船是某班轮公会的。

10. Full set clean on board ocean bill of lading issued to order, blank endorsed marked freight payable at destination notify ABC Company and showing invoice value, unit price, trade terms, contract number and L/C number unacceptable.

该条款要求出具全套清洁已装船空白抬头、空白背书的提单,并注明 ABC 公司作为被通知人,运费到付。注意提单上不能显示发票金额、单价、价格术语、合同号码和信用证号等内容,在具体缮制提单过程中应遵照办理。

11. Full set of clean on board B/L issued to our order, notifying applicant and marked freight prepaid and showing full name and address of the relative shipping agent in Egypt.

该条款要求出具全套清洁已装船提单,抬头做成凭开证行指示,被通知人为开证申请人,注明“运费预付”,注意提单上要显示相关埃及船代的全称和详细地址。

12. 2/3 set of clean on board ocean bills of lading made out to order of shipper and blank endorsed and marked freight prepaid and notify Sumitomo Corporation Osaka.

该条款要求出具 2/3 套清洁已装船海运提单,做成托运人指示抬头,空白背书,标明运费预付,通知 Sumitomo Corporation Osaka,提单填制没有特殊要求,但交单时应注意船公司或货代公司共签发三份正本,其中有两份交给议付行。该条款对出口商有一定的风险,容易落到货、款两空的境地。

13. Shipment must be effected in container by Maersk Sealand line vessels only

under their own B/L and B/L must evidence the same along with the container number. Only Maersk Sealand line B/L is acceptable for negotiation.

该条款要求货物应通过马士基海陆公司集装箱船运输,需提交该公司提单,提单上必须对此和集装箱号码加以明确,银行不接受其他公司的提单。因此,一定要委托马士基海陆公司出运货物,并且要集装箱运输,提单要注明集装箱号。

14. Any alteration or amendment on Bill of Lading strictly not acceptable even if it is authenticated by the authorized people.

该条款要求提单不得有任何修改,即使已在提单上加具了授权人的证实。因此,在具体缮制提单过程中提单一定不能有任何更改,应向银行提供无任何修改的提单。

15. 1 000 MT of large white kidney beans... three sets of shipping documents to be required as follows: one set for 400MT, one set for 300MT, one set for 300MT, shipment not later than 31st March, partial shipments are permitted.

该条款要求货物分一批/两批/三批出运均可,货既可只装一条船,也可分三条船出运;但装运单据必须分别做 400 吨一套单据、300 吨一套单据、300 吨一套单据,共三套装运单据。

16. Full set clean on board marine bill of lading made out to the order of Al Rajhi Banking and Investment Corp. marked freight prepaid and notify applicant indicating the full name, address and Tel no. of the carrying vessel's agent at the port of discharge. Regular/liner vessel B/L must evidence same. Appended declaration to bill of lading consignment note issued and signed by the owner, agent, captain or company of the vessel, and notarized by notary public or legalized by CCPIT stating:

(1) name of the vessel, previous name.

(2) nationality of vessel.

(3) owner of vessel.

(4) the vessel will call at or pass through the following ports enroute to Saudi Arabia. 1…2…3…4…(please list ports).

The undersigned (owner, agent, captain or company of the vessel) accordingly declares that the information provided (in responses 1 to 4) above is correct and complete and that the vessel shall not call at or anchor on any other ports other than those mentioned above enroute to Saudi Arabia. written on the... day of... year... sworn to before me on the date of... year... at..., signature of vessel's owner/agent, captain or company. notary or CCPIT (seal and signature).

This declaration is not required if the vessel/carrier belongs to one of the national carriers of the Kingdom of Saudi Arabia or the United Arab shipping company, Kuwait.

类似的规定较多地出现在中东的信用证中,对提单而言,除了正常的要求外,还规定提单上应标明卸货港船代的全称、地址和电话,船舶为定期船/班轮,同时还要求受益人所提供的提单上要另附加一份船东/船代/船长或船公司出具和签署并经公证机构公证或我国贸促会认证的声明,声明中应明确船名、船籍、船东及船舶驶往沙特阿拉伯途中经停的具体港口名称,出单人应声明上述信息准确、完整,船舶途中不会停靠其他任何港口,最后是出单的日期、地点、出单人、公证人或认证人的签字盖章。另外,如船舶属于沙特公司或科威特联合阿拉伯运输公司所有,则不必出此声明。声明的内容和格式就以信用证所规定的为准。

17. Marine bill of lading full set plus 3 non-negotiable copies clean on board made out to the order of Union Bank of Israel Ltd notify applicant marked freight payable at destination specifying that in view of the danger of confiscation warranted vessel not to call at ports and not to enter the territorial waters of any Arab countries belligerent to the state of Israel and/or actively supporting the Arab boycott, prior to unloading at port of destination unless in distress or subject to force majeure.

该条款要求全套清洁海运提单三正、三副,抬头栏填写"To the Order of Union Bank of Israel Ltd",被通知人为开证申请人(具体名称),运费标明为"Freight Payable at Destination",然后在提单空白处明确"We Specify That in View of the Danger ... Force Majeure"。

18. Transport documents to be claused vessel is not scheduled to call on its current voyage at Famagusta, Kyrenia or Karavostrassi, Cyprus.

该条款要求船舶实际航行途中不能挂靠 Famagusta、Kyrenia or Karavostrassi、Cyprus 等港口,除保证不挂靠所提及的港口外,同时在运输单据上要加注:"We hereby declare that the vessel is not scheduled to... Cyprus."

19. Full set of clean on board shipping company's B/L showing freight to collect made out to our order or to order and blank endorsed notify buyers and claused dated not later than 30 Sept. 2022 but not earlier than the date of this LC and evidencing ①name and address of the openers(i. e. openers in India) and ②name and address of the bank (i. e. ourselves) and ③our LC No and date.

该条款要求出具船公司提单,抬头人做成由开证行指定或空白抬头空白背书,同时要单独显示"This B/L dated not later than 30 Sept, 2022 but not earlier than the date of this LC",并且要求在提单上注明印度开证申请人名址、开证行名址及信用证号码和开证日期,括号中的内容可以不予体现。

二、提单缮制应注意的问题

1. 收货人。当信用证要求提单表明以具名实体为收货人,而非指示性提单时,在该具名实体前不应含有"凭指示"或"凭×××指示"的字样,或者不应在该具名实体后注明"或凭指示"的字样,无论该字样是打印还是预先印就的。

当提单收货人做成"凭指示"或"凭托运人指示"时,该提单应当由托运人背书。只要背书为托运人或代表托运人作出,该背书就可以由托运人之外的具名实体作出。

当信用证要求提单表明收货人为"凭(具名实体)指示"时,提单不应直接显示收货人为该具名实体。

2. 被通知人。当开证人地址和联络细节显示为收货人或被通知人细节的一部分时,其不应与信用证规定的开证申请人细节相矛盾。

3. 货物描述。提单中的货物描述可只填写商品名称,无须填写规格、牌号等详情。如果涉及的商品较多,提单上的货物描述可以使用与信用证所规定的货物描述不相矛盾的统称。

4. 包装描述。提单上最好不要加注关于包装状况的描述,例如"新袋"(New Bag)、旧箱(Old Cartons)等词语。

5. 装货港。

(1)提单应当显示信用证规定的装货港。当信用证规定了装货港,也表明了装货港的所在国时,提单上无须注明该国别名称。

(2)当信用证规定了装货港的地理区域或港口范围(例如,"任一欧洲港口"或"汉堡、鹿特丹、安特卫普港")时,提单应当显示实际的装货港,且其应当位于该地理区域或港口范围之内,提单无须显示该地理区域。

(3)当提单显示了一个以上的装货港时,无论是预先印就的"收妥待运"提单,还是预先印就的"已装船"提单,该提单应当表明装船批注并载有每个装货港所对应的装船日期。

6. 卸货港。

(1)信用证要求的具名卸货港,应当显示在提单的卸货港栏位。然而,具名卸货港也可以显示在"最终目的地"或类似栏位中,只要批注表明卸货港为"最终目的地"或类似栏位中的港口即可。

(2)提单应当显示信用证规定的卸货港。当信用证规定了卸货港,也表明了该港口的所在国时,提单上无须显示该国别名称。

(3)当信用证规定了卸货港的地理区域或港口范围(例如,"任一欧洲港口"或"汉堡、鹿特丹、安特卫普港")时,提单应当显示实际卸货港,且其应当位于信用证规定的地理区域或港口范围之内,提单无须显示该地理区域。

7. 运费支付情况。如果信用证要求提单注明运费已付或到目的地支付,则提单必须有相应标注。即使信用证对此未作具体规定,也应根据所采用的贸易术语,在运费支付栏中填写"Freight collect"或"Freight prepaid"。

8. 提单的更正与证实。提单上数据的任何更正均应当证实。该证实应当看似由承运人或船长,或其任一代理人所为,该代理人可以不同于出具或签署提单的代理人,只要其表明作为承运人或船长的代理人身份。对于正本提单上可能作过的任何更正,其不可转让的副本无须证实。

9. 装船批注。当提交预先印就的"已装船"提单时,提单的出具日期将视为装运日期,无须装船批注,除非其载有单独注明日期的装船批注。在后一种情况下,该装船批注日期将视为装运日期,不论其早于还是晚于提单出具日期。装船批注日期也可以显示在指定栏位或方框中。

10. 有关转运和分批。转运是指从信用证规定的装货港到卸货港之间的运输过程中,货物从一条船卸下并再装上另一条船。如果提单显示的货物卸下并再装运,并非发生在规定的两个港口之间,则不属于信用证和《UCP600》第 20 条 b 款和 c 款下的转运。

以一条以上的船只进行的运输是部分装运,即便这些船只在同一天出发并前往同一目的地。

11. 最迟交单期的计算。当信用证禁止部分装运,而提交了一套以上的正本提单,涵盖货物从一个或多个装货港(信用证特别允许的,或规定的地理区域或港口范围内)装运时,每套提单都应当显示其涵盖的货物运输,由同一船只经同次航程前往同一卸货港。

当信用证禁止部分装运,而按照第 E19 段 a 款提交的一套以上的正本提单含有不同的装运日期时,其中最迟的日期将用于计算交单期,且该日期不得晚于信用证规定的最迟装运日期。

当信用证允许部分装运,且作为同一面函下单一交单的一部分提交的一套以上的正本提单,含有装上不同船只或不同航程的同一船只所对应的不同装运日期时,其中最早的日期将用于计算交单期,且所有这些日期都不得晚于信用证规定的最迟装运日期。

12. 提单的签署。

(1)当提单由承运人的具名分支机构签署时,该签字视同由承运人作出。

(2)当提单由承运人的代理人签署时,该代理人应当具名,此外,应当注明其作为"承运人(承运人名称)的代理人"或"代表承运人的代理人"签署或类似措辞。当承运人在该单据的其他地方表明"承运人"身份时,该具名代理人可以以如"承运人的代理人"身份签署,而无须再次提及承运人名称。

(3)当提单由船长签署时,船长签字应当注明"船长"身份,无须注明船长姓名。

(4)当提单由船长代理人签署时,该代理人应当具名,此外,应当注明其作为"船长代理人"或"代表船长的代理人"签署或类似措辞,无须注明船长姓名。

13. 卸货港交货代理人。当信用证要求提单显示卸货港的交货代理人或类似措辞的名称、地址和联络细节时,其地址无须位于卸货港,也无须与卸货港在同一所在国。

14. 凭多套提单放货。提单不应明确规定,货物释放只能基于该单据和其他一套或多套提单的一并提交,除非所有提及提单构成同一信用证项下同次交单的一部分。例如,"提单号 YYY 和 ZZZ 涵盖集装箱号×××项下的货物,货物只能释放给同一人且必须提交该货物的所有提单",即视为明确规定在货物释放前,必须一并提交与所提及的集装箱或包装单位相关的其他一套或多套提单。

第四节　空运单据缮制

一、空运单据概述

航空运输是一种快捷的运输方式，特别适用于鲜活商品、季节性强的急需商品的运输。空运单据（Air Transport Document）是由承运的航空公司或其代理人签发的接收货物的收据，它是航空承运人与托运人之间缔结的运输合同的书面凭证，但不具有物权凭证的性质。货物到达目的地后，收货人不是凭航空运单提货，而是凭航空公司的提货通知单提货。因此，航空运单是不能背书转让的，在航空运单的收货人栏内必须填写收货人的全称和详细地址，而不得做成指示式抬头。航空运单根据签发人的不同可分为主运单和分运单。主运单是由航空公司签发的，分运单是由航空货运代理公司签发的，两者在法律效力上基本相同。

对于需要航空运输的货物，首先必须由托运人填制"国际货物托运书"，然后航空公司凭此托运书填制航空运单。我国的航空运单是由航空公司或其代理签发的。按照国际惯例，航空运单共有正本一式三份：第一份正本交托运人向银行结汇，上面注明"Original-For the Shipper"；第二份正本由航空公司留存，上面注明"Original-For the Issuing Carrier"；第三份正本由航空公司随机交收货人，上面注明"Original - For the Consignee"。其余副本则分别注明"For Airport of Destination""For Second Carrier""Delivery Receipt""Extra Copy"等，由航空公司根据需要分发。

二、空运单据的内容及缮制规范

在信用证方式下，航空运单必须严格按照信用证的规定和托运人的"国际货物托运书"进行填制。不同的航空公司使用的航空运单（见样例7-2）的格式不尽相同，但内容却基本一致，主要包括以下几点。

1. 航空公司的名称（Name）。该栏印有航空公司的全称及简称，如样例上航空公司全称为 The Civil Aviation Administration of China，简称为 CAAC。此外，还印有不可转让（Not Negotiable）字样，明确表示航空运单是不可转让的。

2. 航空运单的号码（Airway Bill Number）。一般前三位数字是航空公司的代号，如中国民航代号是999，南方航空公司代号是784，后面是航空公司对承运货物的单据编号。

3. 托运人的名称和地址（Shipper's Name and Address）和托运人账号（Shipper's Account No.）。一般在信用证方式下，此栏填写受益人的名称和地址，托收和电汇方式下则填写合同卖方的名称和地址，托运人账号一般留空。

4. 收货人的名称和地址（Consignee's Name and Address）和收货人账号

(Consignee's Account No.)。收货人栏内必须填写收货人的全称和详细地址,不能做成指示性抬头(To Order)。在信用证方式下,此栏必须按信用证的规定填写,但为了保证出口商的利益,签订合同最好规定以开证行为收货人,以防进口商在提走货物后,却以单据不符为借口而拒绝或拖延付款。同样地,在托收方式下,在事先征得代收银行同意的前提下,可以以代收行为收货人,收货人账号一般留空。在全额前 T/T 情况下,填写进口商为收货人。

5. 承运代理人的名称和地点(Issuing Carrier's Agent Name and City)。此栏由承运人填写代理人的"国际空运协会"代号及账号,但如果信用证无特殊规定,则可以不填。

6. 代理人的国际航运协会代号(Agent's IATA Code)。一般留空。

7. 代理人账号(Account No.)。一般留空。

8. 始发站机场名称和所要求的运输路线(Airport of Departure and Requested Routing)。一般填写始发站机场名称或城市名称。

9. 目的地机场(Airport of Destination)。填写最终目的地机场的全称或城市名称。

10. 航班号及飞行日期(Flight/Date)。此栏仅供承运人使用,填写载货班机的航班号和起航日期,填写此栏要注意起航日期不能迟于信用证规定的最迟装运期。

11. 货币(Currency)。以国际统一的货币代码表示,如 USD、HKD 等;支付方法则要在已印就的 PP = Prepaid(预付)或 CC = Collect(到付)的栏目下面根据实际情况选择一种,然后在空格内打上"×"。

12. 向承运人声明其价值(Declared Value for Carriage)。对贵重物品要向承运人声明其价值,当货物因承运人原因而造成损失或灭失时,可从承运人处获得赔偿。若托运人没有声明价值,此栏可填"NVD"(No Value Declared)。

13. 向海关声明其价值(Declared Value for Customs)。填写托运人向海关申报的货物商业价值。若货物没有商业价值,则填写"NCV"(No Customs Value)。

14. 操作信息(Handling Information)。这包括标记、件号、包装方法、随机文件等事项,也可填写信用证对本批货物运输的一些特别要求。

15. 件数(No. of Pieces/Packages)。填写货物外包装件数。

16. 毛重(Gross Weight)。填写货物总毛重。除非信用证另有规定,否则一般重量单位以公斤表示。

17. 运价等级(Rate Class)。航空公司常根据货物的重量等级制定运价,一般有以下几种运价等级,可用不同的代号表示:

"M"(Minimum Charge):代表起码运费;

"N"(Normal Under 45kg Rate):代表 45kg 以下普通货物运价;

"Q"(Quantity Over 45kg Rate):代表 45kg 以上普通货物运价;

"C"(Special Commodity Rate):代表特种商品运价;

"R"(Reduced Class Rate Less Than Normal Rate):代表折扣运价,即低于45kg的普通货物运价的等级运价;

"S"(Surcharged Class Rate More Than Normal Rate):表示加价运价,即高于45kg的普通货物运价的等级运价。

18. 品名编号(Commodity Item No.)。应根据航空公司的类别填写,通常情况下可不填。

19. 计费重量(Chargeable Weight)。一般按毛重计费,如按起码运价计收运费,通常情况下本栏留空。

20. 费率(Rate/Charge)。填写基本的运费费率,一般按每公斤计算。

21. 运费总额(Total)。运费总额=计费重量(第19栏)×费率(第20栏)。

22. 货物品名和数量(Nature and Quantity of Goods)。一般填写商品名称、数量和尺码(体积或容积)。因无专门的唛头栏目,通常可将唛头填写在货物品名之下。

23. 预付运费情况(Prepaid Freight Charge)。这具体包括:①预付重量运费金额(Prepaid Weight Charge or Prepaid Valuation Charge),填写预付运费总额,即第21栏计算出的总额;②代理费金额(Due Agent),填写代理费金额;③预付手续费金额(Due Carrier),即由于承运人的需要而发生的费用;④预付总金额(Total Prepaid),即预付运费及其他费用总额,也是以上各项相加之和。

24. 到付运费情况(Collect Freight Charge)。填制方法参照第23栏。

25. 其他费用(Other Charges)。填写除上述列明的费用以外的其他有关费用。

26. 托运人关于所装货物非危险品的保证(Guarantee)。此栏由托运人盖章。

27. 航空运单的签发地点和日期(Place and Date)。此栏由承运人填写,必须注意该日期应与飞行日期接近或是同一天,且要早于信用证的最后装运期。

28. 承运人的签章(Signature of Shipper or Its Agent)。航空运单的正本必须经承运人签章后才生效。

样例 7-2　空运单据

999 | 999－2178903478 ②

Shipper's Name and Address ③	Shipper's Account Number	The Civil Aviation Administration of China NON-NEGOTIABLE ①
TIFERT TRADING CO., LTD NO. 86 ZHUJIANG ROAD, TIANJIN, CHINA		Copies 1, 2 and 3 of this Air Waybill are originals and have the same validity.
Consignee's Name and Address ④ PARIS INTERNATIONAL CORP. 88, GREAT TOWER BUILDING, PARIS, FRANCE	Consignee's Account Number	It is agreed that the goods described herein are accepted for carriage in apparent good order And condition (except as noted) and SUBJECT TO THE CONDITIONS OF CONTRACT ON THE REVERSE HEREOF. ALL GOODS MAY BE CARRIED BY AND OTHER MEANS INCLUDING ROAD OR ANY OTHER CARRIER UNLESS SPECIFIC CONTRARY INSTRUCTIONS ARE GIVEN HEREON BY THE SHIPPER. THE SHIPPER'S ATTENTION IS DRAWN TO THE NOTICE CONCERNING CARRIER'S LIMITATION OF LIABILITY. Shipper may increase such limitation of liability by declaring a higher value for carriage and paying a supplemental charge if required.
Issuing Carrier's Agent Name and City ⑤		Accounting Information FREIGHT COLLECT
Agent's IATA Code ⑥	Account No. ⑦	
Airport of Departure (Addr. of First Carrier) and Requested Routing TIANJIN ⑧		

To	By First Carrier Routing and Destination	to	by	to	by	Currency	CHGS Code	WT/VAL PPD	WT/VAL COLL	Other PPD	Other COLL	Declared Value for Carriage	Declared Value for Customs
						USD		X		X	⑪	⑫	⑬

Airport of Destination	Flight/Date	For carrier Use Only Flight/Date	Amount of Insurance	INSURANCE - If Carrier offers insurance, and such insurance is requested in accordance with the conditions thereof, indicate amount to be insured in figures in box marked "Amount of Insurance".
PARIS ⑨	FX0910 ⑩	DEC. 25, 2022		

Handing Information
⑭

(For USA only) These commodities licensed by U.S. for ultimate destination ....Diversion contrary to U.S. law is prohibited

No of Pieces RCP	Gross Weight	Kg lb	Rate Class	Commodity Item No.	Chargeable Weight	Rate Charge	Total	Nature and Quantity of Goods (incl. Dimensions or Volume)
300 CTNS	600	K	N		600	20.61	12 366	6 000pcs LEATHER BAGS 13.300M³ N/M
⑮	⑯		⑰	⑱	⑲	⑳	㉑	㉒

Prepaid	Weight Charge	Collect	Other Charges
㉓		12 366 ㉔	㉕ AWC: 50.00
Valuation Charge			
Tax			
Total other Charges Due Agent			Shipper certifies that the particulars on the face hereof are correct and that insofar as any part of the consignment contains dangerous goods, such part is properly described by name and is in proper condition for carriage by air according to the applicable Dangerous Goods Regulations.
Total other Charges Due Carrier		50.00	㉖ Signature of Shipper or his Agent
Total Prepaid		Total Collect 12416	DEC. 25, 2022 ㉗ TIANJIN ㉘
Currency Conversion Rates		CC Charges in Dest. Currency	Executed on (date) at(place) Signature of Issuing Carrier or its Agent
For Carrier's Use only at Destination		Charges at Destination	Total Collect Charges

999－

第五节　陆运单据缮制

一、承运货物收据概述

我国内地通过深圳至港、澳的货物的铁路运输，既不同于国际联运，也不同于一般的国内运输，而是采取一种特殊形式的铁路运输方式，习惯上称为“南线”铁路运输。

对港铁路运输是由内地段铁路运输和港段铁路运输两段组成的，由中国对外贸易运输公司（以下简称“外运公司”）各地分支机构和中国香港旅行社联合承办。上述两段运输，由内地铁路局和香港铁路局分别签发铁路货物运单。由于内地段铁路运单不是全程运输单据，不符合结汇要求，故不能作为收汇凭证。因此，目前使用由外运公司各地分支机构以联运承运人的身份签发的从起运地至港、澳的凭证，此凭证即为承运货物收据（Cargo Receipt，简称 C/R）。它可以供出口商办理结汇，收货人凭以提货，外运公司承担全程运输的责任。

承运货物收据的内容和格式较简单。其主要特点在于它只有第一联是正本，并且在第一联上印有“凭提货物”，其余各联均为副本。正本的正面必须按照托运人的委托书内容缮制，背面印有“承运简章”，详细列出了承运人的责任范围。

承运货物收据的正本（第一联），既是承运人与托运人之间的运输契约，又是承运人已接收货物的收据，同时还是物权证明，可凭以转移物权，所以可作为结汇凭证。

二、承运货物收据的内容及缮制规范（见样例 7-3）

承运人的名称（Carrier's Name）一般印在单据的顶端，即“中国外运天津有限公司”。下面是单据名称，即承运货物收据（Cargo Receipt）以表明单据的性质，而在此单据名称下方还注明了该正本第一联是“凭提货物”。

1. 运输编号（Transport No.）。运输编号由外运公司编写。

2. 发票号码（Invoice No. ）。发票号码由出口公司自行编写。

3. 合同号码（ Contract No.）。填写该笔业务的合同号码。

4. 委托人（Shipper）。填写货物托运人名称和地址，即出口公司。

5. 收货人（Consignee）。在信用证方式下，按照信用证的规定填写；在托收和电汇方式下，则收货人做成指示式抬头：“To Order”或“To Order of Shipper”。

6. 起运地、过境地和目的地（From _____ Via_____ To_____）。因为由内地运往港、澳的铁路运输货物需要在深圳过境，所以在经由“Via ”后面往往已印好深圳“Shenzhen ”。

7. 发据/装车日期（Date of Issuing Cargo Receipt）。发据日期即签发该单据的日期，一般与装车日期为同一天，在这种情况下，只填一个日期即可。若两个日期不同，则应分别填写。

8. 车号（Car No.）。这是指货物所装火车的车皮号。

9. 标记(Marks & Nos.)。参照信用证或发票上的唛头填写。

10. 件数(Packages)。件数的大写、小写应与发票、装箱单等其他单据的件数保持一致。

11. 货物名称(Description of Goods)。按信用证规定填写,并要与其他单据如发票等保持一致。如果信用证上商品品名很多,则可以只填写货物的统称。

12. 附记(Remarks)。如果托运人有特殊要求或信用证有特别条款,则可以填在此栏。

13. 运费缴付地点(Freight Payable)。一般运费由托运人在各分公司所在地支付,所以该栏往往已经印上了运费支付地点,如"全程运费在天津付讫"等。但如有不同,则必须注明运费的实际支付地。

14. 货运代理名称和提货地点(For Delivery Apply to)。我国内地运往香港的货物的提货事宜常常委托"香港中国旅行社有限公司"代为办理,所以此栏往往已经印上了"香港中国旅行社有限公司"。

15. 承运人印章(Signature)。这是指"中国外运天津有限公司"的印章。只有盖上此印章,承运货物收据才生效。

16. 押汇银行签章(Bank's Endorsement)。由进口地银行接受进口押汇时签收。

17. 收货人签收(Consignee's Signature)。由收货人签章证明已收到货物。

样例 7-3　承运货物收据

中国外运天津有限公司　　运编 No. WY0089 ①

承运货物收据　　发票 No. FZ013 ②

CARGO RECEIPT　　合约 No. TJ5678 ③

第一联(凭提货物)

委托人: ④ Shipper: TIFERT TRADING CO., LTD NO. 86, ZHUJIANG ROAD, TIANJIN, CHINA	收货人: ⑤ Consignee: HALICON FAR EAST CO., LTD RM 208, CONNAUGHT RD, CENTRAL, HONGKONG

自 from TIANJIN　经由 via SHENZHEN 至 to HONGKONG　⑥

发据

日期 OCT. 18,2022　⑦　车号:WAGON 3789012　⑧

装车

标记⑨ Marks & Nos	件数⑩ Packages	货物名称 ⑪ Description of Goods	附记⑫ Remarks
HALICON TJ5678 HONGKONG C/NO 1-200	200 CARTONS	TABLE CLOTH	

运费交付地点 TIANJIN ⑬
全程运费在天津付讫

请向下列地点接洽提取货件 ⑭
For delivery apply to
香港中国旅行社有限公司
China Travel Service(H. K.) Ltd
37, Queen's Road Central
1ST, Floor Hongkong

中国外运天津有限公司⑮

押汇银行签收 ⑯
Bank's endorsement

收货人签收 ⑰
Consignee's signature

知识链接

电放提单操作方法

提单是货物所有权的凭证,因此,收货人只有拿到正本提单后才可以提货，一般情况下发货人通过银行转交提单或将提单迳寄收货人。但近洋运输由于船期很短，船一两天就到目的港，这时通过银行发出或邮寄的提单可能还没到，为不影响收货，在货物装船完毕后，承运人或其代理人已经签发了提单或已经交给了托运人，或者还没有交给托运人，应托运人的要求，承运人或其代理人收回正本提单，而以电传、传真或邮件等形式通知其在卸货港的代理将货交给提单收货人或托运人指定的收货人。这种凭电传、传真或邮件放行货物的提单称为“电放提单”。

在实际业务中,由于提单电放后发货人将不再掌握货权,因此,办理电放前一定要确认发货人能够安全收款;否则,极易造成货、款两空的局面。因此,船公司会要求发货人出具一份保函（船公司或货代有现成的格式），保证电放造成的一切问题与其无关。经常使用的电放提单形式有:

(1)在正本提单上加盖“电放”字样图章,将加盖章后的提单发送给其卸货港代理凭以放货。如 “SURRENDERED” 或“TELEX RELEASE ORIGINAL B/L”等字样。

(2) 承运人或其代理人收回提单正本后出具并发送专门电文给其卸货港代理凭以放货。如 “Herewith advised that full sets original B/L have already surrendered at ××port by carrier in ××. Please release the shipment to consignee called ×× against this surrender notice after collecting relevant charges at your side without original B/L.”

承运人不接受的电放提单有:①不记名提单或收货人名称、地址不详提单;②费用未结清的提单;③正本份数不齐全的提单。

本章小结

本章简要地介绍了运输单据的概念和作用。提单是由船长或承运人或其代理人签发的，证明收到特定的货物或已将特定货物装船，并将约定的货物运至指定的目的港(地)，交付于收货人或提单持有人的物权凭证，也是承运人和托运人之间运输合同的证明。提单的内容一般包括提单正面的记载事项和提单背面印就的运输条款。提单可以从各种不同的角度加以划分，有已装船提单和备运提单，清洁提单和不清洁提单，直达提单、转船提单和联运提单，班轮提单和租船提单，记名提单、不记名提单和指示提单等。

鉴于海运提单是重要的结汇单据，是物权凭证，本章结合海运提单实例重点介绍了海运提单的各个栏目的缮制规范，信用证常见海运提单条款的解析以及缮制海运提单应该注意的问题。

最后介绍了空运单据和陆运单据的概念，以及空运单据和承运货物收据的缮制规范。

本章测试

一、动脑思考

1. 运输单据的概念及其分类是什么？
2. 海运提单的作用是什么？海运提单的种类有哪些？
3. 海运提单的收货人一栏有几种填写方法？在什么情况下需要背书？
4. 缮制海运提单应注意哪些问题？
5. 缮制海运提单的货物描述一栏应注意什么问题？

二、动手操练

实训操作(一)：

作为泰佛贸易公司的单证员，请根据所提供信息，利用空白提单(见样例7-4)填写一份海运提单。

1. 托运人：TIFERT TRADING CO., LTD
   NO. 86, ZHUJIANG ROAD, TIANJIN, CHINA
2. 收货人：TOYOHANM AND CO., LTD
   NO. 56, NISHIKI 6-CHOME, NAKAKU
   NAGOYA, JAPAN
3. 通知人：NAGOYA LOGISTIC COMPANY
   NO. 80, NOSHIKU, 8-CHOME, NAGOYA, JAPAN
4. 船名和航次：HANJIN EXPRESS V. 138E

5. 装运港:TIANJIN

6. 目的港:KOBE

7. 唛头: T. C.

KOBE

NO. 1-50

8. 货物描述: 50 CARTONS OF 100% COTTON QUILT CASE CIF KOBE DETAILS AS PER CONTRACT NO. 22AB23M

9. 总毛重:1 300KG

10. 总净重:1 250KG

11. 总尺码:2. 912CBM

12. 提单号:HJ0089

13. 提单签发日:MAR. 28, 2022

14. 承运人有权签字人:COSCO CONTAINER LINES 张强

样例 7-4　空白海运提单

<table>
<tr><td colspan="2">1. Shipper</td><td rowspan="6">B/L No.
中远集装箱运输有限公司
COSCO CONTAINER LINES
TLX: 33057 COSCO CN
FAX: +86(021) 6545 8984
ORIGINAL
Port-to-Port or Combined Transport
BILL OF LADING
RECEIVED in external apparent good order and condition except as other-Wise noted. The total number of packages or unites stuffed in the container, the description of the goods and the weights shown in this Bill of Lading are furnished by the Merchants, and which the carrier has no reasonable means of checking and is not a part of this Bill of Lading contract. The carrier has issued the number of Bills of Lading stated below, all of this tenor and date, One of the original Bills of Lading must be surrendered and endorsed or signed against the delivery of the shipment and whereupon any other original Bills of Lading shall be void. The Merchants agree to be bound by the terms and conditions of this Bill of Lading as if each had personally signed this Bill of Lading.
SEE clause 4 on the back of this Bill of Lading (Terms continued on the back hereof, please read carefully).
* Applicable Only When Document Used as a Combined Transport Bill of Lading.</td></tr>
<tr><td colspan="2">2. Consignee</td></tr>
<tr><td colspan="2">3. Notify Party</td></tr>
<tr><td>4. Combined Transport *
Pre-carriage by</td><td>5. Combined Transport *
Place of Receipt</td></tr>
<tr><td>6. Ocean Vessel Voy. No.</td><td>7. Port of Loading</td></tr>
<tr><td>8. Port of Discharge</td><td>9. Combined Transport *
Place of Delivery</td></tr>
</table>

<table>
<tr><td rowspan="2">Marks & Nos.
Container / Seal No.</td><td rowspan="2">No. of
Containers
or Packages</td><td>Description of Goods
(If Dangerous Goods, See Clause 20)</td><td>Gross Weight</td><td>Measurement</td></tr>
<tr><td colspan="3">Description of Contents for Shipper's Use Only (Not part of This B/L Contract)</td></tr>
<tr><td colspan="5">10. Total Number of containers and/or packages (in words)
Subject to Clause 7 Limitation</td></tr>
</table>

11. Freight & Charges	Revenue Tons	Rate	Per	Prepaid	Collect

<table>
<tr><td rowspan="2">Ex. Rate:</td><td>Prepaid at</td><td>Payable at</td><td>Place and date of issue</td></tr>
<tr><td>Total Prepaid</td><td>No. of Original B(s)/L</td><td>Signed for the Carrier, COSCO CONTAINER LINES</td></tr>
</table>

LADEN ON BOARD THE VESSEL

DATE　　　　　　　　　　BY

实训操作(二):

1. 信用证有关信息摘录如下:

TO: BANK OF CHINA TIANJIN, CHINA

IRREVOCABLE DOCUMENTARY CREDIT NO. 20-34985

FOR THE ACCOUNT OF NEO GENERAL TRADING CO., P. O. BOX 99552, RIYADH 22766, DUABI TEL: 00966-1-4659220 FAX: 00966-1-4659213

WE OPEN AN IRREVOCABLE DOCUMENTARY CREDIT IN FAVOUR OF TIFERT TRADING CO., LTD, NO. 86, ZHUJIANG ROAD, TIANJIN, CHINA. FOR A SUM NOT EXCEEDING USD980 000.00(SAY U. S. DOLLARS NINE HUNDRED AND EIGHTY THOUSAND ONLY.) AVAILABLE BY THE BENEFICIARY'S DRAFT(S) AT SIGHT DRAWN ON US BEARING THE CLAUSE "DRAWN UNDER ALRAJHI BANKING AND INVESTMENT CORPORATION, RIYADHG, DUABI DOCUMENTARY CREDIT NO. 20- 34985 DATED 1ST MARCH, 2022" ACCOMPANIED BY THE FOLLOWING DOCUMENTS:

3/3 ORIGINAL + 3NN COPIES CLEAN ON BOARD BILL OF LADING MADE OUT TO ORDER OF ALRAJHI BANKING AND INVESTMENT CORPORATION, RIYADHG, DUABI MARKED FREIGHT PREPAID AND EVIDENCING SHIPMENT IN 20FT CONTIANER AND INDICATING THE FULL NAME AND ADDRESS OF THE SHIPPING AGENT IN DUABI.

EVIDENCING SHIPMENT OF THE FOLLOWING MERCHANDISE:

AIR CONDITIONER(HUALING BRAND) 500PCS KF-23GW AND 500 PCS KF-25GW PACKING IN CARTONS OF 50 KILOS NET EACH 1PC/CARTON @ USD1 000.00/PC FOBC2% TIANJIN PARTIAL SHIPMENT PERMITED TRANSSHIPMENT PERMITED LATEST DATE FOR SHIPMENT 30th APRIL, 2022 EXPIRY DATE 15th MAY, 2022 IN PLACE OF OPENER FOR NEGOTIATION

SHIPPING MARKS: A. B. C. /DUABI/NOS. I-UP/MADE IN CHINA

THIS CREDIT IS SUBJECT TO UCP600.

2. 补充信息资料如下:

B/L NO. PIL00568

VESSEL NAME: HANJIN EXPRESS V. W-9856

GROSS WEIGHT: 52KG/CTN

MEASUREMENT: 120CM×85CM×45CM/CTN

DATE OF ISSUE: APR. 28, 2022

ON BOARD DATE: APR. 28, 2022

AUTHORIZED SIGNATURE OF THE CARRIER: 王伟

作为泰佛贸易公司的单证员,请根据以上信用证摘录信息及补充相关信息,利用空白提单(见样例 7-5)独立填写一份海运提单。

样例 7-5　空白海运提单

<table>
<tr><td>Shipper</td><td rowspan="3">B/L NO.
PIL
PACIFIC INTERNATIONAL LINES(PTE) LTD
(Incorporated in Singapore)
COMBINED TRANSPORT BILL OF LADING
Received in apparent good order and condition except as otherwise noted the total number of container or other packages or units enumerated below for transportation from the place of receipt to the place of delivery subject to the terms hereof. One of the signed Bills of Lading must be surrendered duly endorsed in exchange for the Goods or delivery order. On presentation of this document (duly) Endorsed to the Carrier by or on behalf of the Holder, the rights and liabilities arising in accordance with the terms hereof shall (without prejudice to any rule of common law or statute rendering them binding on the Merchant) become binding in all respects between the Carrier and the Holder as though the contract evidenced hereby had been made between them.
SEE TERMS ON ORIGINAL B/L</td></tr>
<tr><td>Consignee</td></tr>
<tr><td>Notify Party</td></tr>
</table>

Vessel and Voyage Number	Port of Loading	Port of Discharge
Place of Receipt	Place of Delivery	Number of Original Bs/L

PARTICULARS AS DECLARED BY SHIPPER － CARRIER NOT RESPONSIBLE

Container Nos/Seal Nos. Marks and/Numbers	No. of Container / Packages / Description of Goods	Gross Weight (kilos)	Measurement (cu-metres)

<table>
<tr><td rowspan="4">FREIGHT & CHARGES</td><td>Number of Containers/Packages(in words)</td></tr>
<tr><td>Shipped on Board Date:</td></tr>
<tr><td>Place and Date of Issue:</td></tr>
<tr><td>In Witness Whereof this number of Original Bills of Lading stated Above all of the tenor and date one of which being accomplished the others to stand void.

for PACIFIC INTERNATIONAL LINES(PTE) LTD as Carrier</td></tr>
</table>

第八章　保险单据缮制

知识目标

1. 了解保险单据的概念、种类和作用
2. 熟悉保险单据的格式、主要内容

技能目标

1. 掌握保险单据的缮制规范、缮制技巧及应注意的问题
2. 力争掌握对不同保险条款的灵活处理

素质目标

1. 培养严谨踏实的工作作风
2. 培养求真务实的责任意识

案例库

原告A粮油进出口公司就其进口的2 000公吨鱼粉向被告Z保险公司投保，Z保险公司在投保单上注明“接受上述投保”，并加盖公司业务专用章。由于Z保险公司要根据运输船舶的船龄来确定保险费率，故该投保单未约定保险费率。投保后，Z保险公司曾多次要求A公司领取保险单，但A公司迟迟没有领取。承运货物的巴哈马籍B轮抵达上海港后，鱼粉发生自燃。货物出险后，A公司要求Z保险公司予以理赔，遭Z保险公司拒绝。A公司遂向上海海事法院提起诉讼，要求法院判令Z保险公司赔偿货物损失41万余美元。

上海海事法院认为，投保人提出投保要求，经保险人在投保单上盖章承保，海上货物运输保险合同便有效成立。就保险费条款而言，应认定原告、被告之间已经有了明确约定，只是具体金额留待确定运输船舶的船龄后再定，并不妨碍保险合同的成立。保险单仅是保险人单方面出具的书面文件，是投保人与保险人之间存在海上保险合同的一种证明，未出具保险单并不必然导致保险合同关系不成立。据此，上海海事法院判决被告Z保险公司赔偿原告A粮油进出口公司相关损失。

课程思政

本案例说明,保险单是证明海上保险合同存在的法律凭证之一,保险单仅是保险合同存在的证明而非成立的证明,而且这种证明效力亦非法定。证明保险合同成立的主要凭证是经保险人签章的投保单。因此,作为出口商首先要重视投保单填写的规范性,一定要按照合同中规定的保险条款及承保险别进行投保;其次,要掌握保险单的缮制规范,能够审核出保险公司出具的保单是否与投保单中列明的保险条款及承保险别相符,这样才能在货物出险后,及时得到保险公司的赔偿。因此,在实际业务中,我们不仅要养成耐心细致的工作作风,而且要树立风险防范意识,为了转嫁运输途中的风险,一定要及时向保险公司办理投保手续,及时缴纳保费,及时领取保险单,唯有这样,在货物出险后,才能及时得到相应的赔付,将损失降到最低。

第一节　保险单据概述

货物由卖方交至买方手里,往往要经历长途的运输,为了转嫁运输途中的风险,卖方或买方都要向保险公司办理投保手续,缴纳一定的保险费,由保险公司出具保险单据。因此,保险单是国际贸易中常用的且比较重要的单证之一。

一、保险单据的概念

在国际货物买卖中,出口货物从卖方运到买方的长途运输和装卸过程中,船舶和货物都有可能由于自然灾害和意外事故而产生各种损失,为了在货物受损后收货人能获得相应的经济补偿,货主在货物出运前就必须及时向保险公司办理投保。因此,海上运输保险单也就成为国际贸易中不可或缺的货运单据之一。

保险公司在接受投保后签发的保险单据(Insurance Document),是指保险人(即保险公司)与被保险人(即投保人)之间订立的正式保险合同的证明,其效力随着货物安全抵达目的地即告终止。保险合同反映了保险人与被保险人之间的权利和义务关系。当发生保险责任范围内的损失时,它是被保险人索赔的主要依据之一,也是保险人理赔的主要依据。在CIF或CIP交易中,它又是卖方必须向买方提供的出口结汇单据之一。

二、保险单据的当事人及相关方

1. 保险人(Insurer)。这是指以自己名义签发保单并承诺对保险单项下货物发生承保责任范围的损失负赔偿责任的人。

2. 被保险人(Insured),亦称投保人。这是指与保险人签订保险合同,并按照保险合同支付保险费，当保险单项下货物发生承保责任范围的损失时，凭保险单有权向保险人索赔的人。

3. 保险代理人(Insurance Agent)。这是指根据保险人的委托向保险人收取代理手续费，在保险人授权的范围内代表保险人与被保险人洽商有关保险事宜，并为保险人招揽保险业务的单位或者个人。保险代理人根据保险人的授权代为办理保险业务，由保险人承担责任。

4. 保险经纪人(Insurance Broker)。这是指基于被保险人或投保人的利益，为被保险人或投保人与保险人订立保险合同提供中介服务，并依法收取佣金的单位。因保险经纪人在办理保险业务中的过错，给投保人、被保险人造成损失的，由保险经纪人承担赔偿责任。

5. 勘查代理人(Survey Agent)。这是指在保险单据上载明的当承保货物出险时负责勘查、理赔的承保人的代理人，即保险人在进口国的代理。勘查代理人通常由保险公司自己选定，一般选择在目的港或目的港附近有关机构为货损检验、理赔代理人，并在保险单上注明名称、详细地址及联系方式等，以便收货人在出险后通知其代理人联系办理有关查勘和索赔事宜。

6. 理赔代理人(Settling Agent)。这是指接受保险人的委托，从事保险货物的检验、索赔计算、赔款支付、追偿和处理损余物资的单位。对于海运货物保险，理赔代理人是指在保险单据上载明的在目的港(地)可以受理保险单的合法持有者索赔要求的人或机构，保险单上应详细注明其名称、地址和联系办法。理赔代理人与勘验人可以是同一人，也可以是不同的人。

三、保险单据的种类

(一)投保单(Application)

投保单又称投保书、要保书，是指投保人向保险人申请订立保险合同的书面要约。投保单是由保险人事先准备、具有统一格式的书面要约。投保人必须依其所列项目一一如实填写，以供保险人决定是否承保或以何种条件、何种费率承保。

图片:投保单

投保单本身并非正式合同文本，但一经保险人接受即成为保险合同的一部分。在保险实务中，投保人提出保险要约时，均需填具投保单。投保单填写的内容不实或故意隐瞒、欺诈，都将影响保险合同的效力。如果投保单上有记载，保险单上即使遗漏，其效力与记载在保险单上一样；如果投保人在投保单中告知不实，在保险单上又不更正，保险人可因投保人违背合同的诚信原则而解除合同。

(二)保险单(Insurance Policy)

保险单俗称大保单，是保险人与被保险人订立保险合同的正式书面证明，是目前我国进出口贸易中使用最广泛的一种正规的保险单据，一般由保险公司签发。保险单正面常载明投保人的名称，保险标的物的名称、数量或重量，唛头，保险币制

图片:保险单

和金额,运输工具,保险责任起讫地点,承保险别,赔款偿付地点,签订保险单的日期及地点,保险人签章等项目,背面还印有保险人的责任范围以及保险人与被保险人之间的权利、义务、除外责任、责任起讫、索赔期限等方面的详细条款,保险单记载的内容是合同双方履行的依据,保险单是保险合同订立的证明。但根据《中华人民共和国保险法》的规定,保险合同成立与否并不取决于保险单的签发,只要投保人和保险人就合同的条款协商一致,保险合同就成立,即使尚未签发保险单,保险人也应负赔偿责任。保险合同双方当事人在合同中约定以出立保险单为合同生效条件的除外。

(三)保险凭证(Insurance Certificate)

保险凭证俗称小保单,是一种简式的保险合同。其正面内容与保险单基本一致,但背面不列有保险人与被保险人双方权利、义务等条款。保险凭证与保险单具有同样的效力。近年来,随着单据要求的规范化,许多保险公司已逐步停止使用此类单据,除非信用证另有特殊规定。

注意保险单和保险凭证的关系是:两者具有相同的法律效力,前者背面有保险人和被保险人双方的权利、责任和义务条款,而后者背面没有此类条款。如果要求前者,则不可以提供后者;如果要求后者,则可以用前者替代。

(四)联合保险凭证(Combined Insurance Certificate)

联合保险凭证一般无固定格式,是一种比保险凭证更为简化的保险单据。保险公司不另出保险单,而是利用商业发票的空白处加打保险条款,如保险编号、承保险别、保险金额、装载船名和开航日期等,并加盖印戳,其他项目均以发票所列为准,即可作为承保凭证。这种联合保险凭证不是专用单据,不能转让,仅适用于我国港澳地区中资银行开来的信用证项下业务,现已很少使用。

(五)预约保险单/总保险单(Open Cover/Open Policy)

图片:进口货物运输预约保险合同

预约保险单又称预约保险合同,是保险公司承保被保险人在一定时期内发运的、以 CIF 价格条件成交的出口货物或以 FOB、CFR 价格条件成交的进口货物的保险单,是被保险人与保险人订立的一种长期性的货物运输保险合同。合同中载明承保货物的范围、承保险别、费率、责任、赔款处理等项目,在合同有效期内,凡属于合同约定的运输货物一经启运,即自动按预约保险单所列条件承保。订立预约保险单的被保险人在每批货物出运时,应及时以装运通知书形式将货物装船的详细情况,包括品名、数量、保险金额、运输工具名称、开航日期和运输起讫地点等内容通知保险公司,以便保险公司掌握情况和结算保险费。

使用预约保险单的好处是:可简化保险的手续,并可防止因漏保或迟保而造成的无法弥补的损失,而且订立预保合同一般能享受优惠费率,免去逐笔洽谈保险条件的麻烦。

（六）暂保单（Cover Note）

暂保单又称暂保条，是保险单或保险凭证签发之前保险人签发的临时单证。暂保单的内容较为简单，仅表明投保人已经办理了保险手续，并等待保险人出立正式保险单。暂保单不是订立保险合同的必经程序，使用暂保单一般有以下三种情况：一是保险代理人在争取到业务时，还未向保险人办妥保险单手续之前，给被保险人的一种证明；二是保险公司的分支机构在接受投保后，还未获得总公司的批准之前，先出立的保障证明；三是在洽订或续订保险合同时，订约双方还有一些条件需商讨，在没有完全谈妥之前，先由保险人出具给被保险人的一种保障证明。

暂保单具有和正式保险单同等的法律效力，但一般暂保单的有效期不长，通常不超过 30 天。当正式保险单出立后，暂保单就自动失效。如果保险人最后考虑不出立保险单，也可以终止暂保单的效力，但必须提前通知投保人。

目前，财产保险的暂保单有被保险双方滥用的现象。就被保险人而言，由于保险费可在出立保险单时支付，而暂保单又与保险单效力相同，这等于享受了免费保险。而保险人为争取客户，依赖暂保单过了有效期会自动失效的特点从而放松了对投保人的选择，往往由此产生纠纷。

（七）保险声明书或保险通知书（Insurance Declaration）

保险声明书又称保险通知书，在以 CFR 或 FOB 价格条件成交的出口业务中，由进口方办理保险。部分进口商与保险公司签有预约保险单，要求出口商在装运货物时，就货物装船的详细情况向保险公司发出保险通知书或保险声明书（Insurance Declaration），以便保险公司按约自动承保。此项通知的副本通常作为提交银行议付的单据之一。

若信用证规定要求出具“Acknowledgement of Insurance Declaration”，这表示应提供国外保险公司对我方保险声明书的确认书。事实上，在我出口商发出保险声明书后，要经过一段不确定的时间，才能从国外寄回保险声明书的确认书。因此，如果被列为提交议付的单据，将有可能影响及时收汇，对出口商极为不利，一般不能接受此类条款，可要求改为提供保险声明书的副本（Copy of Shipper's Insurance Declaration）。

（八）批单（Endorsement）

批单是指保险公司应投保人或被保险人的要求出具的修订或更改保险合同内容的书面文件，其实质是对保险合同内容的变更，一经签发，就成为保险合同的重要组成部分。它具有补充、变更原保险单内容的作用。批单的内容通常包括以下几项：

1. 更改被保险人名称；
2. 更改货名；
3. 更改货物包装或数量；

4. 更改承保险别；
5. 更改船名、加注转运的船名或内陆目的地；
6. 更改开航日期；
7. 更改启运港或目的港；
8. 更改赔款偿付地点；
9. 更改出单日期；
10. 延长保险有效期。

如果批改内容涉及保险金额的增加和保险责任范围的扩大等重大修改，那么保险公司必须在证实货物未发生出险事故的情况下，方可同意办理。

保险单经过批改后，保险公司即按批改后的内容来承担责任。批单原则上需粘贴在保险单上，并加盖骑缝章，作为保险单不可分割的一部分。

四、保险单申领流程

保险单申领流程如图 8-1 所示。

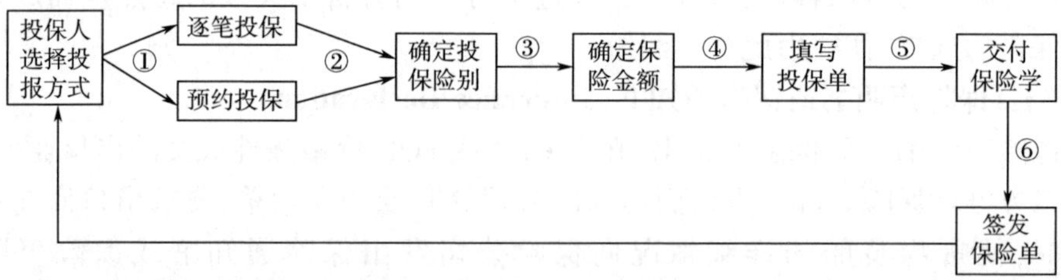

图 8-1 保险单申领流程图

（一）选定投保方式

进出口货物运输保险的投保方式分为逐笔投保和预约保险两种。进出口企业可以根据业务量的大小和稳定性加以选择。

1. 逐笔投保：在我国出口贸易中，凡按 CIF、CIP 条件签订的合同，由我方负责投保，进出口企业一般采用逐笔投保方式向保险公司办理出口货物运输保险。

2. 预约保险：在我国进口贸易中，一些企业，特别是一些专门从事进口业务的企业或进口业务量较大的企业，为了简化手续，可与保险公司事先签订预约保险合同（Open Policy）。在合同中，对进口货物投保的险别、保险费率、保险费和赔款的支付方法作出规定。预约保险合同是我进出口企业与保险公司之间的正式保险契约，凡属预约保险合同范围内的进口商品，一经启运，在进出口企业发送给保险公司保险声明或装运通知后，保险公司即自动按预约保险合同所订立的条件承保，因此，预约保险方式下保险公司一般不再另行签发保险单。

（二）确定投保险别

选择投保险别的原则是：既要使货物的运输风险有效化解，又能使保险费用最低。因此,应根据货物自身特性以及运输工具、目的地和港口安全性等不同情况全面考虑,选择适宜的险别,避免无论什么产品都投保一切险的情况。如液体化工产品,用散舱运输容易发生短量和玷污,故而可在投保平安险的基础上加保短量险和玷污险;如果用铁桶包装,又容易渗漏,可在投保平安险的基础上加保渗漏险。再如,羊毛等产品会在长途运输过程中大量吸收水分而引起霉变,可在投保水渍险的基础上加保受潮受热险。

如果买卖双方采用 CIF 或者 CIP 贸易术语成交,且合同中明确规定适用《Incoterms 2020》,按照最新版《Incoterms 2020》的规定,默认卖方仍可以取得符合《协会货物保险条款》ICC(C) 或《中国保险条款》"平安险"承保范围的保险单,但当事人可以协商选择更高级别的承保范围;而对于 CIP 贸易术语,卖方必须取得符合《协会货物保险条款》的 ICC(A)或《中国保险条款》"一切险"承保范围的保险单,但当事人可以协商选择更低级别的承保范围。

(三)确定保险金额

保险金额(Insured Amount)是保险公司赔偿的最高金额,也是计算保险费的基础。保险金额是根据保险价值(Insurable Value)确定的,一般包括货价、运费、保险费和预期的利润等。在国际货物买卖中,凡按 CIF、CIP 条件达成的合同一般均规定保险金额,而且保险金额通常是 CIF、CIP 金额的 110%,即保险金额加一成。如果合同中没有规定,根据《UCP600》第 28 条 f 款 ii 的规定,如果信用证对投保金额未作规定,投保金额须至少为货物的 CIF 或 CIP 价格的 110%。如果从单据中不能确定 CIF 或 CIP 价格,那么投保金额必须基于要求承付或议付的金额,或者基于发票上显示的货物总值来计算,两者之中取金额较高者。

(四)填写投保单

投保单是投保人向保险公司申请订立保险合同的书面文件, 其主要内容包括被保险人的名称,被保险货物的品名、标记、数量及包装,保险金额,运输工具名称,开航日期及起讫地点,投保险别,投保日期及签章等。投保单本身不是合同,但保险合同成立后,投保单是保险合同的重要组成部分。对于业务量较大的企业,为了简化手续,一般可以不填写投保单,而以发票注明保险险别和保险金额来代替投保单。

(五)交付保险费

保险费率是根据不同的险种、商品、运输方式、目的地,并参照国际上的费率水平而制定的。它分为"一般货物费率"和"指明货物加费费率"两种。前者是一般商品的费率,后者是指特别列明的货物(如某些易碎、易损商品)在一般费率的基础上另行加收的费率。保险费是投保金额与相应的保险费率的乘积。

(六)签发保险单

交付保险费后,投保人即可取得保险单(Insurance Policy)。保险单实际上已构成保险人与保险人之间的保险契约,是保险人的承保证明。在发生保险范围内的损失或灭失时，投保人可凭保险单要求赔偿。

需要说明的是：在采用FOB、CFR、FCA和CPT贸易术语时，由买方负责保险事宜，买方按照合同或信用证的规定填制投保单，保险公司按规定的保险费率收讫保险费后，依据投保单签发保险单给买方；在采用CIF和CIP贸易术语时，由卖方负责保险事宜，卖方按照合同或信用证的规定填制投保单，保险公司按规定的保险费率收讫保险费后，依据投保单签发保险单给卖方。

被保险货物运抵目的地后，收货人如发现整件短少或有明显残损，应立即向承运人或有关方面索取货损或货差证明，并联系保险公司指定的检验理赔代理人申请检验，出具检验报告，确定损失程度。属于保险人承保责任范围的，可填写索赔清单，连同保险单正本、提单副本、装箱单、磅码单、修理配置费凭证、第三者责任方的签证或商务记录以及向第三者责任方索赔的来往函件等向保险公司索赔。索赔应当在保险有效期内提出并办理，否则，保险公司可以不予理赔。

五、保险单的作用

保险单是保险人接受投保人的投保申请并收取保险费后向投保人签发的证明文件，具有以下作用：

1. 保险单是保险人对保险单所列货物，在其所负责期间和所负承保责任范围内，承担货物灭失和损害的赔偿责任的凭证。

2. 保险单是保险人与被保险人之间的一种契约，保险单上的保险条款规定了保险人与被保险人的权利和义务。

3. 当保险单上所列的被保险货物在保险人的责任范围内遭受灭失和损害时，保险单是被保险人或合法持有人向保险公司要求赔偿的凭证。

4. 当保险单上所列的被保险货物在保险人的责任范围内遭受灭失和损害时，保险单是保险公司处理被保险人赔偿要求的主要理赔依据。

第二节　保险单缮制

保险单是我国目前使用最广的保险单据，由保险公司根据被保险人投保时提供的投保单来缮制，不同保险公司使用的保险单的格式不尽相同，但其内容基本一致，现以中国人民财产保险股份有限公司的保险单为例，保险单的缮制规范见样例8-1。

1. 保险公司名称(Name of Insurance Company Ltd)。在保险单顶端已印就保险公司名称，如中国人民财产保险股份有限公司(PICC Property and Casualty Company Ltd)。

2. 保险单据名称(Insurance Policy)。其在保险公司名称下方，一般已印就，CARGO TRANSPORTATION INSURANCE POLICY，货物运输保险单。

3. 发票号次(Invoice No.)。填写本批投保货物的发票号码。

4. 保险单号次(Policy No.)。填写保险公司编制的保单号码。

5. 合同号(Contract No.)。填写本批投保货物的合同号码。

6. 信用证号码(L/C No.)。填写本批投保货物的信用证号码。

7. 被保险人(Insured)。填写被保险人的名称,即投保人或抬头人。在信用证付款方式下,如果信用证无特别规定,则此栏一般填写信用证的受益人。在托收和电汇付款方式下,一般填写卖方公司的名称。

提示板

被保险人填写的几种特例

(1)信用证不应要求保险单据出具成"凭来人(To bearer)"或"凭指示(To order)",信用证应当显示被保险人的名称。

(2)当信用证要求保险单据出具成"凭(具名实体)指示(To order of ×× bank or ×× company)"时,保险单据无须显示"凭指示"(To order of)字样,只要保险单据表明该具名实体为被保险人(×× bank or ×× company),或者表明将赔付给该具名实体(Claim if any pay to ×× bank or ×× company)且没有明确禁止背书转让即可。

(3)当信用证对被保险人未作规定时,保险单据不应表明将赔付给信用证的受益人,或开证行和申请人以外的其他实体,或其指示的一方,除非保险单据已经由受益人或该实体做了空白背书,或背书给了开证行或申请人。

(4)如果信用证要求保险单做成 Endorsed or issued to order of ×× Bank(背书给××银行),则填写受益人名称,并在保单背面做记名背书注明"To Order of ×× Bank"或"Claim if any pay to the order of ×× Bank",然后再由受益人盖章,或者直接做成被保险人为 ×× Bank,受益人无须背书。

(5)在 FOB 或 CFR 的价格条件下,在买方承担保费的前提下,若买方委托卖方代办保险,被保险人一栏可做成"××(卖方)on Behalf of ××(买方)",再由被保险人在保险单背面做空白背书。

(6)如果信用证要求保险单做成以××公司为抬头人,例如:Insurance Policy … Name of the Insured to be showed ABC Co., Ltd, 那么应在被保险人栏填写成 ABC Co., Ltd,这种保险单就无须背书。

(7)如果信用证对保单无特殊规定或只要求"Endorsed in Blank"或"in Assignable/Negotiable Form",被保险人栏填写受益人名称,并由受益人背书。

8. 唛头(Marks & Nos)。填写唛头,可参照发票、提单上的唛头。如无唛头,可填 N/M。还可简单地填写成"As Per Invoice No. ××",这是因为无论是办理货款结算还是保险索赔,发票也是必须提交的单据之一。

9. 包装及数量(Quantity)。填写外包装单位的总件数。如果以包装件数计价,可填写最大包装的总件数;如果以毛重或净重计价,可填件数及毛重或净重;如果是裸装货物,则表示其件数即可;散装货物则表示其重量,并在其后注明“In Bulk”字样。

10. 保险货物项目(Description of Goods)。填写商品的名称,无须填写商品的规格、等级等,也可填写商品的统称,但不能与信用证名称相抵触。

11. 保险金额(Amount Insured)。填写保险金额的小写,保额尾数通常要“进位取整”或“进一取整”。一般按发票金额加上投保加成后的金额填写。在信用证方式下,按信用证规定的加成率计算保险金额,一般为发票金额的110%,但如果买方要求按较高的投保加成率投保,而保险公司也同意,卖方可以接受,但由此而增加的保险费应计算在成本之内。另外,投保的货币名称须与信用证所使用的货币名称一致。

如果从信用证或单据可以得知最后的发票金额仅仅是货物总价值的一部分,例如由于折扣、预付或类似情况,或由于货物的部分价款将晚些支付,也必须以货物的总价值为基础来计算保险金额,保险金额不要求保留两位以上小数。

12. 总保险金额(Total Amount Insured)。填写保险金额的大写,即把小写金额用英文进行叙述,包括货币和具体的金额,注意大写、小写金额必须保持一致,最后加“Only”字样表示“整”的意思。

13. 保费(Premium)。一般已由保险公司印就“As Arranged”(按照约定)字样,除非信用证另有规定,每笔保费可以不具体表示。如果信用证要求标明保费已付,则删除已印就的“As Arranged”,填写“paid”。但如果信用证要求标明保费,则应填写上具体保费,或要求保险公司出具保费收据。

14. 启运日期(Date of Commencement)。根据不同的运输方式,可以按以下方式填写。

海洋运输填写“As Per B/L”。

铁路运输填写“As Per Cargo Receipt”。

航空运输填写“As Per Airway Bill”。

邮包运输填写“As Per Post Receipt”。

15. 装载运输工具(Per Conveyance) 。填写运输工具的名称,并应与运输单据列出的运输工具名称一致。

海洋运输填写船名和航次,如“Su Yun Voy. No. 9928”。若需转船,则应分别填写一程船名和二程船名,中间用“/”分开。若提单中一程船名为“Changjiang”,二程船名为“Sinya”,则填“Changjiang/ Sinya”。

铁路运输填写“By Train” 或“By Railway”,最好再加上车号。如“By Train Wagon No. ××” 或“By Railway Wagon No. ××”。

航空运输填写 “By Air”或“By Airplane”。

邮包运输填写“By Parcel Post”。

16. 自(From)... 经(Via)... 至(To)。按照提单的装运港(启运地)、转运港和目的港(目的地)填写。例如:From Shanghai Via Hong Kong To Toronto。

17. 投保险别(Conditions)。投保险别是保险单的核心内容,填写时必须与信用证规定的保险条款保持一致。若是由卖方投保,而信用证要求投保的险别超出了合同的规定,只要买方同意支付额外保险费,卖方也可照信用证规定的险别办理。同时,也要避免业务中一律采用一切险的做法,应针对不同商品特点、不同的运输方式和不同国别(地区)选用合适的险别。

如果信用证没有规定具体险别,或只规定“Marine Risk”、“Usual Risk”或“Transport Risk”等,则可投保一切险(All Risks)、水渍险(WA 或 WPA)、平安险(FPA)三种基本险中的任何一种。如果信用证中规定使用中国保险条款(CIC)、伦敦协会货物条款(ICC),都可以接受,保险单应按要求填制。投保的险别除注明险别名称外,还应注明保险险别适用的保险条款的文本及日期。另外,有些信用证中的保险条款有可能要求在基本险的基础上加保 War Risk(战争险)和 SRCC(罢工、暴动、民变险)、货物运往偷盗现象严重的地区/港口时加保 TPND(偷窃、提货不着险)、玻璃制品等易破碎产品加保 IOP(不计免赔率)、集装箱或甲板货加保 JWOB(抛弃、浪击落海)等附加险,可以与保险公司联系酌情接受。

18. 保险单份数(Number of Insurance Policy)。当信用证没有特别说明保险单份数时,或信用证要求提供保险单“In Duplicate/in Two Fold/in 2 Copies”时,被保险人提交给议付行的第一联(Original)和第二联(Duplicate)构成全套保险单。保险单可经背书转让。在实际业务中,可根据信用证或合同规定使用一份、两份或三份正本保单,每份正本上分别印有“第一正本”(The First Original)、“第二正本”(The Second Original)及“第三正本”(The Third Original)以示区别。

19. 保险勘查代理人(Insurance Survey Agent)。保险勘查代理人是指货物出险时负责勘查、理赔的承保人的代理人。保险勘查代理人由保险公司自己选定,一般选择在目的港或目的港附近有关机构为货损检验、理赔代理人,并在保险单上注明名称、详细地址及联系方式等,以便收货人在出险后通知其代理人联系办理有关查勘和索赔事宜。

如果保险单上注明保险责任终止是在内地而非港口,则应填列内地代理人公司的名称和地址。如果当地无中国人民保险公司的代理机构,则可以注明由当地法定检验机构代为检验。

20. 赔付地点(Claim Payable at...)。赔付地点应严格按信用证规定填写。一般信用证规定在赔款偿付地点后要注明偿付使用的货币名称,赔款的货币名称一般与 L/C 的货币一致,如“New York in USD”。

如果信用证未明确规定赔款偿付地点,则填写目的港所在地。如果信用证规定两个或两个以上赔付地,则应全部填写上。如果信用证规定一旦发生货损,赔款给××公司(Loss if any pay to ×× Co.),则应在保单赔付地点后加填“Pay to ×× Co.”。

21.保险单签发日期和地点(Date and Place of Issue)。保险单的签发日期应早于运输单据日期,以证明是在货物出运前办理的投保手续;签发地点一般为被保险人所在地。

22.保险公司签章(Authorized Signature)。保险单只有经保险公司或其代表签章后才生效。《UCP600》第28条规定,保险单或预约保险项下的保险证明书或声明书必须看似由保险公司(Insurance Company)或保险商(Underwriter)或其代理人(Their Agents)或其代表(Their Proxies)出具并签署。代理人或代表的签字必须表明其系代表保险公司或承保人签字,即表明其身份。《ISBP821》Para K3规定只要保险单据已由保险公司或保险商或其代理人或代表签署,保险单据就可以在保险经纪人的信笺上出具。保险经纪人可以作为具名保险公司或具名保险商的代理人或代表签署保险单据。

23.附加条件(Additional Clauses)。如果信用证或合同对保单有特殊要求,也应在单据的适当位置(空白处)加以明确。例如,信用证要求所有单据要加注进口许可证号,则应该在保险单的空白处填写进口许可证号以满足信用证要求。

提示板

保险单的背书形式

空白背书,当信用证要求“Blank Endorsed”或“Endorsed in Blank”或信用没有规定使用哪一种背书时,一般使用空白背书,即在保险单的背面只注明被保险人名称,通常加盖被保险人的橡皮印章即可。保单做成空白背书意味着被保险人或任何保单持有人在被保货物出险后享有向保险公司或其代理人索赔的权利并得到合理的补偿。

记名背书,当信用要求“Delivery to(To the Order of)××Company(Bank)”或“Endorsed to Order of ××”,就是要求使用记名背书,即在保险单的背面加注“Delivery to(To the Order of)×× Company(Bank)”或“Endorsed in the Name of ××”等字样,然后再加盖被保险人的橡皮印章。做成记名背书则意味着保单的受让人在被保货物出险后享有向保险公司或其代理人索赔的权利。

在货物出险时,只有同时掌握提单和保单才能真正掌握货权。

样例 8-1 保险单

PICC 中国人民财产保险股份有限公司 ①

PICC Property and Casualty Company Ltd

货物运输保险单 CARGO TRANSPORTATION INSURANCE POLICY ②

发票号(INVOICE NO.) 123456 ③ 保单号次 ④

合同号(CONTRACT NO.)22CAN-1108 ⑤ POLICY NO. TJ0056

信用证号(L/C NO.) PIC123456 ⑥

被保险人(INSURED):TIFERT TRADING CO., LTD ⑦

中国人民财产保险股份有限公司(以下简称"本公司")根据被保险人的要求,由被保险人向本公司缴付约定的保险费,按照本保险单承保险别和背面所载条款与下列条款承保下述货物运输保险,特立本保险单。

THIS POLICY OF INSURANCE WITNESSES THAT PICC PROPERTY AND CASUALTY COMPANY LTD (HEREINAFTER CALLED "THE COMPANY") AT THE REQUEST OF THE INSURED AND IN CONSIDERATION OF THE AGREED PREMIUM PAID TO THE COMPANY BY THE INSURED, UNDERTAKES TO INSURE THE UNDERMENTIONED GOODS IN TRANSPORTATION SUBJECT TO THE CONDITIONS OF THIS POLICY ASPER THE CLAUSES PRINTED OVERLEAF AND OTHER SPECIL CLAUSES ATTACHED HEREON.

标　记 MARKS & NOS ⑧	包装及数量 QUANTITY ⑨	保险货物项目 DESCRIPTION OF GOODS ⑩	保险金额 AMOUNT INSURED ⑪
AS PER INVOICE NO. 123456	300CTNS	LEATHER BAGS IMPORT LICENCE NO. IM189 ㉓	USD15 400.00

总保险金额(TOTAL AMOUNT INSURED):

SAY U. S. DOLLARS FIFTEEN THOUSAND FOUR HUNDRED ONLY. ⑫

保费(PREMIUM):AS ARRANGED ⑬启运日期(DATE OF COMMENCEMENT):AS PER B/L ⑭

装载运输工具(PER CONVEYANCE):HANJIN EXPRESS V. 186 ⑮

自(FROM):TIANJIN 经(VIA)__________至(TO):MARSEILLES ⑯

承保险别(CONDITIONS):⑰

COVERING ALL RISKS AND WAR RISKS AS PER OCEAN MARINE CARGO CLAUSES AND WAR RISKS CLAUSES (1/1/2021) OF PICC PROPERTY AND CASUALTY COMPANY LTD (ABBREVIATED AS C. I. C. - ALL RISKS AND WAR RISKS) (WAREHOUSE TO WAREHOUSE CLAUSE IS INCLUDED).

所保货物,如发生保险单项下可能引起索赔的损失或损坏,应立即通知本公司下述代理人查勘。如有索赔,应向本公司提交保单正本(本保险单共有 3 份正本)及有关文件。如一份正本已用于索赔,其余正本自动失效。

IN THE EVENT OF LOSS OR DAMAGE WHICH MAY RESULT IN A CLAIM UNDER THIS POLICY, IMMEDIATE NOTICE MUST BE GIVEN TO THE COMPANY'S AGENT AS MENTIONED HEREUNDER. CLAIMS, IF ANY, ONE OF THE ORIGINAL POLICY WHICH HAS BEEN ISSUED IN THREE ORIGINAL(S) ⑱ TOGETHER WITH THE RELEVENT DOCUMENTS SHALL BE SURRENDERED TO THE COMPANY. IF ONE OF THE ORIGINAL POLICY HAS BEEN ACCOMPLISHED THE OTHERS TO BE VOID.

GROUPAMA INSURANCE COMPANY ⑲

RM 1506, PARIS ROAD, FRANCE

TEL:0033-04-56793561

赔款偿付地点

CLAIM PAYABLE AT:MARSEILLES IN USD⑳

PICC Property and Casualty Company Ltd

出单日期:

ISSUING DATE AND PLACE:DEC. 10, 2022 TIANJIN ㉑

王 华 ㉒

Authorized Signature

核保人: 制单人: 经办人:

第三节　保险单条款解析

一、保险单条款解析详述

信用证中对保险单条款的表述方法很多，首先以较复杂的条款为例，解析一下保险条款通常的几个组成部分。

Insurance policy or certificate ① in duplicate ② issued by … ③ in the name of … ④ endorsed

{in blank / to our order} ⑤ {covering / against} {All risk and … / ICC(A) and …} ⑥ including … risks ⑦ {in excess of …% / with …% franchise / irrespective of percentage} ⑧

as per {C. I. C. / I. C. C.} ⑨ dated {1/1/2021 / 1/1/2021} ⑩ for {invoice value plus 10% / 110% of total invoice value} ⑪ showing ⑫

claims if any, payable at… ⑬ in… ⑭

说明：①对保险单据种类的规定；②对保险单据份数的规定；③对保险单的出单人的规定；④对保险单抬头人的规定；⑤对保险单背书的要求；⑥对保险单险别的要求；⑦对附加险别的规定；⑧对免赔率的规定；⑨对保险条款的规定；⑩对保险条款版本的规定；⑪对保险金额的规定；⑫保险单加注的要求；⑬对赔付地点的规定；⑭对赔付货币的规定。

需要说明的是，信用证中的保险条款不完全像解析中列举的条款那样完整，往往有很多省略，如果省略④抬头人规定，则视为以信用证受益人为保险单抬头人。

下面就比较常见的保险条款举例进行解析，说明缮制保险单时应如何具体把握。

1. Insurance policies or certificates in two fold payable to the order of Commercial Bank of London Ltd covering marine institute cargo clauses (A) (1. 1. 2021), institute strike clauses cargo(1. 1. 2021), institute war clauses cargo(1. 1. 2021) for invoice value plus 10% including warehouse to warehouse up to the final destination at Swiss land, marked premium paid, showing claims if any, payable in Germany, naming settling agent in Germany.

该证要求提交一式两份的保险单或保险凭证，根据上述规定，缮制保险单时应做到以下几点：①被保险人填写受益人，但向银行交单前做记名背书给 Commercial Bank of London Ltd；②投保险别应该严格按证要求，包括伦敦协会的 A 险、伦敦协会的罢工险、伦敦协会的战争险；③保险金额应该是发票金额加成 10%；④保险责任起讫为仓至仓并到最终目的地 Swiss Land；⑤注明保险费已付；⑥注明如果有索赔应该在德国赔偿，注明德国的赔付代理人。

2. Marine insurance policy or certificate in duplicate, endorsed in blank, for full invoice value plus 10 percent stating claim payable in Thailand covering FPA as per ocean marine cargo clause of PICC Property and Casualty Company Ltd dated 1/1 2021, including T. P. N. D. loss and /or damage caused by heat, ship's sweat and odor, hoop-rust, breakage of packing.

该证要求提交保险单或保险凭证，根据上述规定，缮制保险单时应做到以下两点：①保险金额应该是发票金额加成10%；②保险险别除了投保中国人民财产保险股份有限公司的平安险外还要投偷盗、提货不着、受热船舱发汗、串味、铁箍锈损、包装破裂等附加险。

3. Insurance policies or certificates in duplicate endorsed in blank for 110% of invoice value covering all risks and war risks as per CIC with claims payable at Singapore in the currency of draft(irrespective of percentage), including 60 days after discharges of the goods at port of destination(or at station of destination) subject to CIC.

该证要求提交保险单或保险凭证，根据上述规定，缮制保单时应做到以下几点：①保险金额应该是发票金额的110%；②投保中国保险条款的一切险和战争险；③按汇票所使用的货币在新加坡赔付（不计免赔率）；④根据中国保险条款，保险期限为在目的港卸船（或在目的地车站卸车）后60天。

4. Insurance covered by the applicant all shipment under this credit must be advised by the beneficiary after shipment directly to Pragati Insurance Ltd Jubilee road branch, Chittagong, Bangladesh and applicant also to us quoting our credit No. and marine Cover Note No. PIL/JBL/0102020 dated Aug 01, 2022 giving full details of shipment and copy of such advice must accompany shipping documents.

这是一个由买方负责投保的条款，该证对保险的要求有三：①保险由申请人负责。②货装船后，受益人应发装船通知给 Pragati 保险公司（地址是孟加拉国吉大港 Jubilee 支路）、申请人和开证行。通知上标明信用证号码，2022年8月1日签发的暂保单的号码 PIL/JBL/0102020 和详细的装船信息。③装船通知副本要随整套单据一并交银行。

5. Insurance policies or certificates in negotiable form, for 110% full CIF invoice value covering the risks of W. A. & War as per the China Insurance Clauses dated 1/1/2021. with extended cover up to Kuala Lumpur with claims payable in Kuala Lumpur in the currency of draft(irrespective of percentage).

该证要求提交可议付的保险单或保险凭证，根据该规定，缮制保单时应做到以下几点：①保险金额应该是 CIF 发票金额的110%；②按2021年1月1日订立的中国保险条款投保平安险和战争险负责到吉隆坡为止；③按照汇票所使用的货币在吉隆坡赔付（不计免赔率）。

6. Insurance policy or certificate settling agent's name is to be indicated, any additional premium to cover uplift between 10% and 17% may be drawn in excess of the credit value.

该证要求提交保险单或保险凭证,根据上述规定,缮制保单时应做到以下两点:①要表明理赔代理人的名称;②保险费如增加10%~17%可在本证金额以外支付。

7. Insurance policy or certificate in triplicate covering all risks and war risk including breakage in excess of five percent on the whole consignment and W/W up to buyer's godown in Penang.

该证要求提交一式三份保险单或保险凭证,根据上述规定,缮制保险单时应做到以下几点:①保险金额没有约定,视为发票金额的110%;②按全部货物计算,投保一切险和战争险包括破碎损失有5%的绝对免赔率;③包括仓至仓条款,负责到买方在槟城的仓库为止。

8. Insurance certificate in duplicate for 110% of invoice value covering overland transportation all risks as per overland transportation cargo insurance clauses (train, trucks) of PICC Property and Casualty Company Ltd dated…

该证要求提交一式两份保险凭证,根据上述规定,缮制保险单时应做到以下几点:①该证要求提交保险凭证,可以用保险单代替;②保险金额为发票金额的110%;③按照中国人民财产保险股份有限公司订立的陆运货物保险条款(火车、汽车)投陆运一切险。

9. Insurance policy or certificate in assignable form for 110% of invoice value covering air transportation all risks as per air transportation cargo insurance clauses of PICC Property and Casualty Company Ltd dated…

该证要求提交可转让的保险单或保险凭证,根据上述规定,缮制保险单时应做到以下两点:①保险金额为发票金额的110%;②投保中国人民财产保险股份有限公司订立的航空运输货物保险条款投航空运输一切险。

10. Insurance policy or certificate in triplicate for full invoice value plus at least 10% covering parcel post all risks including war risk as per parcel post insurance clauses and parcel post war risk insurance clauses of PICC Property and Casualty Company Ltd dated…

该证要求提交一式三份保险单或保险凭证,根据上述规定,缮制保险单时应做到以下两点:①保险金额按发票金额至少加成10%;②按中国人民财产保险股份有限公司×年×月×日订立的邮包保险条款和邮包战争险条款投保邮包一切险和邮包战争险。

二、保险单缮制应注意的问题

1. 保险单据应当看似由保险公司或保险商或其代理人或代表出具并签署。当出具人表明为"保险人"身份时,保险单据无须显示出具人为保险公司或保险商。

2. 只要保险单据已由保险公司或保险商或其代理人或代表签署,保险单据就可以在保险经纪人的信笺上出具。保险经纪人可以作为具名保险公司或具名保险商的代理人或代表签署保险单据。

3. 保险单据由代理人或代表签署时,应当注明其所代理或代表签署的保险公司或保险商的名称,除非保险单据的其他地方已经表明了保险公司或保险商。

4. 当保险单据要求由出具人、被保险人或具名实体副签时,保险单据必须副签。

5. 只要保险公司在单据的其他地方表明了保险公司,保险单据在签署栏中就可以仅显示保险公司的商号,例如,当保险单据在签署栏中显示由“AA”出具并签署时,在其他地方显示“AA Insurance Ltd”及其地址和联络细节,则可以接受。

6. 当保险单据表明由一个以上的保险人承保时,该保险单据可以由一个代表所有保险人的代理人或代表签署,或由一个保险人代表所有共同保险人签署。在后一种情况下,例如,保险单据由“AA Insurance Ltd,作为牵头保险人,代表共同保险人”出具并签署。

7. 当信用证要求保险单据出具一份以上的正本,或者保险单据显示其已经出具了一份以上的正本时,所有正本都应当提交并看似已经签署。

8. 保险单据不应表明提出索赔的有效期限,不应显示保险生效日期晚于装运日期。当保险单据显示出具日期晚于信用证规定的装运日期时,应当以附注或批注的方式清楚地表明保险生效日期不晚于装运日期。

9. 保险单据显示保险基于“仓至仓”或类似条款已经生效,且出具日期晚于装运日期,并不表示保险生效日期不晚于装运日期。

10. 在保险单据没有出具日期和保险生效日期的情况下,副签日期也将视为证实了保险生效日期。

11. 当信用证未规定保险金额时,保险单据应当根据信用证的币别,至少按《UCP600》第 28 条 f 款 ii 项规定的金额出具,保险金额不要求保留两位以上的小数。

对保险金额的最高比例没有限制。超过合同规定的险别或超过正常的加成投保而导致支付超额保险费用时,应事先与保险公司联系。如保险公司愿意承保,则可以接受,防止国外客户利用保险单进行诈骗,由此而支付的超额费用可计算在成本之内或争取由开证人负责。

其信用证规定“Claims payable at destination in currency of the draft/credit”,保险单上要照抄,尽管保单的币别是信用证的币别,已注明赔付代理在进口国。

12. 保险单据可以表明保险受免赔率或免赔额(扣减额)约束。然而,当信用证要求保险不计免赔率时,保险单据不应含有表明保险受免赔率或免赔额(扣减额)约束的条款。保险单据无须注明“不计免赔率(irrespective of percentage)”。

13. 当从信用证或交单清楚得知要求支款的金额仅是货物总价值的一部分(如由于打折、支付预付款或发生类似情形,或部分货款延付)时,保险金额的计算必须以发票或信用证所显示的货物总价值为基础,并符合《UCP600》第 28 条 f 款 ii 项的要求。

14. 同一运输的同一险别应当由同一份保险单据承保,除非提交承保相关部分保险的一份以上的保险单据,且每份保险单据都以百分比例或其他方式明确地表明:每一保险人承保的金额;每一保险人将分别承担各自的保险责任,且不受其他保险人在该次运输下可能已承保的保险责任的影响;保险单据对应的承保金额的合计总数,至少为信用证要求或者《UCP600》第 28 条 f 款 ii 项规定的保险金额。

15. 保险单据应当承保信用证要求的险别。即使信用证可能明确规定应承保的险别，保险单据也可以援引除外条款。保险单据必须表明保险责任至少覆盖从信用证所规定的货物装运、发运或接管地到卸货地或最终目的地之间的路程。

16. 当信用证要求承保“一切险”时，无论保险单据是否标明“一切险”标题，即使其表明特定险别除外，提交载有任何“一切险”条款或批注的保险单据即满足要求。保险单据表明其承保“伦敦保险协会货物运输保险条款(A)”，或者在空运项下其承保“伦敦保险协会货物运输保险条款(空运)”，即符合信用证要求“一切险”条款或批注的条件。

中国人民财产保险股份有限公司可以按照 CIC 条款签发保险单，也可以按照 ICC 条款签发保险单，但不允许在一份保单内部分险别依据 CIC 条款，而部分险别依据 ICC 条款，二者不能混用。

17. 保险单据应当是信用证要求的形式，如有必要，还应当由要求索赔或有权索赔的实体背书。凡是以卖方或信用证的受益人为被保险人的保险单，无论信用证或合同是否有明确的背书要求，受益人均须盖章背书，即在保险单背面盖上出口公司和法人代表签字式样的橡皮图章，以利转让。背书转让不需要通知保险公司。背书可分为空白背书和记名背书。

18. 银行不审核保险单据的一般性条款和条件。保险单据上任何有关保费支付的事项，银行均不予理会，除非保险单据注明“保险单据无效，除非保费已付”，且显示保费未付。

知识链接

保险的基本原则

(1)保险利益原则。保险利益是指投保人对投保标的所具有的法律上承认的利益。它体现了投保人或被保险人与保险标的之间存在的利害关系，倘若保险标的安全，投保人可以从中获益；倘若保险标的受损，被保险人必然会蒙受经济损失。

保险利益原则是保险的基本原则，它的本质内容是投保人以不具有保险利益的标的投保，保险人可单方面宣布合同无效；保险标的发生保险责任事故，被保险人不得因保险而获得不属于保险利益限度内的额外利益。

(2)最大诚信原则。诚信原则是世界各国立法对民事、商事活动的基本要求。诚信就是讲诚实与守信用。最大诚信是订立各种保险契约必须遵守的基本原则。保险契约所需要当事人的诚信，远比其他一般契约要高。因为近代保险事业是从海上保险发展而来的，在海上保险中，保险双方签订合同时往往远离船舶和货物所在地，保险人对投保的船舶、货物一般不可能做实地勘察，仅凭投保人的叙述来决定是否予以承保和以什么条件承保，所以特别要求投保人诚信可靠。也就是说，被保险人拟对出运的货物投保时，必须向保险人尽量提供有关保险的各项资料，并严格遵守契约规定的条件，保证作为或不作为；如果被保险人没有遵循最大诚信原则诱使合同成立，保险人有权解除保险合同或不负赔偿责任。

最大诚信原则可表述为：保险合同当事人订立合同及在合同有效期内，应向对方提供影响对方作出订约与履约决定的全部实质性重要事实，同时绝对信守合同订立的约定与承诺，否则，受到损害的一方，可以此为由宣布合同无效或不履行合同的约定义务或责任，甚至对因此而受到的损害还可要求对方予以赔偿。

(3)损失补偿原则。损失补偿原则的含义是指在补偿性的保险合同中，当保险事故发生造成保险标的毁损致使被保险人遭受经济损失时，保险人给予被保险人的经济赔偿数额，恰好弥补其因保险事故所造成的经济损失。

损失补偿原则包括两层含义：一是质的规定，即只有保险事故发生造成保险标的毁损致使被保险人遭受经济损失时保险人才承担损失补偿的责任；二是量的限定，即被保险人可获得的赔偿数额，仅以其保险标的遭受的实际损失为限，即赔偿恰好可以使保险标的在经济上恢复到受损以前的状态。损失补偿原则主要适用于财产保险以及其他补偿性保险合同。

(4)近因原则。所谓近因，并非指时间上或空间上与损失最接近的原因，而是指造成损失的最直接、最有效，起主导性作用或支配性作用的原因。当损失的原因有两个以上，且各个原因之间的因果关系尚未中断的情况下，其最先发生并造成一连串损失的原因即为近因。

近因原则是判明风险事故与保险标的损失之间因果关系，以确定保险责任的一项基本原则。按照这一原则，当被保险人的损失是直接由保险责任范围内的事故造成时，保险人才给予赔付，即保险人的赔付限于以保险事故的发生为原因，造成保险标的损失为结果，只有在风险事故的发生与造成损失结果之间具有必然的因果关系时才构成保险人的赔付责任。

知识链接

本章小结

本章简要地介绍了保险单据的概念、种类及作用。保险单是保险人接受被保险人的投保申请并缴纳保险费后签发的保险合同证明,为被保险人在保险货物出险时索赔的重要凭证之一。目前,在我国进出口业务中使用的保险单据主要有保险单、保险凭证、联合保险凭证和预约保险单四种。

鉴于保险单是最常用的保险单据,也是最正式的保险单据,本章结合保险单实例重点介绍了保险单的各个栏目的缮制规范,信用证常见保险条款的解析,并以具体条款为例介绍了缮制保险单应该注意的问题及具体保险条款的灵活处理办法。

本章测试

一、动脑思考

1. 保险单据的概念、种类及其作用是什么?
2. 保险单的当事人和相关方有哪些?
3. 保险单中被保险人有几种特例填写方法?具体应如何处理?
4. 保险单通常有几种背书方式?
5. 缮制保险单应注意哪些问题?

二、动手操练

实训操作(一):

作为泰佛贸易公司的单证员,请根据所提供信息,利用空白保险单(见样例8-2)填写一份保险单。

1. 被保险人:TIFERT TRADING CO., LTD
NO. 86, ZHUJIANG ROAD, TIANJIN, CHINA
2. 发票号:CQ345
3. 保险单号:TT20/120106903682348
4. 发票日期:MARCH 15, 2022
5. 合同号:22AB23M
6. 信用证号:052-LC-153639
7. 唛头:T. C.
KOBE
NO. 1-50
8. 货物描述:2 000 PCS OF 100% COTTON QUILT CASE S/NO. 7834 SIZE 145CM×195CM USD4.75 PER PC CIF KOBE PACKING IN CARTONS 40PCS EACH
9. 装运港:TIANJIN
10. 目的港:KOBE

11. 船名航次:HANJIN EXPRESS V.138E

12. 保险条款: ALL RISKS, WAR RISK AND STRIKES RISK AND CIVIL COMMOTIONS AS PER OCEAN MARINE CARGO CLAUSES (1/1/2021) OF PICC PROPERTY AND CASUALTY COMPANY LTD

13. 保险勘察人:KOBE INSURANCE CO. , LTD

12, DONG JIN STREET, KOBE, JAPAN

TEL:0081 2 3789 4598

ATN:MARAY

14. 有权签字人:PICC Property and Casualty Company Ltd 王霞

15. 签发日期:MAR 28, 2022

样例 8-2 空白保险单

PICC 中国人民财产保险股份有限公司
PICC Property and Casualty Company Ltd

货物运输保险单 CARGO TRANSPORTATION INSURANCE POLICY

发票号(INVOICE NO.) 保单号次

合同号(CONTRACT NO.) POLICY NO.

信用证号(L/C NO.)

被保险人(INSURED):______

中国人民财产保险股份有限公司(以下简称“本公司”)根据被保险人的要求,由被保险人向本公司缴付约定的保险费,按照本保险单承保险别和背面所载条款与下列条款承保下述货物运输保险,特立本保险单。

THIS POLICY OF INSURANCE WITNESSES THAT PICC PROPERTY AND CASUALTY COMPANY LTD (HEREINAFTER CALLED "THE COMPANY") AT THE REQUEST OF THE INSURED AND IN CONSIDERATION OF THE AGREED PREMIUM PAID TO THE COMPANY BY THE INSURED, UNDERTAKES TO INSURE THE UNDERMENTIONED GOODS IN TRANSPORTATION SUBJECT TO THE CONDITIONS OF THIS POLICY AS PER THE CLAUSES PRINTED OVERLEAF AND OTHER SPECIL CLAUSES ATTACHED HEREON.

标 记 MARKS & NOS.	包装及数量 QUANTITY	保险货物项目 DESCRIPTION OF GOODS	保险金额 AMOUNT INSURED

总保险金额(TOTAL AMOUNT INSURED):______

保费(PREMIUM): AS ARRANGED 启运日期(DATE OF COMMENCEMENT):______

装载运输工具(PER CONVEYANCE)______ 自(FROM)______ 至(TO)______

承保险别(CONDITIONS):

所保货物,如发生保险单项下可能引起索赔的损失或损坏,应立即通知本公司下述代理人查勘。如有索赔,应向本公司提交保单正本(本保险单共有___份正本)及有关文件。如一份正本已用于索赔,其余正本自动失效。

IN THE EVENT OF LOSS OR DAMAGE WITCH MAY RESULT IN A CLAIM UNDER THIS POLICY, IMMEDIATE NOTICE MUST BE GIVEN TO THE COMPANY'S AGENT AS MENTIONED HEREUNDER. CLAIMS, IF ANY, ONE OF THE ORIGINAL POLICY WHICH HAS BEEN ISSUED IN ______ ORIGINAL(S) TOGETHER WITH THE RELEVENT DOCUMENTS SHALL BE SURRENDERED TO THE COMPANY. IF ONE OF THE ORIGINAL POLICY HAS BEEN ACCOMPLISHED. THE OTHERS TO BE VOID.

赔款偿付地点 PICC Property and Casualty Company Ltd

CLAIM PAYABLE AT:______

出单日期:

ISSUING DATE AND PLACE:______ ______

核保人: 制单人: 经办人: Authorized Signature

实训操作(二):

1. 信用证有关信息摘录如下:

ISSUE OF AN IRREVOCABLE DOCUMENTARY CREDIT

DC NUMBER : PGH000348DC

DATE OF ISSUE: 21 MAY,2022

EXPIRY DATE AND PLACE:21 JULY,2022-CHINA

APPLICANT:

SOO HUP SENG TRADING CO. SDN BHD. ,

165,1 FLOOR, VICTORIA STREET,

10300 PENANG MALAYSIA

BENEFICIARY:

TIFERT TRADING CO. , LTD

NO. 86, ZHUJIANG ROAD, TIANJIN, CHINA

CURRENCY CODE AND AMOUNT: HKD46 150. 00

AVAILABLE BY NEGOTIATION DRAFTS:

AT SIGHT FOR FULL INVOICE VALUE OF GOODS DRAWN ON OURSELVES.

SHIPMENT FROM ANY PORT IN CHINA TO PENANG LATEST 06 JULY, 2022

GOODS:

5 M/TONS SHANDONG BLACK DATES HIGH QUALITY AT HKD9230 PER M/TON CIF PENANG DETAILS AS PER S/C NO. SF - 6378

DOCUMENTS:

+INVOICE IN TRIPLICATE

+MARINE INSURANCE POLICY OR CERTIFICATE FOR FULL CIF

VALUE PLUS 10 PERCENT COVERING ALL RISKS AND WAR

RISKS AS PER OCEAN MARINE CARGO CLAUSE AND WAR RISK CLAUSE (1/1/2021) OF PING AN PROPERTY AND CASUALTY COMPANY OF CHINA, LTD (INCLUDING WAREHOUSE TO WAREHOUSE CLAUSES)

2. 补充信息资料如下:

(1) INVOICE NO. TF0058

(2) POLICY NO. PA008765

(3) PACKED IN CARTONS OF 50KG EACH

(4) VESSEL:DALIAN VOY. 25

(5) PORT OF LOADING:TIANJIN

(6) BILL OF LADING DATE: JULY5, 2022

(7) SETTLING AGENT:PICC MALAYSIA BRANCH

NO. 28, HIGH STREET, PENANG MALAYSIA

TEL:0060 2 347865

ATTN:JANE

作为泰佛贸易公司的单证员，请根据以上信用证摘录信息及补充相关信息，利用空白保险单(见样例 8-3)独立填写一份保险单。

样例 8-3 空白保险单

中国平安 PINGAN

ORIGINAL

中国平安财产保险股份有限公司

货 物 运 输 保 险 单

CARGO TRANSPORTATION INSURANCE POLICY

被保险人

Insured

中国平安财产保险股份有限公司根据被保险人的要求及所交付约定保险费，根据本保险单背面所载条款与下列特款，承保下述货物的运输保险，特立本保险单。

This policy of insurance witnesses that PING AN PROPERTY AND CASUALTY COMPANY OF CHINA, LTD at the request of insured and in consideration of agreed premium paid by the insured, undertake to insure undermentioned goods in transportation subject to the conditions of policy as per the clauses printed overleaf and other special clauses attached hereon.

保险单号 Policy No.	赔款偿付地点 Claim payable at
发票号或提单号 Invoice No. or B/L No.	
运输工具 Per conveyance per S. S.	查勘代理人 Survey by
起运日期 Slg on or abt	自 from 至 to
保险金额 Amount insured	
包装货物项目、标记、数量及包装 Description, Marks, Numbers and quantity of goods:	承保条件 Conditions:

For and on behalf of
PING AN PROPERTY AND CASUALTY
COMPANY OF CHINA, LTD

签单日期

Date:

Authorized signature

第九章　原产地证书缮制

知识目标

1. 了解原产地证书的概念、种类和作用
2. 熟悉保险单据的不同格式、主要内容

技能目标

1. 掌握原产地证书的缮制规范、缮制技巧及应注意的问题
2. 掌握原产地证书网上申领

素质目标

1. 培养终身学习的习惯
2. 养成耐心细致的工作作风

案例库

我国某渔业发展有限公司申报进口原产于印度尼西亚的冻鱼一批，申请享受中国—东盟自由贸易区协定税率并提交中国—东盟自由贸易区项下印尼原产地证书。海关经审核发现，该原产地证书缺少签证机构签章及官员签名。企业称相关证书均由印尼出口企业向签证机构按正常程序申请，但无法解释证书缺少签章和签名的原因。海关启动境外核查程序，经印尼方面核实，该证书因签证机构工作人员失误导致填制不规范，认定证书无效，但相关货物能否享受协定税率交由中方判断。最后，海关判定企业不能凭该份填制不规范的无效证书享受协定税率，要求企业重新提交符合规定的原产地证书。

课程思政

本案例的最大失误在于印度尼西亚的签证机构工作人员疏忽，使得原产地证书填制不规范，导致原产地证书无效，不能享受中国—东盟自贸协定项下冻鱼本该享受的优惠进口关税待遇。不得不要求进口商重新申请中国—东盟自贸协定项下

优惠原产地证书格式E,这样一来大大延误了进口清关手续,产生了高额的港口费用。从中我们不难看出,严格按照原产地证书缮制规范申领原产地证书,在国际贸易实际业务中是何等重要。因此,在实际业务中,我们一定要严格按照原产地证书的缮制规范缮制原产地证书的各个栏目,也应该按照要求对原产地证书进行签署和盖章并且签字和盖章都要清晰。总之,我们一定要重视交易的各个环节,不能有任何的疏忽,一定要弘扬大国工匠精神,养成一丝不苟的工作作风,唯有这样,才能避免不必要的损失。

第一节　原产地证书概述

买方市场的存在,使市场竞争日益激烈,世界各国为了保护本国市场,普遍建立和制定了确定产品“国籍”的原产地规则,以此对来自不同国家或地区的产品实行不同的关税和非关税待遇。因此,原产地证书在国际贸易中扮演着越来越重要的角色。

一、原产地证书的概念

原产地证书(Certificate of Origin)是指一种证明货物原产地或制造地的证件,是产品的“出生地证明”,是出口产品进入国际市场的“经济国籍”和“护照”。其主要用途是提供给进口国海关,海关凭此确定货物的生产国别,从而核定进口货物应征收的税率,有的国家限制从某些国家或地区进口货物,也要求以原产地证书来证明货物的来源。原产地证书一般由出口地公证行或工商团体签发,在我国由各地直属海关或中国国际贸易促进委员会(以下简称“贸促会”)签发。

图片:各种原产地证书

原产地证书的种类很多,签发机构和证书格式也不尽相同,主要种类可以参见表9-1。

表9-1　原产地证书一览表

证书种类	证书的名称	证书代码	签发机构	证书格式
普通原产地证(非优惠)	一般原产地证书	C	贸促会、海关	专用格式
普遍优惠(单向)原产地证	普惠制原产地证书	G	海关	专用格式
区域性优惠(双向)原产地证	中国—东盟自由贸易区优惠原产地证书	E	贸促会、海关	专用格式
	中国—智利自由贸易区原产地证书	F	贸促会、海关	专用格式

续表

证书种类	证书的名称	证书代码	签发机构	证书格式
区域性优惠(双向)原产地证	中国—巴基斯坦自由贸易区原产地证书	P	贸促会、海关	专用格式
	中国—新西兰自贸协定优惠原产地证书	N	贸促会、海关	专用格式或声明文件
	中国—新加坡自贸协定优惠原产地证书	X	贸促会、海关	专用格式
	中国—秘鲁自贸协定优惠原产地证书	R	贸促会、海关	专用格式或声明文件
	中国—哥斯达黎加自贸协定优惠原产地证书	L	贸促会、海关	专用格式
	亚太贸易协定优惠原产地证书	B	贸促会、海关	专用格式
	内地与香港更紧密经贸关系安排原产地证书	CEFA	贸促会	专用格式
	内地与澳门更紧密经贸关系安排原产地证书	CEFA	贸促会	专用格式
	海峡两岸经济合作框架协议原产地证书	H	贸促会、海关	专用格式
	中国—冰岛自贸协定优惠原产地证书或声明	I	贸促会、海关	专用格式或声明文件
	中国—瑞士自贸协定优惠原产地证书或声明	S	贸促会、海关	专用格式或声明文件
	中国—韩国自贸协定优惠原产地证书	K	贸促会、海关	专用格式
	中国—澳大利亚自贸协定优惠原产地证书	A	贸促会、海关	专用格式或声明文件
	中国—格鲁吉亚自贸协定优惠原产地证书	GE	贸促会、海关	专用格式
	中国—马尔代夫自贸协定优惠原产地证书		推动协定早日生效实施	
	中国—毛里求斯自贸协定优惠原产地证书	MU	贸促会、海关	专用格式或声明文件
	中国—柬埔寨自由贸易协定优惠原产地证书	CA	贸促会、海关	专用格式或声明文件
	区域全面经济伙伴关系协定优惠原产地证书	RCEP	贸促会、海关	专用格式或声明文件
	中国—尼加拉瓜自贸协定优惠原产地证书	NI	海关	专用格式
	中国—厄瓜多尔自贸协定优惠原产地证书		推动协定早日生效实施	
	中国—塞尔维亚自贸协定优惠原产地证书		推动协定早日生效实施	

续表

证书种类	证书的名称	证书代码	签发机构	证书格式
专用原产地证书	烟草真实性证书	T	海关	专用格式
	输墨西哥瓷砖价格承诺原产地证书	AD	海关	专用格式
	输巴基斯坦瓷砖价格承诺原产地证书	AP	海关	专用格式
备注:中国—马尔代夫、中国—厄瓜多尔、中国—塞尔维亚自由贸易协定已经签署,现在贸易双方正各自履行国内法律审批程序,推动协定早日实施,届时对应的区域性优惠原产地证将会签发				

需要注意的是以上各证书代码只是签发机构为区别各种证书自己编制的证书代号,并不是国际通用术语,各企业在与国外客户签订合同和要求国外客户开立信用证时注意避免使用上述非正式代号,而要标明正规的原产地证书名称,否则使用非正式的简称,会给制单结汇带来麻烦。

除以上四种原产地证书外,根据实际业务需要,海关还可以签发输欧盟非优惠进口特别安排项下产品原产地证书、转口证明书和加工装配证书。

在国际贸易实务中选择哪一种原产地证书,应根据信用证或合同规定确定。一般货物出口到实行普惠制待遇的国家,都要求出具普惠制产地证书。一般货物出口到与中国政府间签订有区域性优惠贸易安排或协议的国家或地区,都要求出具区域性优惠原产地证书。如果信用证并未明确规定原产地证书的出具者,银行应该接受任何一种产地证明书,现在我国多数出口企业习惯使用贸促会出具的一般原产地证书。

二、原产地证书的作用

原产地证书不仅是贸易关系人交接货物、结算货款、进口国通关验收、征收关税的有效凭证,还是出口国享受配额待遇、进口国对不同出口国实行不同贸易政策的凭证。其作用表现在以下几点:

第一,确认进口货物的真正原产地,用以证明出口商品符合原产地标准,特别是证明含有进口成分的复出口商品的原产地资格,以此确定进口货物通关计税的依据。有些国家进口实行复式税率,根据原产地的不同实行差别关税。

第二,确认进口货物能否享受优惠关税税率。例如:对于实施普遍优惠制的国家,进口商凭 FORM A 原产地证书享受进口关税优惠;对于买卖双方签有自贸协定的国家或地区,进口商凭区域性优惠原产地证可以享受很低的进口关税甚至是零关税。

第三,是国家进行贸易统计和制定政策的依据。通过调整对外贸易政策、控制进口配额来放宽或限制某些商品进口。

第四,作为办理领事认证的必要凭证。凡是需要二份或三份原产地证明书的进口国，均要求原产地证书须经其对外机构的领事部门办理认证，由领事部门保留一份原产地证书的复印件。

第二节　原产地证书网上申领

一、原产地证书网上申领流程

中国国际贸易“单一窗口”是由国家口岸管理办公室牵头各部委统筹建设的一个公益性政务信息服务平台，是以科技创新为引领，“互联网+”、大数据、云计算等新技术与口岸通关业务深度融合的典范。“单一窗口”标准版 2017 年底前在全国成功推广应用，解决了我国目前存在的多窗口、多平台申报进出口通关问题，实现外贸企业一个“门户”入网、一次认证登录、“一站式”通关服务，优化了口岸业务流程，减少了数据重复录入，减少了单据的差错率，实现了让数据多跑路，让企业少奔波，突破了时间和空间限制，从而提高了进出口申报效率，缩短了进出口通关时间，降低企业运营成本，大大促进了贸易便利化。可以实现的功能包括：在线申请海关或者贸促会签发的所有原产地证书、通过电脑及微信小程序查看海关的审核结果、证书套打和自助打印、审核回执微信和短信订阅推送、业务量统计并支持与企业 ERP 系统对接。同时，“单一窗口”功能将由口岸通关执法环节继续向前置和后续环节拓展，进而覆盖国际贸易链条各主要环节，实现与“一带一路”沿线主要国家“单一窗口”互联互通，使“单一窗口”成为我国全面参与塑造国际经济治理新格局的重要贸易基础设施。

企业登录中国国际贸易单一窗口（https://www. singlewindow. cn/）后，点击上面的“标准版应用”栏目，或选择海关原产地证申请，或选择贸促会原产地证申请。首先用企业管理员账号进行企业信息备案，企业信息验证通过后，再提交商品备案申请，商品信息审核通过后，企业方可进行原产地证书网上申领，平台审核证书信息后发送审核回执，企业接收通过回执，自助打印原产地证书。通过原产地证书网上申领（见图 9-1），企业实现了足不出户申领原产地证书，大大提高了证书申领速度，同时也大大降低了成本。

二、原产地证书网上申领操作说明（以海关原产地证申请为例）

（一）登录国际贸易单一窗口

打开“单一窗口”标准版门户网站（https://www. singlewindow. cn），点击门户网站“标准版应用”页面，点击“原产地证”，选择“海关原产地证书”，进入“单一窗口”标准版界面（见图 9-2）和登录界面（见图 9-3）。

在图 9-3 中输入已注册成功的用户名、密码与验证码，点击登录按钮即可进入原产地证书申报系统。新用

视频：原产地证书申报——操作演示（视频来源：国际贸易单一窗口）

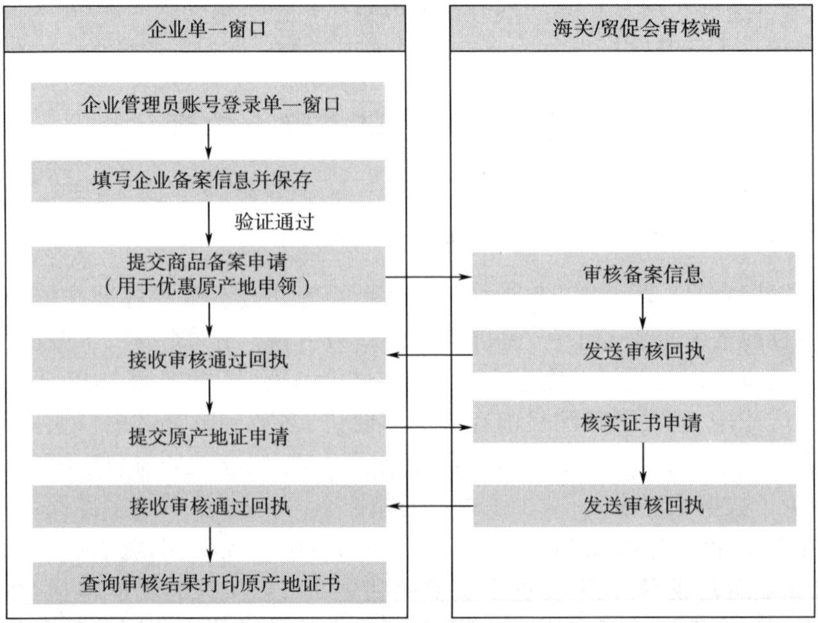

图 9-1　原产地证书网上申领流程

图 9-2　“单一窗口”标准版界面

户可点击界面中的“立即注册”按钮，进行注册。选择“注册”“企业用户注册”“无卡用户注册”，进入系统，填写带星号的内容。填写好后，将企业法人营业执照正本或副本扫描件、对外贸易经营者备案登记表正本或副本(如有)扫描件、公章扫描件和企业中英文章(仅包含企业中文英文名称)上传,填写上传完成后,审核无误提交。

图 9-3　“单一窗口”登录界面

(二)备案号维护

自理申报企业应首先录入保存海关产地证备案号,才能进行初始值设置、新建证书等操作。点击左侧菜单“备案号维护”,在界面中录入 9 位备案号或 18 位备案号(见图 9-4),点击“保存”后重新登录原产地申请系统。

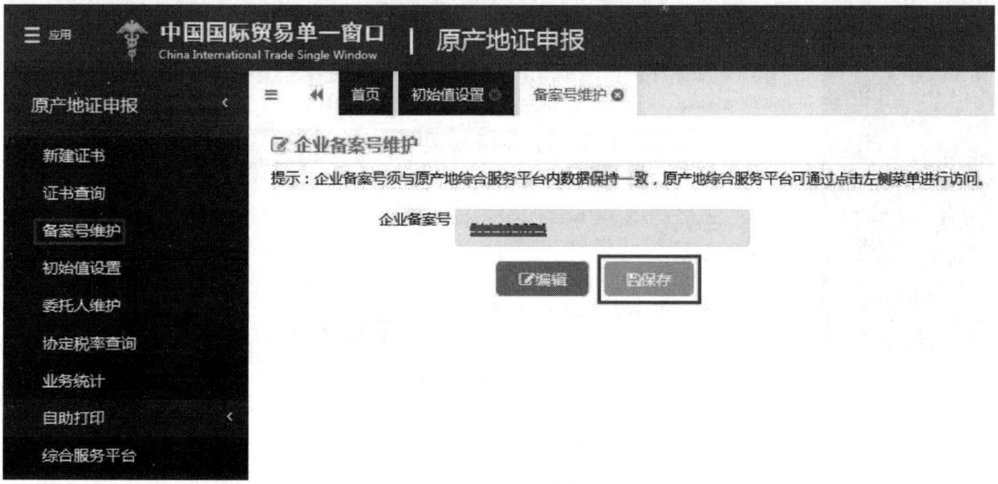

图 9-4　备案号维护

产地证备案号录入并保存成功,重新登录原产地系统后,新建证书时界面中产地证备案号、组织机构代码和公司中文名称直接返填(见图9-5)。

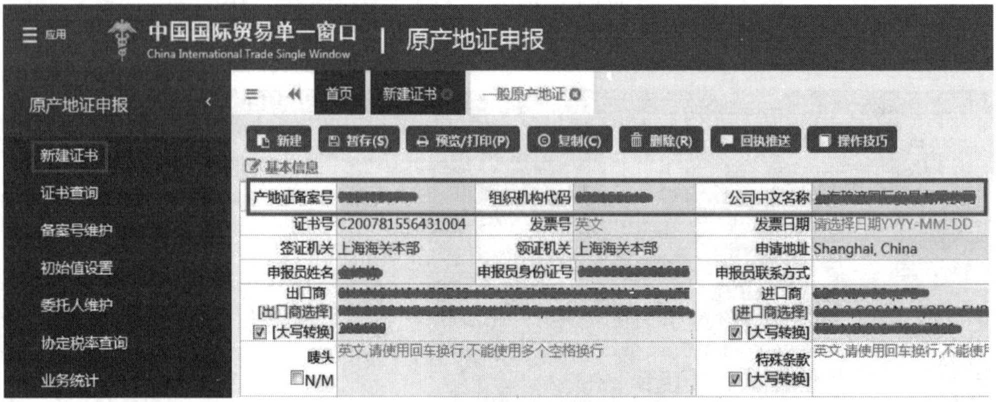

图9-5　新建证书界面

(三)初始值设置

备案号维护完成并重新登录系统后,自理企业可设置原产地证初始值,如签证机关、领证机关、申请地址、出口商英文、申报员身份证号码等。在新建证书时,页面中的相关信息将自动返填,减少了常用信息的录入操作,提升了录入效率及申报准确率(见图9-6)。

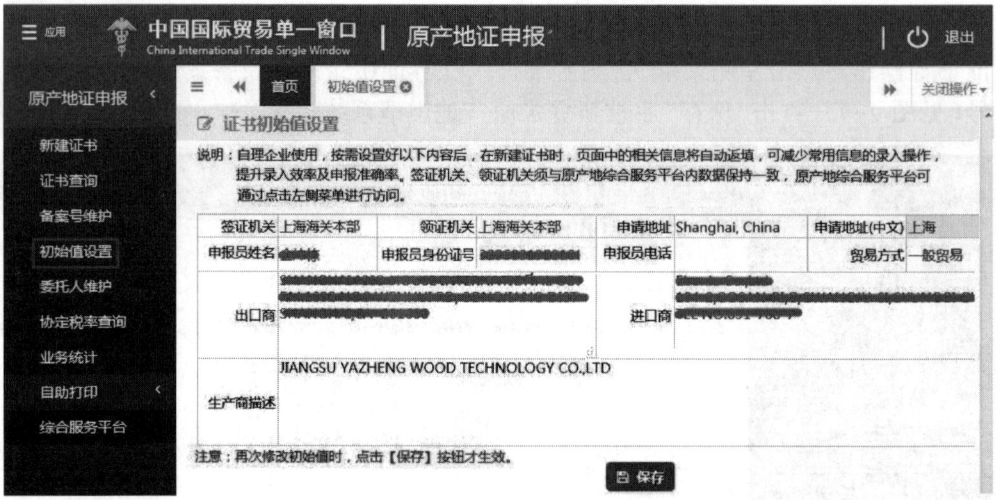

图9-6　初始值设置

(四)新建证书

点击左侧"新建证书"按钮(新建),系统首先会弹出所有可以申领的原产地证书的种类(见图9-7),企业可根据需要选择一般原产地证、普惠制原产地证或区域性优惠原产地证。新建证书界面为企业提供各类原产地证书的录入、暂存、复制、删除、预览/打印、申报等功能。点击界面上方“新建”蓝色按钮,系统将自动清空当前界面内所有已录入的数据,便于用户重新录入新的证书。

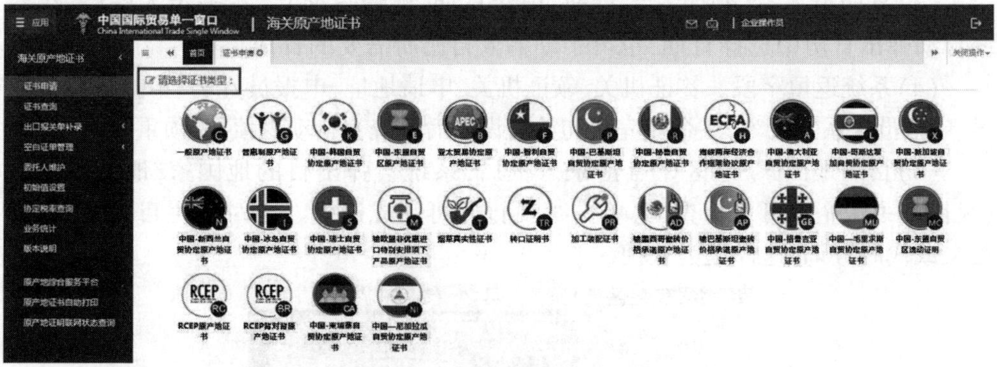

图 9–7　选择新建证书种类

现以一般原产地证为例,讲解原产地证书的网上申领,其他原产地证书操作流程相似,不再一一赘述。

一般原产地与其他原产地证一样,界面分成基本信息和货物信息两部分内容。

1. 基本信息。在图 9–7 新建证书种类界面中,选择一般原产地证后进入基本信息录入界面(见图 9–8),如果企业事先进行了备案号维护和初始值设置,产地证备案号、组织机构代码、公司中文名称、签证机关、领证机关、申请地址、申报员姓名、申报员身份证号、贸易方式,乃至出口商、进口商和生产商的信息都自动返填到相应的录入框中,其他栏目根据当地海关的要求填写相关内容。注意:录入信息界面中,带有黄色底图的字段为必填项,否则无法进行保存。

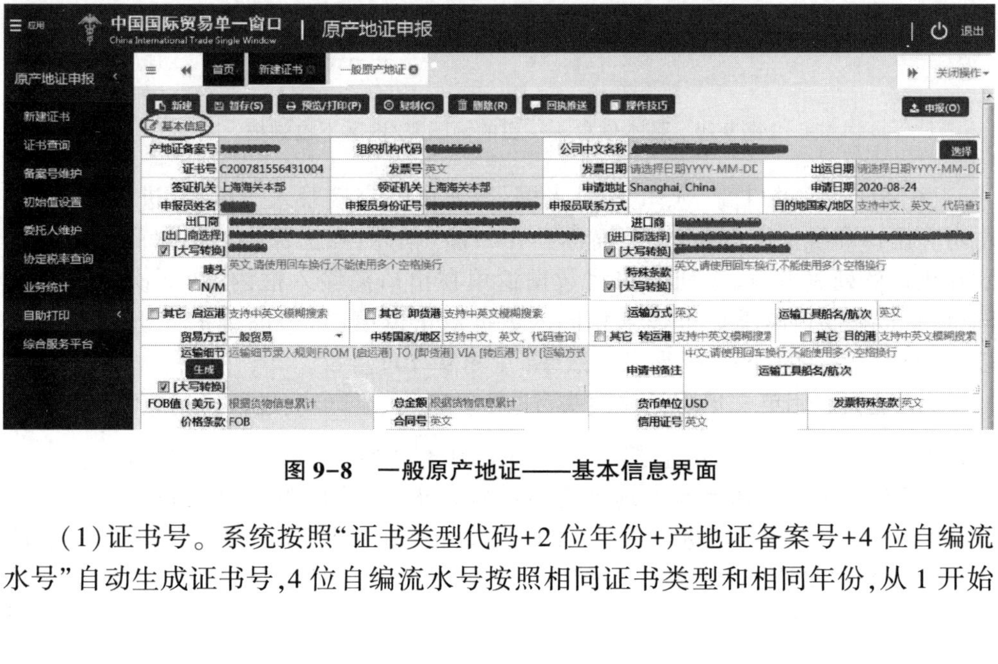

图 9–8　一般原产地证——基本信息界面

(1)证书号。系统按照“证书类型代码+2 位年份+产地证备案号+4 位自编流水号”自动生成证书号,4 位自编流水号按照相同证书类型和相同年份,从 1 开始自动计值。证书号生成后,仍可修改。

(2)发票号。企业按照自身的编排规则据实用英文填写。

(3)日期类字段(例如发票日期、出运日期、申请日期)。点击录入框后,在系统自动弹出日历中选择日期,也可手动输入自己所需要的日期。

(4)系统返填字段。签证机关、领证机关、申请地址、申报员姓名、申报员身份证号、申报员联系方式等,在企业完成初始值设置后系统会自动返填,无须重复录入。

(5)目的地国家/地区。点击录入框后,系统会弹出目的地国家/地区下拉框(见图9-9),企业可自行查询,单击某一行即可完成选择。同时该栏目支持中文、英文或代码查询,这样更为快捷。

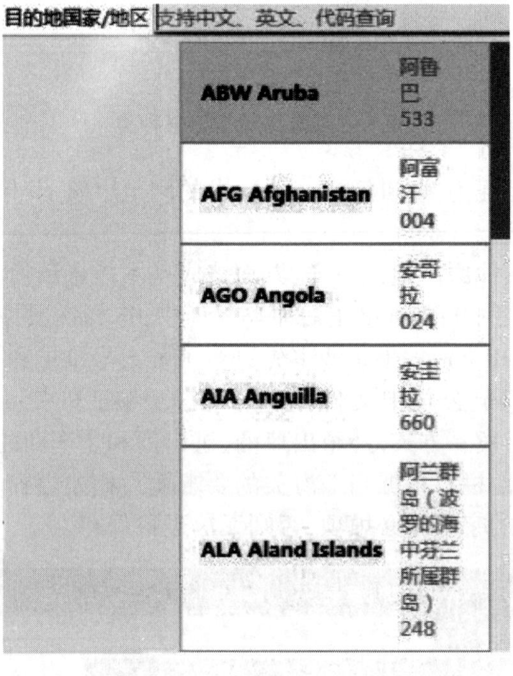

图9-9 基本信息——目的地国家/地区下拉弹框

(6)出口商/进口商。点击该录入框,企业可以直接录入出口商/进口商信息,也可在出口商维护里填写"企业简称""出口商"信息,点击保存后出口商信息会显示在出口商列表里,双击列表可将数据返填在出口商输入框内,如下次出口商相同,可直接在出口商维护里找到相同的数据双击返填(进口商维护同上),这样可以减少常用信息的录入,提高录入效率(见图9-10)。

(7)唛头。用英文填写具体唛头,注意一定点击回车键进行换行,不能用多个空格换行。如果没有唛头,直接勾选栏目上的☑N/M。

(8)特殊条款。如果原产地证上有特殊要求,企业用英文直接录入在该栏目中,注意一定点击回车键进行换行,不能用多个空格换行,如需大写可在左侧蓝色的[大写转换]复选框内打钩。

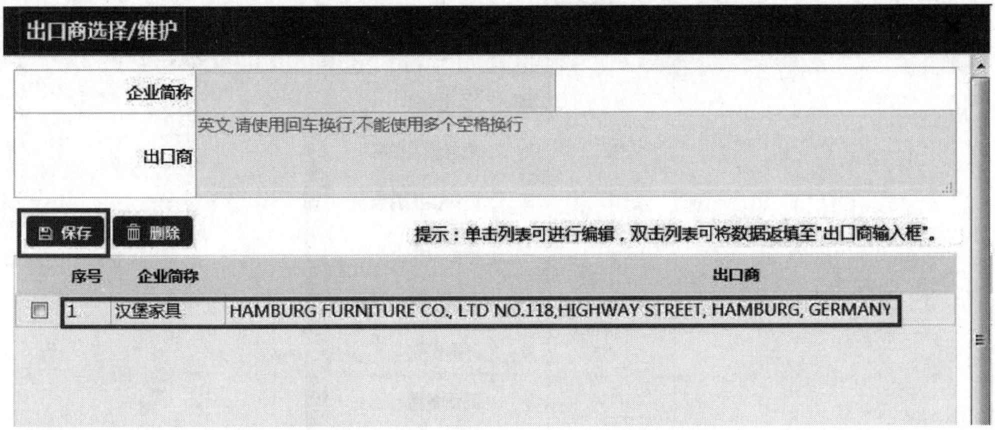

图 9-10　基本信息——出口商选择/维护

(9)运输细节。

①启运港和卸货港:均支持中英文模糊搜索,如果下拉框中没有对应的港口,企业可以勾选启运港和卸货港左边的"其他"框,自行按照"港口+英文逗号+空格+国别"自行填写。

②运输方式:企业用英文自行填写。如:海运填写成 BY SEA,空运填写成 BY AIR。

③运输工具船名/航次:企业按照实际订舱情况用英文填写。

④中转国家/地区:支持中文、英文及代码查询。

⑤转运港和目的港:支持中文、英文模糊搜索。

填写好启运港、卸货港、运输方式等,点击运输细节字段下面的蓝色"生成"按钮(生成),填写过的信息将会被自动生成到录入框中(见图 9-11),运输细节录入的规则为 FROM[启运港]TO[卸货港]VIA[转运港]BY[运输方式],如需大写可在左侧蓝色的[大写转换]复选框内打钩。

图 9-11　基本信息——运输细节生成

(10)贸易方式。若企业事先做好初始值设置,贸易方式系统会自动返填。不然,企业点击贸易方式框,弹出贸易方式下拉菜单(见图 9-12),企业根据业务实际选填贸易方式即可。

(11)申请书备注。企业申领原产地证书时需要提交原产地证申请书与商业发票,如果原产地证申请书上需要添加额外信息,在该栏目企业可以用中文录入,

图 9-12　贸易方式下拉框

同样要注意一定点击回车键进行换行，不能用多个空格换行。

（12）总金额及特殊条款等。

① FOB 值（美元）、总金额：企业填写完货物信息后系统自动累计。

②货币单位：将鼠标置于该栏目，系统自动提示常用的货币代码，按照业务实际企业自行选择。

③发票特殊条款：根据业务需要，企业据实用英文填写。

④价格条款：依据业务实际，填写常用的贸易术语，如 FOB、CFR 和 CIF 等。

⑤合同号和信用证号：不是必填栏目，可以根据业务实际用英文填写。

将基本信息录入完毕，点击（见图 9-13）一般原产地证——基本信息上方的蓝色“暂存”按钮（暂存(S)）成功保存后，企业之前填写的数据将被系统保存，点击“证书查询”即可查询到之前录入并暂存的数据。

2. 货物信息。企业录入完毕基本信息后，点击“暂存”按钮后，继续录入货物信息（见图 9-14）。

（1）HS 编码。HS 编码不能留空，根据企业实际经营的产品，填写正确的海关编码，编码最长为 10 位。点击 HS 编码旁的红色［选择］按钮（见图 9-15），进行“货物选择/维护”（见图 9-16），带黄色底图为必填项，可根据当地海关的要求手动录入后点击“保存”按钮，以便有相同货物时直接双击列表里的货物信息，从而将数据返填至货物信息页面，以提高录入效率。

（2）原产地标准和原产地标准辅助项。一般原产地无须选择，普惠制优惠原产地证和区域性优惠原产地证根据系统提示的原产地标准填写说明（见图 9-17）正确填写此栏目，它是原产地证的核心，关系到我们出口的产品在进口国海关清关

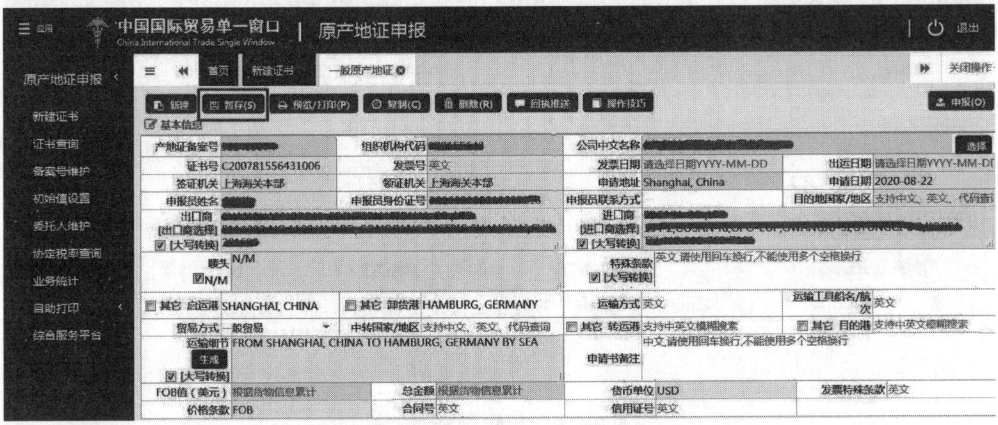

图 9-13　一般原产地证——基本信息暂存

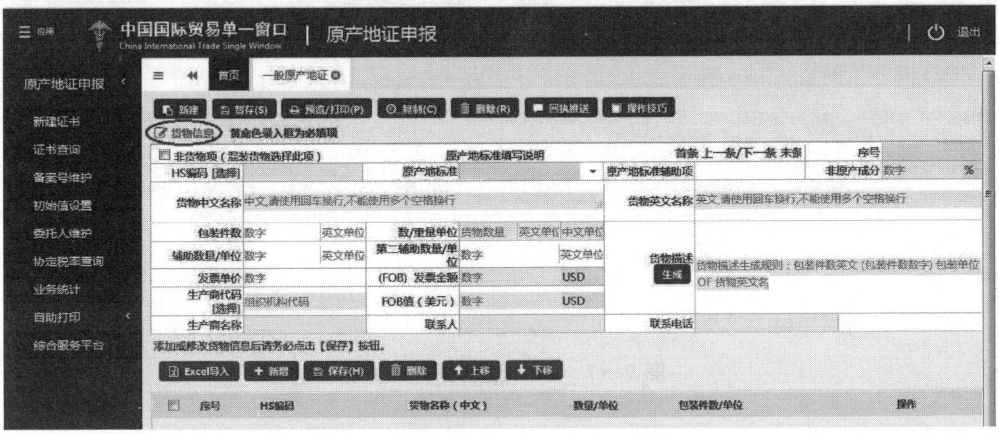

图 9-14　一般原产地证——货物信息界面

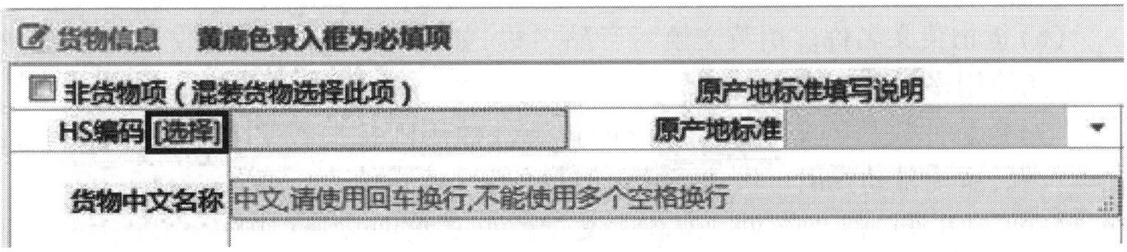

图 9-15　HS 编码选择钮

时能否享受优惠点关税待遇,非常重要。

(3)非原产成分。此栏目为必填项,企业应据实填写非原产成分;如果没有非原产成分,填写“0”。

(4)序号。这是指企业出口产品的项目号。依据出口产品种类的多少,序号

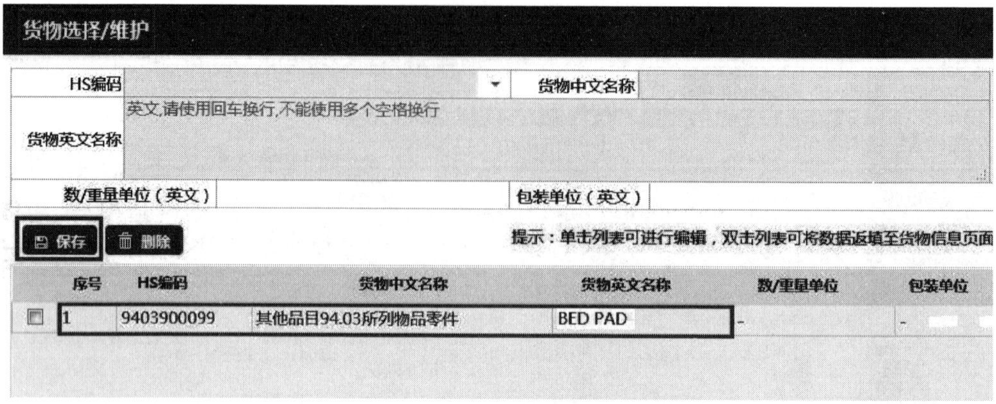

图 9-16　货物选择/维护

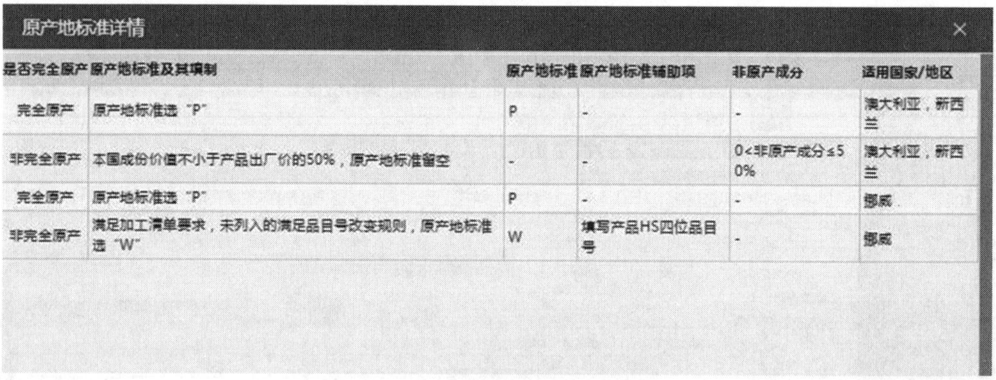
原产地标准详情

是否完全原产	原产地标准及其填制	原产地标准	原产地标准辅助项	非原产成分	适用国家/地区
完全原产	原产地标准选“P”	P	-	-	澳大利亚,新西兰
非完全原产	本国成份价值不小于产品出厂价的50%,原产地标准留空	-	-	0<非原产成分≤50%	澳大利亚,新西兰
完全原产	原产地标准选“P”	P	-	-	挪威
非完全原产	满足加工清单要求,未列入的满足品目号改变规则,原产地标准选“W”	W	填写产品HS四位品目号	-	挪威

图 9-17　原产地标准填写说明

依次为 1,2,3 等。

(5)货物中文名称。用中文填写产品名称,如果品名过长,一定使用回车键换行,不能使用多个空格换行。

(6)货物英文名称。用英文填写产品名称,如果品名过长,一定使用回车键换行,不能使用多个空格换行。

(7)包装件数及英文单位。货物的包装件数用阿拉伯数字填写即可,点击英文单位框,系统自动弹出可供选择的包装单位。

(8)数/重量单位及英文单位和中文单位。货物的数量用阿拉伯数字填写即可,点击英文单位框系统自动弹出可供选择的数/重量的英文单位和中文单位。

(9)辅助数量/单位及第二辅助数量/单位。操作方法同数/重量单位及英文单位和中文单位。

(10)发票单价及发票金额。企业据实填写买卖双方成交的单价,然后系统依据上述填写的数/重量,自动生成发票金额。如果买卖双方采用的 FOB 贸易术语成交,系统就会自动显示(FOB)发票金额;如果买卖双方采用的 CIF 贸易术语成交,系统就会自动显示(CIF)发票金额。

(11)FOB 值(美元)。如果企业按照 FOB 贸易术语成交且用美元计价,那么该栏目显示的 FOB 值与发票金额一致;如果企业不是按照 FOB 贸易术语成交,也不是美元计价,企业需要扣除海运费、保费等费用后,将其他货币计价的金额折算成等值的美元金额后填写在此栏目。

(12)货物描述。企业可以自行录入货物描述,也可以点击货物描述下的“生成”按钮自动生成货描(见图 9-18)。其生成规则为包装件数英文(包装件数数字)包装单位 OF 货物的英文名称。

图 9-18 货物描述自动生成

(13)生产商代码、生产商名称、联系人及联系电话。企业可以直接录入生产商代码、生产商名称等信息,也可点击生产商代码下的红色[选择]按钮(见图 9-19),进行“生产企业选择/维护”(见图 9-20),社会信用代码、组织机构代码和企业名称这三部分带黄色底图为必填项,联系人和联系电话在生产企业选择/维护页面虽然为选填项,但企业联系人和联系电话在货物信息页面却是必填项,最好一并填写,填写完成后点击“保存”按钮,生产企业列表中就会显示出来,单击列表可进行编辑,双击列表可将数据返填到生产企业信息页面,可提高录入效率。

图 9-19 生产商代码选择钮

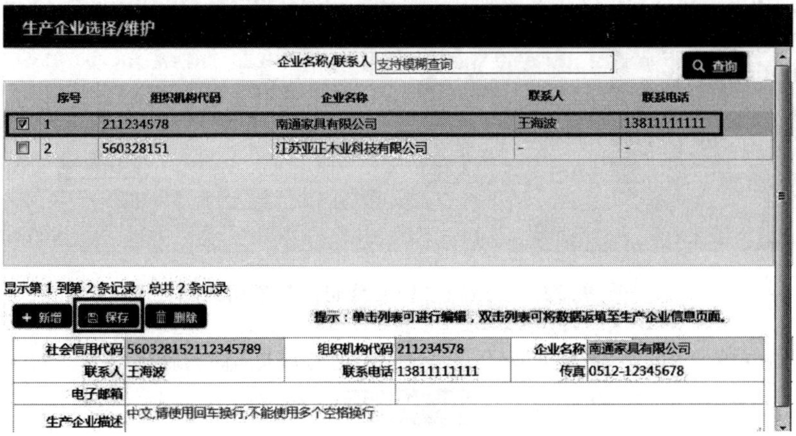

图 9-20 生产企业选择/维护

企业录入完基本信息和货物信息后，点击货物信息界面的“保存”按钮，数据被保存至列表中，具体显示如图 9–21 所示。企业添加或修改货物信息后请务必点击“保存”按钮。

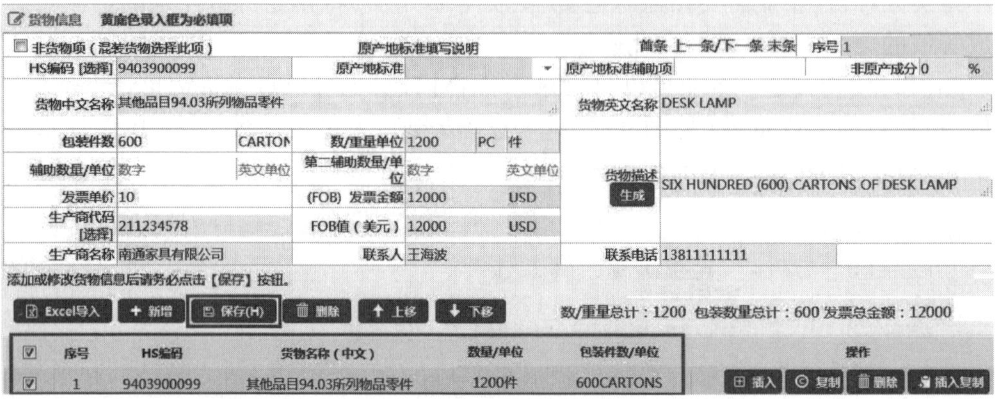

图 9–21　一般原产地证保存界面

企业可基于已经暂存后的原产地证书生成新的原产地证书，点击右侧界面上方“复制”蓝色按钮（复制(C)），系统出现如下弹框（见图 9–22），点击确定，将跳转到一票新建的数据，企业无须重复录入数据。

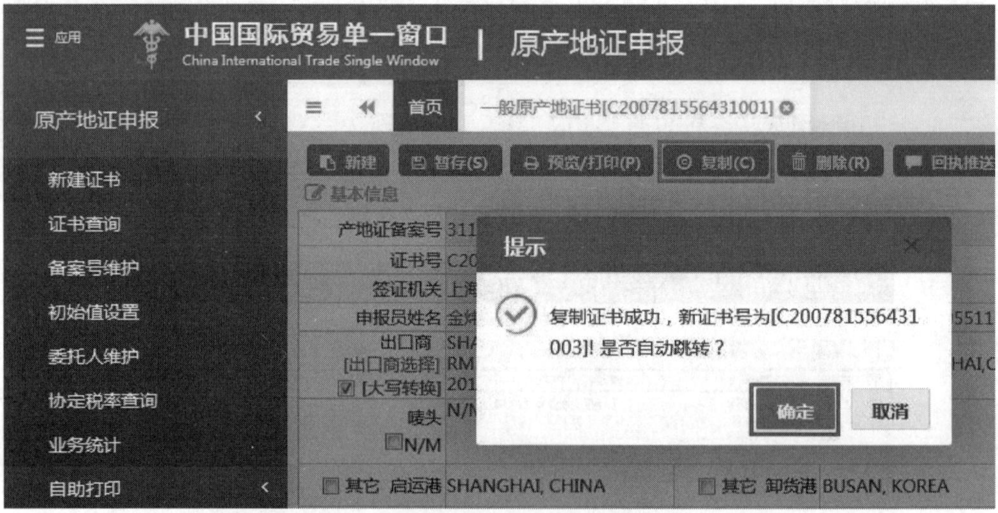

图 9–22　一般原产地证复制证书成功提示

企业可对暂存状态和退证状态的原产地证书数据进行删除操作。点击新建原证书主界面上方“删除”蓝色按钮（删除(R)），系统将提示用户是否删除当前数据（见图 9–23），删除的数据将不可恢复，需重新录入，请谨慎操作。

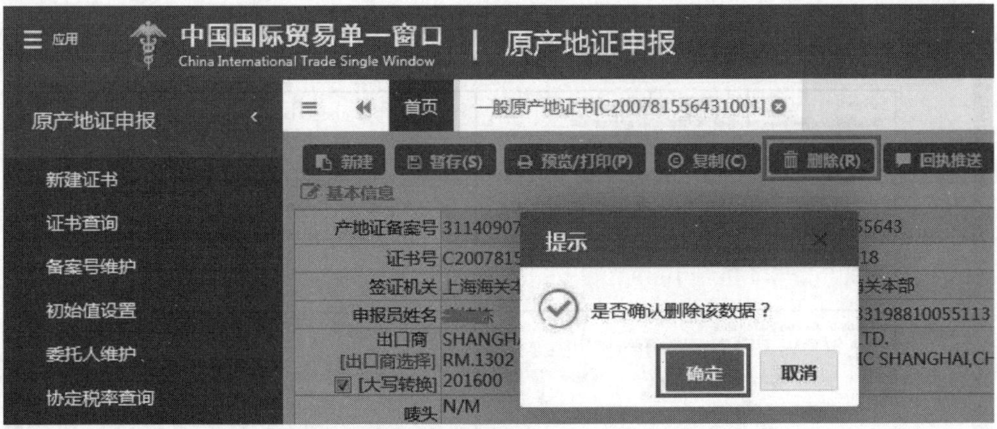

图 9-23　一般原产地证删除确认框

打印证书。点击右侧界面上方“预览/打印”蓝色按钮（预览/打印(P)），系统弹出“请选择打印类型”选项（见图 9-24），也可以把鼠标放在打印格式的按钮上，提示该模式的功能。例如：选择打印格式为“标准模式”，选择打印类型为“证书”，可以进行证书预览，也可以进行下载打印，然后送签证机关签署证书。

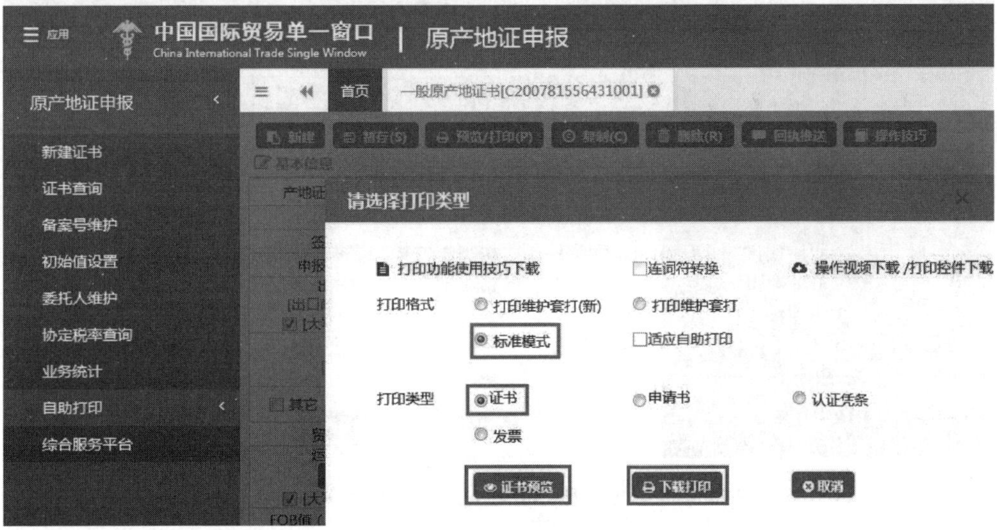

图 9-24　选择打印类型弹框——选择证书打印

注意：目前仅证书支持套打格式，申请书和发票无套打格式。点击“下载打印”蓝色按钮后，页面跳转至一般原产地证打印（见图 9-25）。点击右上角“打印”按钮，企业根据当前的浏览器设置或打印机实际情况进行打印即可。如未录入或保存任何数据，系统不提供打印空白原产地证书的功能。

打印申请书。点击右侧界面上方“预览/打印”蓝色按钮，系统弹出“请选择打

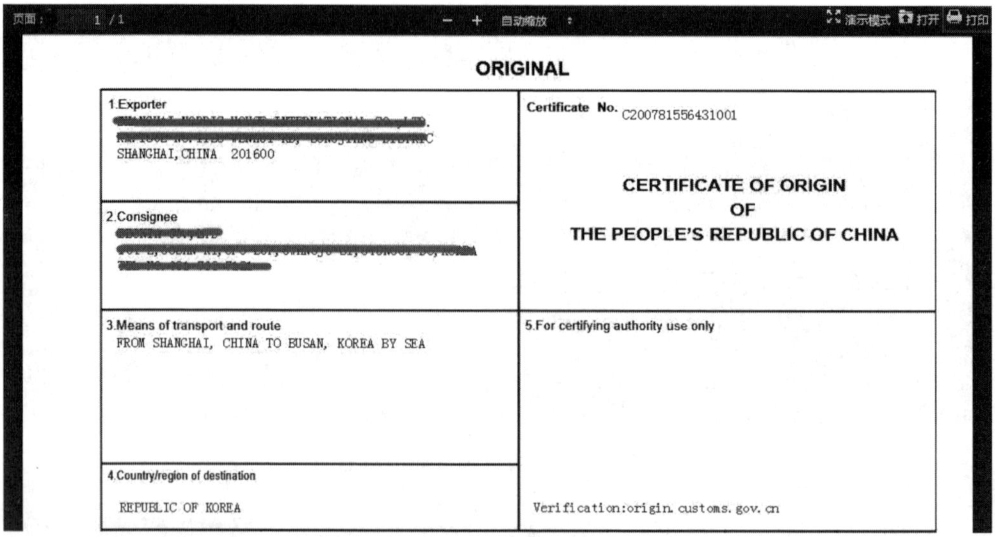

图 9-25　一般原产地证打印

印类型”选项，选择打印类型为：申请书（见图 9-26）。

图 9-26　选择打印类型弹框——选择申请书打印

点击“打印”蓝色按钮后，页面跳转至一般原产地证申请书打印（见图 9-27）。点击右上角“打印”图标，根据当前的浏览器设置或打印机实际安装情况进行打印即可。如未录入或保存任何数据，系统不提供打印空白申请书的功能。

打印发票。点击右侧界面上方“预览/打印”蓝色按钮，系统弹出“请选择打印类型”选项，选择打印类型为：发票（见图 9-28）。

点击“打印”蓝色按钮后，页面跳转至一般原产地证发票打印（见图 9-29）。点击右上角“打印”图标，根据当前的浏览器设置或打印机实际安装情况进行打印

图 9-27　一般原产地证申请书打印

图 9-28　选择打印类型弹框——选择发票打印

即可。如未录入或保存任何数据，系统不提供打印空白发票的功能。

打印认证凭条。点击右侧界面上方“打印”蓝色按钮，系统弹出“请选择打印类型”选项，选择打印类型为：认证凭条（见图 9-30）。

点击“打印”蓝色按钮后，页面跳转至一般原产地证认证凭条打印（见图 9-31）。点击右上角“打印”图标，根据当前的浏览器设置或打印机实际安装情况进行打印即可。如未录入或保存任何数据，系统不提供打印空白认证凭条的功能。

企业录入完基本信息和货物信息字段数据后，在一般原产地证——基本信息中，通过点击右上方的“申报”蓝色按钮（申报(O)）进行申报（见图 9-32）。各字

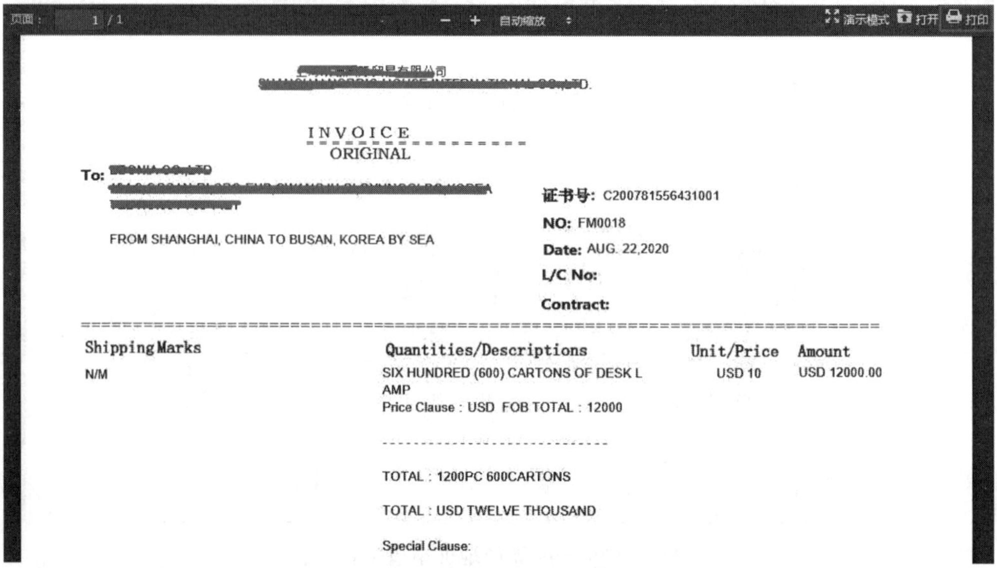

图 9-29 一般原产地证发票打印

图 9-30 选择打印类型弹框——选择认证凭条打印

段数据通过了逻辑规则校验，可将原产地证书数据申报到海关进行受理，并等待其审批，企业可以到"证书查询"界面点击单据状态，查看该票数据的海关审核回执。

企业可以使用"单一窗口"标准版的信息订阅推送功能，完成原产地证书申报后审核回执的推送，以便及时掌握审核状态，安排后续作业。点击新建证书界面中的"回执推送"按钮（回执推送）可下载操作手册，根据操作手册完成信息订阅后就可接收审核回执（见图 9-33）。

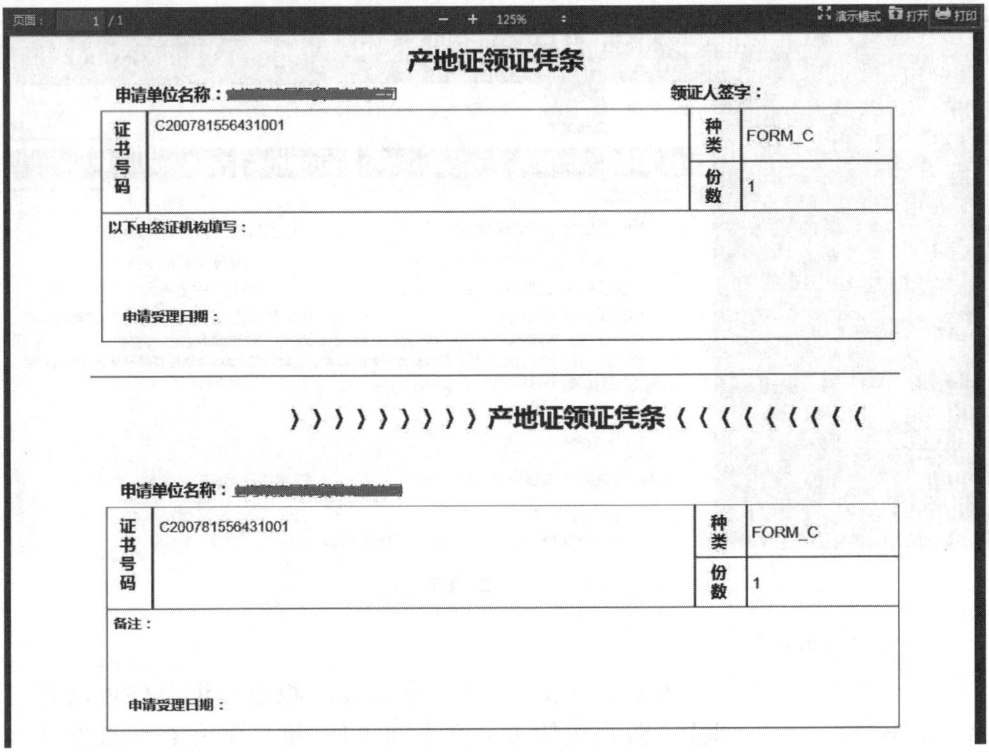

图 9-31　一般原产地证认证凭条打印

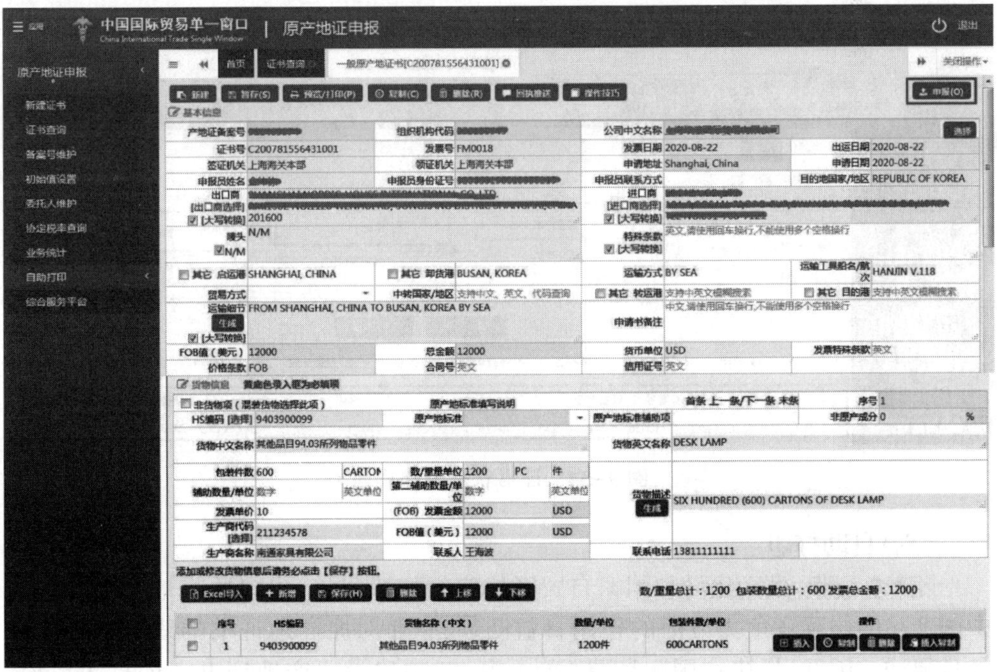

图 9-32　一般原产地证申报

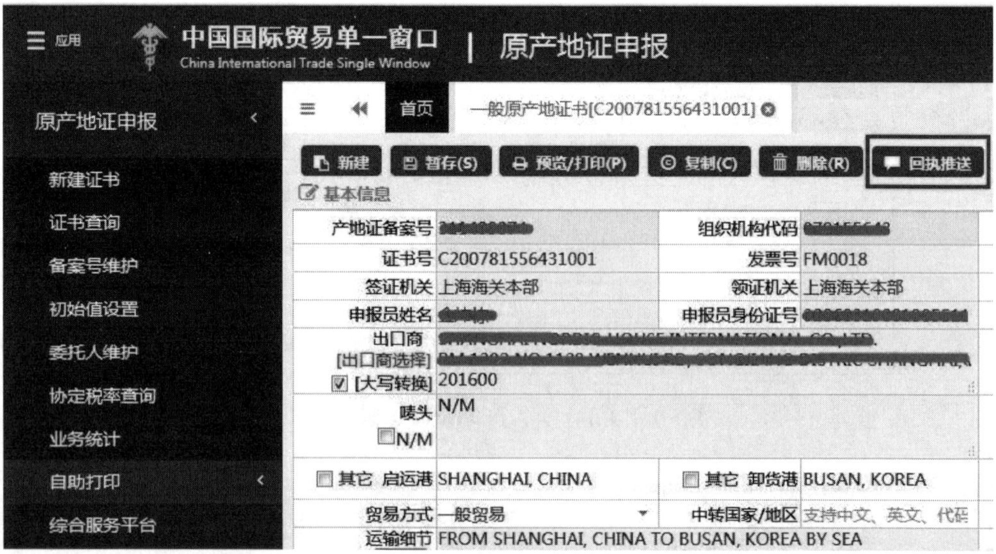

图 9-33　回执推送

（五）证书查询

在原产地申报系统界面点击左侧菜单“证书查询”，根据查询条件可以查询筛选证书列表，点击“重置”蓝色按钮可清空查询条件，重新填写查询条件可再次查询。

查询结果最右边第一列为单据状态，如暂存、数据接收成功、退证、审核通过等，点击某行中的具体状态，可以看到该单据的海关回执（见图 9-34）。

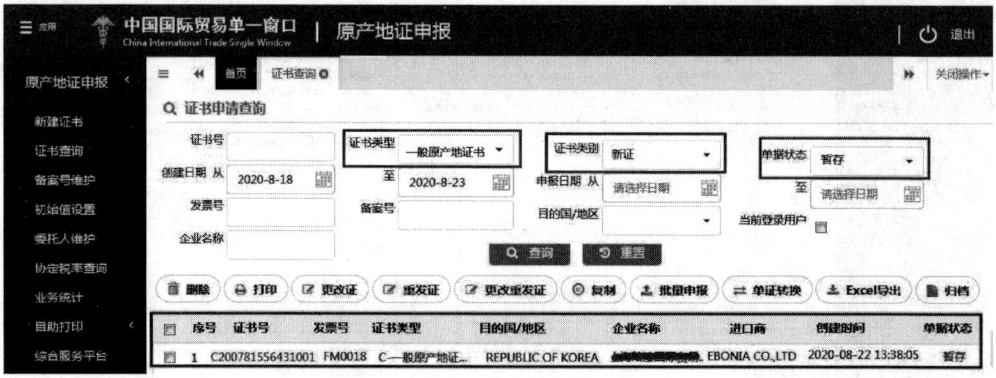

图 9-34　证书状态查询界面

（六）自助打印

随着“一带一路”建设和国家自贸区战略的加快实施，出口原产地证书在提升中国产品的国际竞争力方面的作用日益凸显，企业对原产地证书的线上申领需求与日俱增。因此，尽快在国际贸易“单一窗口”中建设原产地证书自助打印系统，实现企业原产地证书申领完全电子化,企业实现“足不出户”直接使用彩色打印设备在 A4 纸上自行打印带有底纹、企业签章及签名、海关签章及签名的原产地证书的申领模式,对于营商环境优化和企业获得感提升将具有显著的促进作用。原产地证书自助打印流程见图 9-35。

图 9-35 原产地证书自助打印流程

1. 上传印章及申报员签名。使用电子口岸法人卡登录本系统,点击“印章管理”菜单,根据操作手册进行印章及签名的上传。

(1)印章制作。企业点击“印章管理”模块,在印章制作界面中,点击“新增印章”按钮(见图 9-36),系统会自动弹出印章采集注意事项提示(见图 9-37),关闭提示框,将真实印章盖在 A4 纸中间,扫描成 JPG 图片,保证印章图片的清晰度和完整性,选择“真实印章图片”,点击页面下方保存印章按钮,输入正确的法人卡密码,即完成印章的制作。

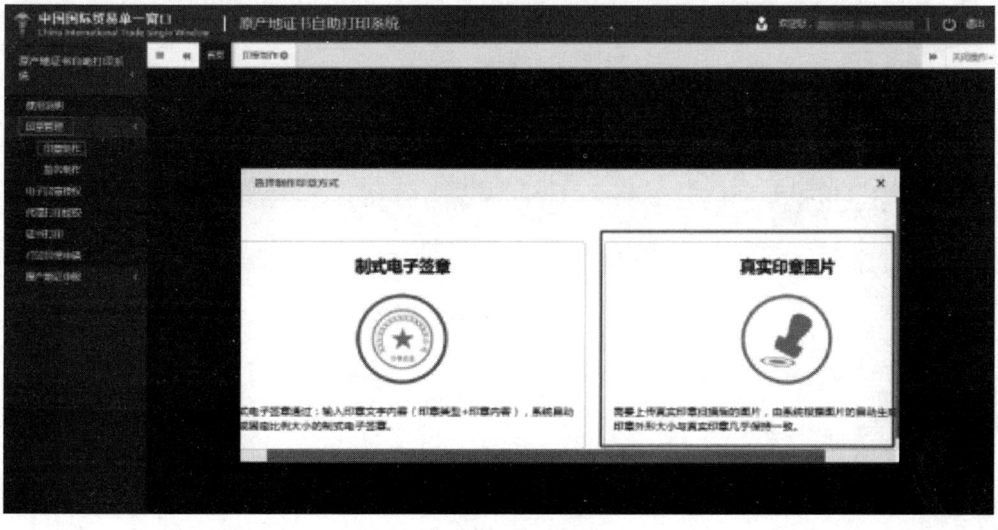

图 9-36 新增印章

如果对之前上传的印章不满意,可选择该印章,依次点击“停用印章”“删除印章”,然后点击“新增印章”(见图 9-38)。

(2)签名制作。在签名制作界面中,点击“新增签名”按钮(见图 9-39),系统会自动弹出手签采集注意事项(见图 9-40)提示,关闭提示框,完成申报员签名书写和扫描,保证手签图片的清晰度和完整性,点击选择签名,弹出选择框,若预览签名的扫描图片没有问题,点击页面下方保存签名按钮,即完成签名的制作。

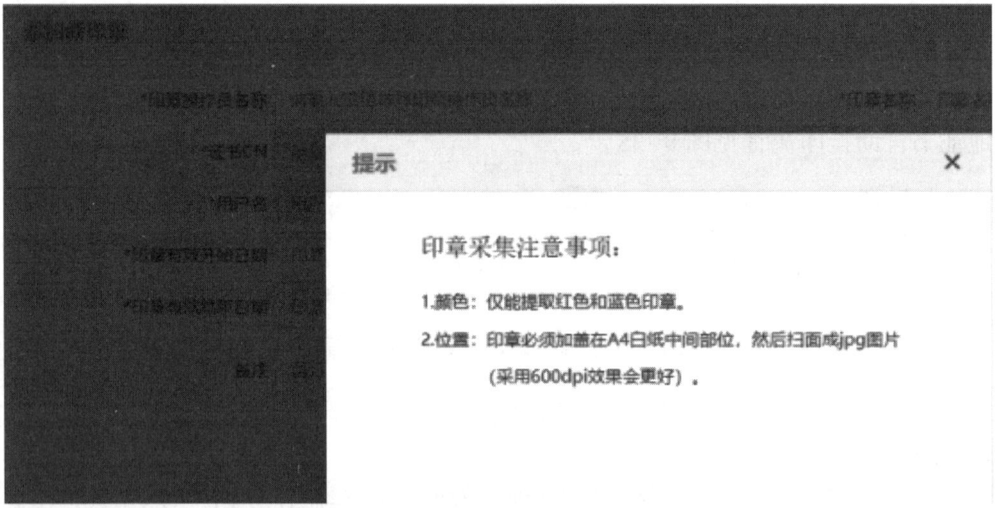

图 9-37　印章采集注意事项

图 9-38　重新制作印章

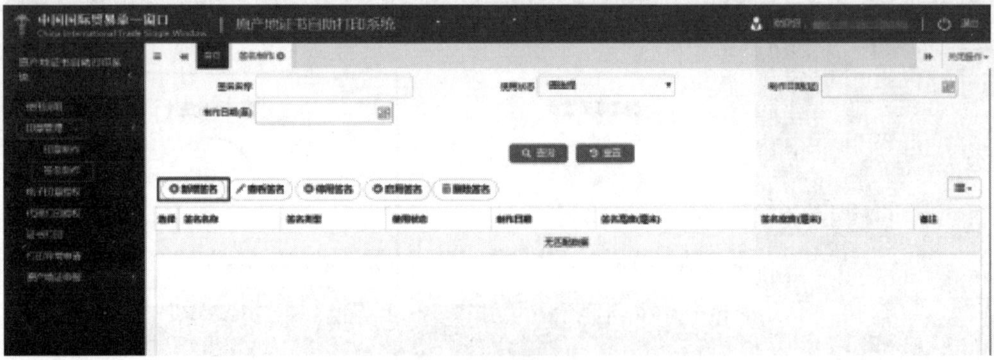

图 9-39　新增签名

如果对之前上传的签名不满意，可选择该签名，依次点击“停用签名”“删除签名”，然后点击“新增签名”（见图 9-41）。

2. 印章及签名授权。使用电子口岸法人卡登录本系统，点击“电子印章授权”菜单，在界面中设置好默认印章及签名后，点击下方“授权”按钮（见图 9-42），这样企业就将电子印章及手签员签名笔迹信息授权给原产地证书管理系统使用。

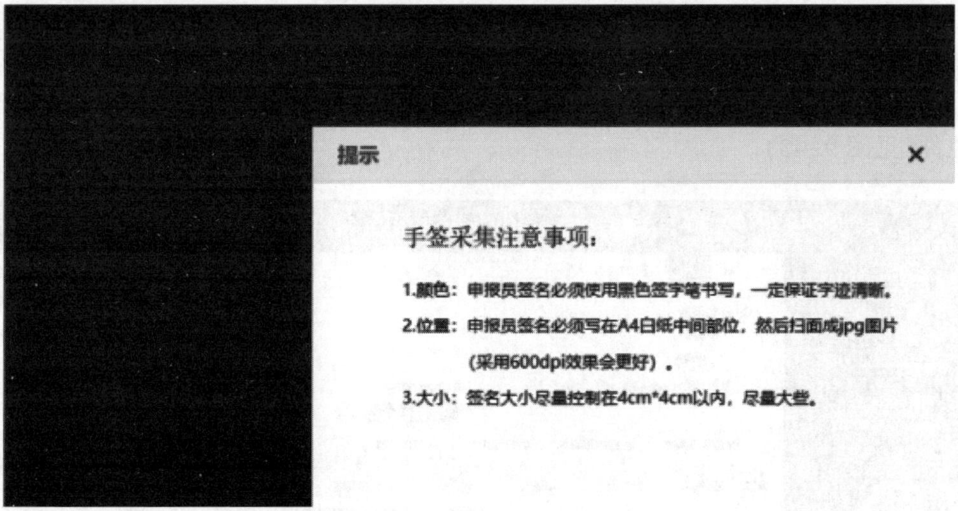

图 9-40　手签采集注意事项

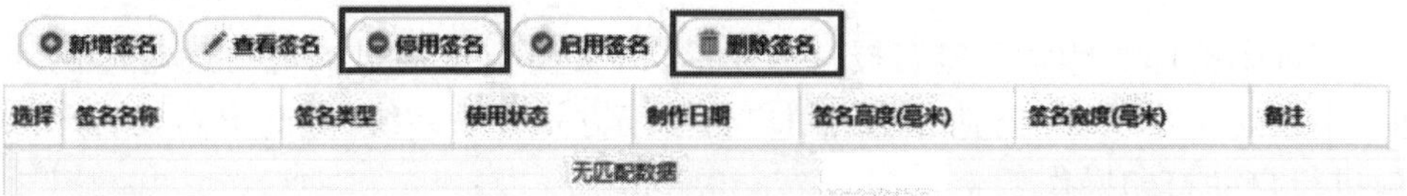

图 9-41　重新制作签名

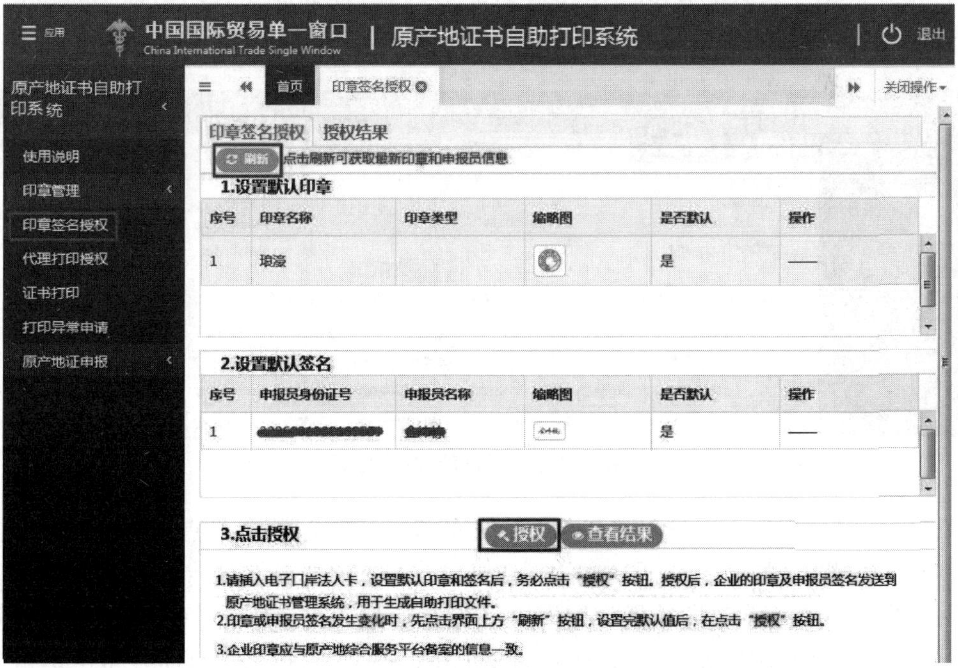

图 9-42　电子印章授权

若印章和签名有修改或删除则需要点击刷新按钮才能获取最新的印章和申报员签名,首次上传印章和签名成功后进入该页面无须点击“刷新”按钮。

3. 安装打印控件。企业在打印证书前,在证书打印界面,需要下载并安装打印控件(见图 9-43)。

图 9-43　安装打印控件

4. 证书打印。印章及签名授权成功后,海关将审批通过的可自助打印的原产地证书发送至本系统,企业可使用用户名密码方式登录系统,查询出需要打印的证书,进行自助打印操作。

企业登录自助打印系统后可查询在多个平台申报的可自助打印的原产地证书,系统根据登录人的权限展示相应的证书列表,查询需要打印的证书状态(见图 9-44),审核通过后即可使用彩色双面打印机自助打印原产地证书。

图 9-44　自助打印原产地证

打印完成后界面会给出打印是否成功的提示,若成功,务必点击“是”,否则会影响清关;若长时间没有打印出正本,务必点击“否”,系统将跳转到打印异常申请界面,同时会将本次打印结果告知海关。企业若因初次操作失误或打印机设置等原因没有正常打印出证书,但打印状态变成了已打印,可以通过打印异常申请再次打印证书正本。

三、原产地证书网上核查

如前所述,原产地证书是货物的"国籍"证明,特别是自贸协定项下的优惠原产地证书,更是货物在进口方享惠通关的重要凭证。实践中,货物随附的原产地证书在提交至进口方海关后可能会被质疑,并由进口方海关向出口方海关或签证机构发起核查。退证核查意味我国出口货物在进口国清关受阻,对于退证查询的货物国外海关采取暂缓给予关税优惠待遇、暂缓放行、收取保证金或征税等措施,给进出口企业增加了仓储、物流等方面的费用。进口方海关提出原产地核查可以是核实原产地证书真伪,也可以是对货物原产资格的核实,还可以是对签证流程的核实。近年来,我国签发的原产地证书遭遇外方核查的原因主要有:

1. 质疑货物原产地标准;
2. 质疑货物运输不符合直接运输规则;
3. 质疑货物随附单证信息与原产地证书信息不符;
4. 质疑证书签名印章;
5. 质疑证书真伪。

接到进口方海关发起的核查后,我国海关根据情况开展书面调查或实地调查。海关采用书面调查的,需要企业向海关提供的资料通常包括产品成本明细单、货物出口商业发票、提单、出口报关单及其他外贸单证如信用证等。如果书面调查不足以满足核查的要求,海关将根据情况赴企业开展实地调查,外经贸企业应主动配合海关。

随着"中国国际贸易单一窗口"的成功运行,原产地证书核查也可以网上进行。打开"国际贸易单一窗口"网站,点击【全部应用】——【标准版应用】——【原产地证】——【原产地证书核查】,进入原产地证书核查界面(见图 9-45)。

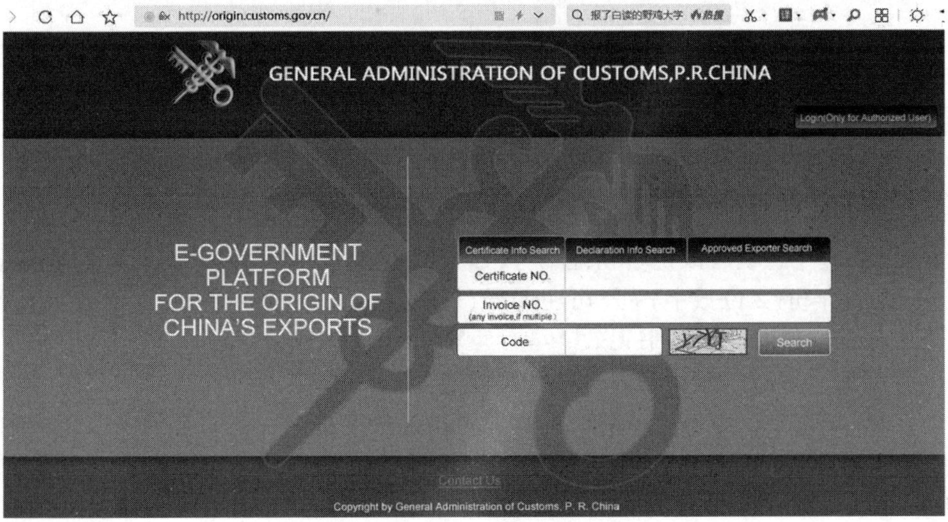

图 9-45 原产地证书核查界面

在核查界面输入原产地证书号、发票号及验证码后，点击查询后，如果平台能显示出所查询原产地证书的主要信息（见图 9-46），如证书号、出口商、发票号、出口产品的海关编码（HS code）、目的地国家/地区、签发地点及签发日期，该证书真实性毋庸置疑。如果点击查询后，显示出证书号或发票号不正确，或者证书未在发证系统备案，即查无此证（见图 9-47），则该证书的真实性值得怀疑。

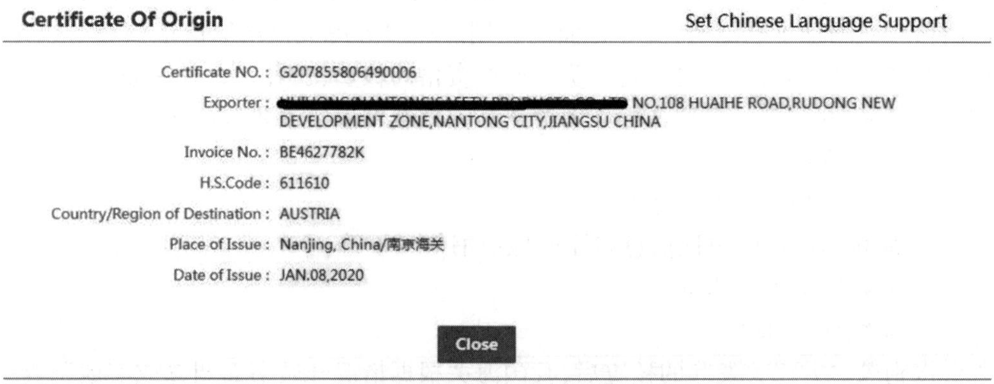

图 9-46　原产地证书查询结果

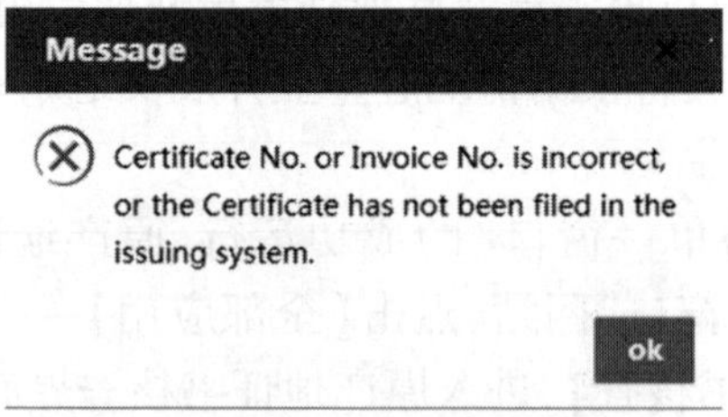

图 9-47　查无此证

第三节　原产地证书缮制详述

一、一般原产地证书的缮制规范（见样例 9-1）

首先，应注意填写该批货物证书号（Certificate No.），一般原产地证书号的编排规则为：C+年份（2 位数字）+公司注册号（9 位数字）+企业流水号（4 位数字），没有证书号的一般原产地证书无效。

详细的一般原产地证的内容及缮制规范如下：

1. 出口方（Exporter）。填写已办理原产地证书申请人备案的中国境内（不包含港澳台地区）出口商名称、地址及国家。经其他国家或地区转口需填写中间商名称的，可在出口商后面加填英文“VIA”或“O/B”，然后再填写中间商名称、地址和国家（地区）。

如:Tifert Trading Co. , Ltd

No. 86, Zhujiang Road, Tianjin, China

Via Hongkong Daming Co. , Ltd

No. 656, Guangdong Road, Hongkong

2. 收货方(Consignee)。填写最终收货人名称、地址和国家(地区),一般应填写销售合同上的买方、信用证上规定的提单通知人或特别声明的收货人。注意如果是通过中间商达成的转口贸易,收货方不能填写中间商的名称和地址。有时由于贸易的需要,信用证规定所有单证收货人一栏留空,在这种情况下,此栏应加注"To whom it may concern"或"To order",但不得留空。经其他国家或地区转口需填写中间商名称的,可在收货人后面加填英文"VIA"或"O/B",然后再填写中间商名称、地址和国家(地区)。

3. 运输方式和路线(Means of transport and route)。填写货物从中国境内最后离境口岸到目的港的详细运输路线、运输方式(如海运、陆运、空运等)。一般应按"From 装货港(地) To 到货港(地) By 运输方式"的顺序填列,货物最终目的地应为第 4 栏目的地国家(地区)港口或城市。如经转运,应注明 Via 转运地。

样例 9-1 一般原产地证书

ORIGINAL

1. Exporter TIFERT TRADING CO. , LTD NO. 86, ZHUJIANG ROAD, TIANJIN, CHINA	Certificate No. C224408000200001 CERTIFICATE OF ORIGIN OF THE PEOPLE' S REPUBLIC OF CHINA
2. Consignee PARIS INTERNATIONAL CORP. 88, GREAT TOWER BUILDING, PARIS, FRANCE	
3. Means of Transport and Route SHIPMENT FROM TIANJIN TO MARSEILLES BY SEA	5. For Certifying Authority Use Only
4. Country / Region of Destination FRANCE	

6. Marks and Numbers	7. Number and Kind of Packages; Description of Goods	8. H. S. Code	9. Quantity	10. Number and date of Invoices
N/M	THREE HUNDRED(300) CARTONS OF LEATHER BAGS L/C NO. PIC123456 * * * * *	4202	600. 00KGS G. W.	INVOICE NO. 123456 DEC. 10, 2022

11. Declaration by the Exporter The undersigned hereby declares that the above details and statements are correct, that all the goods were produced in China and that they comply with the Rules of Origin of the People's Republic of China. TIFERT TRADING CO., LTD 泰佛贸易有限公司 TIANJIN DEC. 10, 2022	12. Certification It is hereby certified that the declaration by the exporter is correct. TIANJIN DEC. 10, 2022
Place and date, signature and stamp of authorized signatory	Place and date, signature and stamp of certifying authority

如:通过海运,由上海港经香港转运到鹿特丹港,英文为"From Shanghai to Rotterdam by vessel via Hongkong"。

4. 目的地国家、地区(Country/region of destination)。填写货物最终运抵的国家(地区),不得填写中间商的国家(地区)。填写的目的地国家(地区)应与收货人所在国家(地区)一致。

5. 签证机构用栏(For certifying authority use only)。此栏为签证机构在签发后发证书、补发证书或加注其它声明时使用。证书申领单位应将此栏留空。

(1)证书补发。货物出运之后签发的证书为补发证书,证书可在货物出运之日起一年内补发。补发证书申请日期和签证日期应为实际申请和签证日期。原产地签证管理系统在证书第 5 栏自动标注"ISSUED RETROSPECTIVELY"字样。

(2)证书更改。申请人证书内容需要更改的,可在自证书签发之日起一年内向原签证机构申请更改证书。申请更改证书时,申请人应退回原证书,详细填写并提交更改/重发申请书。除申请更改的栏目、申请日期和签证日期为更改内容和实际日期外,更改证书其他各栏目应与原证书保持一致。签证人员签发更改证书后,收回并作废原证书。

(3)证书重发。申请人原证书被盗、遗失或损毁的,可在自证书签发之日起一年内向原签证机构申请重发证书。申请重发证书时,申请人应详细填写更改/重发申请书。证书申请日期和签证日期应为实际申请和签证日期。除申请日期及签证日期外,证书其他各栏目应与原证书保持一致。原产地签证管理系统在重发证书第 5 栏自动标注"DUPLICATE"及"THIS CERTIFICATE IS IN REPLACEMENT OF CERTIFICATE OF ORIGIN NO. ____ DATED ____ WHICH IS CANCELLED"字样。

(4)证书更改重发。申请人原证书被盗、遗失或损毁且需要更改的,可在自证书签发之日起一年内向原签证机构申请更改重发证书。申请更改重发证书时,申请人应详细填写更改/重发申请书。证书申请日期和签证日期应为实际申请和签证日期。原产地签证管理系统在更改重发证书第 5 栏自动标注" THE

CERTIFICATE OF ORIGIN NO. ____ DATED ____ IS CANCELLED”字样。

6. 运输标志(Marks and numbers)。填写的唛头及包装号应与发票、货物外包装上的一致。填写此栏目应注意:

(1)唛头中不能出现“香港”、“澳门”和“台湾”等字样;

(2)不可简单地填写“按照发票(As per invoice No.)”或者“按照提单(As per B/L No.)”;

(3)货物无唛头,应填写 N/M(NO MARK 或 NO MARKS AND NUMBERS),此栏不得留空;

(4)如唛头多本栏填写不开,可填写在第 7、8、9 栏的空白处;

(5)如还不够,可用附页填写。在该栏目填写“See attachment”,并在证书背页贴唛,经签证机关审核签发后加盖骑缝章,成为该证书的组成部分(见样例 9-2)。

样例 9-2 一般原产地证书附页

Certificate No. ×××

Attachment List

Marks and numbers	Description of Goods
×××	×××
×××	×××

Place and date (申请地点和日期) signature and stamp of authorized signatory	Place and date (签证地点和日期) signature and stamp of certifying authority

7. 商品名称、包装数量及种类(Number and kind of packages, description of goods)。按照出口发票上所列商品名称填写具体的商品和包装单位数量,填写此栏目应注意:

(1)包装数量和种类(如“CASE”“CARTON”),填写运输包装单位的数量(件数),在包装数量的英文数字描述后用括号加上阿拉伯数字,如:SIX HUNDRED (600)CARTONS OF JACKETS

(2)货物描述,填写具体名称,如:睡袋(SLEEPING BAGS)、杯子(CUPS),其详细程度应能在 HS 的四位数字中准确归类。不能笼统填“MACHINE”“GARMENT”等。如果信用证、合同中品名笼统或拼写错误,应在括号内加注具体描述或正确品名。商品的商标(Trade Mark)、牌名(Brand)、货号(Art. No)可不填,因这些与海关税则无关。

(3)货物无包装的,应填明货物出运时的状态,如“NUDE CARGO”“IN BULK”

“HANGING GARMENTS”等。如:1000 公吨生铁,填写为“ONE THOUSAND(1000) M/T PIG IRON IN BULK”。

(4)有时信用证要求在所有单证上加注合同号、信用证号码等,或要求在原产地证书上加列生产厂商的名称和地址,可加在此栏。

(5)本栏的末行要打上表示截止的符号(* * * *),以防加添伪造内容。

(6)若该栏目需要填制的内容太多打不下,需用英文注明“To be continued”(未完待续)或“See attachment”(见附页)字样,并用附页(Attachment)格式在相应的栏目续打未打完的内容,附页右上角也需打上与正本一致的产地证编号,签证机关经审核签发后加盖骑缝章,成为原产地证组成部分,详见样例(9-2)。

8. 商品编码(HS code)。填写第 7 栏每项商品名称对应的 4 位 HS 编码,与报关单一致。若同一证书包含几种商品,则应将相应的税目号全部填写,此栏不得留空。

9. 数量(Quantity)。填写商品的正常计量单位, 如“PCS”“PAIRS”“SETS”等。货物以重量计算的可填毛重,也可填净重,如为毛重须加注 G. W. (Gross weight),净重则加注 N. W. (Net weight)。

10. 发票号码及日期(Number and date of invoices)。填写发票号码、日期。所填写的发票号码、日期应与清关发票一致。发票日期不能迟于出运日期和第 11、12 栏证书申请和签发日期。为避免对月份、日期的误解,月份一律用英文表述,例如:2022 年 12 月 10 日,用英文表述为:DEC10,2022,发票日期年份要填全,如“2022”不能为“22”,此栏不得留空。发票号太长需换行打印,应使用折行符“—”。

11. 出口方声明(Declaration by the exporter)。填写申报地点、日期,申报地点应与签证地点一致,申领单位已在签证机构注册的专人在此栏签字,并加盖企业中英文印章。申报日期应为实际申请日期,该栏日期不得早于发票日期(第 10 栏),印章应清晰。

12. 签证机构证明(Certification)。填写签证机构地点、日期。签证人员在此栏签名,并在对外签发的证书正本加盖原产地 ORIGIN 印章。签证人员签名、印章应清晰完整且不得重叠。签发日期不得早于发票日期(第 10 栏)和申请日期(第 11 栏)。

二、普惠制原产地证书的缮制规范(见样例 9-3)

GSP FORM A 是发展中国家向发达国家出口货物,按照联合国贸发会议规定的统一格式而填制的一种证明货物原产地的文件,又是给惠国(进口国)给予优惠关税待遇或免税的凭证。凡享受普惠制规定的关税减免者,必须提供普惠制原产地证书。普惠制原产地证书可由受惠国的有关政府机构签发,在我国关检合一后,由各地海关签发。

样例 9-3　普惠制原产地证书

ORIGINAL

1. Goods consigned from (Exporter's business name, address, country) TIFERT TRADING CO., LTD. NO. 86, ZHUJIANG ROAD, TIANJIN, CHINA	Reference No.　G224408000200001 GENERALIZED SYSTEM OF PREFERENCES CERTIFICATE OF ORIGIN (Combined declaration and certificate) FORM A
2. Goods consigned to (Consignee's name, address, country) OSLO INTERNATIONAL CORP 88, GREAT TOWER BUILDING, OSLO, NORWAY	Issued in　THE PEOPLE'S REPUBLIC OF CHINA (country) See Notes overleaf
3 Means of transport and route (as far as known) SHIPMENT FROM TIANJIN TO OSLO BY SEA	4. For official use

5. Item number	6. Marks and numbers of packages	7. Number and kind of packages; description of goods	8. Origin criterion (see Notes overleaf)	9. Gross weight or other quantity	10. Number and date of invoices
1	N/M	THREE HUNDRED(300)CARTONS OF LEATHER BAGS L/C NO. PIC 123456 * * * * *	"P"	600.00KGS G. W.	INVOICE NO. 123456 DEC. 10, 2022

11. Certification It is hereby certified, on the basis of control carried out, that the declaration by the exporter is correct. TIANJINDEC. 10, 2022 Place and date, signature and stamp of certifying authority	12. Declaration by the exporter The undersigned hereby declares that the above details and statements are correct, that all the goods were produced in　CHINA (country) and that they comply with the origin requirements specified for those goods in the Generalized System of Preferences for goods exported to NORWAY TIANJINDEC. 10, 2022 Place and date, signature and stamp of authorized signatory

填写普惠制原产地证书必须十分细心，本证书一律不得涂改，证书不得加盖校正章。本证书一般使用英文填写，也可使用法文填写。

首先，应注意填写该批货物的参考号（Reference No.），即证书号，普惠制原产地证书号的编排规则为：G+年份（2位数字）+公司注册号（9位数字）+企业流水号（4位数字），没有证书号的普惠制原产地证书无效。其具体填制规范如下：

1. 出口商名称、地址和国家（Goods consigned from）。填写已办理原产地证书申请人备案的中国境内（不包含港澳台地区）出口商名称、详细地址、国家。

2. 收货人名称、地址和国家（Goods consigned to）。填写收货人名称、地址、国家，即销售合同中的买方、信用证上规定的提单通知人或特别声明的收货人。收货人为挪威的，此栏可填"TO ORDER"，但不得留空，该栏目可以使用给惠国文种填写。

3. 所知航运方式和航线（Means of transport and route）。填写货物从中国境内最后离境口岸到目的港的详细运输路线、运输方式（如海运、陆运、空运等）、出口日期。货物最终目的地应为第12栏进口国港口或城市。如经转运，应注明转运地。

例如：SHIPMENT FROM TIANJIN TO ROTTERDAM BY SEA VIA HONGKONG

无论信用证及提单情况如何，都不能在原产地证书中显示起运港是香港（即FROM HONGKONG TO...），正确的运输方式表达，只能够是通过国内某港口或城市到香港，然后经香港再转运到国外。

例如：SHIPMENT FROM TIANJIN TO HONGKONG, THENCE TRANSSHIPPED TO ROTTERDAM BY VESSEL

4. 供官方使用（For official use）。此栏为签证机构在签发后发证书、补发证书或加注其他声明时使用。证书申领单位应将此栏留空。出口挪威的产品采用上述国家原料的，利用给惠国成分的，此栏注有"NORWAY CUMULATION"字样。

（1）证书补发。货物出运之后签发的证书为补发证书，证书可在货物出运之日起一年内补发。补发证书申请日期和签证日期应为实际申请和签证日期。原产地签证管理系统在证书第5栏自动标注"ISSUED RETROSPECTIVELY"字样。

（2）证书更改。申请人证书内容需要更改的，可在自证书签发之日起一年内向原签证机构申请更改证书。申请更改证书时，申请人应退回原证书，详细填写并提交更改/重发申请书。除申请更改的栏目、申请日期和签证日期为更改内容和实际日期外，更改证书其他各栏目应与原证书保持一致。签证人员签发更改证书后，收回并作废原证书。

（3）证书重发。申请人原证书被盗、遗失或损毁的，可在自证书签发之日起一年内向原签证机构申请重发证书。申请重发证书时，申请人应详细填写更改/重发申请书。证书申请日期和签证日期应为实际申请和签证日期。除申请日期及签证日期外，证书其他各栏目应与原证书保持一致。原产地签证管理系统在重发证书第5栏自动标注"DUPLICATE"及"THIS CERTIFICATE IS IN REPLACEMENT OF

CERTIFICATE OF ORIGIN NO. ___ DATED ___ WHICH IS CANCELLED”字样。

(4)证书更改重发。申请人原证书被盗、遗失或损毁且需要更改的,可在自证书签发之日起一年内向原签证机构申请更改重发证书。申请更改重发证书时,申请人应详细填写更改/重发申请书。证书申请日期和签证日期应为实际申请和签证日期。原产地签证管理系统在更改重发证书第 5 栏自动标注“THE CERTIFICATE OF ORIGIN NO. ___ DATED ___ IS CANCELLED”字样。

5. 商品项目号(Item number)。在收货人、运输条件相同的情况下,如同批出口货物有不同品种,则可按不同品种分列“1”“2”“3”…,以此类推,单项商品时,此栏填写“1”。

6. 唛头及包装号(Marks and numbers of packages)。填写的唛头及包装号应与发票、货物外包装上的一致。第 6 栏唛头标记不受文种限制,可据实填写。填写此栏目应注意:

(1)唛头中不得出现中国境外的国家或地区制造的字样。

(2)不可简单地填写“按照发票(As per invoice No)”或者“按照提单(As per B/L No)”。

(3)货物无唛头,应填写 N/M(NO MARK 或 NO MARKS AND NUMBERS),此栏不得留空。

(4)如唛头多,本栏填写不开,可填写在第 7、8、9 栏的空白处。

(5)如还不够,可用 A4 白纸打印唛头。在该栏目填写“See attachment”,附页的纸张要与原证书一般大小,在右上角打上证书号,并由申请单位和签证当局授权签字人分别在附页末页的右下角和左下角手签、盖章。附页手签的笔迹、地点、日期均与证书第 11、12 栏相一致。经签证机关审核签发后加盖骑缝章,成为该证书的组成部分(见样例 9-4)。

样例 9-4 普惠制原产地证书附页

Reference No. ×××

Attachment List

Marks and numbers	Description of Godds
×××	×××
×××	×××

Place and date (签证地点和日期)	Place and date (申请地点和日期)
signature and stamp of certifying authority	signature and stamp of authorized signatory

7. 包装件数、包装种类及商品的名称(Number and kind of packages, description of goods)。按照出口发票上所列商品名称填写具体的商品和包装单位数量,填写此栏目应注意:

(1)包装数量和种类(如“CASE”“CARTON”),填写运输包装单位的数量(件数),在包装数量的英文数字描述后用括号加上阿拉伯数字,如:SIX HUNDRED (600) CARTONS OF JACKETS。

(2)货物描述,填写具体名称,如:睡袋(SLEEPING BAGS)、杯子(CUPS),其详细程度应能在 HS 的四位数字中准确归类。不能笼统填“MACHINE”“GARMENT”等。如果信用证、合同中品名笼统或拼写错误,应在括号内加注具体描述或正确品名。商品的商标(Trade Mark)、牌名(Brand)、货号(Art. No)可不填,因这些与海关税则无关。

(3)货物无包装的,应填明货物出运时的状态,如“NUDE CARGO”“IN BULK”“HANGING GARMENTS”等。如:1 000 公吨生铁,填写为“ONE THOUSAND (1 000) M/T PIG IRON IN BULK”。

(4)有时信用证要求在所有单据上加注合同号、信用证号码等,或要求在原产地证书上加列生产厂商的名称和地址,可加在此栏。

(5)本栏的末行要打上表示截止的符号(* * * *),以防加添伪造内容。

(6)若该栏目需要填制的内容太多打不下,需用英文注明“To be continued”(未完待续)或“See attachment”(见附页)字样,并用附页(Attachment)格式在相应的栏目续打未打完的内容,附页右上角也需打上与正本一致的产地证编号,签证机关经审核签发后加盖骑缝章,成为原产地证书的组成部分,详见样例 9-4。

8. 原产地标准(Origin criterion)。此栏是国外海关审核的核心项目。

(1)货物完全获得或生产,不含任何非原产成分的,出口到所有给惠国,填写“P”, 出口至澳大利亚、新西兰的,此栏可留空。

(2)含非原产成分的货物,输往挪威,填写“W”,其后填写出口货物的四位数税则号,如:“W” 96.18;属于给惠国成分的进口原料部分可视作本国原料,故如果完全采用给惠国成分和本国成分,则该货物的原产地标准填写“P”。

输往澳大利亚、新西兰:本国原料和劳务不低于货物出厂成本的 50%,此栏可以留空。

输往下列国家时,普惠制原产地标准详情见表 9-2。

表 9-2　普惠制原产地标准详情

是否完全原产	原产地标准及其填制	原产地标准	原产地标准辅助项	非原产成分	适用国家/地区
完全原产	原产地标准选“P”	P	—	—	澳大利亚、新西兰

续表

是否完全原产	原产地标准及其填制	原产地标准	原产地标准辅助项	非原产成分	适用国家/地区
非完全原产	本国成分价值不小于产品出厂价的 50%,原产地标准留空	—	—	0<非原产成分≤50%	澳大利亚、新西兰
完全原产	原产地标准选“P”	P	—	—	挪威
非完全原产	满足加工清单要求,未列入的满足品目号改变规则,原产地标准选“W”	W	填写产品 HS 四位品目号	—	挪威
备注:自 2021 年 12 月 1 日起,海关不再对输往欧盟成员国、英国、加拿大、土耳其、乌克兰、列支敦士登的货物签发普惠制原产地证书。如货物发货人需要原产地证明文件,可申请签发非优惠原产地证书					

9. 毛重和其他数量(Gross weight or other quantity)。填写货物的正常计量单位,如“PCS”“PAIRS”“SETS”等。货物以重量计的填写毛重,填写净重的应加注“N. W.”(NET WEIGHT)。

10. 发票的日期和号码(Number and date of invoice)。填写发票号码、日期。所填写的发票号码、日期应与清关发票一致。发票日期不能迟于出运日期和第 11、12 栏证书签证、申请日期。

11. 签证机构证明(Certificate)。填写签证机构签证地点、日期。签证人员在此栏签名,并在对外签发的证书正本加盖原产地 FORM A 章。签名、印章应清晰完整且不得重叠。签发日期不得早于发票日期(第 11 栏)和申请日期(第 12 栏)。

12. 出口商声明(Declaration by the exporter)。在生产国横线上填写“中国”(China)。进口国横线上填写最终进口国,进口国应与第 3 栏货物最终目的地的国别保持一致。

此栏填写申报地点、日期,申报地点应与签证地点一致,申请人授权专人在此栏签字,并加盖申报单位中英文印章,此栏日期不得早于发票日期(第 10 栏)(最早是同日)。

三、区域性优惠原产地证书的缮制规范(见样例 9-5)

从 2002 年至今,我国陆续签署了 20 个自贸协定,涉及 26 个国家和地区,遍及世界各地,这些自贸区包括亚洲的东盟 10 国,以及韩国、巴基斯坦、马尔代夫 13 个国家,还有美洲的智利、秘鲁、哥斯达黎加、尼加拉瓜、厄瓜多尔 5 个国家,大洋洲的澳大利亚和新西兰,欧洲的冰岛和瑞士,欧亚地区的格鲁吉亚,非洲的毛里求斯,亚洲的柬埔寨,还有中国、日本、韩国、澳大利亚、新西兰和东盟十国共 15 个亚太地区国家正式签署了《区域全面经济伙伴关系协定》。每个自贸协定都有与之对应的优惠原产地证书,在此仅以《中国——格鲁吉亚自贸协定》项下优惠原产地证书为例,介绍区域性优惠原产地证书的缮制规范。中格自贸协定项下优惠原产地证书必须用英文缮制,每份证书都要有唯一的证书编号,证书编号规则为:字头"GE"+年份(2 位)+原产地申请人备案号(9 位)+流水号(4 位),其具体填制规范如下:

1. 出口商的名称、地址、国别(Exporter's name address and country)。填写已办理原产地证书申请人备案的中国境内(不包含港澳台地区)出口商名称、详细地址、国家。此栏不得填写两个或两个以上公司名称。

2. 生产商名称、地址、国别(Producer's name address and country)。此栏应列明所有货物的生产商名称、地址和国家。出口商或生产商希望该信息保密的,可在该栏填写"AVAILABLE TO THE COMPETENT AUTHORITY OR AUTHORISED BODY UPON REQUEST"。生产商与出口商相同的,填写"SAME"。

3. 收货人名称、地址和国别(Importer's name address and country)。填写格鲁吉亚收货人名称、地址和国家,不得填写非进口方公司信息。

4. 运输方式及路线(如已知)(Means of transport and route if known)。填写离港日期、运输工具号、装货口岸和卸货口岸。出运后申报的证书,此栏必须填写具体运输工具名称及号码,出运前申报且具体运输工具名称及号码未知的原产地证书,此栏可填写"＊＊＊"或"BY SEA"或"BY AIR"或其他运输方式。装货口岸应为中国境内港口,卸货口岸应为格鲁吉亚的口岸。

供官方使用栏(For official use only)。此栏为签证机构在签发后发证书、补发证书或加注其他声明时使用。证书申领单位应将此栏留空。

(1)证书补发。货物装船后申请的证书为补发证书,证书可在货物装船之日起一年内补发。补发证书的第 13、14 栏日期应为实际申请、签发日期。原产地签证管理系统在补发证书"官方使用栏"上自动标注"ISSUED RETROACTIVELY"字样。

(2)证书更改。申请人证书内容需更改的,可在证书签发之日起一年内向原签证机构申请更改证书。申请人应退回原证书,详细填写并提交更改/重发申请书。除申请更改的栏目、申请日期和签证日期为更改内容和实际日期外,更改证书其他各栏目应与原证书保持一致。签证人员签发更改证书后,收回并作废原证书。

(3)证书重发。申请人原证书被盗、遗失或损毁的,如果此前签发的原产地证书正本经核实未被使用,可在自证书签发之日起一年内向原签证机构申请重发证书。申请重发证书时,申请人应详细填写更改/重发申请书。证书申请日期和签证日期应为实际申请和签证日期。除申请日期及签证日期外,证书其他各栏目应与原证书保持一致。原产地签证管理系统在证书上自动标注"CERTIFIED TRUE COPY OF THE ORIGINAL CERTIFICATE OF ORIGIN NUMBER ____ DATED ____"字样。

(4)证书更改重发。申请人原证书被盗、遗失或损毁且需要更改的,如果此前签发的原产地证书正本经核实未被使用,可在自证书签发之日起一年内向原签证机构申请更改重发证书。申请更改重发证书时,申请人应详细填写更改/重发申请书。证书申请日期和签证日期应为实际申请和签证日期。

5. 备注(Remarks)。填写订单号、信用证号等信息。如果发票由非缔约方经营者开具的,应在本栏注明开具发票的经营者名称、地址和国家。中国、格鲁吉亚境内企业不属于非缔约方经营者。

6. 项目号(Item number)。在收货人、运输条件相同的情况下,如同批出口货物有不同品种,则可按不同品种分列"1""2""3"…,以此类推,单项商品,填"1"。

7. 唛头及包装号(Marks and numbers on packages)。填写的唛头及包装号应与发票及货物外包装上的一致。填写此栏目应注意:

(1)唛头不得出现中国境外的国家或地区制造的字样。

(2)如果没有唛头及包装号,应填"N/M"或"NO MARKS AND NUMBERS"。

(3)如有特殊唛头的,可在此栏填写"SEE ATTACHMENT",并在证书背页贴唛(盖骑缝章)或 A4 白纸打印唛头(盖骑缝章)。

(4)如果唛头是图形或符号,应填写"I/S"或"IMAGE AND SYMBOL"。

(5) CARTON LABEL, AS ADDRESS, AS PER INVOICE, AS PACKING LIST, AS B/L, AS BILL OF LADING, COLOR LABEL 等不能作唛头。

8. 包装数量及种类和货物描述(Number & kind of packages; description of goods)。按照出口发票上所列商品名称填写具体的商品和包装单位数量,填写此栏目应注意:

(1)货物描述必须详细,以使对方验货的海关官员可以识别。

(2)如果信用证、合同中品名笼统或拼写错误,应在括号内加注具体描述或正确品名。

(3)包装数量必须用英文或阿拉伯数字表示,并标明货物具体包装种类(如"CASE""CARTON")。

(4)货物无包装的,应填明货物出运时的状态,如"NUDE CARGO""IN BULK""HANGING GARMENTS"等。

(5)当商品描述结束时,加上"* * *"(三颗星)或"\"(斜线),说明证书以下系空白,防止他人篡改证书。

9. HS 编码(HS code, 6-digit code)。填写第 8 栏中每项货物对应的 6 位 HS 编码。

10. 原产地标准(Origin criterion)。中格自贸协定项下优惠原产地证,对应第 8 栏填写每种货物申明享受优惠关税待遇所依据的原产地标准详情(见表 9-3)。

表 9-3　中格自贸协定项下优惠原产地标准详情

是否完全原产	原产地标准及其填制	原产地标准	原产地标准辅助项	非原产成分	适用国家/地区
完全原产	货物在一方境内完全获得，原产地标准选"WO"	WO	—	0%	格鲁吉亚
非完全原产	货物在一方或双方境内，且仅适用符合本章（原产地规则）规定的原产材料，原产地标准选"WP"	WP	—	0%	格鲁吉亚
非完全原产	货物在缔约国一方由非原产材料生产且区域价值成分不低于 40%，原产地标准为空	—	原产地标准辅助项填区域价值成分的实际比例，如"40%"	—	格鲁吉亚
非完全原产	货物在一方或双方境内，所使用的非原产材料符合产品特定原产地规则或其他要求，原产地标准选"PSR"	PSR	—	—	格鲁吉亚

11. 毛重、净重其或其他数量（Gross or net weight or other quantity，e. g. Quantity Unit，liters，M3）。填写商品的正常计量单位，如"PCS""PAIRS""SETS"等。货物以重量计的填写净重，则需加注"N. W."（NET WEIGHT）。如填写毛重，需加注"G. W."（GROSS WEIGHT）。

12. 发票号码与日期（Number and date of invoice）。所填写的发票号码、日期必须与清关发票一致。发票日期不能迟于出运日期和第 13、14 栏证书申请、签证日期，此栏不得留空。

13. 出口商或生产商声明（Declaration by the exporter or producer）。填写申报地点、日期，申报地点应与签证地点一致，申请人授权专人在此栏签字。生产国国名应为"CHINA"，进口国应填写"GEORGIA"。申报日期应为实际申请日期。

14. 签证机构证明（Certification）。填写签证机构签证地点、日期。签证人员在此栏签名，并在对外签发的证书正本和副本加盖原产地 ORIGIN 印章。签名、印章应清晰完整且不得重叠。

样例 9-5 《中格自贸协定》项下区域性优惠原产地证书

ORIGINAL

1. Exporter's name ,address and country: TIFERT TRADING CO. , LTD. NO. 86, ZHUJIANG ROAD, TIANJIN, CHINA	Certificate No. : GE224408000200001
2. Producer's name, address and country: AVAILABLE TO THE COMPETENT AUTHORITY OR AUTHORISEDBODY UPON REQUEST	CERTIFICATE OF ORIGIN Form for China-Georgia Free Trade Agreement Issued in: THE PEOPLE'S REPUBLICOF CHINA
3. Importer's name, address and country: POTI IMPORT & EXPORT CORP. , LTD NO. 186, HIGHWAY STREET, POTI, GEORGIA	
4. Means of transport and route (if known): Departure Date: DEC. 18, 2022 Vessel/Flight/Train/Vehicle No. : HANJIN EXPRESS V. 186 Port of loading: TIANJIN Port of discharge: POTI	For official use only: Verification: origin. customs. gov. cn 5. Remarks:

6. Item number	7. Marks and numbers on packages	8. Number and kind of packages; description of goods	9. HS code (6-digitcode)	10. Origin criterion	11. Gross or net weight or other quantity (e. g. Quantity Unit, litres, m^3)	12. Number anddate of invoice
1	N/M	THREE HUNDERED (300) CARTONS OF LEATHER BAGS L/C NO. PIC123456 * * * * *	420211	WP	600. 00KGS G. W.	IINV NO. 123456 DEC. 10, 2022

13. Declaration by the exporter or producer: The undersigned hereby declares that the above stated information is correct, and that all the goods are produced in CHINA (Country) and that they comply with the origin requirements specified in the Free Trade Agreement for the goods exported to GEORGIA (Importing country) TIFERT TRADING CO., LTD 泰佛贸易有限公司 TIANJIN DEC15, 2022	14. Certification: On the basis of control carried out, it is hereby certified that the information herein is correct and that the described goods comply with the origin requirements of the China-Georgia Free Trade Agreement. TIANJIN CUSTOMS 中华人民共和国 天津 ORGINA 海关 THE PEOPLE'S REPUBLIC OF CHINA TIANJIN DEC15, 2022
Place, date and signature of Authorized person	Place and date, signature and stamp of the Authorized Body

第四节　原产地证书条款解析

一、原产地证书条款解析详述

信用证中对原产地证书条款的表述方法很多，首先以较复杂的条款为例，解析一下原产地证书条款通常的几个组成部分。

Certificate of origin① issued by② the CCPIT certifying that③ goods are of Chinese origin in④ one original and one copy the original one legalized by⑤ the A. R. E. representative in China.

说明：①对原产地证书的种类要求；②对原产地证书的签发机构要求；③对原产地证书的内容要求；④对原产地证书的份数要求；⑤对原产地证书的特殊要求。

需要说明的是，信用证中的原产地证书条款不完全像解析中列举的条款那样完整，往往有很多省略，如省略③对原产地证书的内容要求，则视为按通常的缮制规范填写原产地证书。

下面就比较常见的原产地证书条款举例进行解析，说明缮制原产地证书时应如何具体把握。

1. Certificate of origin G. S. P. Form A original and one copy evidencing China as origin of goods.

该证要求提供 Form A 原产地证明书一正一副，在缮制原产地证书时注意做到以下几点：①证书种类不能搞错，应填写 Form A 原产地证书；②在证书中要加注证词证明货物系中国产，即在证书货物描述下方的空白处填写“We hereby evidence China as origin of goods”，不要认为产地证本身已证明货物为中国产，而漏填写此证词。

2. Certificate of China origin issued by a relevant authority.

该证要求提供原产地证书，由有关的当局出具，在缮制原产地证书时注意做到以下几点：①证书种类不能搞错，在信用证没有特别明确提供何种原产地证书时，提供一般原产地证书即满足要求；②信用证没有明确签发机构时，一般可由贸促会出具。

3. Certificate of origin signed by official recognized authorities in P. R. China.

该证要求提供原产地证书，由中华人民共和国的官方机构出具，在缮制原产地证书时注意做到以下几点：①证书种类提供一般原产地证书即满足要求；②信用证要求由官方机构出具原产地证书，最好向各直属海关申领该产地证，而不能向贸促会申领，因为贸促会属于民间机构。

4. Original certificate in triplicate implying the covering goods are produced in China and indicating the name and full address of manufacturer.

该证要求提供原产地证明书一式三份，提交一正两副即满足要求，在缮制原产地证书时注意做到以下几点：①证书种类提供一般原产地证书即满足要求；②在证书中要包含证词证明货物系中国产，即在证书货物描述下方的空白处填写“We hereby certify that the covering goods are produced in China”，不要照抄原句；③在证书中要列明货物制造商的名称和详细地址，即在证书货描的空白处加注：

Manufacturer name：×××××

Full address：×××××××

如果是经营型的贸易公司，不愿将真实生产商的名称和地址透露给国外买方，且没有特殊要求，可以填写自己公司的名称和地址。

5. Certificate of origin in duplicate issued by CCPIT.

该证明确要求提交由贸促会签发的原产地证书一式两份，因此只能提供贸促会签发的一般原产地证书，否则就会造成单证不符遭拒付。

6. Separated certificate of origin in 3-fold.

该证要求单独出具原产地证书一式三份，在缮制原产地证书时注意做到以下几点：①单独向贸促会申领原产地证书，不能贪图方便与发票等单据联合；②证书提交一正两副即可。

7. Certificate of Origin should state that the goods do not contain any component of Israel origin whatever the proportion of such component，the exporter or supplier has no direct or indirect connection whatsoever with Israeli.

该证要求提供原产地证明书，在缮制原产地证书时注意做到以下几点：①对证书的种类，提交贸促会签发的一般原产地证书即可；②对证书的份数，没有明确要求提供一正一副即可；③在证书中要加注，声明货物中不含任何以色列的原料和加工成分，出口商或供应商不曾与以色列有任何直接或间接联系。即在证书货物描述下方的空白处填写“We hereby state that the goods do not contain any component of an Israel origin whatever the proportion of such component，the exporter or supplier has no direct or indirect connection whatsoever with Israeli”。切记不要漏填写此证词，否则会遭银行拒付。

8. Certificate of origin in two copies indicating that goods are of Chinese origin issued by Chamber of Commerce.

该证要求提供原产地证明书，在缮制原产地证书时注意做到以下几点：①证书种类提交一般原产地证书即可；②证书的份数，提供一正一副即可；③在证书中要加注证词，表明货物系中国产，即在证书货物描述下方的空白处填写“We hereby indicate that goods are of Chinese origin”；④信用证要求由商会签发原产地证书，在申领原产地证时要注意由贸促会加注贸促会即商会,因为在我国商会和贸促会是一家 CHINA COUNCIL FOR THE PROMOTIONAL OF INTERNATIONAL TRADE IS CHINA CHAMBER OF INTERNATIONAL COMMERCE。如果贸促会不能按要求加注或没有商会签章,则只能要求客户修改信用证,改为由贸促会签发。

二、缮制原产地证书应注意的问题

1. 当信用证要求提交原产地证书时,提交看似与所开发票的货物相关且证实货物原产地并经签署的单据,即满足要求。

2. 当信用证要求提交特定格式的原产地证书,比如 GSP Form A 格式时,应当仅提交特定格式的单据。

3. 原产地证书应当由信用证规定的实体出具,当信用证没有规定出具人名称时,原产地证书可以由任何实体出具。

4. 当信用证要求提交由受益人、出口商或制造商出具的原产地证书时,只要原产地证书相应注明受益人、出口商或制造商,提交的原产地证书由商会或类似机构出具也满足要求。

5. 当信用证要求提交由商会出具的原产地证书时,提交的原产地证书由行会、行业协会、经济协会、海关和贸易部门等类似机构出具也满足要求。

6. 原产地证书应当看似与所开发票的货物相关联,例如,可以通过使用与信用证规定相符的货物描述,或与信用证所规定的货物描述不相矛盾的统称,或者援引其他规定单据或原产地证书不可分割的附件上的货物描述。

7. 当原产地证书显示收货人信息时,其不应与运输单据中的收货人信息相矛盾。但是,当信用证要求运输单据出具成"凭指示"、"凭托运人指示"、"凭开证行指示"、"凭指定银行(或议付行)指示"或"收货人为开证行"时,原产地证书可以显示收货人为信用证中除受益人以外的任何一个具名实体。当信用证已经转让时,收货人可以是第一受益人。

如果合同是通过中间商达成的,货物直运最终用户所在国,原产地证书的收货人应填写最终买主的名称和地址,出于商业保密需要,中间商可能不会告知出口方真正的最终买主,可以填写成"To whom it may concern"或"To order",不能填写成中间商。

8. 原产地证书可以显示信用证受益人或其他规定单据上所显示的托运人以外的实体为发货人或出口商。

9. 当信用证规定货物原产地而没有要求提交原产地证书时,规定单据上对货物原产地的任何援引不应与规定的原产地相矛盾。例如,当信用证规定"货物原产地:德国"而没有要求提交原产地证书时,任何规定单据显示了不同的货物原产地,将视为数据矛盾。

10. 只要原产地证书显示的出口商或发货人不是受益人,其就可以显示不同于其他一种或多种规定单据上注明的发票号码、发票日期和运输路线。发票日期的月份应该用英文缩写表示，不要用六位阿拉伯数字填写以免产生异议。

11. 唛头一定要严格参照发票或提单填写，并且要与发票或提单中的唛头一致，不能简单填写成“As per invoice No. ××”“As per B/L No. ××”或留空。

12. 目的地国家、地区应该填写为最终用户所在国或所在地区名称，不能填写中间商所在国、所在地区名称。

13. 货物名称应该详细，详尽到在海关编码中能找到对应的 H. S. Code，不能太笼统，无须填写商品的商标、等级等内容，出口货物的海关编码应能准确反映实际出运的货物。

14. 包装单位件数的大小写应该相符。

15. 信用证要求在原产地证书中加注一些内容，如信用证证号、许可证证号、制造商或生产商的名称和地址等，应严格按要求填写，货物描述最后不要漏打“ **** ”以示结束。

16. 货物中如果含有进口成分（百分比），在原产地标准中应填写正确的原产地标准代码。例如：FORM A 原产地证不能笼统填写成“P”；其他区域性优惠原产地证，如中格自贸区优惠原产地证，不能笼统填写成“WO”或“WP”。

17. 注意原产地证书上几个日期的逻辑关系，申领日期不能早于发票日期，可略晚，最早可以与发票日期同一天；签发日期不能早于申领日期，可略晚，最早可以与申领日期相同，同时注意签发日期也不能晚于装运日期，否则的话被视为后发证。

18. 在因原产地证书内容过多而有附页的情况下，附页要由签证机构签字盖章，同时也要盖骑缝章，以示其是证书的组成部分。

知识链接

自由贸易区（Free Trade Area，FTA）

随着多哈回合贸易谈判屡次陷入僵局，多边贸易自由化不断受阻，我国与世界上许多国家一样开始将自贸区的建设提升到战略层面，我国政府与其他区域经过多轮谈判签订区域性自由贸易协定，区域性优惠关税在未来相当长的一段时期将占主导地位，与之相应的各种区域性优惠原产地证书对我国的进出口贸易将产生长远的影响。短短几年间，我国自贸区建设从无到有，有了一个良好开局。迄今为止，我国已签署22个自贸协定（见表9-4）。自贸区已经成为加入世界贸易组织之后，我国对外开放的新形式、新起点，以及与其他国家和地区实现互利共赢的新平台。

表 9-4 自由贸易区

序号	年份	自贸区名称	签订的协议及实施时间
1	2002	中国—东盟自贸区	2002 年 11 月 4 日,《中国与东盟全面经济合作框架协议》签署,自贸区建设正式启动。2004 年 11 月签订《货物贸易协议》、2007 年 1 月签订《服务贸易协议》、2009 年签订《投资协议》。2010 年 1 月 1 日自贸协定全面实施,90%的商品实现零关税。中国对东盟平均关税从 9.8%降到 0.1%,东盟六个老成员国对中国的平均关税从 12.8%降到 0.6%。2019 年 8 月 20 日,《中华人民共和国与东南亚国家联盟关于修订〈中国—东盟全面经济合作框架协议〉及项下部分协议的议定书》正式生效,新版东盟原产地证书也于同日开签。2023 年 4 月 10—12 日,中国—东盟自贸区 3.0 版第二轮谈判在泰国曼谷举行
2	2003	内地与香港更紧密经贸关系安排(Closer Economic Partnership Arrangement,CEPA)	2003 年 6 月 30 日,CEPA 签署并实施。2004 年、2005 年、2006 年又分别签署了《补充协议》、《补充协议二》和《补充协议三》。CEPA 是"一国两制"原则的成功实践,是内地与香港制度性合作的新路径,是内地与香港经贸交流与合作的重要里程碑,是国家主体与香港单独关税区之间签署的自由贸易协议,也是内地第一个全面实施的自由贸易协议
3	2005	中国—智利自贸区	2005 年 11 月 18 日,《中国—智利自由贸易协定》签订,2006 年 10 月 1 日启动实施。主要覆盖货物贸易和经济技术合作等内容,是我国与拉美国家签署的第一个自贸协定,也是我国已签署的货物贸易自由化水平最高的自贸协定之一。2017 年 11 月 11 日,双方签署《中华人民共和国政府与智利共和国政府关于修订〈自由贸易协定〉及〈自由贸易协定关于服务贸易的补充协定〉的议定书》,自 2019 年 3 月 1 日起正

知识链接

续表

序号	年份	自贸区名称	签订的协议及实施时间
3	2005	中国—智利自贸区	式实施。中智双方在原有自贸协定货物高水平自由化的基础上,承诺进一步对54种产品实施零关税,总体零关税产品比例将达到98%。同时,中智自贸协定升级版对原产地规则和操作程序进行了优化,证书申办时限及使用更加便利外贸企业,证书内容设置也更加完善
4	2005	内地与澳门更紧密经贸关系安排	《内地与澳门CEPA服务贸易协议》于2015年11月28日签署,于2016年6月1日起正式实施。2018年12月12日,内地与澳门签署了《CEPA货物贸易协议》。2019年11月20日,双方签署了《关于修订〈CEPA服务贸易协议〉的协议》
5	2006	中国—巴基斯坦自贸区	2006年11月24日签订的《中国—巴基斯坦自由贸易协定》,于2007年7月1日起正式实施。中巴两国间相互实施零关税产品的税目数比例将从此前的35%逐步增加至75%。此外,双方还将对占各自税目数比例5%的其他产品实施20%幅度的部分降税。《中华人民共和国政府和巴基斯坦伊斯兰共和国政府关于修订的议定书》于2019年12月1日正式生效
6	2008	中国—新西兰自贸区	2008年4月7日,双方签署《中国—新西兰自由贸易协定》,于2008年10月1日开始生效实施。这是中国与发达国家签署的第一个自由贸易协定,也是中国与其他国家签署的第一个涵盖货物贸易、服务贸易、投资等多个领域的自由贸易协定。新西兰在2016年1月1日前取消全部自华进口产品关税,其中63.6%的产品从《中国—新西兰自由贸易协定》生效时起即实现零关税;中国在2019年1月1日前取消97.2%自新进口产品关税,其中24.3%的产品从《中国—新西兰自由贸易协定》生效时起即实现零关税。升级议定书于2022年4月7日正式生效实施

续表

序号	年份	自贸区名称	签订的协议及实施时间
7	2008	中国—新加坡自贸区	2008年10月23日，双方签署了《中国—新加坡自由贸易协定》。同时，还签署了《中国和新加坡关于双边劳务合作的谅解备忘录》。新方承诺在2009年1月1日取消全部自华进口产品关税；中方承诺在2010年1月1日前对97.1%的自新进口产品实现零关税。双方还在医疗、教育、会计等服务贸易领域做出了高于WTO的承诺。 2023年4月1日中国与新加坡宣布实质性完成自贸协定升级后续谈判
8	2009	中国—秘鲁自贸区	2009年4月28日，双方正式签订《中国—秘鲁自由贸易协定》，中秘双方对各自90%以上的产品分阶段实施零关税，可以说自贸协定实施后，中秘两国携手迈入了"零关税时代"，2010年3月1日起实施。2019年8月23日，《中国—秘鲁自贸协定》升级第三轮谈判顺利完成
9	2010	海峡两岸经济合作框架协议（Economic Cooperation Framework Agreement，ECFA）	2010年1月26日，ECFA第一次两会专家工作商谈在北京举行。2010年6月29日，两岸两会领导人签订合作协议。2010年8月17日，台湾地区立法机构通过ECFA。它实质上是两个经济体之间的自由贸易协定谈判的初步框架安排，同时又包含若干早期收获协议
10	2010	中国—哥斯达黎加自贸区	2010年4月8日，双方正式签署《中国—哥斯达黎加自由贸易协定》，中哥自贸协定覆盖领域全面、开放水平较高。在货物贸易领域，中哥双方将对各自90%以上的产品分阶段实施零关税，共同迈进"零关税时代"。该协定于2011年8月1日起正式生效

续表

序号	年份	自贸区名称	签订的协议及实施时间
11	2013	中国—冰岛自贸区	2013年4月15日,双方签署了《中国—冰岛自由贸易协定》。该协定是我国与欧洲国家签署的第一个自由贸易协定,涵盖货物贸易、服务贸易、投资等诸多领域。中国—冰岛自贸区谈判于2006年12月启动并进行了4轮,2009年,因冰岛提出加入欧盟申请,双方谈判中止。2012年4月,中冰两国领导人商定重启中冰自贸区谈判。后经2轮谈判,双方于2013年1月结束实质性谈判,就协定内容达成一致。《中国—冰岛自由贸易协定》于2014年7月1日正式生效
12	2013	中国—瑞士自贸区	2013年7月6日,双方签署《中国—瑞士自由贸易协定》,是我国与欧洲大陆国家签署的第一个自贸协定。协定实施以来双边贸易增长迅速,目前中国是瑞士仅次于欧盟和美国的第三大贸易伙伴,瑞士是中国在欧洲的第七大贸易伙伴。瑞方对中方99.7%的出口立即实施零关税,中方对瑞方84.2%的出口最终实施零关税;如果加上部分降税的产品,瑞士参与降税的产品比例是99.99%,中方是96.5%。2014年7月1日,《中国—瑞士自由贸易协定》关税减让方案正式实施
13	2015	中国—澳大利亚自贸区	2015年6月17日,双方正式签署《中国—澳大利亚政府自由贸易协定》,双方各有占出口贸易额85.4%的产品将在协定生效时立即实现零关税。减税过渡期后,澳大利亚最终实现零关税的税目占比和贸易额占比将达到100%;中国实现零关税的税目占比和贸易额占比将分别达到96.8%和97%。该协定于2015年12月20日正式生效

续表

序号	年份	自贸区名称	签订的协议及实施时间
14	2015	中国—韩国自贸区	2015年6月1日，双方正式签署《中国—韩国自由贸易协定》，这是中国对外商谈的覆盖领域最广、涉及国别贸易额最大的自贸区。在关税减让方面，中韩自贸协定达成后，经过最长20年的过渡期，中方实现零关税的产品将达到税目的91%，进口额的85%，韩方实现零关税的产品将达到税目的92%、进口额的91%，该协定于2015年12月20日正式生效
15	2017	中国—格鲁吉亚自贸区	2017年5月13日，双方正式签署《中国—格鲁吉亚自由贸易协定》。中国出口至格鲁吉亚96.5%的商品凭中国—格鲁吉亚自贸协定原产地证书，可享受零关税待遇，同时我国也将对格鲁吉亚93.9%的进口商品实施零关税政策。《中国—格鲁吉亚自贸协定》是我国与丝绸之路经济带沿线国家签署的首个自贸协定。该协定的生效会对促进两国贸易便利化、自由化产生积极的影响。2018年1月1日，该协定正式生效
16	2017	中国—马尔代夫自贸区	2017年12月7日，双方正式签署《中国—马尔代夫自由贸易协定》。中马自贸协定是马尔代夫对外签署的首个双边自贸协定。中马自贸协定谈判于2015年12月启动，并于2017年9月结束。双方同意最终实现零关税的产品税目数和进口额占比均接近96%，我国对马尔代夫出口的绝大部分工业品及花卉、蔬菜等农产品将从中获益。马尔代夫绝大部分鱼水产品等优势出口产品也将享受零关税待遇
17	2019	中国—毛里求斯自贸区	2019年10月17日，双方正式签署了《中国—毛里求斯自由贸易协定》，这是我国与非洲国家的第一个自贸协定。中方和毛里求斯最终实现零关税的产品税目比例分别达到96.3%和94.2%，占自对方进口总额的比例均为92.8%。毛里求斯剩余税目的关税也将进行大幅削减，绝大多数产品的关税最高将不再超过15%，甚至更低。该协定于2021年1月1日正式生效

知识链接

续表

序号	年份	自贸区名称	签订的协议及实施时间
18	2020	中国—柬埔寨自贸区	2020年10月12日，双方通过视频正式签署《中国—柬埔寨自由贸易协定》，这是我国与最不发达国家商签的第一个自贸协定，是我国首个就“一带一路”倡议合作独立成章的自贸协定，体现了两国共建“一带一路”的坚定意愿和信心。中方给予柬方货物贸易零关税税目比例达97.53%，柬方给予中方90%税目零关税，这是双方迄今所有自贸协定谈判中的最高水平。该协定于2022年1月1日正式生效实施
19	2020	区域全面经济伙伴关系协定（RCEP）	2020年11月15日，东盟10国和澳大利亚、中国、日本、韩国、新西兰共同签署RCEP，并推动协定于2022年1月1日正式生效。2023年6月2日，RCEP对菲律宾正式生效，至此，协定对15个签署国全面生效。RCEP区域总人口、GDP总值、货物贸易金额均占全球比重约30%，协定对15方全面生效标志着全球人口最多、经贸规模最大、最具发展潜力的自由贸易区进入全面实施的新阶段。RCEP的全面生效充分体现了15方以实际行动支持开放、自由、公平、包容和以规则为基础的多边贸易体制，共同致力于不断推进全面、互利和高水平的经济伙伴关系
20	2023	中国—尼加拉瓜自贸区	2023年4月26—28日，中国—尼加拉瓜自贸协定第三轮谈判在北京举行，双方围绕货物贸易、跨境服务贸易、投资、知识产权、卫生与植物卫生措施等重要议题进行了深入磋商，取得积极进展，并就下一步工作安排达成共识，《中国—尼加拉瓜关于自由贸易协定早期收获的安排》于5月1日起正式生效实施，双方将对一些产品取消进口关税

知识链接

续表

序号	年份	自贸区名称	签订的协议及实施时间
21	2023	中国—厄瓜多尔自贸区	2023年5月11日，双方通过视频方式正式签署《中国—厄瓜多尔自由贸易协定》，中厄自贸协定是中国对外签署的第20个自贸协定，厄瓜多尔成为中国第27个自贸伙伴，也是继智利、秘鲁、哥斯达黎加之后中国在拉美地区的第4个自贸伙伴。中国是厄瓜多尔第二大贸易伙伴，厄瓜多尔是中国在拉美地区重要的经贸伙伴和农渔能矿产品进口来源地，也是共建"一带一路"的重要合作伙伴。中厄自贸协定的签署是落实党的二十大提出的"推进高水平对外开放"的具体举措，是扩大面向全球的高标准自由贸易区网络的最新实践
22	2023	中国—塞尔维亚自贸区	2023年10月17日，中塞双方正式签署《中国—塞尔维亚自由贸易协定》，该协定是中国与中东欧国家签署的第一个自贸协定，是落实两国领导人共识的重要举措，是扩大面向全球的高标准自由贸易区网络的又一重要实践，也是第三届"一带一路"国际合作高峰论坛的重要成果。中塞双方通过自贸协定将实现高水平相互开放，为双边经贸合作建立新的制度性安排，为推动高质量共建"一带一路"和深化中塞全面战略伙伴关系注入新动能

本章小结

本章简要地介绍了原产地证书的概念、种类及其作用。

原产地证书是一种证明货物原产地或制造地的证件。不用海关发票或领事发票的国家，要求提供原产地证书，可确定对进口货物应征收的税率。有的国家限制从某个国家或地区进口货物，也要求以原产地证书来证明货物的来源。在我国原产地证书可由各直属海关或中国国际贸易促进委员会签发。

鉴于原产地证书对促进国际贸易的发展越来越重要，本章结合一般原产地证书、普惠制原产地证书和区域性优惠原产地证书的实例，介绍了原产地证书各个栏目的缮制规范、信用证常见原产地证书条款的解析以及缮制原产地证书应该注意的问题。

本章测试

一、动脑思考

1. 原产地证书的概念、种类及其作用是什么？

2. 原产地证书收货人在几种特殊情况下填写应注意什么？

3. 原产地证书中货物描述部分应注意什么？

4. 缮制原产地证书应注意哪些问题？

5. 除一般原产地证书和普惠制原产地证书外，请列举还有哪些区域性原产地证书。

二、动手操练

实训操作(一)：

作为泰佛贸易公司的单证员，请根据所提供信息，利用空白一般原产地证书(见样例9-6)填写一份原产地证书。

1. 出口商：TIFERT TRADING CO. , LTD
   NO. 86, ZHUJIANG ROAD, TIANJIN, CHINA
2. 收货人：TOYOHANM AND CO. , LTD
   NO. 56, NISHIKI 6-CHOME, NAKAKU
   NAGOYA, JAPAN
3. 发票号：CQ345
4. 发票日期：MARCH 15, 2022
5. 发票金额：USD9 500.00
6. 唛头：T. C.
   KOBE
   NO. 1-50
7. 货物描述：2000 PCS OF 100% COTTON QUILT CASE S/NO. 7834 SIZE 145CM × 195CM USD4.75 PER PC CIF KOBE PACKED IN CARTONS OF 40PCS EACH DETAILS AS PER CONTRACT NO. 22AB23M
8. 装运港：TIANJIN
9. 目的港：KOBE
10. 海关编码：6302
11. 出口商有权签字人：王宏
12. 签证机关有权签字人：李力
13. 证书号：C224408000200002

样例 9-6　空白一般原产地证书

ORIGINAL

1. Exporter	Certificate No. CERTIFICATE OF ORIGIN OF THE PEOPLE'S REPUBLIC OF CHINA
2. Consignee	
3. Means of Transport and Route	5. For certifying authority use only
4. Country / Region of Destination	

6. Marks and Numbers	7. Number and Kind of Packages; Description of Goods	8. H. S. Code	9. Quantity	10. Number and Date of Invoices

11. Declaration by the Exporter	12. Certification
The undersigned hereby declares that the above details and statements are correct, that all the goods were produced in China and that they comply with the Rules of Origin of the People's Republic of China.	It is hereby certified that the declaration by the exporter is correct.
Place and date, signature and stamp of authorized signatory	Place and date, signature and stamp of certifying authority

实训操作(二)：

1. 信用证有关信息摘录如下：

SEQUENCE OF TOTAL	27：1/1
FORM OF DOCUMENTARY CREDIT	40A：IRREVOCABLE
APPLICABLE RULES	40E：UCP LATEST VERSION
DOCUMENTARY CREDIT NUMBE	20：G/FO-7752807
DATE OF ISSUE ：	31C：220223
DATE AND PLACE OF EXPIRY	31D:220610 TIANJIN CHINA

APPLICANT 50: FASHION COMPANY LTD
TOSHU CORPORATION OSALM
12-36, OXFORD STREET, OSLO, NORWAY
ENGLAND

BENEFICIARY 59: TIFERT TRADING CO., LTD
NO. 86, ZHUJIANG ROAD, TIANJIN
CHINA

CURRENCY CODE, AMOUNT 32B: USD201780,00

AVAILABLE WITH... BY... 41D: ANY BANK
BY NEGOTIATION

LOADING/DISPATCH/TAKING/FROM 44E: TIANJIN

FOR TRANSPORTATION TO... 44F: OSLO

LATEST DATE OF SHIPMENT 44C: 220531

DESCRPT OF GOODS/SERVICES 45A:

MAN'S SHIRT(CONTRACT NO. 22JA7031KL)

ST/NO.	Q'TY	UNIT PRICE
71-800	67 200PCS	USD1.43/PC
71-801	48 000PCS	USD1.46/PC
71-802	27 600PCS	USD1.29/PC

CIF OSLO

DOCUMENTS REQUIRED 46A:

+COMMERCIAL INVOICE IN QUINTUPLICATE

+PACKING LIST IN 3 COPIES

+G. S. P. CERTIFICATE OF ORIGIN FORM A IN 3 COPIES

2. 补充信息资料如下：

(1) SHIPPING MARKS:

FASHION

22JA7031KL

OSLO

CTN NO. 1-UP

(2) INVOICE NO. 20FZ008 DATED MAY 20, 2022

(3) PACKED IN CARTONS OF 50 PIECES EACH

(4) REFERENCE NO. G224408000200002

作为泰佛贸易公司的单证员，请根据以上信用证摘录信息及补充相关信息，视为出口的男士衬衫视为100%自产。利用空白普惠制原产地证书（见样例9-7）独立填写一份普惠制原产地证书。

样例 9-7　空白普惠制原产地证书

<table>
<tr><td colspan="3">1. Goods Consigned from (Exporter's Business Name, Address, Country)</td><td colspan="3" rowspan="2">Reference No.
GENERALIZED SYSTEM OF PREFERENCES
CERTIFICATE OF ORIGIN
(Combined declaration and certificate)
FORM A

Issued in the People's Republic of China
(country)
See Notes overleaf</td></tr>
<tr><td colspan="3">2. Goods Consigned to (Consignee's Name, Address, Country)</td></tr>
<tr><td colspan="3">3. Means of Transport and Route (as far as known)</td><td colspan="3">4. For Official Use</td></tr>
<tr><td>5. Item Number</td><td>6. Marks and Numbers of Packages</td><td>7. Number and Kind of Packages; Description of Goods</td><td>8. Origin Criterion (See Notes Overleaf)</td><td>9. Gross Weight or Other Quantity</td><td>10. Number and Date of Invoices</td></tr>
<tr><td colspan="3">11. Certification
It is hereby certified, on the basis of control carried out, that the declaration by the exporter is correct.

Place and date, signature and stamp of certifying authority</td><td colspan="3">12. Declaration by the Exporter
The undersigned hereby declares that the above details and statements are correct, that all the goods were produced in China
(country)
and that they comply with the origin requirements specified for those goods in the Generalized System of Preferences for goods exported to
----
(Importing country)

Place and date, signature and stamp of authorized signatory</td></tr>
</table>

第十章 检验证书缮制

知识目标

1. 了解检验证书的概念、种类和作用
2. 熟悉检验证书的不同格式、主要内容

技能目标

1. 掌握检验证书的缮制规范、缮制技巧及应注意的问题
2. 掌握检验检疫申请网上申报

素质目标

1. 培养耐心细致的工作作风
2. 树立终身学习的意识

案例库

我中行某分行在2022年6月收到韩国某金融公司开出的以某贸易公司为受益人的信用证,金额为USD992 000.00,出口货物是20万台数码相机。信用证要求发货前由开证申请人指定代表出具货物检验证书,其签字必须由开证行证实,且规定1/3的正本提单在装运后交予开证申请人代表。在装运时,开证申请人代表来到出货地对货物进行检验并出具相关检验证书,并以数张大额支票为抵押,从受益人手中获取了一份正本提单。事后受益人将支票送交当地银行兑付,却被告知支票为空头支票,单据寄到韩国,该金融公司以开证申请人代表出具的检验证书签名与银行留底不符为由对单据做出拒付处理。更不幸的是经查货物已被全部提走,下落不明。受益人蒙受货、款两空的重大损失,有苦难言。

课程思政

本案例的最大失误在于受益人接受了含有软条款的信用证。具体而言,一是要求发货前由开证申请人指定代表出具货物检验证书,其签字必须由开证行证实;

这一规定是限制出口商单据的条款,受益人议付货款的单据被进口商牢牢地控制着;更有甚者,检验证书的签字需由开证行证实,作为受益人根本无从知道开证申请人指定代表在开证行的签证是什么样的,这就使得开证行随时可以检验证书上的签字与留底签字样本不符为由,随时拒付货款。二是规定1/3的正本提单在装运后交予开证申请人代表。进口商可以持1/3正本提单先行将货提走,其余两份正本提单随之失效,使受益人遭受货、款两空的风险。这是一个用含有软条款的信用证达到欺诈目的的典型案例,教训非常深刻。因此,我们在实际业务中,一定要练就扎实的基本功,不断提高自己的审证技巧,具有洞悉信用证软条款的火眼金睛,树立风险防范意识,俗话说商场如战场,时刻绷紧安全收汇这根弦,这样才不会蒙受重大经济损失。

第一节　检验证书概述

在国际贸易中买卖双方相距甚远,作为买方通常都会担心卖方所交付货物的品质如何。为了保证卖方交付的货物品质符合合同约定的品质要求,买方往往会要求卖方提交检验证书作为议付货款的单据之一。

一、检验证书的概念

近年来因世界各国日益关注环境保护、人类和动植物安全问题,对出入境的货物、运输工具或包装容器等都会根据本国法律、国际准则、合同或信用证提出依法实施检验检疫,并提出出具相关检验检疫证书的要求。

检验证书(Inspection Certificate)是由官方检验检疫机构、非官方公证机构、生产制造商或进口商等对商品进行检验检疫后出具的关于商品品质、规格、重量、数量、包装和检疫等各方面或某方面鉴定的书面证明文件。检验证书是买卖双方交接货物的凭证,既是买方索赔的依据,也是卖方理赔的依据。

二、签发检验证书的机构

签发检验检疫证书的机构可以是官方的、非官方的,也可以是生产商或进口商。

(一)官方检验机构

为了认真贯彻执行党中央、国务院下发的《有关深化党和国家机构改革方案》,海关总署制定了《全国通关一体化关检业务全面融合框架方案》,2018年4月20日起,全国35个直属出入境检验检疫局(Entry-Exit Inspection and Quarantine Bureau,简称CIQ)分别并入全国42个直属海关(Customs of the People's Republic of China),实现了关检融合,各直属海关成为负责我国出入境检验检疫的官方机构。

(二)非官方检验机构

除政府设立的官方商品检验机构外,世界上许多国家中还有由商会、协会或同业公会设立的民间商品检验机构,担负着国际贸易货物的检验和鉴定工作。由于民间商品检验机构承担的民事责任有别于官方商品检验机构承担的行政责任,所以在国际贸易中更易被买卖双方所接受。民间商品检验机构根据委托人的要求,凭借自己的技术、信誉及对国际贸易的熟悉,为贸易当事人提供灵活、及时、公正的检验鉴定服务,受到对外贸易关系人的共同信任。目前,在国际上比较有名望、有权威的民间商品检验机构有:

1. 瑞士通用公证行(SGS);
2. 英国英之杰检验集团(IITS);
3. 日本海事检定协会(NKKK);
4. 新日本检定协会(SK);
5. 日本海外货物检查株式会社(OMIC);
6. 美国安全试验所(UL);
7. 美国材料与试验学会(ASTM);
8. 加拿大标准协会(CSA);
9. 国际羊毛局(IWS);
10. 中国商品检验公司(CCIC)。

(三)生产制造商

如果生产制造商具有一定的技术实力,并且具备完善的检验检疫设施,其出具的检验检疫证书是被进口商或产品的最终用户认可的。如有些信用证中明确规定:"Inspection certificate issued by exporter/manufacturer acceptable."

(四)进口商

在实际进出口业务中,特别像纺织品、服装等产品的出口,往往在出运前进口商自己或派其代理前来验货,验货合格后签发一份检验证书作为出口商向银行议付货款的单据之一,即我们通常说的"客检证"。如信用证中规定:"Inspection certificate signed by importer's nominee."

三、检验证书的种类

目前,我国检验检疫机构签发的检验证书主要有以下几种:

图片:各种检验证书

1. 品质检验证书(Inspection Certificate of Quality),亦称分析证书(Analysis Certificate)。这是证明进出口商品的质量、规格、等级等实际情况的证明文件,具体证明进出口商品的质量、规格是否符合买卖合同的规定。

2. 重量或数量检验证书(Inspection Certificate of Weight/Quantity)。这是证明进出口商品重量或数量的证件,其内容为货物经何种计重方法或计量单位得出的实际重量或数量,以证明有关商品的重量或数量是否符合买卖合同的规定。

3. 包装检验证书(Inspection Certificate of Packing)。这是证明进出口商品包装

及标志情况的证书，进出口商品包装检验结果一般列入品质检验证书或重量（数量）检验证书中证明，但也可根据需要单独出具包装检验证书。

近来各国海关都要求出口不能使用木质包装，即指木板箱、木条箱、木托盘、木框、木桶，以及带有木轴、木楔、垫木、枕木、衬木等的包装，没有使用木质包装的，要求出具非木质包装声明。一旦使用了木质包装，必须经过熏蒸处理，并要出具相关证书；否则，进口国海关不予通关放行。

要注意的是，经人工合成或经加热、加压等深度加工的胶合板、刨花板、纤维板等不属于木质包装。

小贴士

IPPC 标识——木质包装在国际贸易中的“通行证”

木质包装以其强度高、韧性好、可回收再重复使用等优点，成为目前国际贸易中最广泛使用的包装材料。但是，木质包装也是林木有害生物跨境传播的主要载体，易携带松材线虫、天牛、白蚁等众多有害生物。1998 年开始一些主要贸易国家要求出口国官方对出境木质包装实施检疫并出具植物检疫证书。

由于国际贸易中的木质包装涉及众多货物种类及其相关企业，批次量很大，按照常规检疫做法对每批木质包装实施检疫和出具证书将耗费大量行政资源。为此，国际植物保护公约（International Plant Protection Convention，IPPC）成员国经协商，最终达成第 15 号国际植物检疫措施标准《国际贸易中木质包装材料管理准则》（ISPM15），国际贸易中的木质包装，只要经过除害处理并加施标识，不再需要对每批木质包装实施检疫和出证；各成员国对标识互认，在进境时只需查验 IPPC 标识，无须查验植物检疫证书。该标准实施后经过多次文字和内容修改，包括增加了除害处理方式，更新了除害处理指标等，最新的版本于 2019 年出台，带有 IPPC 标识的木质包装表明已按规定的方式和指标进行过除害处理。

我国出境木质包装的 IPPC 标识为：

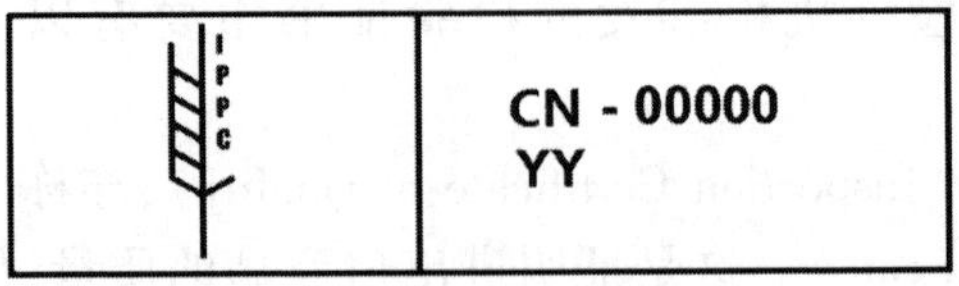

其中：IPPC 符号代表国际植物保护公约；CN 代表中国（两个字母国家代码）；00000 为海关批准的处理企业编号，以 2 位关区代码+3 位流水号表示；YY 为规定的木质包装 4 种除害处理方式，HT 代表（蒸气或窑干）热处理，DH 代表介电加热处理，MB 代表溴甲烷熏蒸处理，SF 代表硫酰氟熏蒸处理。

对出境货物使用的木质包装，海关实施抽查检疫，不符合规定的不准出境。

小贴士

只有获得海关批准的出境货物木质包装标识加施企业才能生产并对出境货物木质包装加施 IPPC 标识。目前我国获得标识加施资格的企业已在海关总署官网上予以公布,具体网址为:http://dzs.customs.gov.cn/dzs/2747042/2943489/index.html。

对进境货物使用的木质包装,海关按以下规定执行:

(1)对已加施 IPPC 专用标识的木质包装,按规定抽查检疫,未发现活的有害生物的,立即予以放行;发现活的有害生物的,监督货主或者其代理人对木质包装进行除害处理。

(2)对未加施 IPPC 专用标识的木质包装,在海关监督下对木质包装进行除害处理或者销毁处理。

(3)对报关时不能确定木质包装是否加施 IPPC 专用标识的,海关按规定抽查检疫。经抽查确认木质包装加施了 IPPC 专用标识,且未发现活的有害生物的,予以放行;发现活的有害生物的,监督货主或者其代理人对木质包装进行除害处理;经抽查发现木质包装未加施 IPPC 专用标识的,对木质包装进行除害处理或者销毁处理。

(4)对未报关但抽查发现使用木质包装的,依照有关规定予以行政处罚。

(5)对违规情况严重的木质包装,可连同货物一起作退运处理。

再利用、再加工或者经修理的木质包装应当重新验证并重新加施标识,确保木质包装材料的所有组成部分均得到处理。

经人工合成或者经加热、加压等深度加工的包装用木质材料如胶合板、刨花板、纤维板等,薄板旋切芯、锯屑、木丝、刨花等,以及厚度等于或者小于 6mm 的木质材料,由于传带有害生物的可能性很小,不再需要实施除害处理。

进出口企业使用木质包装,应事先了解我国和输往国家/地区的检疫要求,使用经除害处理并加施 IPPC 标识的木质包装,以免影响通关,造成损失。

进出口企业切勿试图通过使用假标识等手段逃避海关监管,凡伪造、变造、盗用 IPPC 标识的,将依照《中华人民共和国进出境动植物检疫法》及其实施条例的有关规定予以处罚。

4. 兽医检验证书(Veterinary Inspection Certificate)。这是证明出口动物产品经过检疫合格的证件,适用于冻畜肉、冻禽、禽畜肉罐头、冻兔、皮张、毛类、绒类、猪鬃、肠衣等出口商品。凡加上卫生检验内容的,称为兽医卫生检验证书(Veterinary Sanitary Inspection Certificate)。

5. 卫生检验证书(Sanitary Inspection Certificate),又称健康检验证书(Inspection Certificate of Health)。这是证明可供人类食用或使用的出口动物产品、食品等经过卫生检验或检疫合格的证件，适用于肠衣、罐头、冻鱼、冻虾、食品、蛋品、乳制品和蜂蜜等。

当前，为保障人民的身体健康，一些国家要求在健康证书上写明“进口货物不受放射性污染，适合人类食用”，我国检验检疫机构一般都能接受。

6. 消毒检验证书（Inspection Certificate of Disinfection）。这是指证明出口动物产品经过消毒处理，保证卫生安全的证件，适用于猪鬃、马尾、皮张、山羊毛、羽毛等商品。

7. 熏蒸证书（Inspection Certificate of Fumigation）。这是证明出口粮谷、油籽、豆类、皮张等商品，以及包装用木材与植物性填充物等，已经经过熏蒸灭虫的证件，主要证明使用的药物、熏蒸的时间等情况。如国外不需要单独出证，可将其内容列入品质检验证书中。

8. 温度检验证书（Certificate of Temperature）。这是证明出口冷冻商品温度的证书，如国外仅需证明货物温度，不一定要单独的温度检验证书，可将测温结果列入品质检验证书。

9. 残损检验证书（Inspection Certificate of Damaged Cargo），简称“验残证书”。这是证明进口商品残损情况的证书，其主要内容为确定商品的受损情况和对使用、销售的影响，估定损失程度，判断致损原因，作为向发货人或承运人或保险人等有关责任方索赔的有效证件。

10. 船舱检验证书（Inspection Certificate on Tank/Hold）。这是证明承运出口商品的船舱清洁、牢固、冷藏效能及其他装运条件是否符合保证承载商品的质量完好和数量完整要求的证书。

11. 货载衡量检验证书（Inspection Certification Cargo Weight & Measurement），亦称衡量检验证书。这是证明进出口商品重量、体积吨位的证书，它是作为计算运费和制订配载计划的依据。

12. 价值证明书（Certificate of Value）。这是证明商业发票所列商品的价格真实准确的证书。L/C 要求出原产地证明书（包括价值证明）时，须了解买方是否需要海关发票，如不需要，可在原产地证明书上加具“Certificate of origin and value”的字样，并填上数量、单价和金额。

在实际业务中，买卖双方应根据成交货物的种类、性质，有关国家的法律、法规及贸易习惯等来确定应提供何种检验证书，并在买卖合同中予以明确。值得注意的是，检验证书不是每笔业务必备的单据，如果不是法检商品，客户也未提出要求，也可以不用提供。如果买方有具体要求并且信用证有明确规定，则提交的检验证书种类一定要与信用证的规定相符；否则会延误出运、影响收汇。

四、申领检验证书的程序

（一）关检融合

2018 年 3 月，中共中央印发了《深化党和国家机构改革方案》，方案中规定将国家质量监督检验检疫总局的出入境检验检疫管理职责和队伍划入海关总署。为此,海关总署制定了《全国通关一体化关检业务全面融合框架方案》,明确了海关、原国检申报系统及数据合并整合,目标做到五个统一,即申报统一、系统统一、风控统一、指令下达统一、现场执法统一,并于 2018 年 8 月 1 日实施(见图 10-1),大大提高了通关效率。

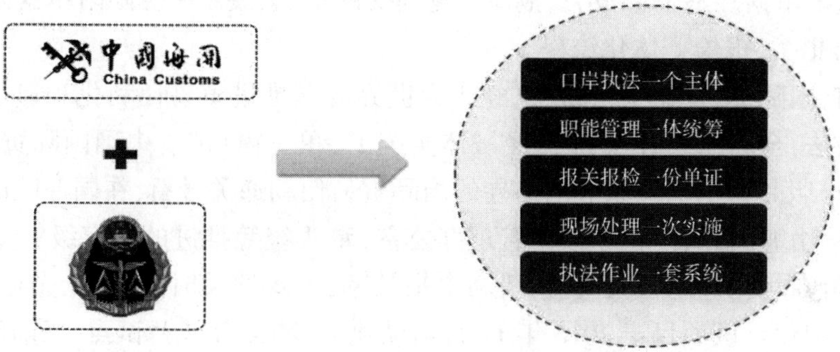

图 10-1　关检融合,报关、报检一份单证

以往企业在口岸通关过程中需要登录不同的系统填报数据,严重影响了口岸通关效率。关检融合后,海关和检验检疫的申报端也进行了系统整合,全部纳入国际贸易"单一窗口"和"互联网+海关"平台(见图 10-2),对海关报关单申报项目和检验检疫原报检单申报项目进行梳理,按照"依法依规、去繁就简"的原则进行优化整合。

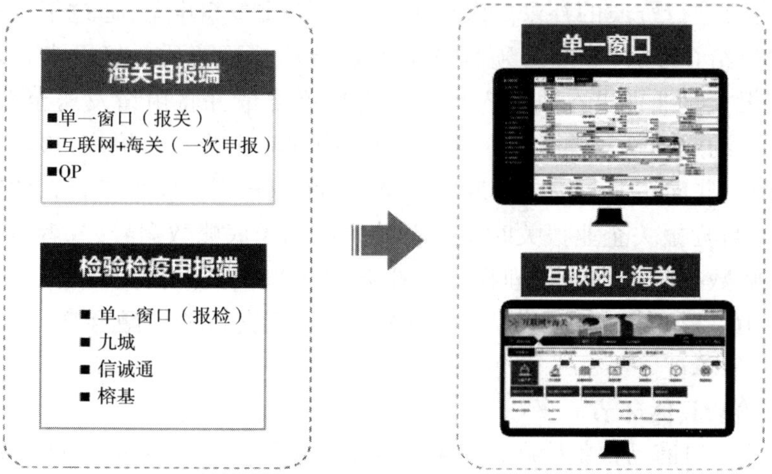

图 10-2　关检融合后的系统整合

1. 一次录入。以原报关单 48 个项目为基础,增加部分使原报检内容形成了具有 56 个项目的新报关单,打印格式与国际推荐的报关单样式更加接近。

2. 版式调整。对版式文件的布局结构进行优化，将竖版改成横版，使报关单上能够展示更多的信息，纸质新报关单全部采用普通打印方式，取消套打，不再印制空白格式报关单和报检单。

3. 参数整合。按照国家标准—国际标准—行业标准的顺序，实现参数代码的标准化，涉及参数代码 19 项。

4. 随附单据。整合原报关、报检重复提交的单据，展示一套随附单据体系。

（二）报关、报检一体化流程

当前，国际贸易“单一窗口”已经成为世界各国推进贸易便利化和口岸信息化的通行做法，全球已经有 60 多个经济体实施了“单一窗口”。中国国际贸易“单一窗口”标准版是为了响应联合国倡导的国际贸易便利通关号召，在国务院的统一决策部署下，由海关总署（国家口岸管理办公室）牵头统筹推进的国家级“十三五”重点项目，旨在优化口岸通关流程，提高申报效率，缩短通关时间，降低企业成本，促进贸易便利化。该项目于 2016 年 12 月启动建设，2017 年 5 月试点，目前已在全国范围推广上线。“单一窗口”标准版将大通关流程由串联改为并联，解决了企业多头申报和重复申报的问题，实现了一点接入、一次提交、一次查验、一键跟踪、一键办理，大大优化了通关业务流程，有效降低了通关成本，缩短了通关时间，降低了企业成本，促进了贸易便利化。

企业登录中国国际贸易单一窗口（https://www.singlewindow.cn/）后，点击上面的“标准版应用”栏目，首先点击“企业资质”，进入企业资质备案子系统，如果是新企业，一次申请、同时进行报关资质和报检资质备案，如果企业已获得单一资质，需要进行资质的补录。海关审核企业资质备案申请，通过审核后发送备案成功回执给企业，即企业必须具备报关资质和报检资质。接下来自理报检企业或代理报检企业即可在线录入货物检验检疫申请并将申请发送至海关，海关与生产厂家约定到现场抽样的时间，对抽取的样品实施检验检疫，检测通过后建立电子底账，并向企业反馈电子底账数据号（企业根据需要可自行打印电子报检回执单）。自理报关企业报关时系统自动调取电子底账数据号，或者将系统生成的电子底账数据号提供给代理报关企业办理出口报关。报关、报检一体化工作流程见图 10-3。中国国际贸易“单一窗口”全面支持关检融合变化，实现了报关、报检一份单证。

（三）检验具体环节

我国进出口商品检验检疫工作主要有 4 个环节：报验、抽样、检验和电子底账/发证。

1. 报验：报验是指具有报关、报检资质的企业或海关报关企业/报关企业分支机构就拟出运的商品向海关提出检验检疫申请。上述企业在单一窗口录入出境检验检疫申请，并在系统上传随附出口合同或销售确认书、商业发票、装箱单、信用证复

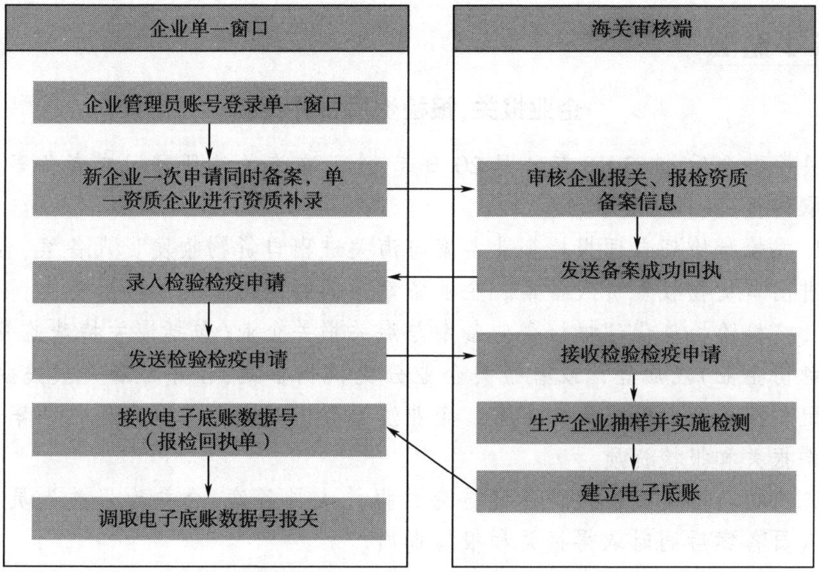

图 10-3　报关、报检一体化流程

印件或有关往来信函、生产商出具的厂检结果单原件等。对于国家规定必须法定检验检疫的商品、列入《进出境商品目录》的商品及国外客户需要出具检验检疫证书作为议付货款单据的商品,生产企业应在报关前向产地/组货地海关提出申请,在“单一窗口”申请出口申报前监管(原出口报检)服务。

2. 抽样:海关接受报验之后,及时派员赴货物存放地点进行现场抽样。抽样时,要按照规定的方法和一定的比例,在货物的不同部位抽取一定数量的、能代表全批货物质量的样品供检验之用。

3. 检验:海关接受报验之后,认真研究申报的检验项目,确定检验内容,仔细审核合同(信用证)对品质、规格、包装的规定,弄清检验的依据,确定检验标准、方法,然后进行抽样检验、仪器分析检验、物理检验、感官检验、微生物检验等。

4. 电子底账/发证:凡国家规定必须法定检验检疫的商品、列入《进出境商品目录》内的出口商品及国外客户需要出具检验检疫证书作为议付货款单据的商品,产地/组货地海关实施检验检疫监管完成综合评定后建立电子底账,并向企业反馈电子底账数据号(企业根据需要可自行打印电子报检回执单),自理报关企业报关时系统自动调取电子底账数据号,或者将系统生成的电子底账数据号提供给代理报关企业办理出口报关,海关据此放行货物,准予装船。凡合同、信用证规定由海关检验检疫后出证的,或国外客户要求出具检验证书的,则按合同或信用证要求签发检验检疫证书。

小贴士

企业报关、报检资质合并范围

关检融合后，自 2018 年 4 月 20 日起，企业在海关注册登记或者备案后，将同时取得报关、报检资质。

1. 将检验检疫自理报检企业备案与海关进出口货物收发货人备案，合并为海关进出口货物收发货人备案。企业备案后同时取得报关和报检资质。

2. 将检验检疫代理报检企业备案与海关报关企业（包括海关特殊监管区域双重身份企业）注册登记或者报关企业分支机构备案，合并为海关报关企业注册登记和报关企业分支机构备案。企业注册登记或者企业分支机构备案后，同时取得报关和报检资质。

3. 将检验检疫报检人员备案与海关报关人员备案，合并为报关人员备案。报关人员备案后同时取得报关和报检资质。

五、检验证书的作用

在国际贸易中，检验证书起着公证证明以及其他多方面的作用：

1. 作为证明履约、交货接收的有效证件。货物经过长途运输后难免会出现质量变化或数量缺损、包装损坏等情况，从而引起争议。出口商为了免责，必须提供权威机构签发的检验检疫证书，凭以认定所交付的商品是合格的，证明其已履行交货义务。

2. 作为验收报关的有效凭证。许多国家为维护本国消费者利益，通常规定某些商品必须进行强制性检验检疫，如食品等。进口商必须出示出口地检验检疫机构签发的证明商品合格或符合国家进口标准的检验检疫证书才能通关，否则禁止进口。

3. 作为结算货款的依据。许多产品的定价取决于商品的等级，或某些主要成分的含量，因此进出口合同中订有价格和金额的增减条款，以适应不同的检验检疫结果。在进口业务中，一般都根据检验检疫证书中标明的产品等级和主要成分含量，确定合适价格并计算出货值。

4. 作为议付货款的一种单据。进口商为了把好产品质量关，往往要求出口商提供权威机构出具的检验检疫证书，并以其作为向银行议付货款的单据之一，如果检验检疫证书列明的项目或检验结果与信用证中的规定不符，开证行或付款行有权拒付货款。

5. 作为索赔、仲裁、诉讼的佐证文件。货物在抵达进口地后一般都需要进行检验，以确定收货时的质量、数量、状况等，这样做既便于进口商转售商品，又可以在发现问题时根据检验检疫结果明确责任归属，提出赔偿要求。如需进行仲裁或诉讼，也必须提供检验检疫证书作为对货物缺陷、残损等事实的证明。

第二节　检验证书缮制详述

检验证书因其本身所需证明的内容不同、各国标准不一而有所区别，然而各种检验证书的内容大体相似，现以我国海关签署的品质证书为例，检测证书的缮制规范见样例 10-1。

1. 签证机构（Issuer）。如果信用证并未规定出具检验证书的具体单位，则由出口商决定。如果信用证规定了权力机构（Competent Authority or Government Authority）出证（权力机构是指有公证资格或经政府授权的机构），则应根据具体情况由有关的检验检疫机构出具，如各直属海关。

2. 检验证书的名称（Name of Certificate）。检验证书的名称应与合同或信用证规定相符，如果信用证要求提交品质证，则检验证书的名称应该为 Certificate of Quality；如果要求提交数量证，则检验证书的名称应该为 Certificate of Quantity。

3. 发货人（Consignor）。一般填写出口商名称，该栏内容应符合合同或信用证的规定，并与其他单据保持一致。一般只填写名称，无须填写地址。

4. 收货人（Consignee）。除非信用证另有规定，一般不用填写具体的收货人名称，填写“＊＊＊＊”即可。如果要求出具中性单据，则可以填写成“To whom it may concern”。

5. 货物描述（Description of Goods）。一般仅填写商品的名称，如果涉及的商品名称多，则货物名称可以用统称。

6. 报检的数量/重量（Quantity/Weight Declared）。一般填写实际出运的数量或重量，并且要与商业发票及提单等单据所描述的数量或重量一致。

7. 包装的种类及数量（Number and Kind of Packages）。一般填写货物的包装单位数量，并且应与装箱单和提单中的包装件数一致。

8. 运输工具（Means of Conveyance）。海运应填写 By sea freight，空运应填写 By air freight，陆运应填写 By rail/truck。

9. 标记及号码（Mark & No.）。一般填写具体的唛头，并且应与其他单据的唛头相一致。若没有唛头，则填写“N/M”，一般不留空。

10. 检验结果（Result of Inspection）。此栏是检验证明书中最重要的一项，在此栏中记载报验货物经检验检疫后的现状。货物现状是衡量货物是否符合合同或信用证规定的凭证，亦是交接货物或索赔、理赔的具有法律效力的证明文件。

11. 签证地点（Place of Issue）。检验证书的出证地点，除非信用证另有规定，一般在货物装运港或装货地。

12. 签证日期（Date of Issue）。检验证书的出具日期应不迟于提单日期，但也不得过早于提单日期，特别是鲜活、易腐易烂商品，最好在提单日之前一两天或至少与提单日期相同。

13. 授权人签字（Authorized Signature）。通常该栏目填写证书签署人姓名的汉语拼音。

14. 签名(Signature)。通常该栏目填写证书签署人亲笔签名,可以用中文。

15. 签章(Official Stamp)。通常该栏目加盖签证机关的公章,因为检验证书属于公务证书。

16. 附加信息(Additional information)。如果合同或信用证要求所有的单据必须加注信用证证号类似的信息,把这些信息也要填写在证书的空白之处。

样例 10-1　品质检验证书

中华人民共和国出入境检验检疫　①

ENTRY-EXIT INSPECTION AND QUARANTINE　　正本

OF THE PEOPLE'S REPUBLIC OF CHINA　　ORIGINAL

编号 No. 22CIQ1189

品 质 证 书　②

QUALITY CERTIFICATE

发货人
Consignor　TIFERT TRADING CO., LTD　③

收货人
Consignee　* * * *　④

品名
Description of goods　LEATHER BAGS　⑤

标记及号码　⑨
Mark & No.　N/M

报检数量/重量
Quantity/weight declared　6000PCS　⑥

包装种类及数量
Number and type of packages　300CARTONS　⑦

运输工具
Means of conveyance　BY SEA FREIGHT　⑧

检验结果
Result of inspection　⑩

SAMPLES WERE DRAWN AT RANDOM FROM THE WHOLE LOT OF GOODS AND INSPECTED STRICTLY ACCORDING TO THE S/C NO. 22CAN-1108

ITEM NO. SL100	1000PCS	50CARTONS
ITEM NO. SG120	2000PCS	100CARTONS
ITEM NO. SF200	3000PCS	150CARTONS

THE ABOVE RESULTS OF INSPCTION ARE IN CONFORMITY WITH THE REQUIREMENTS IN THE SAID CONTRACT.　L/C NO. PIC123456 ⑯

⑪　⑫

签证地点 Place of issue　TIANJIN　签证日期 Date of issue　DEC 23, 2022

⑮ 授权签字人 Authorized officer　ZHANG CHI　签名 Signature　张弛

⑬　⑭

第三节 检验证书条款解析

一、检验证书条款解析详述

信用证中对检验证书条款的表述方法很多,首先以较复杂的条款为例,解析一下检验证书条款通常的几个组成部分。

Manually signed ① inspection of quality/quantity ② in ③ duplicate issued by ④ the government authority indicating … ⑤

说明:①表示对检验证书的签字的要求;②表示对检验证书种类的要求;③表示对检验证书份数的要求;④表示对检验证书签发机构的要求;⑤表示对检验证书的特殊要求。

需要说明的是,信用证中的检验证书条款不完全像解析中列举的条款那样完整,往往有很多省略,如省略①签字要求,根据检验证书本身的特性,我们知道是必须要签字的。

下面就比较常见的检验检疫条款举例进行解析,说明缮制检验证书时应如何具体把握。

1. Certificate of Weight and Quantity in triplicate.

该证要求提供重量和数量证明书一式三份。出口商审核检验证书时注意以下几点:①检验证书的名称应该为重量和数量证,不能漏其中任何一部分,份数应为一正二副;②若检验证书签发机构没有特别明确,可以由任何人出具,但最好由官方机构出具。

2. Certificate of Analysis in five copies.

该证要求提供分析证明书一式五份。出口商审核检验证书时注意以下几点:①检验证书的名称应为分析证,不能以品质证代替;②检验证书的份数一正四副即满足要求。

3. Inspection Certificate issued by applicant and manually signed by Mr. Brown (photocopy is unacceptable).

该证要求提供由开证申请人签发的检验证书。出口商审核检验证书时注意以下几点:①检验证书的名称应该为检验证,不能以品质证代替;②检验证书必须由开证申请人签发,即要由 Mr. Brown 亲笔签署;③检验证书必须提交正本一份,不接受复印件。

4. Inspection certificate of Quality and Quantity in duplicate issued by Tianjin Customs of the People's Republic of China.

该证要求提供品质和数量证书。出口商审核检验证书时注意以下几点:①检验证书的名称应该为品质和数量证,不能漏其中任何一部分,份数应为一正一副;②检验证书必须由天津海关签发。

5. Pre-shipment inspection for quantity, quality, description, classification and price should be carried out by Cotecna Inspection SA for issuance of a Clean Report of Findings(CRF). The final invoice and packing list shall be endorsed by Cotecna Inspection SA with number and date of issuance of the CRF which must accompany shipping documents.

该证要求货物出运前由中瑞检验有限公司(Cotecna)进行装船前检验,然后出具清洁报告单作为议付的单据之一。出口商审核清洁报告单时注意以下几点:①清洁报告单上的货物数量、质量、货物描述、类别和价格等是否与其他单据相一致;②清洁报告单是否已经按要求签署;③所提交的最终发票和装箱单是否已显示清洁报告单的编号和签发日期,最终发票和装箱单是否已由中瑞检验有限公司背书。

6. Engineer S. K. Biswas or any of his nominated technical person will do a quality inspection of the products, so the exporter should inform the importer 15 days prior to the completion of production. An inspection certificate issued by the above named person or his nominee must accompany the original documents.

该证要求由工程师 S. K. Biswas 或其指定技术人员进行产品质量检测,其签发的质量证书随附正本单据议付货款。出口商注意以下几点:①这是一个客检证,争取修改信用证。若修改不成,应至少在生产完成前 15 天通知进口商做好验货准备;②检查证书的检测结果是否合格,证书是否正确签署。

7. Clean inspection certificate issued, stamped and signed by the authorized signatures of DC applicant (Whose signatures and any seal or chop required by the issuing bank's mandate must be in conformity with the record held in DC issuing bank's file and will only be verified by the office of the DC issuing bank at the time of presentation of documents) certifying that the goods have been inspected and accepted and showing the total number of inspection.

该证要求提交由申请人出具清洁验货报告并签字、盖章(该签字须与在开证行预留的签字一致并在交单时经开证行证实其真实性)。出口商应该注意以下几点:①这是一个典型的软条款,必须修改信用证;②验货报告证明货物业已验收且标明验货的次数。

8. Certificate of Fumigation issued by Customs of the People's Republic of China stating that the goods are free from live weevil.

该证要求提供熏蒸证。出口商审核检验证书应注意以下几点:①检验证书的名称是不是熏蒸证,份数提交一正一副即可;②熏蒸证必须由中国海关签发,不能由其他机构替代;③熏蒸证上必须有"We hereby state that the goods are free from live weevil"的文句。

提示板

Notarize, Legalized, Authenticate/validate/verify/certify 和 Visa 的区别

Notarize 指的是由第三方公证人证实的公证；Legalized（认证）指有关文件由进口国驻出口国使领馆或相关协会进行确认；Authenticate/validate/verify/certify（证实）可由官方和非官方机构进行；Visa（签证）则一定由官方批准。出口商对上述要求的处理应尽早入手，避免被动。

二、缮制检验证书应注意的问题

1. 检验证书应当由信用证规定的实体出具，当信用证没有规定出具人的名称时，证书可以由任何实体包括信用证受益人出具。当信用证使用了“独立的”“正式的”“合格的”或类似词语描述证书出具人时，该证书可以由除受益人以外的任何实体出具。

2. 检验证书的种类和证书内容应符合信用证的要求，检验证书可以显示仅测试、分析或检验了所要求货物的样品，其数量可多于信用证中或任何其他规定单据上显示的数量，或者多于提单或租船提单上显示的货舱、厢柜或罐桶数目。

3. 当信用证规定了关于分析、检验、健康、植物检疫、数量或质量的评估或类似方面的明确要求时，无论是否规定与其相符的单据，该证书或任何其他规定单据上提及的有关分析、检验、健康、植物检疫、数量或质量的评估或类似方面的数据不应与该要求矛盾。

4. 当信用证没有规定检验证书上显示的明确内容，包括但不限于确定分析、检验或质量的评估结果所依据的任何要求的标准时，该证书可以包含诸如“不适合人类消费”“化学成分可能无法满足需要”或类似措辞的声明，只要其与信用证、任何其他规定的单据或《UCP600》不相矛盾。

5. 当检验证书显示收货人信息时，其不应与运输单据中的收货人信息相矛盾。但是当信用证要求运输单据收货人出具成“凭指示”、“凭托运人指示”、“凭开证行指示”、“凭指定银行（或议付行）指示”或“收货人：开证行”时，该证明可以显示收货人为信用证中受益人以外的任何一个具名实体。当信用证已经转让时，收货人可以是第一受益人。

6. 检验证书可以显示信用证受益人或其他规定单据上所显示的托运人以外的实体为发货人或出口商。只要证书显示的出口商或发货人不是受益人，该证书就可以显示不同于其他一种或多种规定单据上注明的发票号码、发票日期和运输路线。

7. 当信用证要求提交的证书与装运当日或装运日之前所要求发生的行为相关时，该证书应当显示不晚于装运日期的出具日期；或者有行为发生于装运当日或装运日之前的措辞，在此情况下，当出具日期也显示时，其可以晚于装运日期，但不应晚于该证书的交单日期；或表明事件的单据名称，如“装船前检验证明”。

8. 检验证书的任何更正应当看似由单据出具人的实体进行证实。该证实应当以含有证实人名称的印戳，或以额外加注证实人名称的方式表明实施证实的实体，并包括其签字或小签。

9. "检验软条款"是信用证中软条款最为集中的项目，对列有由申请人或其授权人签发检验证书且其签字与银行留存签字样本一致条款的信用证最好不接受，对不能或很难办到的检验条款应及时接洽客人通过开证行改证，保证安全收汇。

知识链接

CISS业务

CISS （Comprehensive Import Supervision Scheme)即全面进口监管计划，是指装船前检验监装核价业务，是起源于20世纪60年代初期的一种非关税性贸易壁垒业务。CISS业务通常由进口国政府有关部门，如中央银行、财政部、商业部、外贸部联合颁布法令，指定一家或多家跨国公证行对本国进口货物实行强制性的装船前检验，最后卖方以指定的国际公证行签发的清洁报告书作为银行议付和海关放行的有效凭证之一。基于此原因，被指定的公证行很自然地改变了它们本身与买卖双方的关系，使公证行从接受客户委托实施检验的从属机构变成凌驾于买卖双方之上的监督机关，取代了进口国商检和海关的部分职能作用。

目前世界上实行CISS业务的国家共有40个左右，如秘鲁、厄瓜多尔、哥伦比亚、多哥、尼日尔、安哥拉、阿根廷、玻利维亚、布基那法索、布隆迪、柬埔寨、喀麦隆、中非、刚果共和国、科特迪瓦、几内亚、肯尼亚等，这些实行CISS业务的国家主要是分布在亚非拉的一些发展中国家。实行CISS制度的国家往往随着其国内政策的变化而有所变化，而具体CISS业务的执行一般都由少数几个跨国公证行垄断。这些跨国公证行主要有SGS（瑞士通用公证行）、IITS（英之杰集团）、BV（法国船级社）、COTECNA（中瑞集团）和OMIC（日本海外货物检查株式会社）等。

CCIC（中国进出口商品检验总公司）是CISS业务在我国的总代理。由于"全面进口监管计划"不是针对某一个国家而特殊制订的，因此我国外贸出口也不例外地受到CISS业务有关规定的限制。为了使我国出口商品顺利进入实行 CISS 的国家，配合对这些国家的出口，中国进出口商品检验总公司分别与COTECNA、OMIC、BV、IITS等检验机构签署了委托代理协议，对我国输往实行CISS国家的货物进行装船前检验和价格比较，并出具清洁报告书。

CISS业务内容主要包括：

1. 品质检验。对出口货物进行物理测试、化学分析或外观检查，抵制伪劣和不合格产品，保证货物品质符合进口许可证和合同要求及有关国际标准。对药品、化学品要查验有效期，若剩余有效期少于50%，则不予接受。对二手货、翻修品，若许可证上无记载，则要求提供买方书面确认才能放行。

2. 数量/重量检验。按国际贸易中常用的方法，或按有关行业的惯用方法，或根据合同要求确定。

3. 包装检验。按合同要求，在正常情况下，包装必须保证货物能完好无损地抵达目的港收货人手中。

4. 监视卸载。对货物进行监装，保证所运货物就是经检验合格的产品；对以集装箱运输的货物要进行集装箱装箱监视和铅封。

5. 价格比较。

(1) 初步价格比较。一般根据卖方报验时提供的合约、信用证和形式发票等进行初步价格比较。初步价格比较时若发现售价不合乎该进口国的计价标准，即联系卖方要求说明发票价格的理由。

(2)最后价格比较。在收到最后单证(即最后发票、提单)后，进行最后价格比较。若最后价格比较与初步价格和实地检验结果均无差异，即签发清洁报告书。

(3)价格比较的原则。价格比较的目的在于对合约、形式发票或通知书上所载货物进行审核，就其外汇支出或完税价格作出独立的判断，证实卖方最后发票总价及价格要素在货物原产地供应国的合理价格范围之内。

6. 海关税则分类与税率。有些国家，除了要求对进口货物的价格进行核查外，还要求核定税则号，确定税率和完税价值，以避免高价低报货物进入当地市场，确保海关税收和贸易统计的精确性。我们确定完税价值时是以进口国公布的税则规定为依据的。

7. 审核进口货物是否符合进口国法令。核实进口手续是否齐备与合法，进口货物是否为违禁品。

本章小结

本章简要地介绍了检验证书的概念、种类及其作用，同时也介绍了关检融合后报关、报检一体化操作的流程。检验证书是由官方检验检疫机构、非官方公证机构、生产制造商或进口商等对商品进行检验检疫后出具的关于商品品质、规格、重量、数量、包装和检疫等各方面或某方面鉴定的书面证明文件。检验证书可细分为品质证、数量证、重量证、卫生证、健康证、消毒证和熏蒸证等多种证书，应该根据具体规定提供相应的检验证书。检验证书是买卖双方交接货物的凭证，既是买方索赔的依据,也是卖方理赔的依据。

本章以品质证书为例,重点介绍了检验证书各个栏目的缮制规范、信用证常见检验证书条款的解析以及缮制检验证书应注意的问题。

本章测试

一、动脑思考

1. 检验证书的概念、种类及其作用是什么?
2. 请试列举至少五个有权威的民间检验检疫机构。
3. 关检融合后,报关、报检一体化的流程是什么?
4. 检验的具体环节有哪些?
5. 缮制检验证书应注意哪些问题?

二、动手操练

实训操作(一):

作为泰佛贸易公司的单证员,请根据所提供信息,利用空白品质证书(见样例 10-2)填写一份品质证书。

1. 出口商:TIFERT TRADING CO., LTD
   NO. 86, ZHUJIANG ROAD, TIANJIN, CHINA
2. 唛头:T. C.
   KOBE
   NO. 1-50
3. 货物描述:2 000 PCS OF 100% COTTON QUILT CASE S/NO. 7834 SIZE 145CM × 195CM USD4. 75 PER PC CIF KOBE PACKED IN CARTONS OF 40PCS EACH DETAILS AS PER CONTRACT NO. 22AB23M
4. 检验结果:SAMPLES WERE DRAWN AT RANDOM FROM THE WHOLE LOT OF GOODS AND INSPECTED STRICTLY ACCORDING TO THE S/C NO. 22AB23M

S/NO. 7834 SIZE 145CM×195CM 100% COTTON QUILT CASE

THE ABOVE RESULTS OF INSPCTION ARE IN CONFORMITY WITH THE REQUIREMENTS IN THE SAID CONTRACT.

5. 签发地点:TIANJIN
6. 签证时间:MAR. 26, 2022
7. 签证机关有权签字人:李力
8. 证书号:22TJCIQ0058

样例 10-2　空白品质证书

中华人民共和国出入境检验检疫

ENTRY-EXIT INSPECTION AND QUARANTINE　　正本

OF THE PEOPLE'S REPUBLIC OF CHINA　　ORIGINAL

编号 No.

品 质 证 书

QUALITY CERTIFICATE

发货人
Consignor ____________________

收货人
Consignee ____________________

品名 Description of goods ____________	标记及号码 Mark & No.
报检数量/重量 Quantity/weight declared ____________	
包装种类及数量 Number and type of packages ____________	
运输工具 Means of conveyance ____________	

检验结果
Result of inspection

签证地点 Place of issue ________ **签证日期** Date of issue ________

授权签字人 Authorized officer ________ **签名** Signature ________

实训操作(二):

1. 信用证有关信息摘录如下:

27/ SEQUENCE OF TOTAL:	1/1
40A/ FORM OF DOCUMENTARY CREDIT:	IRREVOCABLE
40E/ APPLICABLE RULES:	UCP LATEST VERSION
20/ DOCUMENTARY CREDIT NUMBER:	M19EBNU00018
31C/ DATE OF ISSUE:	220806
31D/ DATE AND PLACE OF EXPIRY:	221020 IN BENEFICIARY'S COUNTRY
50/ APPLICANT:	GA YOUNG NATIVE PRODUCE CO., LTD

27 FLOOR DAE DONG B/D 1306-8
SEOCHO-DONG, SEOUL

59/ BENEFICIARY: TIFERT TRADING CO., LTD
NO. 86, ZHUJIANG ROAD, TIANJIN, CHINA.

32B/ CURRENCY CODE AMOUNT: USD2400000,00

41D/ AVAILABLE WITH/BY: ANY BANK BY NEGOTIATION

42C/ DRAFT AT: 30DAYS AFTER SIGHT
FOR FULL INVOICE VALUE

42A/ DRAWEE: HANIL BANK HONGKONG

43P/ PARTIAL SHIPMENTS: ALLOWED

43T/ TRANSSHIPMENT: PROHIBITED

44A/ ON BOARD/DISP/TAKING IN CHARGE: CHINA PORT

44B/ FOR TRANSPORTATION TO: KOREAN INCHON PORT

44C/ LATEST DATE OF SHIPMENT: 220930

45A/ DESCR GOODS AND/OR SERVICES:

200MT CHINESE SOYBEANS 2022 CROP AT USD120/MT FOB TIANJIN

PACKING IN GUNNY BAGS OF 50KG NET EACH DETAILS AS PER S/C NO. 22RF0056

46A/ DOCUMENTS REQUIRED

+SIGNED COMMERCIAL INVOICE IN TRIPLICATE

+CERTIFICATE OF FUMIGATION ISSUED BY TIANJIN CUSTOMS STATING THAT THE GOODS ARE FREE FROM LIVE WEEVIL.

2. 补充信息资料如下:

(1)SHIPPING MARKS:

GA

22RF0056

INCHON

NO. 1-UP

(2)DISINFESTATION AND/OR DISINFECTION TREATMENT

DATE: JULY 26, 2022

CHEMICAL AND CONCENTRATION: ALUMINIUM PHOSPHIDE, $6G/M^3$

TREATMENT: FUMIGATION

DURATION AND TEMPERATURE: 72HRS/31°C

(3)ADDITIONAL DECLARATION:

THE SOYBEANS HAVE BEEN FUMIGATED FOR 72 HOURS BEFORE

SHIPMENT AND THE GOODS ARE FREE FROM LIVE WEEVIL.

(4) DATE OF ISSUE: JULY 28, 2022

(5) PLACE OF ISSUE: TIANJIN

(6) CERTIFICATE NO.: 22TJHG0060

(7) AUTHORIZED SIGNATURE:陈明

作为泰佛贸易公司的单证员,请根据以上信用证摘录信息及补充相关信息,利用空白熏蒸证书(见样例 10-3)独立填写一份熏蒸证。

样例 10-3　空白熏蒸证书

中华人民共和国出入境检验检疫

ENTRY-EXIT INSPECTION AND QUARANTINE　　正本

OF THE PEOPLE'S REPUBLIC OF CHINA　　ORIGINAL

编号 No.

熏 蒸 证 书

FUMIGATION CERTIFICATE

发货人
Consignor ______________________

收货人
Consignee ______________________

品名 Description of goods ______ 报检数量/重量 Quantity/weight declared ______ 包装种类及数量 Number and type of packages 运输工具 Means of conveyance ______	标记及号码 Mark & No.

杀虫和/或灭菌处理DISINFESTATION AND/OR DISINFECTION TREATMENT

日期
Date ______　　药剂及浓度
Chemical and Concentration ______

处理方法
Treatment ______　　持续时间及温度
Duration and Temperature ______

附加声明　ADDITIONAL DECLARATION

签证地点 Place of issue ______ 签证日期 Date of issue ______

授权签字人 Authorized officer ______ 签名 Signature ______

第十一章　其他单据缮制

知识目标

1. 了解装运通知、船公司证明及受益人证明函等单据的基本知识
2. 熟悉装运通知、船公司证明及受益人证明函等单据的不同格式、主要内容

技能目标

1. 掌握装运通知、船公司证明及受益人证明函等其他单据的缮制规范、缮制技巧
2. 掌握装运通知、船公司证明及受益人证明函等其他单据的缮制应注意的问题

素质目标

1. 培养团队合作意识
2. 培养耐心细致的工作作风

案例库

我国某进出口公司收到英国伦敦N银行开来L/C一份,金额为193 233美元,付款期限为“提单日后45天”,装期、效期均为1月15日。该证在附加条款中列明要提交“受益人证明”,原条款为:Beneficiary's certificate stating they have advised the applicant within 24 hours after shipment date, vessel name, gross and net weight and value of the consignment.

受益人在1月15日将全套单据交议付行,议付行发现未能按信用证规定提供“Beneficiary's certificate”而是以“装船通知”电抄副本代替。这两种单据虽然形式不同,但所起的作用是完全一样的。由于1月15日该证到期,没有时间改单,并且认为用装船通知更实际一些,所以给予议付寄单并向开证行索汇。

开证行于1月25日来电表示拒付,理由是“受益人证明”未提供。当天受益人再次致电开证申请人并指出,以电抄代替“受益人证明”其作用是完全相同的,而且也是开证行以前曾经接受过的习惯做法。

开证行于1月27日复电,表明开证行付款的依据是“相符交单”,而无义务检查这些单据实质上的作用如何,在信用证业务操作中银行始终坚持“只管单据,不

管事实”的原则，最终受益人因“单证不符”而遭拒付。

课程思政

本案例的最大失误在于没有做到“相符交单”，因此，无论受益人交付的货物质量如何，都难逃被拒付的厄运。在处理信用证业务中，银行坚持“管单不管货”“管单只管表面上相符”的原则，该原则早已被世界各国银行所公认。因此，在实际业务中，我们一定要严格按照信用证要求提交各种单证，同时保证做到单证相符、单单相符、单内相符，养成耐心细致的工作作风和精益求精的大国工匠精神，唯有这样，开证行才会履行付款承诺，我们才能及时收回货款。

第一节 装运通知缮制

一、装运通知概述

（一）装运通知的概念

装运通知也叫装船通知（Shipping Instruction/Advice），主要指出口商在货物装船后发给进口商的包括货物详细装运情况的通知，其目的在于让进口商做好筹措资金、付款和接货的准备。例如，当成交条件为 FOB、FCA、CFR 和 CPT 时，需要向进口国保险公司发出该通知，以便其为进口商办理货物保险手续。出口装船通知应按合同或信用证规定的时间发出，该通知副本（Copy of Fax/Mail）常作为向银行交单议付的单据之一。在进口方派船接货的交易条件下，进口商为了使船、货衔接得当也会向出口方发出有关通知。装运通知以英文制作，无统一格式，内容一定要符合信用证的规定，一般向银行提供一份即可。

图片：装船通知

装运通知可细分为两种：一种是装运前由进口商发给出口商的装船指示（Shipping Instruction）；另一种是装运后由出口商发给进口商的装船通知（Shipping Advice）。前者往往是在采用 FOB 和 FCA 贸易术语时，进口商发出的通知出口商已派船或已指定承运人接货，提醒出口商在保质保量的情况下按时交货以及交货时应注意的一些问题的装船指示；后者往往是在采用 FOB、FCA、CFR 和 CPT 等贸易术语时，特别是在 CFR 和 CPT 的交货条件下，出口商在装船后或货交承运人接管后向进口商或其通知人或指定人发出的货物装运情况的书面通知以便进口商及时办理投保事宜。

（二）电抄的概念

电抄（Cable Copy），是受益人根据信用证的要求，在装船发货后发送给信用证申请人（进口商）或信用证中规定的被通知人的电传、传真或电子邮件的副本。电抄往往是议付单据之一。

电抄的内容一般包括装船日期、提单号码、装货港、卸货港、买卖合同号码和信用证号码、发票金额等，其目的是在于通知装船情况，以便进口商办理保险及做好赎单提货准备。

（三）装运通知/电抄的作用

1. 以便买方办理保险手续。装运通知/电抄是在租船运输大宗进出口货物的情况下，在合同中加以约定的条款。规定该条款的目的在于明确进出口双方的责任，促使进出口双方互相合作，共同做好船货衔接工作。特别在 CFR 和 CPT 条件下，出口商安排运输，进口商负责办理保险，进口商是根据出口商发送的装船通知来办理货物保险的。如果出口商不能及时给予进口商充分的装船通知，则进口商无法及时办理货运保险，甚至有可能漏保货运险。因此，要求出口商一定要在货物离开装运港（地）后及时向进口商发出装船通知，否则，出口商应承担货物在运输途中的风险和损失。

有时，进口商在货物尚未发运前预先向保险公司办理预约保险，并要求出口商将装运通知直接发送至保险公司，以便保险及时生效。

2. 以便进口商做好接货和付款准备。货物装船后，出口商应及时向国外进口商发出装运通知，以便对方准备付款、赎单，办理进口报关和接货手续。

3. 作为议付货款的单据之一。为避免出口商因疏忽未及时发出装运通知，进口商往往在信用证中明确规定出口商必须在规定的时间内发出装运通知，并以装运通知/电抄作为议付货款的单据之一。

二、装运通知的缮制规范（见样例 11-1）

装运通知的内容视信用证的具体规定而定，没有固定格式，由出口商自行缮制，现介绍其主要内容和缮制规范如下：

1. 单据名称（Name of Document）。一般按信用证要求填写。若信用证要求提供“Shipping Advice”、“Declaration of Shipment”、“Shipping Statement”、“Certified Copy of Telex”或“Copy of Telex”等，应按信用证要求标明的单据名称填写。

2. 编号和日期（No. & Date）。编号应填写发票号码，日期应严格按信用证规定的发出装运通知的时间填写，一般与提单日期相同或略晚于提单日期一两天。常见的有以小时（within 24/48 hours）为准和以天（within 2 Days after Shipment Date）为准两种情形，信用证没有规定时应在装船后立即发出，如信用证规定“Immediately after Shipment”（装船后立即通知），应在提单日期后两三天之内发出装运通知。

3. 通知对象（To）。一般按信用证要求填写，可以是开证申请人、申请人的指定人或保险公司等。

若信用证规定通知开证申请人或××保险公司，则在 To 后面填写开证申请人的名称或××保险公司名称；若信用证没有规定抬头人，则填写开证申请人名称即可。一般有以下几种情况：①填写承担货物运输险的保险公司名称及地址，便于保险公司收到本通知后将预约保险单及时生效；②填写信用证中申请人名称与地址（一般为进口商),便于进口商在未办预约保险的情况下及时投保并做好收货准备;③填写信用证申请人的代理人名称和地址,便于代理人收到本通知后及时通知保险公司或收货人办理后续相关业务。

4. 事由(Re)。一般可填写商品的名称、件数、合同号、信用证号和预约保险单号。在 FOB 和 CFR 条件下,进口商在办理保险手续时,信用证往往要求装运通知列明预约保险单号"Open Policy No."或"Cover Note No.",此时应该按信用证规定填写。

5. 声明或证明文句(Statement)。一般有"××合同或××信用证或××预约保险单项下的货物已经出运,装运细节如下"等文句。

6. 通知内容(Details)。主要包括所出运货物的合同号或信用证号、品名、数量、金额、运输工具名称、开航日期、装运港(地)、目的港(地)、提单号和运输标志等,要求与其他相关单据保持一致。如果信用证提出具体项目要求,则应严格按规定制单。此外,通知中还可能出现包装说明、ETD(Estimated time of departure,船舶预离港时间)和 ETA(Estimated time of arrival,船舶预抵港时间)等内容。

7. 激励性的文句(Good Wish)。一般填写希望产品质量令对方满意并期盼收到续订单之类的文句,不是装运通知必需的部分。

8. 签署(Signature)。一般可以不签署,如信用证要求"Certified copy of Shipping Advice",通常在装运通知的右下角加盖受益人印章。

装运通知缮制好后应按信用证规定的时限及时发出,不得逾期,然后把装运通知或电抄与其他单证一起提交银行议付结汇。

样例 11-1 装运通知

Tifert Trading Co., Ltd

No. 86, Zhujiang Road, Tianjin, China

SHIPPING ADVICE ①

Invoice No. 123456 ②

Date: Dec. 27, 2022

To: PARIS INTERNATIONAL CORP

88, GREAT TOWER BUILDING, PARIS, FRANCE ③

Re: 300 Cartons Leather bags under L/C No. PIC123456

Covering Open Policy No. MM348976 ④

Dear sirs,

We'd like to advise you that the following mentioned goods have been shipped out, full details are shown as follows: ⑤

1. Commodity:	LEATHER BAGS	⑥
2. Quantity:	300 CARTONS	
3. Gross weight:	600KG	
4. Net weight:	570KG	
5. Port of loading:	TIANJIN	
6. Port of destination:	MARSEILLES	
7. Vessel & Voy. No.:	HANJIN EXPRESS V. 186	
8. B/L No.:	SN0980	
9. Date of shipment:	DEC. 25, 2022	
10. Total value:	USD14 000. 00	
11. Estimated time of arrival:	JAN. 20, 2023	
12. Shipping marks:	N/M	

We hope you are satisfied with the quality of our goods and look forward to receiving your repeat order soon. ⑦

⑧

Sincerely yours,

装船通知没有统一的格式,可以根据具体情况缮制成保险声明(见样例 11-2)的格式,From 后填写发件人的名称,一般是合同中的卖方或信用证的受益人;To 后填写收件人的名称,有可能是合同中的买方、信用证的开证申请人或指定的保险公司;CC 后填抄送给谁,一般情况下发送给保险公司,抄送给买方。

样例 11-2 保险声明

Insurance Declaration

From: Tifert Trading Co., Ltd

To: Hamburg Insurance Co.

CC: ABC Co.

Re: L/C No. HX 1245/Open policy No. NS04-897

Please be informed that 150 cartons of Ladies Coats under Invoice No. DX04-245 to the amount of USD4 530 were shipped per S. S. Dongfeng, sailing on or about July

15,2022 from Shanghai to Hamburg via Hongkong.

Please insure and send your insurance acknowledgement to ABC Co..

Signature

三、装运通知条款解析详述

信用证中对装运通知条款的表述方法很多,首先以较复杂的条款为例,解析一下装运通知条款通常由几个部分组成。

Shipping advice
Declaration of shipment } stating ② L/C No., quantity shipped, name of vessel,
Copy of fax ①

total amount… within 48 hours / within 2 days / immediately ③ } after shipment.

说明:①对装运通知单据名称的规定;②对装运通知具体内容的规定;③对装运通知发送时间的规定。

需要说明的是,信用证中的装运通知不完全像解析中列举的条款那样完整,往往有很多省略,如省略③发送时间的规定,则视为装船后两三天内发送装运通知。

下面就比较常见的装运通知条款举例进行解析,说明缮制装运通知时应如何具体把握。

1. Beneficiary is to fax Mr. ...stating L/C No., quantity shipped, name of vessel & ETD of vessel within 5 days after shipment, a copy of this fax must accompany the documents for negotiation.

受益人应在装船后五天内将信用证号码、装船数量、船名和预计开航日期传真给××先生,该传真的副本须随同单据一起议付。

按照该条款要求,装运通知应该缮制成以下样式:

Shipping Advice

To: Mr. ×××

Re: L/C No.

Commodity name:

Quantity shipped:

Total amount:

Name of vessel:

B/L No.

ETD:

Shipping marks:

This is the true copy of fax sent to Mr. ××× with in 5 days after shipment.

(Signature)

2. Shipment advice must be sent by mail to ABC Ins Co. with details of shipment including invoice value, name of vessel and date of shipment quoting their Policy No. TT5421. Copy of this mail be presented with documents for negotiation.

装运通知用邮件发送给 ABC 保险公司，告知装运详情包括发票金额、船名、装运日期并标明预约保险单号 TT5421，装运通知的副本作为议付的单据。

按照该条款要求，装运通知应缮制成以下样式：

Shipping Advice

To: ABC Ins Co.

Re: Policy No. TT5421

Commodity name:

Quantity shipped:

Total value:

Name of vessel:

B/L No.

Date of shipment:

Shipping marks:

This is the true copy of mail sent to ABC Ins Co.

(Signature)

四、缮制装运通知应注意的问题

缮制装运通知应注意以下几个问题：

1. 卖方应及时缮制装运通知，并严格按合同或信用证要求的时间发送装运通知。

2. 装运通知应该充分，以便买方或保险公司及时办理保险手续。信用证要求通知的内容必须一一列出，可以比信用证详尽，但不能与其他单据相同的信息相矛盾。

3. 装运通知要按照合同或信用证的要求发送给相关方，如买方和保险公司等。

4. 如果信用证要求装运通知的副本作为议付单据之一，最好在结尾处加注"This is the true copy of shipping advice sent to applicant or Insurance Co."等类似的文句。

第二节　船公司证明缮制

一、船公司证明概述

(一)船公司证明的概念

船公司证明(Shipping Company's Certificate)是指卖方应买方要求由船公司或其代理人出具的,用以证明船龄、船籍、航程、船级、集装箱船和运费等内容的书面文件。

(二)船公司证明的种类

1. 船龄证书(Ship's Age Certificate)。这是用以说明载货船舶船龄的证明。一般以15年以上的船为超龄船,许多保险公司不予承保。买方为保障船只和货物在运输途中的安全,要求卖方不装超过15年船龄的船舶。

图片:船龄证明

2. 船籍证明(Ship's Nationality Certificate)。这是用以说明载货船舶国籍的证明。有时买方出于政治原因,对载货船舶的国籍予以限制,要求卖方仅装某些国家的船或不装某些国家的船,并要求卖方提供相应证明。

3. 航程证明(Ship's Itinerary Certificate)。这是用以说明载货船舶在航程中停靠港口的证明。有时买方出于政治原因或为了避免航行途中货船被扣的风险,对载货船舶的航行路线、停靠港口予以限制,要求船只不能经过某些地区,或不在某些港口停靠,并要求卖方提供相应的证明。

图片:航程证明

4. 船级证明(Ship's Classification Certificate)。这是用以说明载货船舶符合一定船级标准的证明。有时来证要求提供英国劳合氏船级社签发的船级证明,因为我国班轮以及在我国各港口航行的船只很少有劳合氏船级社注册的船,所以无法出具该证明。

5. 班轮公会船只证明(Conference Line Certificate)。这是用以说明载货船舶属于班轮公会的证明。有些来证规定必须装班轮公会船只,在租船订舱时就必须在委托书中注明订班轮公会船只,并要求船公司或其代理出具此证明。如果不能装运在班轮公会船只上,则必须修改信用证。

6. 集装箱船只证明(Container Ship Certificate)。这是用以说明货物已装在集装箱船上的证明。有时来证规定货物必须装集装箱船上,如果提单上能表明货物是集装箱运输,就不需要提供该证明;但如果信用证条款有特别规定要求单独出具此证明,则必须单独出具集装箱船只证明。

7. 黑名单证明(Black List Certificate)。这是用以说明载货船舶未被阿拉伯国家列入与以色列有来往船舶名单的证明。阿拉伯地区国家为了抵制以色列,常在来证中要求卖方提供此类证明,该种证明往往与船籍证明一并出具。

8. 运费收据(Freight Note)。这是船公司出具的用以说明运费支付情况的证明。

通常买方请卖方代办运输时,国外买方往往来证要求提供运费收据,以便了解已付运费的实际情况,并作为双方结算运费的依据。

图片:随船单据证明

9. 船长收据(Master's Receipt)。这是由船长出具的用以说明收到了托运人委托随船转交单据的证明。有些来证要求发货人在货物装运后将一套正本或副本单据委托装货船只的船长带给收货人,以便收货人在货到目的港后能及时提货或办理其他手续。议付时以船长收据为证,收据上须有船长转递单据的承诺。

二、船公司证明的缮制规范(见样例 11-3 和 11-4)

1. 单据名称(Name of Document)。按照信用证要求提供不同种类的证明,通常为"Certificate of…"或"Statement of…",若信用证规定了证明函的种类,一定要加注该标题;若信用证没有限定单据名称,此项可以省略。

2. 编号及日期(No. & Date)。编号一般填写发票号码,日期应该与提单日期相同。

3. 抬头人(To)。一般笼统地填写"To whom it may concern"(致有关方面)。

4. 证明的内容(Contents)。按照信用证要求并结合实际情况作出证明。

5. 签署(Signature)。应该与提单签单人一致。

样例 11-3 船龄证明

<u>Certificate of Vessel's Age</u> ①

Tianjin, Feb. 25, 2022 ②

To whom it may concern: ③

This is to certify that the M. S./S. S. ____________(name of vessel) was built in year ____________ and has therefore not been in operation for more than 10 years at time of cargo loading. ④

×× Shipping Company

张三 ⑤

样例 11-4 船籍和航程证书

<u>CERTIFICATE</u> ①

Tianjin, May 20, 2022 ②

To whom it may concern: ③

This is to certify that M. S./S. S. _________(name of vessel) flying _________ (name of country) flag, will not call at any Israeli port during this present voyage according to the schedule, and so far as we know that she is not black listed by the Arab countries.

④

×× Shipping Company

张三　　⑤

三、船公司证明条款解析详述

船公司证明的种类很多,现仅以一般常见条款为例,解析一下船公司证明通常由几个部分组成。

Shipping company's certificate (①) certify / state / evidence (②) that the goods shipped per S. S. ×× which is 15 years old.

说明:①表示船公司证明的单据名称;②表示船公司证明的具体内容。

下面就比较常见的船公司证明举例进行解析,说明缮制船公司证明时应如何具体把握。

1. Shipping company's certificate state that the goods to be shipped below deck and transshipment(if any) to be made at Rotterdam.

船公司证明声明货物将装到舱底,如果转船的话,限制在鹿特丹转运。

按照该条款要求,船公司证明应该缮制成以下样式:

CERTIFICATE

Date: May 20,2022

We hereby state that the above-mentioned goods have been shipped below deck per S. S. "RED RIVER" on May15,2022 with transshipment at Rotterdam.

×× Shipping Company

(Signature)

2. Shipping company's certificate certify that carrying vessel flying the flag of P. R. of China from any Chinese port to Kuwait calling at following ports ××× during this present voyage according to the schedule, and that the carrying vessel is not black listed by Arabian countries.

船公司证明载货船舶悬挂中华人民共和国国旗,按照目前的航行计划载货船舶从任何中国港口驶向科威特港途中停靠以下港口,该船舶没有被阿拉伯国家列入黑名单。

按照该条款要求,船公司证明应该缮制成以下样式:

CERTIFICATE

Date: May 20,2022

To whom it may concern：

This is to certify S. S. "×××(具体船名)" flying the flag of P. R. of China, from ××× to Kuwait calling at following ports during this present voyage according to the schedule, and so far as we know that she is not black listed by the Arabian countries.

Name of calling port during voyage

(1)××× (具体港口名称)

(2)…

(3)…

×× Shipping Company

(Signature)

3. Full set of non-negotiable shipping documents to be sent to the captain of the carrying vessel and handed over to Messrs ××× and captain's receipt accompanied by the original documents for negotiation.

全套不可议付的装运单据将寄给载货船舶的船长,由其转交给 Messrs ×××,船长收据随正本单据议付货款。

按照该条款的要求,船长收据应缮制成以下样式：

CAPTAIN'S RECEIPT

Date：

Invoice No.

L/C No.

Vessel's name：

From ××× to ×××

Covering：×× cartons of ×××

I, the undersigned, captain of carrying vessel S. S. ××(具体船名), hereby certify having received from ××(卖方名称) the following shipping documents which shall be handed over to Messrs ×××(买方名称).

(1) one copy of B/L No. ××

(2) one copy of Invoice No. ××

(3)…

(Signature)

Ship's Captain

4. Certificate from the shipping company to certify that shipment to be effected by container vessel.

船公司证明货物将通过集装箱轮出运。

按照该条款规定，船公司证明应缮制成以下样式：

CERTIFICATE

Date：

To whom it may concern：

Re：Invoice No. ××× covering ×× bags of ××

This is to certify that shipment of ××bags of ×× under the captioned invoice has been effected by the container vessel.

×× Shipping Company

(Signature)

四、缮制船公司证明应注意的问题

缮制船公司证明应注意以下几个问题：

1. 船公司证明的种类很多，应依照合同或信用证的规定，要求船公司出具相关证明。如果要求船龄证，就必须签发船龄证，而不能以船籍证明替代。

2. 不能完全照抄信用证条款内容，应具体化并在人称、时态等方面作相应变化。

3. 船公司证明签发日期一般与运输单据签发日期相同，或略晚些。

4. 船公司证明本身的性质决定其必须签署。

第三节　受益人证明函缮制

一、受益人证明函概述

(一)受益人证明函的概念

受益人证明函(Beneficiary's Certificate)通常是指信用证受益人根据信用证的要求出具的证明受益人已经履行了合同或信用证规定义务的证明，是信用证付款方式下要求的常见单据之一。

(二)受益人证明函的种类

受益人证明函主要有寄单证明、寄样证明和包装证明等几种。

寄单证明是指卖方在货物装运前后的一定时期内，向买方或指定人作出的某项证明，证明卖方已把合同和信用证规定的单据邮寄给了买方。

寄样证明是由卖方根据合同和信用证的规定，签发已寄出船前样、色卡样和尺码样的证明。

图片：受益人寄单证明函

包装证明是指卖方所交货物的包装符合合同、信用证及进口国有关法规规定的证明。

(三)受益人证明函的作用

1. 向有关方面证实某件事实。

2. 证明已经履行某种义务或完成某项工作。

3. 作为议付货款单据之一。

二、受益人证明函的缮制规范(见样例11-15,11-6和11-7)

受益人证明函的内容视信用证的具体规定而定,内容和格式无统一规定,由卖方自行缮制,就其内容而言一般包括单据名称、编号及日期、抬头人、事由、声明或证明文句、签署等。

1. 单据名称(Name of document)。一般按信用证要求填写。若信用证要求提供"Beneficiary's certificate""Beneficiary's statement""Beneficiary's declaration"等,应按信用证的要求标明单据名称。

2. 编号及日期(No & Date)。编号一般填写发票号码,日期应该严格按信用证规定的寄出样品或单据的时间填写,即根据需证实的内容而定,一般与提单日期相同或略晚于提单日期一两天,也可能早于提单日。

3. 抬头人(To)。一般笼统地填写"To whom it may concern"(致有关方面)。

4. 事由(Re)。一般可填写商品的名称或信用证号码。在非信用证付款方式下,可填写商品的名称或合同号。

5. 声明或证明文句(Statement)。此项内容必须对应信用证要求填写。例如:信用证要求受益人寄单据,则提供寄单证明;如果信用证要求受益人寄样品,则提供寄样证明;如果信用证要求受益人证明交付货物的包装符合要求,则提供包装证明。其中的人称、时态和语态有时需要作适当变化,不能照抄照搬信用证原句。

6. 签署(Signature)。在装运通知的右下角,填写卖方的名称和法人代表或经办人的签字。注意作为证明函无论信用证是否要求受益人签字都要签署。

样例11-5 寄单证明

TIFERT TRADING CO., LTD

No. 86, Zhujiang Road, Tianjin, China

<u>CERTIFICATE</u> ①

No. 22FZ0598

Oct. 28, 2022 ②

To whom it may concern: ③

Re: L/C No. ××× ④

We certify that one set of non-negotiable documents under L/C No. 1234567 including a copy of B/L, a copy of Invoice, a copy of Packing List have been mailed to the C & A by EMS within 48 hours after shipment. ⑤

⑥

样例 11-6 寄样证明

TIFERT TRADING CO., LTD

No. 86, Zhujiang Road, Tianjin, China

CERTIFICATE ①

No. 22F20068

May 10, 2022 ②

To whom it may concern: ③

Re: Invoice No. MF0085 & L/C No. 123679F ④

We hereby certify that in compliance with the terms of the relative letter of credit, we have sent requisite shipment samples by DHL to the Sam Int'l Inc. ⑤

⑥

样例 11-7 包装证明

TIFERT TRADING CO., LTD

No. 86, Zhujiang Road, Tianjin, China

CERTIFICATE ①

No. 22F20568

Aug. 25, 2022 ②

To whom it may concern: ③

Re: Packing requirement ④

We hereby certify that: ⑤

1. All drums are neutral packing.
2. No Chinese words or any hints to show the products made in China.

3. No any printing materials are allowed to fill in drums.

TIFERT TRADING CO., LTD
泰佛贸易有限公司
*

⑥

三、受益人证明函条款解析详述

受益人证明函的种类很多,现仅以一般常见条款为例,解析一下受益人证明函通常由几个部分组成。

Beneficiary's certificate (①) certify / state / evidence (②) that the full set of shipping documents must be sent to applicant immediately after shipment.

说明:①表示受益人证明函的单据名称;②表示受益人证明函的具体内容。

下面就比较常见的受益人证明函举例进行解析,说明缮制受益人证明函时应如何具体把握。

1. Beneficiary's certificate advising the openers by mail the shipping details immediately after shipment.

受益人证明函装船后用邮件告知开证申请人详细的装运情况。

按照该证要求,装船通知应缮制成以下样式:

CERTIFICATE

We hereby certify that we have advised the openers by mail the shipping details immediately after shipment as follows:

Commodity:

Quantity:

Port of loading:

Port of discharge:

Total value:

Vessel Voy. No.:

B/L No.:

Shipment date:

Shipping marks:

××Company

(Signature)

2. One copy of invoice, packing list and original GSP Form A to be sent direct to applicant immediately after shipment and beneficiary's certificate to this effect and relative postal receipt should be required for negotiation.

副本发票、装箱单和正本普惠制原产地证书装船后直接寄给开证申请人,受益人出具的证明函与邮包收据用于议付货款。

按照该条款的要求,受益人证明函应缮制成以下样式:

CERTIFICATE

We hereby certify that one copy of invoice, packing list and original GSP Form A have been sent direct to ×××(开证申请人的具体名称) immediately after shipment.

××Company

(Signature)

3. Pre-shipment samples to be sent directly by DHL to buyer before shipment and beneficiary's certificate to this effect is required.

受益人出具证明函证明船前样在装运前将直接用 DHL 快递买方。

按照该条款要求,受益人证明函应缮制成以下样式:

CERTIFICATE

We hereby certify that pre-shipment samples have been sent directly by DHL to×××(买方名称)before shipment.

××Company

(Signature)

4. Beneficiary's certificate certifying that the external packing of goods have been marked conspicuously the gross weight in green triangle.

按照该条款要求,受益人证明函应缮制成以下样式:

CERTIFICATE

We hereby certify that the external packing of goods have been marked conspicuously the gross weight in green triangle.

××Company

(Signature)

四、缮制受益人证明函应注意的问题

1. 当信用证要求提交受益人证明函时,提交经签署的单据包含信用证所要求的数据和证明文句,并表明信用证规定的名称,或标明反映所要求证明类型的名称，或没有名称，即符合要求。

2. 受益人证明函提及的数据，不应与信用证要求相矛盾。

3. 受益人证明函提及的数据或证明文句，无须与信用证要求的一致，但应当清楚表明信用证规定的要求已经获得满足。在受益人证明函的措辞上，如果信用证已经给出具体文句，在缮制单据时不能原封不动照抄照办，应该在人称、时态或语态上进行相应的调整，如一般将 Beneficiary 替换成 We，把将来时变成完成时，表明信用证规定的义务受益人已经完成。同时受益人证明函无须包含货物描述或对信用证或其他规定单据的任何其他援引。

4. 受益人证明函本身的性质决定该单据需要由受益人或受益人代表签署。

知识链接

贷记账单

国外大多数客户是中间商，专门赚取佣金，甚至有些客户既向其供货商收取佣金，也向其买主收取佣金，即平常讲的“两头吃”。为了达到两头吃佣的目的，中间商往往要求提供暗佣，即不在发票上显示出佣金，而是通过另做贷记账单的方式在银行支付贷款时扣除。

如信用证47A特殊条款中规定：

An amount equal to 5% on the CIF invoice value should be deducted from the amount payable to the beneficiary by the negotiating bank. This amount representing agents commission, will be paid by the issuing bank to MICHAEL APOSTOLIDES + CO., LTD PO Box 21023 Nicosia, and should not be shown on relative invoice but on a separate credit note.

在这种情况下，议付货款时就需要提交一份Credit Note，由议付行代扣佣金5%经开证行付给中间商，而不要列在发票上。应该缮制成以下样式：

CREDIT NOTE

Date:

To whom it may concern:

Re: L/C No. ×××

Invoice No. ×××

5% of CIF invoice value i.e. USD ××× representing agent's commission which is payable to MICHAEL APOSTOLIDES+CO., LTD PO Box 21023 Nicosia, has been deducted from the amount of negotiation.

×××Co., Ltd

(Signature)

本章小结

本章首先简要地介绍了装运通知、船公司证明、受益人证明函等单据的概念、种类及其作用。

装运通知是指出口商在货物装船后发给进口商的包括货物详细装运情况的通知,其目的在于让进口商做好筹措资金、付款和接货的准备。特别在 CFR 和 CPT 条件下,出口商向进口商及时发出充分的装船通知更是转移运输途中风险的前提条件。

船公司证明是指卖方应买方要求由船公司或其代理人出具的,用以证明船龄、船籍、航程、船级、集装箱船和运费等内容的书面文件。

受益人证明函通常是指信用证受益人根据信用证的要求出具的证明受益人已经履行了合同或信用证规定的相关义务的证明,是信用证付款方式下要求的常见单据之一。

其次,分别以装运通知、船公司证明和受益人证明函等的实例重点介绍了各自的缮制规范、信用证常见其他单据条款的解析,以及缮制装运通知、船公司证明和受益人证明函应该注意的问题。

本章测试

一、动脑思考

1. 装运通知的概念及其作用是什么?
2. 请列举信用证中常见的船公司证明函。
3. 受益人证明函的概念是什么? 通常有几种形式?
4. 缮制受益人证明函应注意哪些问题?
5. 缮制船公司证明函应注意哪些问题?

二、动手操练

实训操作(一):

信用证的单据条款中规定提交受益人证明函作为议付单据之一,具体条款如下:

Beneficiary's certificate certify that full set of non-negotiable shipping documents are to be attached to the goods.

作为泰佛贸易公司的单证员,请根据所提供信息,利用空白证明函(见样例 11-8)填写一份证明函。

样例 11-8 空白证明函

CERTIFICATE

Date:

实训操作(二):

信用证中的特殊条款中规定:"5% commission to be payable to credit opener by way of a credit note in European Dollars. This commission not to be showed on the invoice"。

作为泰佛贸易公司的单证员,请根据所提供信息,利用空白贷记账单(见样例 11-9)填写一份贷记账单。

样例 11-9 空白贷记账单

CREDIT NOTE

Date:

第十二章　汇票缮制

知识目标

1. 了解汇票的概念、当事人与种类
2. 熟悉汇票的格式和主要内容

技能目标

1. 掌握汇票的缮制规范、缮制技巧及应注意的问题
2. 掌握汇票的特殊条款的灵活处理方法

素质目标

1. 培养耐心细致的工作作风
2. 坚守诚信品德

案例库

我国某出口公司 A 与科威特某中间商成交货物一批，贸易条件为 CFR5%，货值为 USD52 500.00。国外开来 L/C 总金额为 USD49 875.00，并注明："议付时扣 5%佣金额给科威特中间商"，原文为"When negotiating documents 5% commission to be deducted from amount negotiated and returned to ××"。但 A 公司在制单中忽略核对 L/C 金额，在缮制商业发票和汇票时均按照合同金额 USD52 500.00，议付时银行扣除 5%，按 USD49 875.00 借记开证行北京账户。开证行接单后来电拒付，理由是商业发票和汇票金额超过信用证允许支取的金额。经多次与开证行及中间商交涉均无效，只好在 L/C 有效期内另赶制新的商业发票和汇票，即金额改为 USD49 875.00，议付时再扣去 5%佣金，结果是最后实际付给科威特中间商 10%的佣金，金额计 USD5 250.00。

课程思政

该案例主要因为A公司业务员缺乏经验,对审证、制单和审单等环节把关不严,最后酿成损失。具体而言,第一,没有把好审证关。信用证开来的金额为扣除5%佣金后的净值,就不应该在信用证中再注明:“议付时扣5%佣金额给科威特中间商”,原文为“When negotiating documents 5% commission to be deducted from amount negotiated and returned to ××”,对此A公司业务员应该毫不犹豫地要求开证申请人删除此条款。而事实是,A公司业务员对此没有理睬。第二,制单环节疏忽了,没有按照信用证金额缮制商业发票和汇票,最后导致超证支付,银行拒付。第三,没有把好审单关。通常在向银行交单议付前,出口商应该仔细审核全套单据,检查是否做到了相符交单。而事实上A公司业务员审单也同样疏忽了,没有发现这些问题。由于在审证和制单、审单环节都把关不严,以致中了国外商人设下的圈套,白白多支付了5%的佣金,可谓有苦难言。

因此,在实际业务中,我们一定要严把审证第一关,最后在交单议付环节出现单证不符往往都是审证关没有把紧,其次要严格按照信用证要求制单,绝对不能超证支付,最后还要把好审单关,只有做到相符交单,我们才能安全及时收回货款。总之,我们一定要养成耐心细致的工作作风和精益求精的大国工匠精神,只要这样,我们才能避免发生此类损失。

第一节　汇票概述

众所周知,国际贸易货款结算不可能借助现金来实现,取而代之的是汇票、支票和本票等支付工具,其代替现金在国际贸易中进行货款结算,其中最重要的当属汇票。

一、汇票的概念

图片:汇票

汇票(Bill of Exchange,简称Bill或Draft)是由一个人向另一个人签发的无条件的书面支付命令,要求对方立即或在将来可以确定的时间支付一定金额给特定的人或持票人。汇票是一种要式有价证券,是国际贸易结算中重要的且常用的流转票据之一,是出口商凭以向进口商要求付款的收款工具,也是进口商付款的重要凭证。一般汇票都有两张正本,即First Exchange和Second Exchange,根据票据法的规定,两张正本汇票具有同等效力,但付款人付一不付二,付二不付一,先到先付,后到无效。银行在寄送单据时,一般也要求将两张正本汇票分为两个邮次向国外寄发,以防在邮程中丢失。

汇票是国际贸易中最典型的票据,它集中反映了出票人、付款人和收款人等各方的债权债务关系。汇票属于金融单据,可以代替货币进行转让和流通。

在我国出口贸易中,出口商通常在货物出运后,以签发汇票的方式要求进口商或进口商所在地银行付款。

二、汇票的当事人

汇票的当事人主要包括以下相关人:

1. 出票人(Drawer)。这是指开出汇票的人。在信用证和托收付款方式下,通常是出口商。

2. 付款人(Drawee)。这是指支付票款的人。在信用证付款方式下,付款人一般是开证行或开证行指定的付款行。在托收付款方式下,付款人一般是进口商。

3. 收款人(Payee),或称抬头人。这是指收取票款的人。收款人是票面上的债权人,有权要求付款人付款,若遭拒付,则可向出票人追索票款。在信用证付款方式下,收款人一般是受益人或者议付行。在托收付款方式下,收款人一般是托收行。

4. 背书人(Endorser)。这是指收款人或持票人在汇票背面签字,将收款权利转让他人的人。

5. 承兑人(Acceptor)。远期汇票付款人办理了承兑手续即成为承兑人。在实际业务中,承兑人可能是开证申请人、开证行或指定的付款行。

6. 持票人(Holder)。这是指持有汇票,有权收款的人。其中,善意持票人是持票人的一种,即汇票的合法持有者,其善意地支付了全部票款,取得了一张表面完整、合格、不过期的票据,未发现这张汇票曾被退票,也未发现其前手在权利方面有任何缺陷。例如:在信用证项下,议付行押汇后就处于善意持票人的地位。善意持票人的权利优于其前手,如果其前手以不当手段获得汇票,则善意持票人的权利并不因此而受到影响,他可以向汇票的所有责任方要求付款。

三、汇票的种类

汇票可以按照不同的标准划分为不同种类。

(一)按是否跟随单据划分

1. 跟单汇票(Documentary Draft 或 Documentary Bill)。这是指随附装运单据的汇票。这种汇票在进出口贸易中经常使用,出口商发货后出具以进口商为付款人的汇票,收取货款。

2. 光票(Clean Bill)。这是指不跟随装运单据的汇票,仅凭汇票办理结算。这种汇票经常用于收取货款尾数、佣金或代垫费用。

(二)按付款期限划分

1. 即期汇票(Sight Bill 或 Demand Draft)。这是指在提示或见票时付款人立即付款的汇票。一般情况下,即期交易应出具即期汇票。

2. 远期汇票(Time Bill 或 Usance Bill)。这是指按约定的期限或日期付款的汇票。一般情况下,远期交易应出具远期汇票。也有的是即期交易而信用证开成假远期,在这种情况下受益人应出具远期汇票。

(三)按出票人划分

1. 银行汇票(Banker's Draft)。出票人和付款人都是银行的汇票叫银行汇票。这种汇票用于银行汇款。在出口贸易中,国外进口商可用这种方式汇付货款,出口商也可用这种方式汇付佣金等。

2. 商业汇票(Trade Bill 或 Commercial Bill)。以商人或商号为出票人,以商人、商号或银行为付款人的汇票叫商业汇票。这种汇票用于收款,是信用证或托收项下经常使用的汇票,受益人或发货人可用这种方法向对方收取货款。

(四)按承兑人划分

1. 银行承兑汇票(Banker's Acceptance Bill)。这是由银行承兑并到期付款的远期汇票,银行承兑的汇票代表银行信用,这种汇票有银行信用作保证,人们愿意接受,在市场上容易流通。

2. 商业承兑汇票(Trader's Acceptance Bill)。这是以个人或商号为付款人并由其承兑和到期付款的远期汇票,个人或商号承兑的汇票代表商业信用,这种汇票是以商业信用作保证,不如银行承兑汇票更容易在市场上流通。

第二节 汇票缮制详述

汇票是国际贸易中使用频率最高的支付工具,各银行印制的汇票格式不尽相同,但其内容大体相同。随着无纸贸易的发展,现在银行基本不印制纸质汇票。汇票的缮制规范见样例12-1。

1. 单据名称(Name of Document)。汇票应有名称,一般使用 Bill of Exchange,也可使用 Exchange 或 Draft,一般已印妥,是汇票的必要项目之一。

2. 汇票号码(No.)。汇票号码由出票人自行编号填写,一般填写发票号码,以便与发票核对相关内容及查阅和引用整套单证。

3. 日期和地点(Date and Place)。汇票上必须注明出票日期与地点。出票日期与地点常并列位于汇票右上方。汇票出票日期,关系到汇票的提示、承兑、付款期限及利息的计算,故必不可少。信用证方式下汇票出票日期一般为议付日期,通常由出口商委托议付行办理议付时代填(不应早于各种单据的出单日期,也不得迟于信用证有效期及交单日期)。汇票出票地点涉及法律适用,是汇票的主要项目之一。信用证项下汇票出票地点一般为议付行和出票人所在地点。在我国出口贸易中,汇票出票地点一般都已印好,无须另填。

4. 小写金额(Amount in Figure)。汇票小写金额包括支付货币名称缩写和阿拉伯数字表明的具体金额(保留至小数点后两位),如 USD20 000.00。缮制汇票时,先填写货币名称缩写,再填写具体金额。除非信用证金额、数量允许溢短装,汇票金额不得超过信用证规定最高限额;信用证上有"For 100%(或 full) invoice value"文句或类似词语时,汇票金额须与发票金额一致。

小贴士

根据《日内瓦统一法》的规定,汇票必须具备下列几项:

(1)有"汇票"(Exchange)字样;

(2)有小写和大写的货币名称和金额;

(3)有出票日期和地点;

(4)有适当的文句表明该汇票为无条件的支付命令;

(5)有付款期限;

(6)有收款人名称;

(7)有付款人的名称和地址;

(8)有出票人的名称和签字或盖章。

5. 付款期限(Tenor)。汇票期限分即期和远期。在信用证付款方式下,其具体填写方式见表12-1。

表12-1 信用证付款方式下汇票付款期限及填写方式

种　类	汇票条款举例	填写方式
即期付款	Draft payable at sight	在At和sight之间填写"＊　＊　＊"或"－－－"或"＝＝＝"等
见票后××天付款	Draft payable 30 days after sight	在At和sight之间填写"30 days after"
出票后××天付款	Draft payable 30 days after date	在At和sight之间填写"30 days after date"并删除印就的sight字样
提单日后××天付款	Draft payable 30 days after B/L date (P. S. actual B/L date: May 12, 2020)	在At和sight之间可按下列任何一种方式填写: (1)30 days after bill of lading date May 12, 2022; (2)30 days after May 12 2022; (3)30 days after bill of lading date 同时在汇票的空白处显示具体的提单日为bill of lading date May 12 2022; (4)汇票的出票日期与提单日期相同则填写30 days date; (5)July 11 2022,即提单日后30天具体的日期。
指定日期付款	Nov. 10, 2022	在At和sight之间直接填写"Nov. 10, 2022"

在托收付款方式下,如果是即期付款交单,则应在汇票的At之前加注D/P,在At和Sight之间填写"＊　＊　＊"或"－－－"或"＝＝＝"等;如果是远期付款交单,在汇票的At之前加注D/P,则应在At和Sight之间填写具体天数,同样的方法也适用于承兑交单。

在电汇付款方式下,一般不需要汇票,无须填写,因为电汇属于顺汇。

提示板

计算远期汇票到期日应遵循哪些原则?

计算远期汇票到期日一般应遵循以下原则:

(1)无论起始日期之前用"after"还是"from",均应从单据日期、装运日期或其他事件的次日起计算,不包括提及的日期在内,除非信用证特别规定包括该日。

(2)如期限按月计算,到期日应为付款当月的相同日期。如果没有相同日期,则到期日按当月的最后一天计算。如见票为 Jan. 31,则见票后1个月、3个月付款的到期日分别为 Feb. 28/29、Apr. 30。

(3)信用证要求远期汇票,而提单上有多个装船批注,且所有装船批注均显示货物是从一个信用证允许的地理区域或地区装运,则将使用最早的装船批注日期计算汇票到期日。而一张汇票项下提交了不止一套提单,则最晚的提单日期将被用来计算汇票的到期日。

(4)到期日适逢节假日,则顺延至节假日后第一个营业日。

6. 收款人(Payee),亦称抬头人。一般有下列三种形式:

(1)限制性抬头:Pay to... only(仅付××人)或 Pay to ××not transferable(限付××人,不得转让)。这种抬头限制付款人只能将票款付给抬头人,不能转让给他人。

(2)指示性抬头:Pay to the order of ××(付××人的指定人)或 Pay to ×× or order(付××人或其指定人)。这种抬头可由收款人背书,将收款权转让给他人,付款人将款付给受让人,这为汇票的转让和流通创造了条件。

(3)来人抬头:Pay to Bearer(付持票人)。这种抬头无须背书即可转让。这种汇票较少使用,因为如果汇票丢失或落入他人之手,票款就可能落空,有一定风险。

小贴士

汇票抬头人

在实际业务中汇票通常做成指示性抬头,即 Pay to the order of ××,该汇票的抬头人可填写下列内容:

(1)议付行。例如:议付行为中国银行,应填写成 Pay to the order of Bank of China 并由中国银行背书,将收款权转让给开证行,这是实际业务中的通常做法。

(2)开证行。例如:港澳联行开立的信用证,可在 Pay to the order of 之后加开证行名称,这种抬头的汇票议付行不背书。这种填写法往往在信用证内有具体规定。

小贴士

(3)受益人。在 Pay to the order of 之后可填写受益人名称,也可填写 Ourselves,由受益人背书转让给议付行,议付行再背书转让给开证行。

(4)信用证限制的议付银行。例如:信用证限制由上海汇丰或上海麦加利等银行议付,则汇票抬头应填写这些银行,并由议付行背书转让。

(5)托收行或代收行或出票人。在托收付款方式下,可以以托收行为抬头人,由托收行背书转让给代收行向付款人收款,或以代收行为抬头人,出票人及托收行免于背书,或做成出票人抬头并由其空白背书。

应注意的是,汇票无论以谁为抬头人(即收款人),票款最终要转到出票人(即出口商)的名下,因为虽然从票据法的角度讲,抬头人是汇票上的债权人,有权收款,但这只是为了结算上的方便,有关各方还必须承担在信用证或托收业务中所应承担的责任并履行相应的义务,从而完成货款从买方向卖方的真正转移。

7. 大写金额(Amount in Words)。大写金额由货币名称和数额两部分组成,缺一不可。大写金额一般将货币名称填写在数额之前以"SAY"开始,表示"计"的意思;大写金额之后应加"ONLY",表示"整"的意思。例如:U. S. DOLLARS ONE THOUSAND ONLY。汇票金额大小写须一致,不得有涂改。如果金额中有小数,如 USD500. 69,可以填写成:

(1)U. S. DOLLARS FIVE HUNDRED POINT SIXTY-NINE ONLY.

(2)U. S. DOLLARS FIVE HUNDRED CENTS SIXTY-NINE ONLY.

(3)U. S. DOLLARS FIVE HUNDRED AND 69/100 ONLY.

一般情况下,汇票金额应与发票金额一致,但某些情况除外(见"小贴士")。

小贴士

微课:汇票金额与发票金额的关系

汇票金额与发票金额的关系

(1)信用证要求汇票按发票金额的一定百分比出具,以 95% 为例,实际意味着扣除了 5% 的佣金,出于保密的原因所扣佣金不在发票内显示。

(2)在信用证要求出具贷记/佣金单(Credit Note/Com. Note)时,汇票金额应为发票金额扣除贷记/佣金单金额之后的净额。若信用证要求佣金在议付时扣除,则汇票金额仍按发票金额填写,寄单索汇时应少收佣金部分并加以说明。

(3)若规定运费、保险费或其他费用可在信用证下或超证支取,则汇票金额应为发票金额加费用后的总额;如果规定费用部分不许超证或在证外支取,

小贴士

则费用金额须另制一套汇票托收。

(4)在托收付款方式下买方支付托收费用,或合同规定出具远期汇票并由买方支付远期利息,在双方协商妥的情况下可将费用或利息与货款一并收取,汇票金额应为合计金额。

(5)在部分信用证、部分托收的付款方式下,信用证项下与托收项下的汇票应按不同的金额分别出具,二者之和应该是发票的总金额。

8. 出票依据(Drawn under)。

(1)在信用证付款方式下,若信用证有具体规定,应按规定照抄原文。如信用证规定"draft drawn under Middle East Bank, Dubai Credit No. N-82/757 dated May 10, 2022",在Drawn under后可照信用证原文填写为"Middle East Bank, Dubai L/C No. N-82/757 dated May 10, 2022";若信用证无规定,应填写开证行名称、信用证号和开证日期;如果汇票付款人是开证行本身,则可简单地填写成"Your Credit No. ...dated..."。

(2)在托收付款方式下,一般应填写出运货物的名称、数量和合同号等,如"200 cartons of shirt under S/C No. 4897 for collection",也可简单地填写成"For collection"。

另外,汇票有可能加列:①利息条款。如果信用证或合同内规定汇票加注利息条款,则应填写在出票依据之后,例如:"payable with interest at rate of 8% per annum from date hereof to approximate of arrival of cover in New York"(随付年利率为8%从本汇票日到达纽约收到头寸日的利息)。如汇票金额内已包括利息,可填写"including interest of USD600 at rate of 8% per annum from date hereof to the maturity date"(包括年利率8%从本汇票日至到期日的利息600美元)。②费用条款。在信用证项下,若信用证允许运费、保费或其他费用在信用证下或超证支取,汇票除要填写合计金额外,在出票条款栏内应填写"including freight charge USD2 000 and /or premium USD600"(包括运费2 000美元及/或保险费600美元)。若上述费用不允许在信用证下或超证支取,则须另缮制一套汇票。证外托收的汇票应另行编号,汇票付款人应为开证人,出票条款栏内应加注"Being freight Charge from Xingang to Hong Kong for collection"(系从新港至香港的运费办托收)或"Being freight charge as overdrawn portion for collection"(系超证运费办托收)等。若发票内已列明超证金额明细,汇票可只填写"Being overdrawn portion for collection","Representing excessive credit value for collection"或"As per invoice No. ××for collection"等。

在托收付款方式下,若合同规定托收等费用随汇票金额一同支付,出票条款栏内可加"Payable with Collection Charge USD××"(随付托收费USD××)。

9. 付款人(Drawee),亦称受票人。该栏目包括付款人名称和地址,在信用证付款方式下，应按信用证要求填写。例如：信用证规定“…available by your draft at sight on us”（开立你方即期汇票，以我行为付款人），则汇票付款人应填写开证行。又如信用证规定“You are authorized to draw on××bank”（你被授权向……开立汇票），此时汇票付款人应填××bank。在托收付款方式下，汇票的付款人填写进口商。

付款人填写应遵循下列原则：①若信用证规定了汇票付款人，如“Draft drawn on Fuji Bank Ltd”（汇票以富士银行为付款人），则应填写在汇票左下角“To”之后。根据《UCP600》第 6 条 c 款规定，信用证不得开成以申请人为付款人的汇票兑用。也就是说，信用证项下均应以开证行或其指定银行为汇票付款人，包括偿付行、付款行、承兑行、保兑行或开证行。②如果信用证未规定汇票付款人，由于开证行应履行信用证的付款义务，则汇票付款人也应填写开证行。③以议付行本身为付款人，为简化内部手续，可不出汇票。④信用证项下托收部分，如超证金额或运费、保险费等，因为不是信用证限额之内的收款，开证行不承担付款责任，只能由开证行向开证申请人收取。所以，汇票付款人应为信用证开证申请人。⑤在托收付款方式下，因为是委托国外银行向买方收款，所以付款人应填写进口商的名称和地址。

10. 出票人（Drawer）。在信用证付款方式下，填写受益人的名称和法人代表的签字，一般可以加盖印章的方式实现，如果信用证要求手签，则必须亲笔签名。在托收付款方式下，填写卖方的名称和法人代表的签字，通常加盖印章即可。

汇票样例见样例 12-1。

样例 12-1　汇　票

BILL OF EXCHANGE　①

No. INVOICE NO. 123456 ②　　Tianjin DEC. 30, 2022 ③

Exchange for USD14 000. 00 ④

At - - - ⑤ Sight of this First Bill of Exchange

(Second of the tenor and date being unpaid) Pay to BANK OF CHINA, TIANJIN BRANCH ⑥ or order the sum of

SAY: U. S. DOLLARS FOURTEEN THOUSAND ONLY. ⑦

Drawn under LC NO. PIC123456 DATED OCT25, 2022 ISSUED BY BANK DE PARIS ⑧

To B ANK DE PARIS ⑨

TIFERT TRADING CO., LTD
泰佛贸易有限公司
* ⑩

提示板

信用证中一些代词的指代关系

(1)us:通常指开证行;

(2)you:有可能指受益人,也有可能指通知行或议付行;

(3)them:通常指开证人。

第三节 汇票条款解析

一、汇票条款解析详述

信用证中对汇票条款的表述方法很多,首先以较复杂的条款为例,解析一下汇票条款通常由几个部分组成。

This credit is available with① Bank of China Tianjin Branch by② negotiation against③ beneficiary's drafts at④ sight in⑤ duplicate drawn on⑥ us bearing the clause⑦ "drawn under The Hongkong and Shanghai Banking Corporation Ltd, Shanghai L/C No. 1956717 dated 220810" for⑧ full invoice value.

说明:①对信用证的兑用范围的规定;②信用证兑用方式的类型;③对汇票支付凭证的规定;④对汇票付款期限的规定;⑤对汇票份数的要求;⑥对汇票付款人的规定;⑦对汇票出票依据的规定;⑧对汇票金额的规定。

下面就比较常见的汇票条款举例进行解析,说明缮制汇票时应如何具体把握。

1. Drafts to be drawn as follows: USD29 000.00—drafts to be drawn at sight on National Australia Bank Ltd, Brisbane, Queensland, Australia USD21 000.00—drafts to be drawn at 90 days sight on National Australia Bank Ltd, Brisbane, Queensland, Australia.

该证要求出具两套汇票,填制汇票时应注意以下几点:①一套汇票的金额 29 000 美元,即期付款;②另一套汇票的金额 21 000 美元,见票后 90 天远期付款。

2. Credit available by negotiation against beneficiary's drafts at 30 days after sight with Bank of China, Tianjin Branch accompanied by the documents detailed herein.

该证是一个限制议付的信用证,填制汇票时应注意以下几点:①付款期限为见票后 30 天;②收款人为 Bank of China, Tianjin Branch。

3. Credit available by negotiation against the documents detailed herein and beneficiary's drafts at 45 days after sight with any bank in beneficiary's country.

该证是一个自由议付的信用证，填制汇票时应注意以下几点：①付款期限为见票后 45 天；②受益人可在任何一家银行议付货款，收款人填写议付行的名称。

4. You are authorized to draw on Royal Bank of Canada, Vancouver at sight for a sum not exceeding CAD120 000.00.

你公司被授权做成以“Royal Bank of Canada, Vancouver”为付款人，金额不超过 120 000 加元的即期汇票。

填制汇票时应注意以下几点：①付款人填写 Royal Bank of Canada, Vancouver；②汇票金额不能超过 CAD120 000.00；③付款时间为见票即付。

5. We open this irrevocable documentary credit favoring yourselves for 97% of the invoice value available against your draft at sight by negotiation on us.

我公司开立以你公司为受益人的不可撤销跟单信用证，97%发票金额凭你公司出具的以我行为付款人的即期汇票议付有效。

填制汇票时应注意以下几点：①付款人填写我行，即开证行名称；②汇票金额为发票金额的 97%，其余 3%的差额为佣金；③付款期限为见票即付。

6. This credit is available with any bank by negotiation of beneficiary's drafts after 60 days date drawn on issuing bank.

本证在任何银行凭受益人开具的以开证行为付款人，出票后 60 天付款的远期汇票议付有效。

填制汇票时应注意以下几点：①付款人填写开证行名称；②付款期限为出票后 60 天。

7. We hereby issue our irrevocable letter of credit No. 194956 available with any bank in China, by draft at 90 days after Bill of Lading date.

该证要求出具提单后 90 天付款的汇票。填制汇票时应注意以下几点：①付款人填写开证行名称；②付款期限是提单日后 90 天，并注明具体提单日。

8. Draft at 60 days sight from the date of presentation at your counter.

该条款要求出具在议付行起算 60 天到期的远期汇票。

9. All drafts should be marked "Drawn under the Citibank, New York L/C No. 1956/7/17 dated 2022/03/10".

该证对出票依据有严格规定，填制汇票时应照抄。

10. This letter of credit is to be negotiated against the documents detailed herein by beneficiary's drafts at 60 days after sight with Standard Chartered bank Shanghai.

填制汇票时应注意以下几点：①收款人填写“上海标准渣打银行”，即 Pay to the order of Standard Chartered bank, Shanghai branch. 这是一个限制议付的信用证；②付款期限为见票后 60 天。

11. The drafts at 90 days sight drawn on Bank of Tokyo Ltd, Tokyo Branch. Usance drafts drawn under this L/C are to be negotiated at sight basis. Discount charges and acceptance commission are for account of accountee.

这是一个假远期信用证，填制汇票时应注意以下几点：①付款期限为见票后

90 天;②付款人填写"Bank of Tokyo Ltd, Tokyo Branch";③在出票依据后加注假远期条款,即"Usance drafts drawn under this L/C are negotiated at sight basis. Discount charges and acceptance commission are for account of accountee"。

12. This L/C is available by beneficiary's drafts on us by payment at 45 days after receipt of full set of documents at our counters.

这是一个付款信用证,填制汇票时应注意以下几点:①付款期限为收到全套单据后45 天,即"At 45 days after receipt of full set of documents at your counters",信用证中的"our counter"指的是开证行柜台,在实际制单时一定要改为"your",付款期限从单据到达对方柜台起算的 45 天到期。②付款人为开证行,"us"这里指的是开证行。

13. The beneficiary's drafts drawing at 60 days after sight and negotiable on sight basis with interest at the rate of 14.5% per annum from date hereof to approximate date of receipt of remittance in Tokyo for account of the accountee.

这是一个假远期信用证,填制汇票时应注意以下几点:①付款期限仍填写为见票后 60 天,即在 At 和 Sight 间填写"60 days after";②付款人没有具体规定则视为开证行付款;③在出票依据后加注假远期和利息条款,即"negotiable on sight basis with interest at the rate of 14.5% per annum from date hereof to approximate date of receipt of remittance in Tokyo for account of the accountee"。

提示板

不使用汇票的情形

实际业务中并非所有交易都需要使用汇票支付货款,不需要汇票的情形有:

(1)即期和延期付款信用证交易;

(2)电汇(T/T)、信汇(M/T)和赊账交易(O/A);

(3)合同/信用证不要求的时候(进口商/开证行为避免使用汇票而支付印花税而不要求出具汇票)。

二、缮制汇票应注意的问题

1. 缮制汇票的基本要求。

(1)在信用证要求汇票的情况下,汇票付款人应当为信用证规定的银行。在托收付款方式下,汇票付款人应当为进口商。

(2)银行仅在《ISBP821》中第 Para B2 至 Para B17 段描述的范围内审核信用证项下汇票。

2. 汇票的付款期限。

(1)汇票显示的付款期限应当与信用证条款一致。

(2)当信用证要求汇票的付款期限不是即期或见票后定期付款时,应当能够从汇票自身数据确定付款到期日。

(3)当汇票的付款期限提及如提单日期之后60天时,装船日期将视为提单日期,即便装船日期早于或晚于提单出具日期。

(4)当使用“从……起(from)”和“在……之后(after)”确定付款到期日时,到期日将从单据日期、装运日期或信用证规定的事件日期的次日起计算,例如,从5月4日起10天或5月4日之后10天,均为5月14日。

(5)当信用证要求提单,而汇票付款期限做成如提单日期之后60天或从提单日期起60天,且提交的提单显示货物从一条船卸下后再装上另一条船,并显示了不止一个注明日期的装船批注,表明每一装运均从信用证允许的地理区域或港口范围内的港口装运时,其中最早的装船日期将用以计算付款到期日。

(6)当信用证要求提单,而汇票付款期限做成如提单日期之后60天或从提单日期起60天,且提交的提单显示同一条船上的货物从信用证允许的地理区域或港口范围内的多个港口装运,并显示了不止一个注明日期的装船批注时,其中最迟的装船日期将用以计算付款到期日。

(7)当信用证要求提单,而汇票付款期限做成如提单日后60天或从提单日起60天,而一张汇票下提交了多套提单时,其中的最迟装船日期将用以计算付款到期日。

(8)假远期L/C的汇票制作与真远期基本一样,但通常注明“Negotiable on sight basis”字样。

3. 汇票付款到期日。

(1)当汇票使用实际日期表明付款到期日时,该日期应当反映信用证条款。

(2)当汇票付款期限做成如见票后60天时,付款到期日按以下规则确定:

①在相符交单的情况下,付款到期日为向汇票的受票银行,即开证行、保兑行或同意按指定行事的指定银行(付款银行)交单后的60天。

②在不符交单的情况下,当该付款银行未发送拒付通知时,付款到期日为向其交单后的60天;当该付款银行为开证行且其已发送拒付通知时,付款到期日最迟为开证行同意申请人放弃不符点后的60天;当该付款银行是开证行以外的一家银行且其已发送拒付通知时,付款到期日最迟为开证行发送的单据接受通知书日期后的60天。当该付款银行不同意按照开证行的单据接受通知书行事时,开证行应当在到期日承付。

(3)付款银行应当向交单人通知或确认付款到期日。

4. 银行工作日、宽限期和付款延迟。

款项应于到期日在汇票或单据的付款地以立即能被使用的资金支付,只要该到期日是付款地的银行工作日。当到期日是非银行工作日时,付款将顺延至到期日后的第一个银行工作日。

5. 汇票的出具和签署。

(1)汇票应当由受益人出具并签署,且应注明出具日期。

(2)当受益人或第二受益人变更了名称,且信用证提到的是以前的名称时,只要汇票注明了该实体"以前的名称为(第一受益人或第二受益人的名称)"或类似措辞,汇票就可以以新实体的名称出具。

6. 汇票的收款人。

正确把握汇票的收款人。在信用证付款方式下,汇票的收款人一般习惯地填写为议付行,按照《票据法》的规定,应该填写成信用证受益人或填写成"OURSELVES",然后受益人向银行交单议付时背书给议付行;在托收付款方式下,汇票的收款人一般填写成托收行,同样按照《票据法》的规定,应该填写成委托人及出口商,然后出口商委托托收行代为收款时背书给托收行。

7. 汇票的付款人。

(1)当信用证仅以银行的 SWIFT 地址表示汇票付款人时,汇票可以以相同的 SWIFT 地址或该银行的全称显示付款人。

(2)当信用证规定由指定银行或任何银行议付时,汇票付款人应当做成指定银行以外的一家银行。

(3)当信用证规定由任何银行承兑时,汇票付款人应当做成同意承兑汇票并愿意按指定行事的银行。

(4)当信用证规定由指定银行或任何银行承兑,汇票付款人做成了该指定银行(其不是保兑行)且该指定银行决定不按指定行事时,受益人可以选择:

①如有保兑行,以保兑行为汇票付款人,或者要求将单据按照交单原样转递给保兑行;

②将单据交给同意承兑以其为付款人的汇票并按指定行事的另一家银行(只适用于自由兑付信用证);

③要求将单据按照交单原样转递给开证行,在此情形下,随附或不随附以开证行为付款人的汇票。

(5)当信用证规定由保兑行承兑,且汇票付款人做成了该保兑行,但交单不符,且该保兑行决定不恢复保兑时,受益人可以要求将单据按照交单原样转递给开证行,在此情形下,随附或不随附以开证行为付款人的汇票。

(6)托收项下汇票付款人,一般填写进口商的名称和地址。

8. 汇票金额。

(1)汇票金额应当为对应交单情况下要求支款的金额。

(2)如果汇票同时显示大小写金额,那么大写金额应当准确反映小写金额,且应注明信用证规定的币别。当大小写金额矛盾时,大写金额将作为支款金额予以审核。

9. 如果需要,汇票应当背书。

10. 汇票更正与更改(统称"更正")。

（1）汇票上数据的任何更正，应当看似已由受益人以额外的签字或小签加以证实。

（2）当汇票上不允许数据更正时，开证行应当在信用证中明确规定。有些国家和地区不接受附有更正的汇票，即使有出票人的证实。

11. 以开证申请人为付款人的汇票。

（1）信用证不得开立成凭以开证申请人为付款人的汇票兑付。

（2）然而，当信用证要求提交以申请人为付款人的汇票，以其作为一种规定单据时，该汇票应当只在信用证明确规定的范围内予以审核，其他方面将按照《UCP600》第14条f款的规定审核。

知识链接

常用货币及符号

人民币	CNY	港元	HKD
美元	USD	泰国铢	THB
欧元	EUR	瑞士法郎	CHF
英镑	GBP	俄罗斯卢布	RUR
加拿大元	CAD	马来西亚林吉特	MYR
日元	JPY	阿根廷比索	ARP
澳大利亚元	AUD	古巴比索	CUP
新西兰元	NZD	埃及镑	EGP
新加坡元	SGD	澳门币	MOP
韩国元	KRW	印度卢比	INR

本章小结

汇票是由一个人向另一个人签发的无条件的书面支付命令，要求对方立即或在将来可以确定的时间支付一定金额给特定的人或持票人，其主要当事人有出票人、付款人和收款人。从各种不同的角度来说，汇票可分为跟单汇票和光票、即期汇票和远期汇票、银行汇票和商业汇票，以及银行承兑汇票和商业承兑汇票等。

本章重点介绍了汇票的缮制规范及有关重点、疑难栏目，如付款期限、收款人等在不同条款下应如何灵活处理及应注意的问题。同时，对汇票常见条款进行了解析。最后，总结了缮制汇票应注意的一系列问题。

本章测试

一、动脑思考

1. 汇票的概念、当事人及其种类是什么?
2. 汇票的抬头人通常有几种表述方式?
3. 远期汇票付款期限有几种填写方式?
4. 填制汇票金额时应注意哪些问题?
5. 填制汇票应注意哪些问题?

二、动手操练

实训操作(一):

作为泰佛贸易公司的单证员,请根据所提供信息,利用空白汇票(见样例12-2)填写一份汇票。

1. 开证行:THE BANK OF TOKYO, LTD NAGOYA OFFICE
2. 信用证号:052-LC-153639
3. 开证日期:FEB. 15, 2022
4. 出票人:TIFERT TRADING CO., LTD
5. 发票号:CQ345
6. 发票金额:USD9 500.00
7. 出票日期:MAR. 10,2022
8. 议付行:BANK OF CHINA, TIANJIN BRANCH
9. 付款期限:AT SIGHT
10. 有权签字出票人:王宏

样例12-2 空白汇票

BILL OF EXCHANGE

No. ______________________ Tianjin ______________________

Exchange for ______________

At ______________________________ Sight of this First Bill of Exchange

(Second of the tenor and date being unpaid) Pay to ________________ or order the sum of

____

Drawn under ____

L/C NO. ______________________ Dated ______________________

TO ______________________________

实训操作(二):

1. 信用证有关信息摘录如下:

LETTER OF CREDIT

MT700	ISSUE OF A DOCUMENTARY CREDIT	
SEQUENCE OF TATAL	27	1/1
FORM OF DOC. CREDIT	40	IRREVOCABLE
APPLICABLE RULES	40E	UCP LATEST VERSION
DOC. CREDIT NUMBER	20	ABL-AN107
DATE OF ISSUE	31C	220405
DATE AND PALCE OF EXPIRY	31D	220605 AT NEGOTIATING BANK'S COUNTER
APPLICANT	50	ITOCHU CORPORATION 6, OSACY STREET, OSAKA, JANPAN
BENEFICIARY	59	TIFERT TRADING CO., LTD NO. 86, ZHUJIANG ROAD, TIANJIN, CHINA
AMOUNT	32B	CURRENCY USD AMOUNT 16484,70
AVAILABLE WITH/BY	41D	ANY BANK IN CHINA BY NEGOTIATION
DRAFTS AT...	42C	AT 30 DAYS' SIGHT FOR FULL INVOICE VALUE
DRAWEE	42A	ASAHI BANK LTD,TOKYO

2. 补充信息资料如下:

INVOICE NO. TF2345

DATE OF ISSUE:MAY 30,2022

NEGOTIATING BANK: BANK OF CHINA,TIANJIN BRANCH

OPENING BANK: ASAHI BANK LTD, TOKYO

作为泰佛贸易公司的单证员,请根据以上信用证摘录信息及补充相关信息,利用空白汇票(见样例 12-3)独立填写一份汇票。

样例 12-3　空白汇票

BILL OF EXCHANGE

Drawn under ______________________ L/C No. ______________________

Dated ______________________ Payable with interest@ ______________________ %

No. ______________________ Exchange for ______________________ Tianjin ______________________

At ______________________ Sight of this FIRST of Exchange (Second of Exchange being Unpaid)

Pay to the order of ______________________

Value received

TO ______________________

(Authorized Signature)

第十三章　单据审核

知识目标

1. 了解《UCP600》有关的审单标准
2. 熟悉《ISBP821》有关的审单标准

技能目标

1. 掌握结汇单据的常见差错
2. 掌握对不符点单据的灵活处理

素质目标

1. 培养认真严谨的工作作风
2. 培养精益求精的大国工匠精神

案例库

我国某A公司在2022年5月与阿联酋迪拜某B公司签订了一份出口合同,货物为1×20集装箱一次性打火机。不久B公司即开来一份不可撤销即期信用证,来证规定最迟装运期限为2022年6月30日,要求提供"Full set original clean on board ocean Bill of Lading..."(全套正本清洁已装船海运提单)。由于装船期太紧,A公司便要求B公司展期,最迟装运期限延展至2022年7月31日,B公司接受了A公司的要求修改了信用证。收到信用证修改并经全面审核后未发现问题,A公司在7月30日办理了货物装船手续,8月13日向议付行交单议付。

9月20日收到议付行转来的开证行的拒付通知:"你第×××号信用证项下的单据经我行审查,发现如下不符点:提单上缺少'已装船'批注。以上不符点已经与开证申请人联系,亦不同意接受。单据暂代保管,听候你方的处理意见。"

A公司的有关人员立即复审了提单,同时与议付行一起翻阅与研究了《UCP600》的有关规定,证实了开证行的拒付是合理的。A公司立即电洽开证申请人,提单缺少"已装船"批注是我方业务人员的疏忽所致,货物确实是被如期装船的，而且货物将于 8 月 28 日如期到达目的港，我方同意开证申请人在收到目的港货代的提货通知书后再向开证行付款赎单。B 公司回复由于当地市场上一次性打火机的售价大幅下降，只有我方降价 30%后方可向开证行赎单。我方考虑到自己理亏在先，同时通过国内同行与其他客户又了解到，进口国当地市场价格确实已大幅下降，我方处于十分被动地位，由于在寄单前没有认真审单，只好同意降价 30%了结此案，造成很大损失。

课程思政

本案例的最大失误在于出口商 A 公司在交单议付前没有认证审核全套结汇单据，没有发现提单上漏"已装船"批注，恰巧议付行也疏忽了，没有发现此问题，全套单据到国外开证行后被发现提单上缺少"已装船"批注，这意味着出口商 A 公司提交的是收妥待运提单，而不是已装船提单。在实际业务中，无论是开证行还是进口商都不接受收妥待运提单，因为这样的提单对进口到货是没有任何保障的，这也是为什么在实际业务中，都接受清洁的已装船提单的缘故。尽管出口商 A 公司同意进口商在收到目的港货代的提货通知书后再向开证行付款赎单，以证明出口商 A 公司确确实实如期把货出运，但是信用证付款方式的特点是银行只管单，不管货，开证行和进口商正是抓住了信用证结算这一特点，非常合情合理、名正言顺地拒付了货款，使得出口商 A 公司无言以对，只能请求进口商通融。

该案例的拒付的真实背景是当地市场上一次性打火机的售价大幅下降，进口商正是利用了带有不符点的单据达到了降价 30%的真实目的，给进口商降价以可乘之机，这都是出口商 A 公司自己的失误酿成的恶果。

从中我们不难看出，审单在整个业务环节中是何等的重要，直接与企业的经济利益密切相关，应该引起足够重视。在实际业务中，结汇单证存在任何一点小的瑕疵，都有可能造成整笔货款不能及时收回来，或者根本就收不回来，使得前期的一切努力都付之东流。因此，我们对待单证工作一定要一丝不苟，弘扬精益求精的大国工匠精神，要养成耐心、细致、严谨的工作作风，牢记细节决定成败，力争把单据的差错率降到最低，这样才能保证企业的经济效益。

第一节　企业审单

一、单据审核的概念

单据审核是对已经缮制、备妥的单据对照信用证（在信用证付款情况下）或合同（非信用证付款方式下）的有关条款内容进行单证、单同、单单的及时检查和核对，发现问题及时更正，以达到安全收汇的目的。

二、单据审核的基本要求

(一)及时性

及时审核有关单据可以对一些单据上的差错做到及时发现,及时更正,有效避免因审核不及时造成的各项工作的被动。

(二)全面性

应当从安全收汇和全面履行合同的高度来重视单据的审核工作。一方面,我们应对照信用证和合同认真审核每一份单证,不放过任何一个不符点;另一方面,要善于处理所发现的问题,加强与各有关部门的联系和沟通,使发现的问题得到及时、妥善的处理。

(三)相符交单

按照"相符交单"的原则,做到与信用证条款、《UCP600》及《ISBP821》一致。做到"相符交单"是安全收汇的前提和基础,信用证没有提及的内容应以《UCP600》和《ISBP821》为准,所提交的单据中存在的任何不符哪怕是微小的差错都有可能造成难以挽回的损失。

相关案情

情形之一:交单须与信用证的相关适用条款保持一致

如果信用证中包含以下条款:"Insurance policy/certificate in duplicate for 130% of the invoice value showing claim payable in Japan in currency of the drafts blank endorsed covering ocean marine transportation all risks and war risks."那么受益人没有修改信用证的话必须按信用证规定的投保比例即130%向保险公司投保,而不是按照《UCP600》第28条110%的比例投保。也就是说,当信用证中规定的条款与《UCP600》的条款出现冲突时,信用证条款具有优先权,单据缮制以信用证条款为准。

情形之二:交单须与《UCP600》的相关适用条款保持一致

如果信用证规定了受益人装运后需提交全套运输单据,却未明确规定受益人装运后提交单据的期限,这时《UCP600》中的相关适用条款就发生效用了。受益人或其代表就要按照《UCP600》第14条c款有关单据审核标准的规定,在不迟于装运后21个公历日内交单。这就是说,当信用证条款没有明确规定时,按照《UCP600》的相关适用条款办理。

情形之三:交单须与《ISBP821》的相关适用条款保持一致

如信用证规定提交Form A原产地证书,同时要求提单做成To order of shipper或To order of issuing bank这类指示性抬头。在这种情况下,Form A原产地证书的第二栏收货人信息应如何显示呢?《ISBP821》对此作了明确的规定:当信用证要求运输单据出具成"凭指示"、"凭托运人指示"、"凭开证行指示"、

相关案情

"凭指定银行(或议付行)指示"或"收货人:开证行"时,原产地证书可以显示收货人为信用证中除受益人以外的任何一个具名实体。当信用证已经转让时,收货人可以是第一受益人。

三、企业审核单据的基本方法

为了提高单证工作的质量,除了要求审单人员在工作时思想高度集中之外,也要讲究工作方法以求取得事半功倍的效果。通常,企业有以下几种审单方法。

(一)纵向审核法

纵向审核法是指以信用证或合同(在非信用证付款条件下)为基础对规定的各项单据进行一一审核,要求有关单据的内容严格符合信用证的规定,做到"单证相符"和"单同相符"。

(二)横向审核法

横向审核法是指在纵向审核的基础上,以商业发票为中心审核其他规定的单据,使有关内容相互一致,特别注意共有信息是否一致,做到"单单相符"。

在审单过程中如果发现单据的数字比较集中,可以先将各种单据的所有数字如单价、数量、毛净重、尺码和包装件数等进行全面复核,然后再采用纵横审单法对其他内容进行审核。

小贴士

企业审单口诀

"先修改,再开始;证在左,单在右;逐条来,莫急躁;单证符,顺利过;若不符,写下来;单据间,亦相符;如不符,要记住;审单毕,洽前道,改单据,或担保。"其具体步骤如下:

(1)拿到信用证和单据后,应先查看有无信用证修改书。

(2)如果信用证有修改书,将修改内容在信用证原条款上做好相应记录,确保信用证条款是有效完整的。

(3)按信用证条款先后顺序对单据逐一审核,条款中涉及哪种单据,就将这种单据找出来并进行审核。审毕,将这种单据放在固定和便于翻阅的位置。

(4)确保单据中的内容与信用证条款相一致,如有不一致,应随手记录在工作联系单上。

小贴士

(5)除了将单据内容与信用证条款相核对外,还要注意虽然在单据中某些内容在信用证中没有规定,但与其他单据有联系。这时也应找出相对的单据进行核对,确保"单单相符"。

(6)审单完毕后,将所发现的"不符点"一并与前道业务环节沟通,落实解决办法。

四、企业审核单据的重点项目

(一)发票常见差错

1. 发票名称不符合信用证规定。例如:信用证规定"Certified Invoice"或"Detailed Invoice"等,而缮制的发票名称仅为"Invoice",这时最好补注修饰词,并应做到发票内容与名称的统一。

2. 发票的抬头人与信用证要求不符。按惯例发票的抬头人一般为开证申请人或合同中的买方,但如果信用证规定以××抬头人出具发票(In the Name of ××),这时应该以指明方为抬头出具发票。在这种情况下,合同中的买方往往是中间商。

3. 发票对货物的描述与信用证中货物描述不符。如发票上注明货物用单层麻袋包装,而来证规定用双层麻袋。再如,信用证上规定货名为"Groundnut",但发票上打成"Peanut",尽管两者都为花生,但已构成单证表面不符。因此制单时,发票上的货物名称、价格、数量和包装等只有照搬信用证的原句,才能做到万无一失。如果信用证中有"Details as per S/C No. ××",发票中的货物描述中也必须原文照抄。有的来证既有总货名又有具体货名,而发票上只有总货名没有具体货名,则会影响对方进口报关。又如,信用证中货名瓷器(Porcelain Ware),但发票和其他单据上是饭碟(Rice Plate),交单后遭到拒付。故而遇此情形,必须加注总货名和具体货名。

4. 发票中的数量、单价和金额没有如实反映所出运的货物。发票中的数量、单价、金额必须是准确的具体数字,而不得冠以"大约"(About)。凡有"大约"(About)或类似文字描述,数量和金额理解为允许有10%的增减幅度,但缮制发票时应该具体化。

5. 发票上的价格条款与信用证不一致。例如,信用证上规定"CFR FO Busan",而发票上却打成"CFR Busan"。CFR FO(Free Out) Busan是指出口商承担运费,但货物运抵目的港Busan后的卸货费则由进口商负担;而CFR Busan是指出口商承担全部运费,包括卸货费在内。再如,信用证规定价格术语为"C&F",而发票上制成"CFR",原因是《国际贸易术语解释通则》早在1990年的修订本中即将"C&F"改为"CFR",其结果是弄巧成拙,造成单证表面不符。

6. 发票金额超过信用证规定的金额或不在允许的增减幅度内。如果信用证没有溢短装条款,不准分批装运,货物以包装单位或个数计量,发票上的数量却多于或少于信用证数量,从而构成单证不相符。例如,某公司出口台扇 1 000 台,纸箱装,信用证不允许分批,装船时有 40 箱包装破裂,风罩变形,无法出口。《UCP600》第 30 条 b 款规定,即使不准分批装运,只要货款不超过信用证金额,货物的数量允许有 5%的增减。出口商依此规定按 960 台提交单据议付货款,遭到银行拒付,理由是根据《UCP600》第 30 条 b 款规定,5%的增减幅度不适用于以包装单位或个数计量的货物,出口商没有完整理解该条规定的意义。

7. 发票上的佣金或折扣与信用证或合同的规定不符。有时合同中有支付佣金或折扣的规定,但是未在信用证金额和贸易术语中显示含有佣金或折扣,发生这种情况往往因为合同是与中间商签订的,而信用证由买方开立,中间商往往想两头吃佣。因此,不应显示佣金和折扣等合同内容,为中间商保守商业机密。其应得佣金或折扣可在货款收妥后另行汇给中间商。

8. 在不能分批装运的情况下,发票上的货物数量与信用证上规定的数量不一致。如来证规定 100 公吨一次装出,而实际只装出 98 公吨。

9. 发票上的装运港或目的港与提单不一致。装运港不一致往往是由于原装运港无合适船舶,只得改在其他港口发运,而发票未作相应变更;目的港不一致可能是由收货人选港有变化或与其他发运批次混淆所致。

10. 唛头与信用证或合同的规定不符,与其他单据中的唛头不一致。

11. 信用证要求表明和证明的内容遗漏,或缮制发票时照抄照搬来证中的证明词。例如,信用证使用"must""should""thereon"等,单证员缮制发票时机械照搬,应该作相应变更,变成"have(has) done""hereon"等。

12. 发票未按信用证规定签名盖章。如果信用证要求提供"Signed commercial invoice",则盖章即可满足要求;如果信用证要求提供"Manually signed commercial invoice",则必须由出口企业有权签字人员或主要职员(Chief Clerk)亲笔签名。

(二)包装单据常见差错

1. 包装单据名称不符合信用证规定。如来证要求提供 Weight List,而实际提交的装箱单据为 Weight Memo,与来证要求不符。

2. 包装单据中的各项内容与发票、提单内容不符。如包装单据的商品名称与发票不一致,包装单据中的毛、净重和尺码与提单不符。

3. 包装单据填制日期不符合惯例。如包装单据日期早于发票日期,或早于开证日期。一般应晚于开证日期,与发票日期相同或略晚于发票日期。

4. 包装单据误出现单价和总金额等内容。进口商转卖货物时一般连同包装单据转让给其用户,如果在包装单据中有单价和总金额,这样进口商的底价就会泄露给其用户。

5. 包装单据填制要求不符合信用证规定。如信用证要求注明每件货物的尺码和总尺码,而实际上在包装单据中漏标明每件货物的尺码和总尺码,或总尺码与提单上注明的尺码不一致。

6. 包装单据的内容与货物的实际包装内容不完全相符。如货物用纸箱装，每箱 200 盒，每盒 4 打，而包装单据中显示为货物用纸箱装，每箱 200 盒，每盒 6 打。

7. 没按信用证要求而误提交联合单据。如果来证规定“Packing List and Weight List Each in Duplicate”，并且在附加条款中列明“Combined Documents Unacceptable”，出口商提交以“Packing List and Weight List”命名的联合单据一式二份，就会遭开证行拒付。

8. 没有按信用证要求提供中性包装单据。如果来证要求提供“中性包装单据”(Neutral Packing List)，在填写包装单据时不要显示受益人名称。这是由于进口商在转让单据时，不愿将原始出口商泄露给其用户，故才要求出口商出具中性单据。如果来证要求用“空白纸张”(Plain Paper)填制包装单据，则在单据内不要显示受益人的名称和开证申请人名称，也不要加盖任何签章。

(三)海运提单常见差错

1. 海运提单提交的种类与来证要求不符。如果来证要求提交船公司提单，出口商却提交了货代提单，构成单证不符，必会遭到开证行拒付。如信用证规定提交已装船提单，但实际提交的是备运提单，则必遭银行拒付。

2. 海运提单正本的份数与来证要求不符。提单必须按信用证规定的份数全套提交，如信用证笼统地规定全套(Full Set of)，则承运人或其代理在提单正本份数栏标明几份正本都应该如数提交给议付行，有可能是一份、两份，也可能是三份。如果信用证规定 3/3 套(3/3 Set of)，则提单正本份数应该签发三份，其中的分母表示应签发的正本份数，分子表示应提交给议付行的份数。如果信用证规定 1/3 正本提单在装运后 24 小时内直接寄给开证申请人，出口商却将整套正本提单(3 份)都提交银行议付，等议付行审单时发现已超过信用证规定的 24 小时的时限。

3. 托运人或发货人与信用证规定不符。托运人一般应为出口商或信用证的受益人。如果信用证规定以中间商(转口商)作为托运人，受益人对此也未要求开证申请人修改，则提单必须以指明的第三方为托运人；否则，单证不符。

4. 收货人或提单抬头人与信用证规定不符。如果信用证规定“B/L issued to the order of ABC Co., Ltd”而提单的收货人缮制成“ABC Co., Ltd”，提单的抬头为特定公司的指定人与特定公司是完全不同的，在前一种情况下提单经此公司背书便可以转让，在后一种情况下只有这一特定公司可以提货，提单不能转让。

5. 被通知人与信用证规定不符。如果是“指示性提单”，在收货人栏内看不到收货人名称和地址，承运人无法与收货人联系，为此特别设立一个“被通知人”栏目，要求托运人提供被通知人的名称和详细地址，以便货物到港时联系被通知人办理交货手续。例如，信用证要求通知两家(如开证行和开证申请人)，若在通知人栏只填写一家，则构成不符。又如，信用证规定通知××后面有“ONLY”字样，则漏填写“ONLY”也构成不符。

6. 未按照信用证规定正确背书或漏背书。如果信用证规定提单抬头做成“凭托运人指示”(To Order of the Shipper),则必须由托运人在海运提单背面背书,才能转让物权;否则,货抵目的港时,国外客户无法凭提单提货。

7. 海运提单上所记载的包装条件与信用证或其他单据不相符。在海运提单中,不仅货物包装件数须与信用证或其他单据一致,而且包装条件也要与信用证规定相符,否则,很容易造成单证不符或不清楚,使海运提单遭拒付。

相关案情

包装条款不妥造成单证不符

某公司向英国出口一批大豆,合同规定以旧、修补麻袋包装,而信用证规定麻袋包装。该公司按合同规定使用了旧、修补麻袋包装,缮制提单时依照信用证规定填写成“麻袋包装”。承运人在签发提单时发现货物包装使用的是旧麻袋且有修补,欲在提单上如实批注,出口商担心由此造成不清洁提单而影响收汇,认为合同既然规定采用旧、修补麻袋包装,进口商应不会提出异议,所以修改提单为旧、修补麻袋包装。但是单据到开证行遭拒付,理由是单证不符。后经多次交涉,才以减价处理结案。

8. 提单上的装运日期不符合信用证规定。例如,信用证规定“货物装运不能早于2022年10月20日,汇票议付不得迟于2022年11月20日(Shipment must be effected not prior to Oct. 20, 2022. The draft must be negotiated not later than Nov. 20, 2022.)。”业务员在审证时,仅注意具体日期10月20日,错将20日当成最迟装运期,忽略了“prior”一词,最后因提单日签发为10月20日,构成单证不符遭拒付。

9. 装运港和目的港与来证规定不相符。例如:信用证规定装运港名称为“China Port”,禁止分批。货物于6月16日在上海港(Shanghai)装出200公吨,6月20日在宁波港(Ningbo)又装出300公吨,出口商这样做的依据是《UCP600》第31条b款,该条规定运输单据表面上注明货物以同一运输工具装运且航次相同,即使其注明不同的装运日期和不同的装运港,只要注明目的港相同,即不视为分批装运。可是出口商忽略了信用证中的“China”字样。开证行拒付的理由是从单据的表面看不出上海港和宁波港是中国港口,就构成不符点。这显然是开证行的无端挑剔。作为出口商,只要在上海港和宁波港后面加上“China”字样就万无一失了。

10. 提单上漏“已装船”批注或批注不符信用证或有关惯例要求。例如,来证要求提交已装船提单,但实际使用的是备运提单,提单上漏“已装船”(On Board)字样。又如,提单装运港和船名前印有“Intended”字样,表明“预计”的意思,即使最后实际的装运港和实际船名与预计的一致,在已装船批注中也应填写实际装运港和实际船名,否则就构成不符。

11. 未按信用证规定,提单漏明确列出“运费预付”或“运费到付”。对运费支付情况,不论信用证有无明确规定,在运输单据中,应明确表示“运费预付”(Freight

Prepaid）或“运费到付”（Freight Collect），还必须与发票的贸易术语相符。如信用证要求提单上表示实际运费，则提单上应显示实际运费数额，且必须与其他单据上出现的运费数额一致。

12. 海运提单上的包装件数只有小写，没有大写，或大小写不一致。

13. 唛头与来证规定不相符。例如，某公司收到香港来证，指定唛头为三角形中一个“東”字，出口商制作唛头时使用了简体“东”字，香港开证行借口唛头与信用证规定不符而拒绝付款，经出口商与开证申请人联系，说明了“东”就是“東”的简体字，最后开证申请人才予以付款，延迟收汇达30天之久。

14. 正本提单并未注明签发日期和签发地点，这是提单的一个要项，必须补注。

15. 正本提单签署不符合要求。《UCP600》第20条a款i规定，提单必须由承运人、船长或其具名代理签发，并且一定表明签发人的身份。如果漏签署或没有表明身份，则均构成不符。

提示板

必须签字和注明日期的单据有：

（1）《UCP600》第19、20、21、22、23及24条规定的各种运输单据；

（2）《UCP600》第28条规定的保险单据；

（3）证明、声明及能起到证明作用的单据；

（4）汇票。

（四）保险单据常见差错

1. 保险单的种类不符合信用证规定。例如，信用证规定提交保险单，而保险公司签发的是保险凭证，此时受益人必须退回重签；否则，将构成单证不符。倘若信用证规定为保险凭证，而保险公司出具的是保险单，则银行可以接受。除非信用证另有规定，保险经纪人出具的暂保单银行不予接受。

2. 被保险人（投保人）不符合信用证规定。如果信用证对被保险人有规定或指定背书给××，缮制保险单时应该按信用证要求处理。

3. 保险金额所使用的货币与信用证金额所使用的货币不一致。例如，信用证金额为美元（USD），而保险单上保险金额却为英镑（GBP）。根据《UCP600》第28条f款i规定，保险单据必须表明投保金额并以与信用证相同的货币表示。

4. 保险单投保金额大小写不符或大写金额叙述不正确。

5. 保险单上对货物描述与信用证规定不相符。标的物名称、包装件数、唛头等必须与发票、运输单据和其他单据相一致。

6. 保险单上的装运港（地）与信用证规定不相符。

7. 保险单上的目的港（地）与信用证规定不相符。如转运，保险期限必须包括全程运输。

8. 保险单上船名与发票或提单上的船名不符。一般来说，保险单上的船名与发票、提单上的船名是一致的,但有时因为某种原因,船公司通知出口公司更改船名,此时发票和提单上的船名被相应地更改了,但忘了通知保险公司,所以发生类似的错误。

9. 保险单没有背书或背书不正确。在 CIF 和 CIP 价格条件下,保险单上的投保人和被保险人均为出口商。出口商在保险单上正确背书,就意味着保险单的全部权益在出口商交单议付后就转让给了进口商。倘若出口商没有在保险单上正确背书,保险单的权益便无法转让。在这种情况下,货抵目的港,如果发生保险人责任范围内的损失,则进口商不能获得应有的赔偿。除信用证另有规定外,保险单据一般应做成可转让的形式,以受益人为投保人,由投保人背书转让给进口商。

10. 保险单的投保险别与信用证规定不符或有遗漏。例如,信用证规定投保水渍险和交货不到险,办理保险时出口商误将偷窃和提货不着险当成交货不到险,导致保险单条款与信用证要求不符。又如,信用证规定如果货物转运应该加保转运险,提单显示在××港转运,但保险单漏保转运险。

11. 对信用证规定某些险别作出相关排除,构成不符。例如,信用证规定投保 WPA,但保险单显示为 WPA, excluding ××,即构成不符点。如果信用证规定投保 All Risks,则无论如何显示排除条款均可,只要保单包含了 All Risks 字样,或者以 ICC A 替代 All Risks 均可。

12. 保险单的代理人或查勘人遗漏或没有注明全称和详细地址。保险单必须注明在目的港(地)的保险代理人或查勘人,在货物出险后方便保险单的合法持有者与之联系索赔事宜。

13. 保险单的出单日期晚于提单日期。《UCP600》第 28 条 e 款规定,保险单据的日期不得晚于发运日期,除非保险单据表明保险责任不迟于发运日生效。

14. 未按信用证规定提供全套保险单据。《UCP600》第 28 条 b 款规定,如果保险单据表明其以多份正本出具,所有正本均须提交。

15. 保险公司签章遗漏。《UCP600》第 28 条 a 款规定,保险单据必须由保险公司或承保人或其代理人出具并签署。

(五)原产地证书常见差错

1. 原产地证书发货人不符合信用证要求。例如,如果信用证要求做成第三方单据,而提交的原产地证书的发货人栏仍填写成受益人,造成“单证不符”。

2. 原产地证书的收货人误填写成中间商。如果合同是通过中间商达成的,而货物是发运至第三国,收货人应填写成最终收货人名称和地址。

3. 原产地证书唛头栏简单地填写成“As per Invoice No. ××”“As per B/L No. ××”或留空。该栏目应该与发票、提单等装运单据的唛头一致且要具体。

4. 原产地证书的目的地国家、地区误填写成中间商国家名称。

5. 原产地证书货物描述太笼统。原产地证书货物描述可以使用不与信用证相抵触的统称,但不能过于笼统,如填写“Garment”“Machine”,这样在海关编码(H. S. Code)中将找不到对应的编码。

6. 原产地证书货物描述最后漏填写“＊　＊　＊　＊”以示结束,这样容易给不法之人提供窜改单据的机会。

7. 原产地证书中货物件数的大小写不符。

8. 原产地证书发票日期用六位阿拉伯数字填写，容易产生异议，或发票号、发票日期与申领产地证时所随附发票的发票号和日期不符。

9. 原产地证书上出口货物的海关编码与出运的货物实际应该使用的海关编码不符。对出运货物产品归类不正确，有可能是无意的，也可能是故意的。

10. 原产地证书标准引用不正确。出运货物中含有进口成分，而在普惠制原产地标准中仍误填写成“P”；出运到东盟印尼的货物中含有非缔约方的进口成分，而在中国—东盟 Form E 优惠原产地标准中仍误填写成“PE”。

11. 原产地证书上的几个日期不合乎逻辑关系。如申领日期早于发票日期，签发日期早于申领日期或迟于装运日期。

12. 遗漏信用证对原产地证书的其他要求。如信用证要求在原产地证书内加注生产制造商的名称、地址，或加注有关许可证号、信用证号，或证明货物系 100% 中国产等，应该按要求在原产地证书内显示出来。

13. 原产地证书的附页漏盖骑缝章。如果某个栏目如唛头、货物描述内容过多，栏目内的空间不足以填写所有的内容，可以用附页，但附页一定要签署并盖骑缝章以说明其为原产地证书的一个不可分割的部分。

14. 签署机构不符合要求。如果对签发机构没有要求，可以由任何机构签署，如各地的直属海关、中国国际贸易促进委员会及其分会等，但如果规定由某一机构出具，则必须由该机构签发，否则构成单证不符。

(六)检验证书常见差错

1. 检验证书的种类不符合信用证要求。例如，信用证要求提交品质证(Certificate of Quality)，而实际提交分析证(Certificate of Analysis)，即构成不符。

2. 检验证书的出证机构不符合信用证要求。例如，信用证要求 SGS 出具检验证书，而实际提交的是由海关出具的检验证书，即构成不符。

3. 检验证书的商品名称、数量与发票、提单等其他单据不符。

4. 检验证书的唛头与信用证或其他单据不符。

5. 检验结果不符合信用证或合同规定的要求。检验结果是检验证书的核心部分，对其有瑕疵者，银行拒绝付款。

6. 检验证书的检验日期晚于提单日期或对鲜活、易腐易烂商品检验证书出证日期过早。检验应该在装运前实施，特别是当信用证要求装运前检验证明，则该检验证书必须通过标题或内容来表明该检验发生在装运日之前或装运当日。而鲜活、易腐易烂商品出单过早容易导致商品过期，一般在装运前一两天或至少与提单日期相同。

7. 漏授权人签署或检验部门漏签章。检验证书是公务单据，应该由授权人签署并加盖公章方为有效。

8. 证书更改处漏盖“更正章”及授权人签字。检验证书系公务单据，出口商不能对证书作任何修改，如需要修改，应向检验机构提出申请，由检验机构进行更改，在更改处要加盖“更正章”并由授权人签字证实该修改。

9. 检验证书的附页漏盖骑缝章。检验证书如果内容过多，需要一页以上，则应该加盖骑缝章，表明其为证书的组成部分。

10. 检验证书的份数与信用证规定不符。信用证一般都会规定各种单据向银行提交的份数；如果没有规定，则视为一式两份，即一正一副。

（七）其他单据常见差错

1. 单据的名称与信用证要求不符。例如，信用证要求提交“Shipping Advice”作为议付单据之一，而实际提交的单据以“Declaration of Shipment”命名。

2. 单据的出单日期不符合信用证或惯例规定。如装运通知应该严格按信用证规定的日期填写并及时发出装运通知，一般与提单日期相同或略晚于提单日一两天。

3. 单据的内容不详尽。如装运通知中的装运港、目的港、船名、提单号、提单日等应与其他单据内容相一致，给予充分的通知目的是便于买方办理保险手续和做好接货准备。

4. 证明的内容照抄照搬信用证原句。其中的人称、时态和语态等应根据实际情况需要作适当变化。

5. 漏签署。无论信用证有无要求，作为证明函其本身的特性决定了必须签署。

（八）汇票常见差错

1. 汇票提交的份数不正确。例如：规定“只此一张”，却提交两联；规定“汇票一式二份”，仅提交第一联汇票或第二联汇票。

2. 汇票的金额超过信用证金额。如果信用证内并没有特殊规定，则这样的汇票将被银行拒付。

3. 汇票金额与发票或信用证规定不符。汇票上的金额是表示付款人应实际支付给收款人的款项，在正常情况下，如果没有其他规定，汇票金额应该和发票金额一致。如果信用证规定汇票金额为发票金额的98%，则汇票金额应该开立成发票金额的98%，另2%是支付给中间商的佣金。如果采用的是部分信用证部分托收的付款方式，则应该分别缮制两套汇票，两套汇票总金额应与发票金额相符。

4. 汇票金额的大、小写不一致或汇票大写金额不准确，大写金额最后漏填写“ONLY”（整）一词。

5. 汇票的货币币别与信用证的货币币别不相符，如果信用证内没有特殊规定，这样的汇票将被拒付的。

6. 汇票付款期限不符合信用证或合同（非信用证付款条件下）的规定，或未明确付款日期。汇票上必须明确列出付款日期，如是“即期付款”，也应将汇票上的“At”和“Sight”两个字之间填写上“ * * * ”或“ = = = ”等表示“At”和“Sight”两个字是连在一起，表示即期的意思。

7. 付款人与信用证或惯例要求不符。汇票的付款人没有按信用证的要求填写、错填写成开证申请人或把其他银行误填写成付款人。

8. 出票人漏签署汇票。出票人是汇票的一个要项,出票人遗漏签署的汇票不是一张有效汇票。

9. 汇票上有更改和擦动的痕迹。汇票上一般不允许更改,特别在一些关键处如金额、付款期限等处绝对不能更改。遇有类似情况时,必须重新缮制汇票。

提示板

进出口业务中各种单证出单的时间顺序

各种单据的签发日期应符合逻辑关系和国际惯例,通常提单日期是确定各单据日期的关键,各单据日期关系如下:

(1)发票的签发日期应在全套单据中各单据签发日期之首;

(2)提单的签发日期不能迟于 L/C 规定的最迟装运期,也不得早于 L/C 规定的最早装运期;

(3)保险单的签发日应早于或等于提单日期(一般早于提单两天),不能早于发票日期;

(4)包装单据应等于或迟于发票日期,但必须在提单日期之前;

(5)原产地证书的签发日期不要早于发票日期,也要不迟于提单日期;

(6)检验证书的签发日期不能晚于提单日期,但也不能过分早于提单日期,尤其是鲜活、容易变质的商品;

(7)受益人证明函的签发日期可早于、等于或晚于提单日;

(8)装船通知的签发日期应等于或晚于提单日后三天之内;

(9)船公司证明的签发日期应等于或早于提单日;

(10)汇票日期应是全套单据中最晚的日期,但不能晚于 L/C 的有效期和交单期。

微课:进出口业务中各种单证出单的时间顺序

第二节　银行审单

一、银行审单原则

《UCP600》第 14 条 a 款规定,按指定行事的指定银行、保兑银行(如果有的话)及开证行须审核交单,并仅基于单据本身确定其是否在表面上构成相符交单,而"相符交单"是指与信用证条款、跟单信用证统一惯例《UCP600》的相关适用条款以及国际标准银行实务《ISBP821》一致的交单。从中我们不难得出,银行审单的原则应包括以下几项。

(一)按照信用证规定的条款审单

信用证是依据买卖双方签订的贸易合同开立的,它一旦为各有关当事人所接受,即成为各有关当事人必须遵循的契约性文件。在信用证结算业务中,各有关当事人必须受其约束,按照信用证所规定的条款,逐条对照,以确定单据是否满足信用证的要求。当信用证的规定与《UCP600》有抵触时,则应遵循信用证优先于《UCP600》的原则,按照信用证的要求审核单据。其中又包括表面一致性和内容相符性两条原则。

1. 遵循表面一致性原则。受益人提交的单据名称及其内容等表面上必须与信用证规定完全一致。例如,某信用证将货物描述为 Attaches Sanitary(卫生洁具附件),而受益人出运的具体货名为 Expansion Bolt(膨胀螺栓)。虽然如此,有关单据中货物描述仍必须与信用证的规定相一致。可能有的单据因某种特殊作用如清关报税等需显示具体货名,这时,我们仍必须将信用证所规定的 Attaches Sanitary 显示在其上,而在其后加注具体货名 Expansion Bolt。

2. 遵循内容相符性原则。银行在审单时应注意避免照搬、照抄信用证的原话,只要内容相符即可。例如,信用证的有关人称指向、时态、语态等,转到单据上时,应作相应的调整,以避免不必要的误会。

(二)按照《UCP600》和《ISBP821》的规定审单

《UCP600》是确保在世界范围内将信用证作为可靠支付手段的准则,已被大多数国家与地区的银行接受和使用。《ISBP821》所体现出来的国际标准银行实务是对《UCP600》的必要补充,填补了概括性的《UCP600》规则与信用证使用者日常操作之间的差距。银行必须按照跟单信用证统一惯例《UCP600》和国际标准银行实务《ISBP821》的要求,合理、谨慎地审核信用证要求的所有单据,以确定其表面上是否与信用证条款相符。

(三)按照银行的经营思想、操作规程审单

国际贸易结算作为银行经营的一项重要业务,在操作过程中,必须按照银行的有关操作规程行事。尤其是在向客户融资时,更应明确银行的观点和看法,更有权对单据有关条目的处理作出自己的选择和判断,以体现银行的经营方针和经营作风。

(四)按照普遍联系的观点,结合上下文内容审单

信用证是一个与买卖合同分离的独立文件,其内容是完整的、互为联系的。其中要求的条件、单据等是相辅相成、前后一贯的。审单时必须遵循普遍联系的观点,结合上下文内容进行,避免片面、孤立地看待某一条款。例如,挪威开来一份信用证,要求提交的单据中有一项是副本 Certificate of Origin(原产地证书),而在后文中又要求受益人将正本 GSP Certificate of Origin Form A(普惠制原产地证书格式 A)寄交开证申请人。结合上下文内容,就能判断出信用证要求向银行提交的是副本 GSP Certificate of Origin(普惠制原产地证书),而非一般原产地证书。

(五)按照合情、合理、合法的原则审单

所谓合情、合理、合法,是指银行审单员应根据自己所掌握的国际贸易结算知识,对各种单据的完整性和准确性作出合乎情理的判断。例如,普惠制原产地证书是给惠国赋予受惠国出口货物减免税的一种优惠凭证,其“收货人”一栏应填写最终买主。如果信用证未作明确规定,那么应根据提单的收货人、通知人及货至目的地对最终买主作出合理的选择。

(六)按照单据的商业功能和结算功能相统一的原则审单

单据的商业功能即在商务流转及商品买卖过程中的作用是主要的,结算功能是次要的,银行审单时应着重考虑其商业功能,应该了解各类单据的作用及功能,按照各类单据自身的功能及用途审单,避免将不必要的内容强加于单据。《UCP600》制定了“单据必须满足其功能”的新审单标准。

二、银行审单的基本方法

银行收到受益人提交上来的单据后,同样要对单据进行细致、全面的审核,确认“单证相符”“单单相符”及“单内相符”后才把全套单据按照信用证中规定的寄单方式邮寄给开证行或开证行指定的付款行(偿付行)进行索汇。一般银行审单主要采取的方法有以下几种:

(一)先简后繁审单法

在审单业务中,往往可能一时送来众多单据,在先后顺序的安排上可以先审“简单容易的单据”,后审“较为繁杂的单据”。在实务中,先将容易、页数少的单据审核完,对于那些数量浩大、内容繁杂的单据就可以静下心来有条不紊地审核,这样不容易出差错。审单往往要赶时间,实效性较强。

虽然《UCP600》规定,银行的审单时间为“五个工作日”,但是多数银行要求职员在“一个工作日”内完成审单任务。如果先审核复杂的单据,前面拖的时间过长,后面还有大量未审核的单据,心情烦躁,很可能引起失误。

(二)分地区客户审单法

不同国别,不同进口商对单证的要求各异,但同一国别、地区或同一客户对单证的要求则基本相同。银行负责国际结算业务的工作人员对世界各地区的单证特点往往不能全面掌握,因此,对某一地区客户的特殊要求往往会有所疏漏。

为了提高效率和质量,业务量较大的银行,可采用分地区客户审单的工作方法,常分欧洲科、日本科、北美科、中东科或非洲科等,确保相关业务人员对相关地区的交易习惯了如指掌。

(三)按装运日期审单法

单据量多的银行为了加速单据的流转,避免出现货到目的港而单据未到的情况,可以按照货物装运日期的先后依次进行审核,这样可避免迟期单据的产生。

(四)先读后审法

先读后审法即在审核单据前,先将信用证从头到尾通读一遍,然后再按信用证条款依次审核单据。

(五)先审后读法

先审后读法即按信用证条款依次审核各种单据,最后再通读信用证全文,确保每一条款都未被遗漏。

小贴士

银行审单口诀

“读全文,阅修改,抓要点,做记号;通读后,再审单,证在左,单在右;单证符,顺利过;若不符,写下来;单据间,须相符;如不符,切记牢;审单毕,洽客户。”具体步骤是:

(1)先对信用证进行全文通读,边读边记,并随手在特别要关注的地方做个记号,以便审单时引起重视。

(2)查看信用证有无修改及修改的次数是否齐全,保证信用证的完整有效。

(3)如果信用证有修改,将修改内容在信用证的原条款上做好相应记录,确保信用证条款是有效完整的。

(4)按单据的主次关系审核。首先将一些重要单据如发票、提单等先行审核,然后以它们为参照物,审核其他单据。同时,要注意将信用证有关这类单据的规定贯穿于此,做到“单证一致、单单相符”。发现任何不符点,均应立即记录在案。如果信用证规定所有单据要显示“合同、信用证号码”,那么全部单据应就此条款检查一遍,以免遗漏。

(5)审核完毕后,将所发现的不符点一并与交单人沟通,落实解决办法。

三、银行审核单据的重点项目

(一)发票审核

1. 信用证要求“发票”而未作进一步定义,则提交任何形式的发票都可以接受(如商业发票、海关发票、税务发票、最终发票和领事发票等)。但是“临时发票”“形式发票”或类似的发票是不可接受的,除非信用证另有授权。当信用证要求提交商业发票时,标为“发票”的单据是可以接受的。

2. 发票必须表面看来系由信用证中具名的受益人出具的。地址中电传或传真号码等内容无须提供,如果提供,也不必与信用证中的一致。

3. 发票必须以开证申请人为抬头。地址中电传或传真号码等内容无须提供,如果提供,也不必与信用证中的内容一致。

4. 发票中的货物描述必须与信用证规定的一致,但并不要求如同镜像那样一致。例如,货物细节可以在发票中的若干栏目表示,当合并在一起时与信用证规定一致即可。

5. 发票中的货物描述必须反映实际装运的货物。例如,信用证的货物描述显示两种货物,如果信用证不禁止分批装运,而发票表明只装运一种货物或两种货物的其中一部分是可以接受的。列明信用证规定的全部货物描述,然后注明实际装运货物的发票也是可以接受的。

6. 发票必须表明装运货物的价值。发票中显示的单价(如有的话)和币种必须与信用证中的一致。发票必须显示信用证要求的折扣或扣减。发票还可显示信用证未规定的与付款或折扣等有关的扣减额。

7. 如果贸易术语是信用证中货物描述的一部分,或与货物金额联系在一起表示,则发票必须显示信用证指明的贸易术语,而且如果货物描述提供了贸易术语的来源,则发票必须表明相同的来源。费用和成本必须包括在信用证和发票中标明的价格术语所显示的金额内,不允许任何超出该金额的费用或成本。

8. 除非信用证要求,发票无须签字或标注日期。

9. 发票显示的货物数量、重量和尺码不得与其他单据显示的同种数值相矛盾。

10. 发票不得表明以下事项:

(1)溢装(《UCP600》第30条b款规定的除外);

(2)信用证未要求的货物(包括样品、广告材料等),即使注明免费。

11. 信用证要求的货物数量可以有5%的溢短装幅度。但如果信用证规定货物数量不得超额或减少,或信用证规定的货物数量以包装单位或个数计算,不适用条款。货物数量在5%幅度内的溢装并不意味着允许支取的金额超过信用证金额。

12. 如果信用证禁止分批装运,只要货物全部装运,且单价(如信用证有规定的话)没有减少,则发票金额有5%的减幅是可接受的;如果信用证未规定货物数量,发票的货物数量即可视为全部货物数量。

13. 信用证要求的发票正本和副本必须如数提交。

14. 如果信用证要求分期装运,则每批装运必须与分期装运计划一致。

15. 发票签发日期不应超过信用证规定的最迟装运期或交单期。

提示板

银行拒付的依据及其要求

微课:银行拒付的依据及其要求

(1)拒付必须以不符交单为唯一依据。

(2)拒付必须给予交单人一份单独的拒付通知。

(3)拒付通知列明银行拒绝承付或议付所依据的全部不符点。

(4)银行对拒付单据的处理方法可以是:①留存单据听候交单人的进一步指示;②留存单据直到从开证申请人处接到放弃不符点的通知并同意接受不符点,或者其同意接受对不符点的放弃之前从交单人处收到其进一步的指示;③银行将退回单据;④银行将按之前从交单人处获得的指示处理。

(5)拒付通知必须以电信方式通知寄单行,如不可能则应以其他快捷方式通知。

(6)拒付必须在银行收到单据后次日的5个工作日内提出。

(二)包装单据审核

1. 包装单据应当由信用证规定的实体出具,当信用证没有规定出具人名称时,包装单据可以由任何实体出具。

2. 当信用证规定了明确的包装要求,且没有规定与其相符的单据时,如果提交包装单据,则其提及的有关货物包装的任何数据不应与该要求矛盾。

3. 只要包装单据的出具人不是受益人,其就可以显示不同于其他一种或多种规定单据上注明的发票号码、发票日期和运输路线。

4. 银行只审核总量,包括但不限于总数量、总重量、总尺码或总包装件数,以确保相关的总量与信用证中和任何其他规定单据上显示的总量没有矛盾。

(三)海运提单审核

1. 海运提单要标明正本的份数,可以是一份正本,也可以是多份正本。如果出具多份正本,则海运提单标明的所有份数必须全部提交即为全套正本提单。根据《ISBP821》Para A28 条规定,注明“第一正本”“第二正本”“第三正本”“正本”“第二联”“第三联”等类似表述的运输单据都是正本。海运提单不一定非要注明“正本”字样才能被接受为正本。

2. 正本海运提单必须以《UCP600》第 20 条 a 款规定的方式进行签字,且承运人的名称必须出现在海运提单的表面,并表明承运人身份。

(1)如果海运提单由代理人代表承运人签署,则必须表明其代理人身份,而且必须表明所代理的承运人,除非海运提单表面的其他地方已经表明了承运人。

(2)如果船长签署海运提单,则船长的签字必须表明“船长”身份。在此情况下,不必标明船长的姓名。

(3)如果由代理人代表船长签署提单,则必须表明其代理人身份且须注明被代理的船长姓名。

3. 如果提交的是预先印就“已装船”的提单,提单的签发日期即视为装运日,除非海运提单带有加注日期的单独装船批注,此时,该装船批注的日期即视为装运日,而不论该批注日期是在海运提单签发日期之前还是之后。

4.“已装运表面状况良好”、“已载于船”、“清洁已装船”或其他包含“已装运”(Shipped)或“已装在船上”(on Board)之类用语的措辞与“已装运于船”(Shipped on Board)具有同样效力。

5. 信用证要求的装货港名称应在海运提单的装货港栏中表明。如果很清楚货物是由船只从收货地运输,且有装船批注表明货物在“收货地”或类似的栏名下显示的港口装载在该船上的话,也可在“收货地”或类似的栏名下表明。

6. 信用证要求的卸货港名称应在海运提单的卸货港栏中表明。如果很清楚货物将由船只运送到最终目的地,且有批注表明卸货港就是“最终目的地”或类似栏名下显示的港口,也可在“最终目的地”或类似栏名下表明。

7. 如果收货地为一集装箱堆场或集装箱货运站,且与规定的装货港相同(如收货地为香港集装堆场,装货港为香港),这些地点将被视为同一地点,因此,无须在

“装船批注”中注明装货港和船名。

8. 如果信用证规定了装货港及/或卸货港的地理区域范围(如任一欧洲港口),则提单必须表明实际的装货港及/或卸货港,而且该港口必须位于信用证规定的地理区域或范围之内。

9. 如果信用证要求海运提单抬头以某具名人为收货人,如“收货人为××银行”(即记名方式)而不是“凭指示”或“凭××银行的指示”等,则海运提单不得在具名人的名称前出现“凭指示”或“凭××指示”的字样,不论该字样是打印还是预先印就的。同样,如果信用证要求海运提单抬头为“凭指示”或“凭某人指示”,海运提单就不能做成以该具名人为收货人的记名形式。

10. 如果海运提单做成指示式抬头或做成凭托运人指示式抬头,则该海运提单必须经托运人背书,代理人或代表托运人所做的背书是可以接受的。

11. 如果信用证未规定到货被通知人,则海运提单中的相关栏目可以空白,或以任何方式填写。

12. 转运是指信用证规定的从装货港到卸货港之间的海运过程中将货物从一艘船卸下再装上另一艘船。如果卸货和再装船不是发生在装货港和卸货港之间,则不视为转运。

13. 虽然信用证可能禁止转运,但《UCP600》第 20 条 c 款仍然允许在某些情况下进行转运。但是,如果信用证禁止转运,并且排除《UCP600》第 20 条 c 款 i 和 ii 项的适用,则表面表明将发生或可能发生转运的海运提单将被视为不符点。

14. 如果信用证禁止分批装运,而提交的正本海运提单不止一套,装运港有一个或一个以上的港口(信用证特别允许或在信用证规定的特定地理范围内),只要单据表明运输的货物是用同一艘船并经同一航程,目的地为同一卸货港,则此种单据可以接受。如果提交了一套以上的海运提单,而海运提单表明不同的装运日期,则最迟的装运日期将被用来计算交单期限,且该日期必须在信用证规定的最迟装运日或之前。货装多艘船即构成分批装运,即使这些船在同日出发并驶向同一目的地。

15. 载有明确声明货物及/或包装状况有缺陷的条款或批注的提单是不可接受的,未明确声明货物及/或包装状况有缺陷的条款或批注,如“包装状况可能无法满足海运航程”,不构成不符点。说明包装“无法满足海运航程”的声明不可接受。

16. 即使信用证可能要求如“清洁已装船提单”或注明“清洁已装船”的提单,海运提单也无须出现“清洁”字样。

17. 如果海运提单上出现“清洁”字样,但又被删除,并不视为有不清洁或不清洁批注,除非海运提单载有明确声明货物或包装缺陷的条款或批注。

18. 海运提单上的货物描述可以使用与信用证规定不矛盾的货物统称。

19. 海运提单上的修正和变更必须经过证实。证实从表面看来必须是由承运人、船长或其代理人所为(该代理人可以与出具或签署提单的代理人不同),只要表明其作为承运人或船长的代理人身份。

20. 对于正本可能已作的任何修正或变更,不可转让海运提单副本无须任何签字或证实。

21. 如果信用证要求提单注明运费已付或到目的地支付,则提单必须有相应标注,开证申请人和开证行应明确要求单据是表明运费预付还是到付。

22. 如果信用证规定运费之外的额外费用不可接受,则提单不得表示运费之外的其他费用已产生或将要产生。此类表示可以通过明确提及额外费用或使用与货物装卸费有关的装运术语表达,例如,“装货船方免责”(Free In,简称 FI),“卸货船方免责”(Free Out,简称 FO),“装卸货船方免责”(Free In and Out,简称 FIO)及“装卸费及理舱费船方免责”(Free In and Out Stowed,简称 FIOS)。运输单据上提到的由于延迟卸货或货物卸载之后的延迟导致可能产生的费用,如集装箱延期归还的费用,不属于此处所说的额外费用。

23. 如果一份提单说明某一集装箱内的货物由该提单和另外一套或多套提单一起代表,且该提单声明所有提单均须提交,或有类似表述,则意味着与该集装箱有关的所有提单必须一并提交后才能交付该集装箱。此类提单不可接受,除非同一信用证下的所有这类提单在同一次交单时一并提交。

(四)保险单审核

1. 保险单据必须在表面上看来是由保险公司或承保人或其代理人或其代表出具并签署。如保险单据表面有要求或信用证条款有要求,所有正本必须表面看来已被签署。

2. 如果保险单据在保险经纪人的信笺上出具,只要该保险单据是由保险公司或其代理人或其代表,或由承保人或其代理人或其代表签署,则该保险单据可以接受。保险经纪人可以作为具名保险公司或具名承保人的代理人进行签署。

3. 保险单据必须投保信用证规定的风险。如果信用证明确列出应投保的风险,则保险单据对上述风险必须不作任何排除。如果信用证要求“一切险”,则只要提交任何带有“一切险”条款或批注的保险单据,即使该单据声明不包括某些风险,也符合信用证要求。如果保险单据标明投保伦敦保险协会货物保险条款(A),也符合信用证关于“一切险”条款或批注的要求。

4. 同一运输的同一险种的保险必须由同一保险单据表示,除非进行部分保险的多份保险单据通过百分比或其他方式明确反映每一保险人的保险价值,并且每一保险人将分别承担自己的责任份额,不受同一运输可能已经办理的其他保险的影响。

5. 保险单据必须表明保险责任至少覆盖从信用证所规定的货物装运、发运、接管地到卸货地或最终目的地之间的路程。

6. 保险单据的出具日期不得晚于货物在信用证规定的地点装船、发运或接管(如适用的话)的日期,除非保险单据表明保险责任最晚于货物在信用证规定的地点装船、发运或接管(如适用的话)之日起生效。

7. 载有有效期的保险单据必须清楚地表明该有效期限是关于货物装船、发运或接管(如适用的话)的最迟日期,而不是保险单据项下提出索赔的期限。

8. 保险单据必须按信用证使用的币种,并至少按信用证要求的金额出具。如果信用证没有规定投保金额的最低比例,则最低投保金额必须是 CIF 价之金额的 110%或 CIP 价之金额的 110%。诸如“就 110%进行保险”或类似要求应被认为是对最低投保金额的要求,《UCP600》没有规定一个最高的投保加成率。

9. 最低投保险别必须与最新版的《Incoterms 2020》规定相符。如果买卖双方采用 CIF 贸易术语成交,并在合同中明确规定适用于《Incoterms 2020》,买卖双方签订的合同或信用证对投保的险别没有具体规定,按照最新版的《Incoterms 2020》,卖方仍然可以投保中国保险条款(CHINA INSURANCE CLAUSE, 简称 CIC)的“平安险”或者投保伦敦协会保险条款(INSTITUTE CARGO CLAUSE,简称 ICC)的 ICC(C)险。如果买卖双方采用 CIP 贸易术语成交,并在合同中明确规定适用于《Incoterms 2020》,买卖双方签订的合同或信用证对投保的险别没有具体规定,按照最新版的《Incoterms 2020》,卖方则必须投保中国保险条款(CHINA INSURANCE CLAUSE, 简称 CIC)的“一切险”或者投保伦敦协会保险条款(INSTITUTE CARGO CLAUSE,简称 ICC)的 ICC(A)险。较之《Incoterms 2010》,如果采用 CIP 贸易术语成交的话,卖方将承担较大的额外保费。

10. 如果信用证要求保险金额不计免赔率,则保险单据不得含有表明保险责任受免赔率或免赔额约束的条款。

11. 如果从信用证或单据可以得知最后的发票金额仅仅是货物总价值的一部分(如由于折扣、预付或类似情况,或由于货物的部分价款将晚些支付等),也必须以货物的总价值为基础来计算保险金额。

12. 保险单据必须按信用证要求的形式出具,并且在需要时经有权索偿人背书。如果信用证要求空白背书式的保险单据,则保险单据也可开立成来人式,反之亦然。

13. 如果信用证对被保险人未作规定,则标明赔偿将付给托运人或受益人指定的人的保险单据不可接受,除非经过背书。保险单据应开立或背书成使保险单据项下的索赔权利在放单之时或之前得以转让。

(五)原产地证书审核

1. 如信用证要求原产地证书,则提交经过签署、注明日期的证明货物原产地的单据即满足要求。

2. 原产地证书必须由信用证规定的人出具。但是,如果信用证要求原产地证书由受益人、出口商或厂商出具,则由商会出具的单据是可以接受的,只要该单据相应地注明受益人、出口商或厂商。如果信用证没有规定由谁来出具原产地证书,则由任何人包括受益人出具的单据都可接受。

3. 原产地证书必须表明与发票的货物相关联。原产地证书中的货物描述可以使用与信用证规定不相矛盾的货物统称,或通过其他援引表明其与要求的单据中的货物相关联。

4. 收货人的信息,如果显示,则不得与运输单据中的收货人信息相矛盾。但是,如果信用证要求运输单据做成“凭指示”、“凭托运人指示”、“凭开证行指示”或“货发开证行”式抬头,则原产地证书可以显示信用证的申请人或信用证中具名的另外一人作为收货人。如果信用证已经转让,那么以第一受益人作为收货人也可接受。

5. 原产地证书可显示信用证受益人或运输单据上的托运人之外的另外一人为发货人/出口方,即第三方单据可接受。

(六)检验证书审核

任何检验证书包括分析证明、检验证明和装运前检验证明注明的日期都可以晚于装运日期。但是,如果信用证要求一份单据证明装运前发生的事件(如装运前检验证明),则该单据必须通过标题或内容来表明该事件(如检验)发生在装运日之前或当天。要求"检验证明"并不表明要求证明装运前发生的事件。任何单据都不得在交单日之后出具。

(七)其他单据审核

证明、声明等可以是单独的单据,也可以包含在信用证要求的其他单据内。如果声明或证明出现在另一份有签字并注明日期的单据里,只要该声明或证明表面看来系由出具和签署该单据的同一人作出,则该声明或证明无须另行签字或加注日期。

(八)汇票审核

1. 如果汇票不是见票即付或见票后定期付款,则必须能够从汇票自身内容确定到期日。

2. 如果用提单日后××天表示票期,则装船日应视为提单日,即使装船日早于或晚于提单签发日。

3. "从……起"和"在……之后"在用于确定汇票到期日时含义相同。到期日的计算从单据日期、装运日期或其他事件的次日起计算,也就是说,从在 3 月 1 日之起 10 天后到期和在 3 月 1 日之后 10 天到期日,最后到期日均为 3 月 11 日。

4. 如果信用证要求远期汇票,例如,提单日后 60 日或从提单日起 60 日付款,而提单上有多个装船批注,且所有装船批注均显示货物是从一个信用证允许的地理区域或地区装运,则将使用最早的装船批注日期计算汇票到期日。

5. 如果信用证要求汇票开立成提单日后 60 日或从提单日起 60 日付款,而一张汇票项下提交了不止一套提单,则最晚的提单日期将被用来计算汇票的到期日。

6. 审核汇票的出票日期是否符合要求。汇票的日期应该是全套单据中最晚的,但无论如何不能晚于信用证的交单期和有效期。

7. 审核汇票是否正确背书。当汇票的抬头人是"凭指定"时,应由合法的收款人背书,但有时会出现收款人遗漏背书或出票人错误地在汇票上背书的现象。

8. 审核汇票的付款人是否符合规定。如果是信用证付款方式,必须以开证行或其指定的付款行为付款人,不能以开证申请人为付款人;如果是托收付款方式,则应以进口商为付款人。

9. 在信用证付款方式下,汇票必须由信用证的受益人出票并签署;如果是托收付款方式,应由合同中卖方出票并签署。

10. 汇票如有修正和变更,必须在表面看来要经出票人证实。有些国家不接受带有修正和变更的汇票,即使有出票人的证实,此类国家的开证行都应在信用证中声明汇票中不得出现修正或变更。

四、银行审单注意事项

银行审单应注意以下事项：

1. 在审核单据时，对信用证中没有特别规定的，可以依据《UCP600》的相关条款进行衡量，以确定单据的合格性；如《UCP600》中没有相关条款，则应按《ISBP821》审核单据，如果都没有规定，则按银行习惯来解释、处理。审单中应做到有依据的内容应“严格相符”，没有依据的内容则“实质一致”。

2. 银行对信用证未规定的单据将不予审核。《UCP600》第 14 条 g 款规定，提交的非信用证所要求的单据将被不予理会，并可被退还给交单人。

3. 如信用证载有某些条件，但并未规定需提交与之相符的单据，银行将视这些条件为未予规定而不予理会，认为这是非单据条件。但是，与规定单据有联系的条件不被认为是非单据条件。

4. 银行审单的合理时间不超过收到单据次日起的五个银行工作日。这对开证行及/或保兑行和对指定银行都适用，对其他银行则不适用。其他银行如果接到受益人提交的单据，被要求转递或寄单给开证行时，应使单据在信用证的有效期内尽快送达开证行。

5. 全套单据必须在不迟于装运日后的 21 个公历日内提交，但无论如何不得迟于信用证的到期日。

6. 单据日期可以早于信用证开立日期，但不得晚于交单期。

7. 当受益人和开证申请人的地址显示在任何规定的单据上时，不必与信用证或其他规定单据中显示的地址相同，但必须与信用证中述及的各自地址处于同一国家内。用于联系的信息（电传、电话、电子邮箱及类似方式提供的信息）如作为受益人和开证申请人地址的组成部分将被不予理会。然而，当开证申请人的地址及联系信息作为运输单据中收货人或通知方详址的组成部分时，则必须按照信用证规定予以显示。

8. 显示在任何单据中的货物的托运人或发货人不必是信用证的受益人。

第三节　对“不符点单据”的处理

一、“不符点单据”的概念

所谓“不符点单据”，是指信用证受益人向银行提交的存在不符合信用证条款规定内容的结汇单据。其表现形式有单证不符、单单不符和单内不符三种情况，包括表面性不符和实质性不符。表面性不符点通常是在制单过程中发生的，如粗心大意造成的单据之间的货名、件数、金额等不一致，或者由技术处理不当造成的单据内容显示不全，或未加批注及证实等。只要对结汇单据进行认真审核，就可以发现这类不符点，继而修改不符点或重新缮制单据，以便顺利办理结汇手续。实质性不符点通常是在备货、发货过程中发现的，如实际货物的数量、规格、包装等与信用证的规定不符，或者超过信用证规定的装运期发货等。在这种情形下，有些业务员收汇心切，违背“单货一致”的原则，无视实际情况，一味地按照信用证的条款规定缮制结汇单据，不管实际发货数量，随意增减、更改发票的数量和金额，倒签提单的装船日期等，以满足“单证相符、单单相符、单内相符”。这种做法虽然可暂时掩盖不符点，及时收回货款，但并不能消除“单货不符”的事实。进口商购买的毕竟是货物，而非单据，一旦进口商收到货物后发现实际货物与单据不符，势必产生贸易纠纷，出口商难逃欺诈干系。因此，对于实质性不符点，出口商必须在出运货物前要求进口商修改信用证有关条款，从根本上消除不符点。

微课：“单证不符”的处理办法

二、对“不符点单据”的处理办法

1. 修改单证。如时间充裕，或货物尚未出运，应尽快修改单据。如果必须修改信用证，则应立即联系开证申请人改证。信用证未修改之前，受益人绝不能出运货物。

信用证项下不符单据的救济是指当单据由于不符合信用证规定而遭开证行拒付之后，受益人可在规定的时限内及时将替代或更正后的单据补交给银行。只要补交的单据符合信用证规定，开证行必须承担其付款责任。但在实际业务中，出口商往往花大量的时间进行前期操作，因而补交单据在时间上往往不易实现。

2. 表提结汇。如果货物已装船，或者虽未装船但须赶船期，致使受益人无法提出改证，那么受益人可向议付行出具担保书（Letter of Indemnity），要求银行凭担保议付货款。如果日后遭到开证行拒付，则由受益人承担一切后果。

当议付行向开证行交单收汇时，在随附单据的表盖（Covering Schedule）上指出单据不符点，并注明“凭保议付”字样。这种做法又可称作“表盖提出”（即在表盖上将不符点提出来），简称“表提”，也称“担保议付”。如果是非实质性的、一般性的单证不符，则受益人估计对方会接受不符点时，往往考虑采取“表提”方式。

3. 电提结汇。如果受益人交单金额较大，则议付行应先向开证行拍发电传、传真或邮件列明不符点，征求开证行同意，待开证行确认同意接受单证不符的单据后，再将单据寄出。如不同意，则议付行即告知受益人，以便受益人采取相应措施，如将货物转卖或将货物中途卸下等。这种做法被称为“电报提出”，简称“电提”。对于实质性的单证不符，受益人往往采取“电提”方式。

4. 随证托收。在“单证不符”的情况下，如货物已经装出，而议付行又不愿采用“表提”或“电提”方法时，出口公司只能采用托收方式，委托银行寄单收款。由于与原来信用证有关，为了使进口商易于了解该项托收业务的由来，托收行仍以原信用证的开证行作为代收行，请其代为收款，这种做法被称作“随证托收”，以表示与“无证托收”的区别。

在信用证业务中，一旦出现单证不符，无论采用“表提”“电提”还是“随证托收”，事实上已将出口收汇由银行信用变成了商业信用。从这个意义上说，受益人已经失去了开证行的付款保证。在此情况下，即使有进口商的担保函，也仅是商业信用而已。没有开证申请人的授权，银行会拒绝付款。

相关案情

表提结汇可靠否？

某公司收到香港来证，金额为20 493.73美元。2月1日出口商发货，交单时发现不符点如下：①超过信用证的装运期和有效期；②未按信用证规定将所有单据手签。出口商认为该港商资信可靠，且曾于1月23日来电确认可接受以上不符点，收款无问题，因此提供保函要求银行议付，遂银行将单据寄香港开证行。2月10日开证行来电称：“开证申请人拒绝接受不符点，请尽快用加押电报指示。”此后，出口商多次催促该港商付款赎单，港商借此机会提出降价要求，最终出口商被迫降价3 073.88美元，才于3月28日收妥货款，造成迟收汇45天，损失利息约300美元，共计损失达3 373.88美元。由此可见，如果出口商交单时发现不符点，应及时更正，而不能轻易向银行担保议付。

三、对“不符点单据”的善后处理

倘若由于某种原因，受益人既不能修改单据，又不能修改信用证条款，不得已向银行提交了不符点结汇单据，此时进口商是否承付货款，完全取决于进口商的信用。为此，受益人应谨慎做好不符点结汇单据的善后工作，即密切注意出口货物的流向，采取相应措施，切忌只关心货款，不关心货物。具体做法如下：

微课：对“不符点单据”的善后处理

1. 如果货物未被提走，则应立即与进口商联系，要求其履行合同义务，催促其尽快办理付款赎单手续。

2. 如果货物被以担保方式提走，则应与船公司联系，以货主身份要求其出示正本提单。在这种压力下，船公司会向进口商追索提单，迫使进口商到银行付款赎单。

3. 如果货物被进口商凭正本提单提走，应立即与银行联系，告知开证行我方已获悉，开证行未收货款就放单，这一错误做法使进口商已将货物提走，请银行立即付款。此时，开证行考虑到自己的信誉，定会要求进口商付款。

在实际业务中，为了增加结汇的安全保障，减少经济上的损失，必须妥善解决单据不符点问题，做好不符点单据交单后的善后处理。

知识链接

信用证不合理的不符点扣费

在L/C业务中，银行收取名目繁多的费用，诸如开证费、改证费、通知费、保兑费（如果银行保兑L/C的话）、承兑费、议付费、寄单费、单据处理费、偿付费和电传费等。但在近年来银行还收取其他一些费用，其中之一就是“不符点扣费”。

所谓“不符点扣费”，意为L/C受益人所提交的单据与L/C不符，为此，开证行要扣除不符费。L/C中典型的关于不符点扣费的条款如下：“A discrepancy fee of a minimum of USD60.00 or its equivalent plus cost of cable and other applicable charges, if any, shall be deducted from the proceeds of each presentation of discrepant documents under this credit.”以往L/C中是没有不符点扣费条款的。20世纪80年代中期以来，从西方国家开出的L/C逐渐出现了此类条款，收取大约USD25的不符费用。还有些银行在没有规定类似条款的情况下也擅自扣不符点费，一些银行（如意大利的银行）传统上甚至把“不符点费”和相关“处理费”作为重要的收入来源，而且目前的扣款金额已经上涨到USD60至USD100美元不等。更有甚者，个别信用证规定按所提交单据每个不符点扣USD50.00（A discrepancy fee of USD50.00 will be deducted for each discrepancy），如果L/C金额不大，开证行找出10个不符点的话（无论该不符点最终是否成立），那出口商就欲哭无泪了。

为此，议付行和受益人纷纷要求将此事提交给国际商会的银行委员会，要求制止这种做法，但遗憾的是该委员会轻描淡写地认为只能“劝阻”。国际商会在一份意见（R307）中甚至认为：“在过去的数年中，很多银行在收取常规费用以外选择了收取不符点费用来弥补由于处理不符点单据而产生的额外费用。这种费用的费率不等，且多数由受益人承担，因为只有受益人可以控制所提交单据的形式和准确度。”也就是默许了这种做法。时至今日，绝大多数L/C都有此类条款，不符点扣费这种典型的乱收费现在成了一种国际结算惯例了。

围绕不符点的扣费问题，出口商常见的疑问如下：

（1）为什么开证行强行收取不符点费？收取不符点费的依据和标准是什么？

（2）如果某些规定允许收取不符点费，不符点费归谁所有，开证行还是开证申请人？

(3)在开证申请人已经接受不符点的情况下，为什么银行还收取不符点费用？开证申请人是否有权指示银行停止扣费？或者要求开证行退还不符点费用？

本章小结

单据审核是对已经缮制、备妥的单据对照信用证(在信用证付款情况下)或合同(非信用证付款方式下)的有关条款内容进行单证、单同、单单的及时检查和核对，发现问题及时更正，达到安全收汇的目的。

为了保证安全、及时收汇，一定严把单据审核关。首先，企业在向银行交单前自行对单据特别是信用证下的单据进行严格审核，审核是否已做到"相符交单"；其次，银行收到单据后，也要对单据进行严格的审核，发现问题及时退改，争取在交单期内更改有问题单证。

本章分别从企业和银行的角度，重点介绍了单据审核的要求、原则，单据审核的主要方法及企业与银行审核各类常见结汇单据的重点项目。银企双方要密切配合，把好单证质量关，保证安全、及时收汇。最后介绍了不符点单据的概念、不符点单据的处理方法及对不符点单据的善后处理。

本章测试

一、动脑思考

1. 单据审核的含义是什么？企业审核单据的要求是什么？
2. 企业审单常用的方法有哪些？你认为哪种方法较好？
3. 银行审单的原则有哪些？
4. 银行审单常用的方法有哪些？
5. 单证不符通常采用的处理方法有哪些？

二、动手操练

下面是根据第20DGU208销售确认书(见样例13-1)和第X150374号信用证(见样例13-2)缮制的商业发票(见样例13-3)、装箱单(见样例13-4)、海运提单(见样例13-5)、原产地证书(见样例13-6)、汇票(见样例13-7)，作为泰佛贸易公司的单证员，在向银行交单议付前请根据信用证审核这些单据，填写好审单记录(见样例13-8)，并及时对存在不符点的单证进行修改。

(一)销售确认书

样例 13-1　销售确认书

SALES CONFIRMATION

NO. 22DGU208
DATE:APRIL 1, 2022
THE SELLERS:
TIFERT TRADING CO., LTD
NO. 86, ZHUJIANG RD, TIANJIN, CHINA
THE BUYERS:
APPAREL GROUP LIMITED
345 WEST 37TH STREET,NEW YORK,
N. Y. 10018 U. S. A.

AFTER FRIENDLY NEGOTIATION, THE UNDERSIGNED SELLERS AND BUYERS HAVE AGREED TO CLOSE THE FOLLOWING TRANSACTIONS ACCORDING TO THE TERMS AND CONDITIONS STIPULATED BELOW:

COMMODITY AND SPECIFICATION	QUANTITY	UNIT PRICE & TERMS	AMOUNT
MENS NYLON DOWN JACKETS		CFR NEW YORK	
HS NO. 6201. 9310			
JHD-001 J7612NY	1 800PCS	USD21. 68/PC	USD39 024. 00

TOTAL VALUE: USD39 024. 00
SHIPPED DURING APR/MAY, 2022

PORT OF LOADING:CHINA
DESTINATION:NEW YORK

TRANSSHIPMENT NOT ALLOWED & PARTIAL SHIPMENTS ALLOWED.
PAYMENT:BY 100% IRREVOCABLE L/C PAYABLE BY SIGHT DRAFT TO REACH THE SELLERS 30 DAYS BEFORE THE MONTH OF SHIPMENT REMAIN VALID FOR NEGOTIATION IN CHINA FOR FURTHER 15 DAYS AFTER THE PRESCRIBED TIME OF SHIPMENT.
INSURANCE: TO BE EFFECTED BY BUYER
GENERAL TERMS:
1. REASONABLE TOLERANCE IN QUALITY, WEIGHT, MEASUREMENTS, DESIGNS AND COLORS IS ALLOWED, FOR WHICH NO CLAIMS WILL BE ENTERTAINED.
2. THE BUYERS ARE TO ASSUME FULL RESPONSIBILITIES FOR ANY CONSEQUENCES ARISING FROM:
1)THE USE OF PACKING, DESIGNS OR PATTERN MADE OF ORDER;
2)LATE SUBMISSION OF SPECIFICATIONS OR ANY OTHER DETAILS NECESSARY FOR THE EXECUTION OF THIS SALES CONFIRMATION;
3)LATE ESTABLISHMENT OF L/C;
4)LATE AMENDMENT TO L/C IN CONSISTENT WITH THE PREVISIONS OF THIS SALES CONFIRMATION.

David King	王宏
买方(The buyers)	卖方(The sellers)

(二)信用证

样例 13-2 信用证

APPLICATION HEADER 0 700 1417 970214FKBKJPJTAXXX 1343 337998 97021 1317

* NATIONAL WESTMINSTER BANK
* NEW YORK

SEQUENCE OF TOTAL	*27	1/1
FORM OF DOC. CREDIT	*40A	IRREVOCABLE
APPLICABLE RULES	*40E	UCP LATEST VERSION
DOC. CREDIT NUMBER	*20	X150374
DATE OF ISSUE	31C	220418
EXPIRY	*31D	DATE 220615 PLACE BENEFICIARY'S COUNTRY
APPLICANT	*50	APPAREL GROUP LIMITED 345 WEST 37TH STREET, NEW YORK, N. Y. 10018, U. S. A.
BENEFICIARY	*59	TIFERT TRADING CO. NO. 86, ZHUJIANG ROAD, TIANJIN, CHINA
AMOUNT	*32B	CURRENCY USD AMOUNT 39 024,00
AVAILABLE WITH/BY	*41D	ANY BANK IN CHINA BY NEGOTIATION
DRAFTS AT ...	42C	DRAFT AT 60 DAYS AFTER SIGHT
DRAWEE	42A	* NATIONAL WESTMINSTER BANK * NEW YORK
PARTIAL SHIPMENTS	43P	ALLOWED
TRANSSHIPMENT	43T	NOT ALLOWED

PORT OF LOADING/AIRPORT OF DEPARTURE 44E: CHINA

PLACE OF FINAL DESTINATION/FOR TRANSPORT TO ... 44F: NEW YORK

LATEST DATE OF SHIPMENT PERIOD 44C: 220530

DESCRIPTION OF GOODS 45A:

TRADE TERM CFR NEW YORK

MENS NYLON DOWN JACKETS HS NO. 6201 9310

JHD-001 J7612NY 1 800PCS USD21. 68/PC CFR NEW YORK

DOCUMENTS REQUIRED 46A:

+MANUALLY SIGNED COMMERCIAL INVOICE IN 1 ORIGINAL AND 5 COPIES INDICATING BREAKDOWN OF COST AND FREIGHT AND INDICATING THAT THE SHIPMENT CONTAINS NO SOLID WOOD PACKING MATERIAL.

+ ON BOARD MARINE BILL OF LADING (FULL SET REQUIRED IF MORE THAN ONE ORIGINAL HAS BEEN ISSUED) TO ORDER OF NATIONAL WESTMINSTER BANK NOTIFY APPAREL GROUP LIMITED MARKED FREIGHT PREPAID

+ PACKING LIST INDICATING COLOUR AND QUANTITY IN 1 ORIGINAL AND 3 COPIES

+ CERTIFICATE OF ORIGIN ISSUED BY CCPIT IN 1 ORIGINAL AND 2 COPIES

ADDITIONAL COND　　　　　*47A

TRANSPORT DOCUMENTS WHICH BEAR A CLAUSE ON FACE THEREOF SUCH AS "SHIPPER'S LOAD AND COUNT" OR "SAID BY SHIPPER TO CONTAIN" OR WORDS OF SIMILAR EFFECT ARE NOT ACCEPTABLE .

UCP 600 ARTICLE 20 (C) ii NOT APPLICABLE.

DETAILS OF CHARGES　　　71D: ALL BANKING CHARGES OUTSIDE U. S. A. ARE FOR ACCOUNT OF THE BENEFICIARY.

PRESENTATION PERIOD　　48: DOCUMENTS TO BE PRESENTED WITHIN 10 DAYS AFTER THE DATE OF SHIPMENT BUT WITHIN THE VALIDITY OF THE CREDIT

CONFIRMATION　　　　　*49: WITHOUT

REIMBURSING BANK　　　53: *CITIBANK N. A.

*NEW YORK, NY

INSTRUCTIONS　　　　　78:

+ REIMBURSEMENT IS SUBJECT TO ICC URR725.

+ USANCE DRAFT DRAWN UNDER THIS LETTER OF CREDIT SHOULD BE NEGOTIATED ON SIGHT BASIS. ACCEPTANCE COMMISSION AND DISCOUNT CHARGES ARE FOR THE APPLICANT'S ACCOUNT PROVIDED THAT THE TERMS AND CONDITIONS OF THIS CREDIT ARE COMPLIED WITH.

+ PLEASE REIMBURSE YOURSELVES FROM ABOVE REIMBURSING BANK .

+ DRAFT AND DOCUMENTS SHOULD BE SENT IN ONE LOT BY COURIER TO OUR NEW YORK OFFICE.

TRAILER: ORDER IS <MAC:> <PAC:> <ENC:> <CHK:> <TNG:> <PDN:>

（三）缮制、备妥的结汇单据

1. 商业发票

样例 13-3　商业发票

COMMERCIAL INVOICE

The Exporter： TIFERT TRADING CO. , LTD NO. 68, ZHUJIANG ROAD, TIANJIN, CHINA	No：E-30585-2022 Date：MAY 15, 2022 Contract No. ：20DGU208 L/C No. ：X150374
The Importer： APPAREL GROUP LIMITED 345 WEST 37TH STREET, NEW YORK, N. Y. 10018	Terms of payment ： L/C AT 60DAYS AFTER SIGHT
Terms of delivery：CFR NEW YORK	SHIPMENT FROM CHINA TO NEW YORK BY SUHONG V. 025
Country of origin of the goods：CHINA	Currency：USD

Shipping Mark	Description of goods	Quantity	Unit price	Amount
G-IIII NEW YORK	MENS NYLON DOWN JACKETS H. S. NO. 6201 9310 NEW YORK JHD-001 J7612NY PACKED IN 150 CARTONS THIS SHIPMENT CONTAINS NO SOLID WOOD PACKING MATERIAL.	1 800PCS	21. 68/PC	CIF NEW YORK USD39 024. 00

2. 装箱单

样例 13-4　装箱单

TIFERT TRADING CO. , LTD

NO. 86, ZHUJIANG ROAD, TIANJIN, CHINA

PACKING LIST

INVOICE NO. E-30585-2022

DATE: MAY 15, 2022

P. O. NO.	STYLE NO.	COLOUR	M. (PCS)	L. (PCS)	XL. (PCS)	QUANTITY	CONTAINER NO.
JHD-001	J7612NY	OLIVE	100	300	200	600	APLU8874832
JHD-001	J7612NY	BLACK	200	600	400	1 200	
TOTAL			300	900	600	1 800	

DESCRIPTION : MENS NYLON DOWN JACKETS HS NO. 6201 9310

MARKS:

G-IIII

NEW YORK

S/C NO. 22DGU280

PACKED IN 150 CARTONS

EACH CARTON CONTAINING 12 PIECES

GROSS WEIGHT/CARTON　9KG　TOTAL GROSS WEIGHT: 16 200KG

NET WEIGHT/CARTON　8KG　TOTAL NET WEIGHT : 14 400KG

MEASUREMENT/CARTON　65CM×55CM×45CM　TOTAL MEASUREMENT: 25M^3

TIFERT TRADING CO. , LTD

王宏

3. 海运提单

样例 13-5　海运提单

<table>
<tr>
<td>Consignor
TIFERT TRADING CO., LTD
NO. 86, ZHUJIANG ROAD, TIANJIN, CHINA</td>
<td rowspan="5">B/L No.

中国外运天津公司
SINOTRANS TIANJIN COMPANY
OCEAN BILL OF LADING
RECEIVED in apparent good order and condition (unless otherwise indicated) the goods or packages specified herein and to be discharged at the mentioned port of discharge or as near thereto as the vessel may safely get and be always afloat.
The weight, measure, marks and numbers, quality, contents and value, being particulars furnished by the Shipper, are not checked by the Carrier on loading.
The Shipper, Consignee and the Holder of this Bill of Lading hereby expressly accept and agree to all printed, written or stamped provisions, exceptions and conditions of this Bill of Lading, including those on the back hereof.
IN WITNESS whereof the number of original Bills of Lading stated below have been signed, one of which being accomplished the other(s) to be void.</td>
</tr>
<tr><td>Consigned to order of
TO ORDER OF SHIPPER</td></tr>
<tr><td>Notify address
APPAREL GROUP LIMITED
345WEST 37TH STREET, NEW YORK, N. Y. 10018</td></tr>
<tr><td>Ocean vessel　　Port of loading
SUHONG V. 025　　TIANJIN</td></tr>
<tr><td>Port of discharge　　Place of delivery
NEW YORK</td></tr>
<tr>
<td colspan="2">Marks and Nos | Number and kind of packages | Description of goods | G. W. | Meas
<G-IIII> | 1 800PCS | MENS NYLON DOWN JACKETS | 16 200KG | 25M³
NEW YORK　　PACKED IN 150 CARTONS
1×20' CONTAINER
APLU8874832

WITH TRANSSHIPMENT AT HONGKONG　　FREIGHT TO COLLECT

STC ONE HUNDRED AND FIFTY CARTONS ONLY</td>
</tr>
</table>

Marks and Nos	Number and kind of packages	Description of goods	G. W.	Meas
G-IIII (in diamond)	1 800PCS	MENS NYLON DOWN JACKETS	16 200KG	$25M^3$

<table>
<tr>
<td rowspan="2">Freight amount
USD2 100. 00</td>
<td>Freight payable at</td>
<td rowspan="2">Place and date of issue
TIANJIN
JUN 5, 2022</td>
</tr>
<tr><td>Number of Original 3</td></tr>
<tr><td colspan="3">For delivery of goods please apply to:</td></tr>
</table>

4. 原产地证书

样例 13-6　原产地证书

1. Exporter TIFERT TRADING CO., LTD NO. 86, ZHUJIANG ROAD, TIANJIN, CHINA	Certificate No. C224408000200003 CERTIFICATE OF ORIGIN OF THE PEOPLE'S REPUBLIC OF CHINA
2. Consignee APPAREL GROUP LIMITED 345 WEST 37TH STREET, NEW YORK, N. Y. 10018	
3. Means of transport and route FROM XINGANG, CHINA TO NEW YORK, U. S. A BY SEA	5. For certifying authority use only
4. Country/region of destination NEW YORK U. S. A.	

6. Marks and numbers	7. Number and kind of Packages; description of goods	8. H. S. Code	9. Quantity	10. Number and date of invoices
AS PER B/L	JACKETS 1800 PIECES PACKED IN 150 CARTONS SAY ONE HUNDRED AND FIFTY CARTONS ONLY * * * * * *	6201 9310	G. W. 16 200KG	E-30585-2022 MAY 15,2022

11. Declaration by the exporter The undersigned hereby declares that the above details and statement are correct, that all the goods were produced in China and that they comply with the Rules of Origin of the People's Republic of China. TIANJIN, CHINA MAY 14, 2022	12. Certification It is hereby certified that the declaration by the exporter is correct. TIANJIN, CHINA MAY 14, 2022
Place and date Signature and stamp of authorized signatory	Place and date Signature and stamp of authorized signatory

5. 汇票

样例 13-7 汇 票

Drawn Under NATIONAL WESTMINSTER BANK NEW YORK

L/C NO. X150374 DATED APR 18,2022

Payable with interest @ ________________% per annum

No. E-30585-2022 Exchange for USD39 024. 00 Tianjin, JUN 11,2022

At * * * * sight of this FIRST of exchange(Second of exchange being unpaid)

Pay to the order of ______________________________The sum of

U. S. DOLLORS THIRTY NINE THOUSAND AND TWENTY FOUR ONLY

TO:NATIONAL WESTMINSTER BANK NEW YORK

样例 13-8　审单记录表

发票号	船名	提单号
开证行		装期
信用证号	结汇金额	效期
		交单期

单据名称	汇票	商业发票	装箱单	保险单	原产地证书	检验证书	GSP原产地证书	海关发票	寄单证明	船行证明	受益人证明	电抄	海运提单	海运提单副本
应交份数														

存在问题及处理意见	

其他应注意事项：

制单员	审单员	银行复核	结汇日期

第十四章　电脑软件制单

知识目标

1. 熟悉几个典型电脑制单软件
2. 了解典型电脑制单软件的功能

技能目标

1. 掌握几个典型电脑制单软件的使用
2. 学会关注最新的外贸制单操作软件

素质目标

1. 具有不断开拓的精神
2. 养成终身学习的习惯

案例库

A 公司是一家小型贸易公司，经营的产品比较繁杂，为了制单方便，公司单证员利用 EXCEL 自行设计模板，缮制各种常用结汇单据，对于毛重、净重和尺码等数值 A 公司习惯地设置为整数，大大提高了制单效率。A 公司在与中东某客户达成玻璃器皿的合同，款式多达 20 个品种，实际总毛重、总净重、总尺码分别是 2 567.90 千克、2 485.45 千克、27.588 立方米，各种数值录入完毕后，EXCEL 自动生成的总毛重、总净重和总尺码分别是 2 568.00 千克、2 485.00 千克、28.00 立方米，而货代公司签发的提单显示的总毛重和总尺码与大货实际相符，公司单证员在将全套单据送交银行议付货款前也疏忽了审单，议付行接到单据审核后发现毛重、净重和尺码不符，要求 A 公司更改单据。鉴于交单期已到，最后 A 公司认为这仅是一个小小的不符点，考虑到客户是长期的老客户，指示议付行直接寄单到开证行。但最后遭开证行拒付，这时 A 公司再洽中东进口商也杳无音信，最后不得不低价转卖给其他客户，造成重大损失。

课程思政

利用电脑软件缮制单据，单证上类同项目的内容只需输入一次，电脑就可以自动生成，大大提高了制单效率，同时也能降低单证差错率。但是一旦出错，则会招致业务的满盘皆输。因此，在实际业务中，电脑软件制单对单证员的要求会更高，也要求单证员工作更细心，单据送交银行议付货款前，也一定要认真审核单证，发现问题，及早修改，单证员要牢固树立终身学习的意识，积极进取，永不满足，深刻认识到只有做到相符交单才能保证安全收汇。

第一节 《远景单证通 V7.0》

《远景单证通 V7.0》(以下简称《远景单证通》)是杭州远景计算机有限公司开发的一款优秀的进出口单证制作软件。它的主要功能是帮助用户摆脱烦琐的手工单证制作，提高工作效率。通过用户一次性录入来制作整套进出口单证需要的数据内容，计算机会自动产生符合用户要求的全套进出口单证。由于采用了数据库技术，单证内容的查询、修改和复制都非常方便。《远景单证通》的核心技术是动态生成单证格式的模板技术，使得本软件能够适应任何地区、任何企业的特殊要求，能够由用户自己设计需要的单证格式并且能够和其他用户共享。这项技术的使用使得《远景单证通》能够适应所有外经贸企业的单证制作要求，能够进行商品化发行。同时，《远景单证通》还附带一些简捷、实用的办公管理功能以方便用户。

一、《远景单证通》软件的特点

《远景单证通》软件具有以下特点：

第一，单证输出功能强大，万能的单证自定义模版能完全满足用户多种单证格式和多套单证格式的需求，用户完全可以按照自己的要求自定义单证和其他输出文本的式样而不用改动软件本身。

第二，所有单证均可输出成 Word，Excel 格式或者直接发送 E-mail，人性化的设计能满足不同层次用户的要求。

第三，系统可以并存多个公司抬头，方便没有自营进出口权的企业使用。

二、《远景单证通》软件操作指南

《远景单证通》软件的具体操作方法如下：

1. 点击桌面 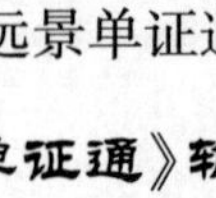

快捷键，进入《远景单证通》登录界面。

2. 在登录对话框(如图 14-1 所示)中，用户代码默认 admin，密码留空，直接点击“确定”,进入《远景单证通》操作平台。

图 14-1 《远景单证通》登录对话框

3. 打开出口单证模块界面(如图 14-2 所示)。

图 14-2 出口单证模块界面

出口单证操作(如图 14-3 所示)模块主要用于录入提供给客户、银行结汇、报关时所用的详细单证数据。用户只需录入一遍数据就可打印出全套报关、结汇单证,如发票、装箱单、报关单等。它包含了基本信息、结汇明细、装箱明细、其他信息、自定义条款、报关单据、相关文档等窗口分页。

新增发票操作方法:

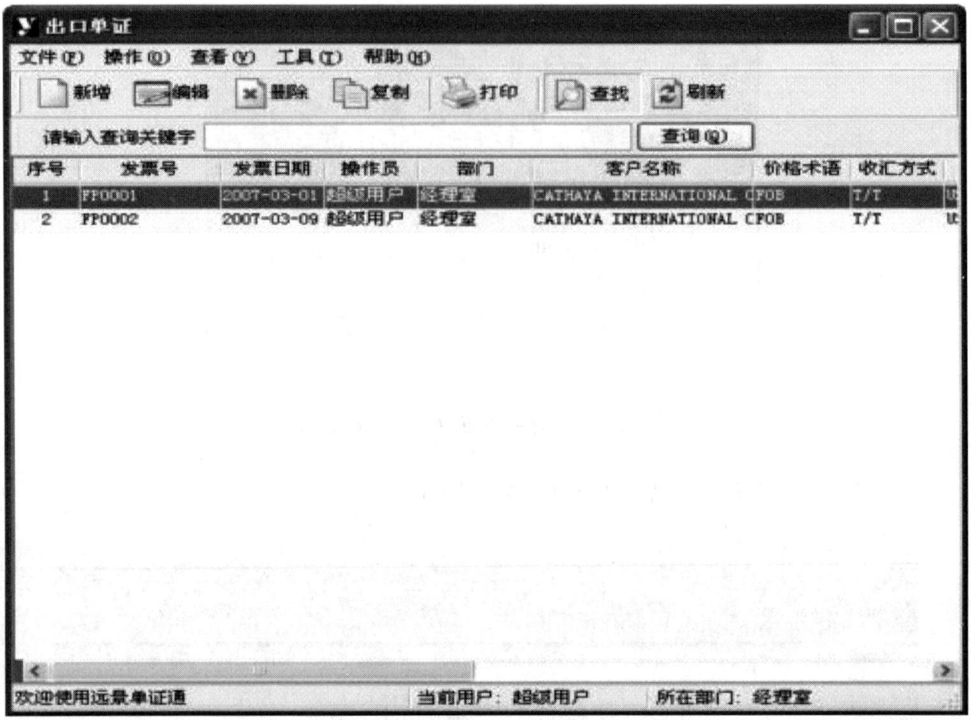

图 14-3　出口单证操作界面

(1)在快捷菜单栏中,点击【新增】按钮,系统会自动增加一张空白的发票,或选择数据列表中已存在发票,点击【复制】按钮,进行数据拷贝。

(2)在各个窗口分页中的录入域中录入相关制单数据。

(3)数据录入完成后,点击快捷菜单栏中的【保存(S)】按钮,进行存盘。点击【打印】按钮,选择不同的模板进入打印预览界面。此外,还可以导出到 Word 或 Excel 文件进行保存。

4. 基本信息(如图 14-4 所示)。【基本信息】工作区主要记录了在制作单证时的一些基本数据,它包括发票号、发票日期、国外客户信息、价格术语、收汇方式、商品描述、经营单位和运输信息等数据。

5. 结汇明细(如图 14-5 所示)。【结汇明细】窗口分页主要记录了结汇单据中商品的一些详细数据,如商品名称、规格、数量、尺码、包装说明、尺码说明、毛重、净重、单价、总价等信息。

增加明细数据操作方法:

(1)在白色空白区域中,鼠标右键菜单选择【增加行】选项,系统自动创建一条

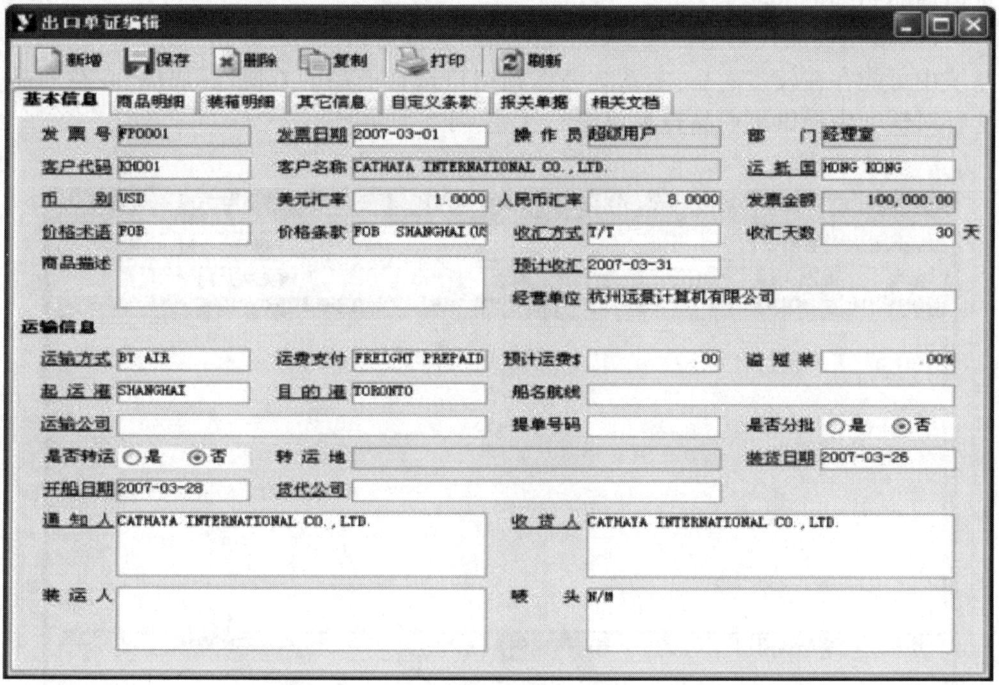

图 14-4 出口单证之基本信息

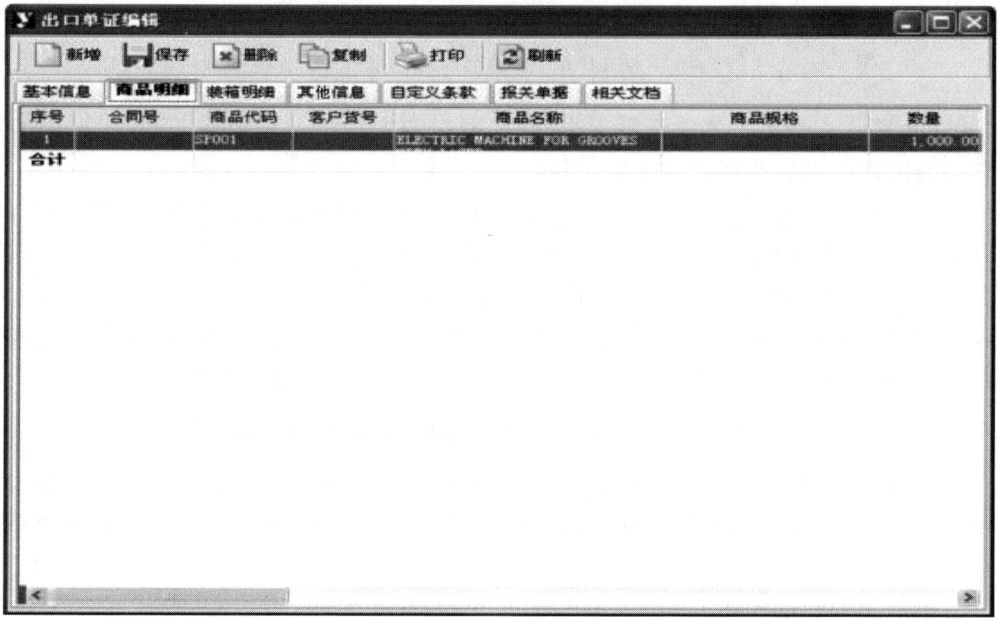

图 14-5 出口单证之结汇明细

空白商品明细记录。

(2)双击商品代码空白域,系统弹出商品选择对话框(如图 14-6 所示)。因为系统中可能存在较多商品,本系统考虑到用户选择商品的方便性、快捷性,在商品选择对话框中提供了商品查询功能,支持模糊查询功能。

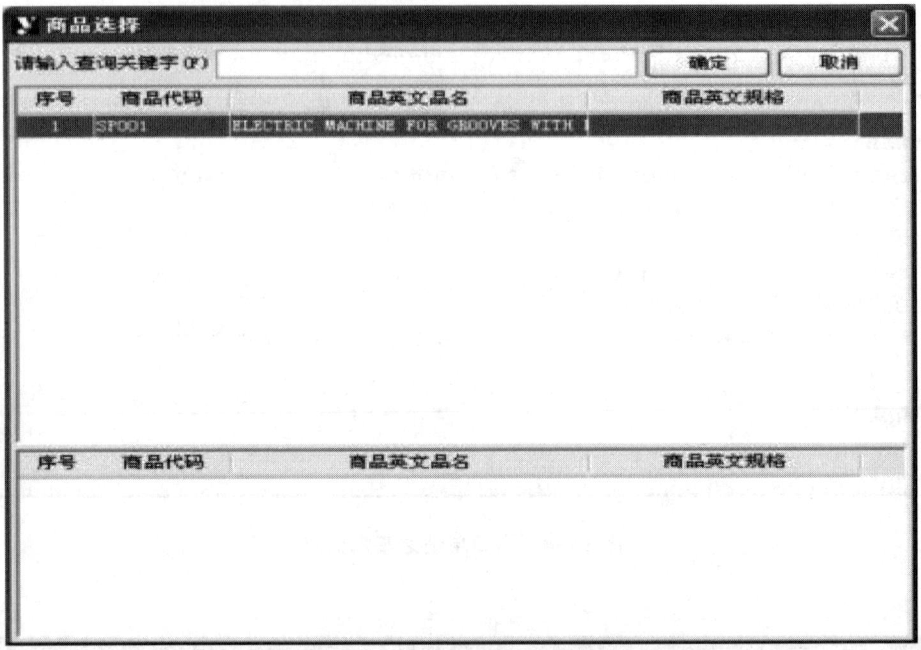

图 14-6　商品选择对话框

(3)用户在商品选择对话框上半部分,通过双击选择一条或多条商品,选中的商品会出现在商品选择框的下半部分。

(4)选择完毕后,点击【确认】按钮,将这些选中的商品添加到【结汇明细】窗口分页中,如果不选择商品,就直接点击【取消】按钮,退出选择对话框。

(5)用户在具体的每一条结汇明细上录入相应的数据,如数量、单价等。录入域之间切换通过鼠标、【Tab】或【Enter】键。在结汇明细中有的数据系统会自动进行计算,如录入单位毛、净重时系统自动计算总毛重和总净重等数据。

(6)数据录入完成后,点击快捷菜单栏中的【保存(S)】按钮,进行存盘。

6. 装箱明细(如图 14-7 所示)。【装箱明细】窗口分页主要用于制作结汇装箱单的商品明细信息,如商品名称、规格、数量、尺码、包装说明、尺码说明、毛重和净重等信息。

增加明细数据操作方法:

(1)在白色空白区域中,鼠标右键菜单选择【从商品明细复制】选项,系统自动

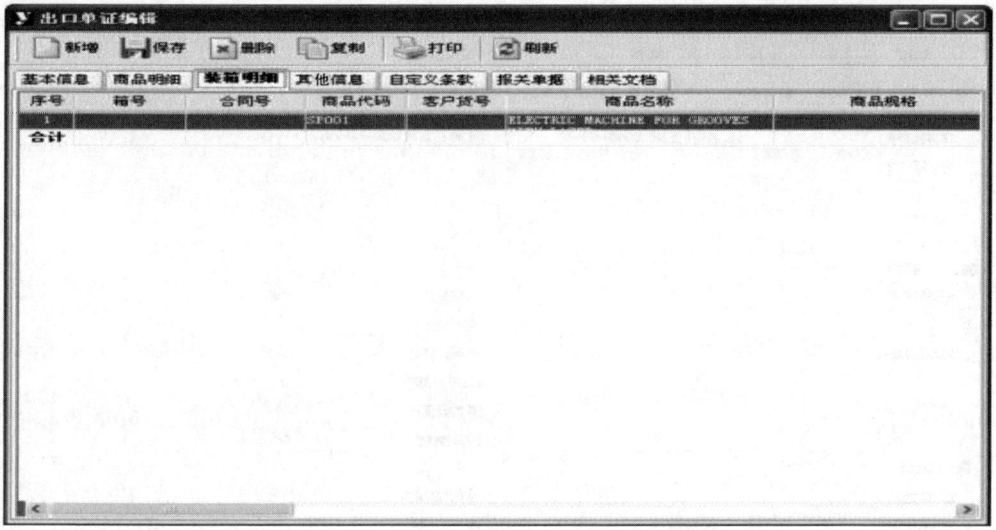

图 14-7　出口单证之装箱明细

将【结汇明细】中的所有数据拷贝过来。

(2)用户根据业务实际情况,通过鼠标右键点击菜单中的【增加行】【删除行】选项对这些商品明细数据进行合并、拆分,同时录入相关装箱数据。

(3)数据录入完成后,点击快捷菜单栏中的【保存(S)】按钮,进行存盘。

7. 其他信息(如图 14-8 所示)。【其他信息】窗口分页主要用于记录信用证信息、佣金、折扣和保险信息等。

8. 自定义条款(如图 14-9 所示)。【自定义条款】窗口分页主要用于记录制作出口单证中一些不常用或者比较特殊的信息,并且这些信息在【基本信息】中都是无法进行输入的,系统预留了 10 个自定义条款供用户使用。

9. 报关单据(如图 14-10 所示)。【报关单据】窗口分页记录了所有用于制作报关单据的信息,它包括了报关基本信息和报关商品明细信息。

增加报关商品明细操作方法:

(1)在白色空白区域中,鼠标右键菜单选择【生成报关商品】选项,系统会自动将【结汇明细】中的所有数据拷贝过来。

(2)用户根据实际报关情况,通过鼠标右键菜单中的【增加行】【删除行】对这些商品明细数据进行合并、拆分,同时录入相关报关数据。

(3)数据录入完成后,点击快捷菜单栏中的【保存(S)】按钮,进行存盘。

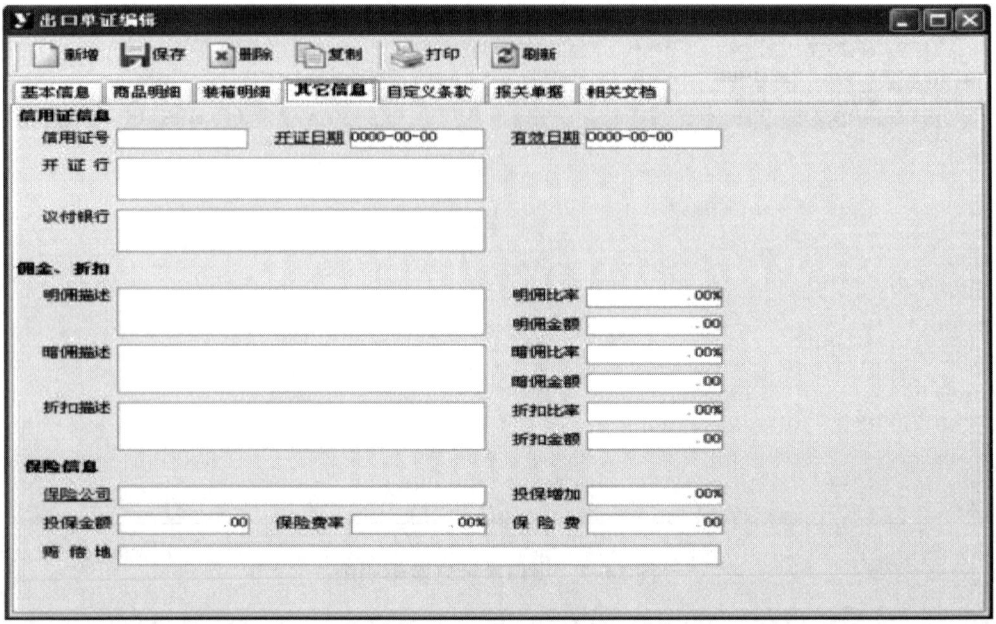

图 14-8　出口单证之其他信息

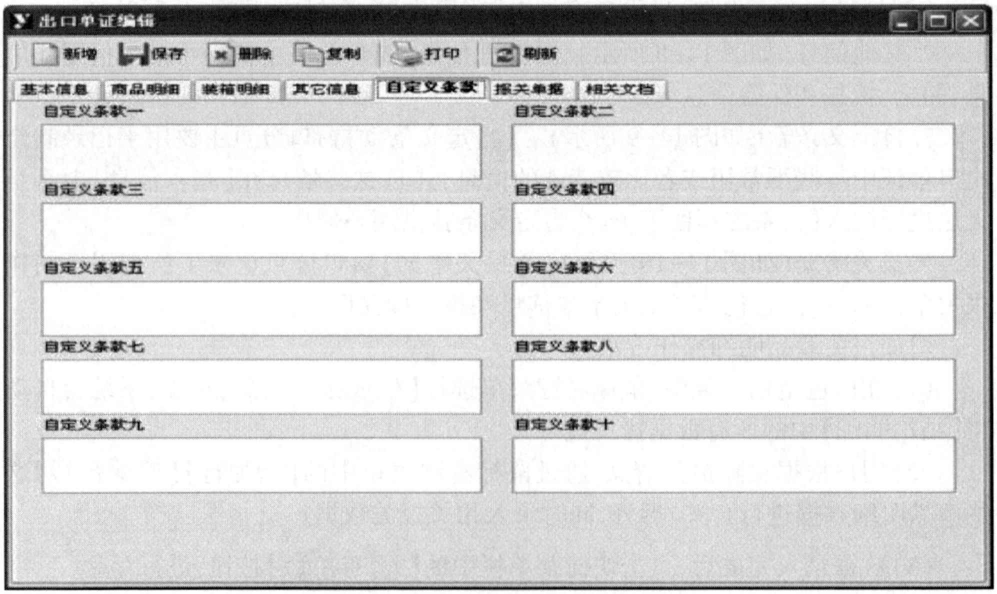

图 14-9　出口单证之自定义条款

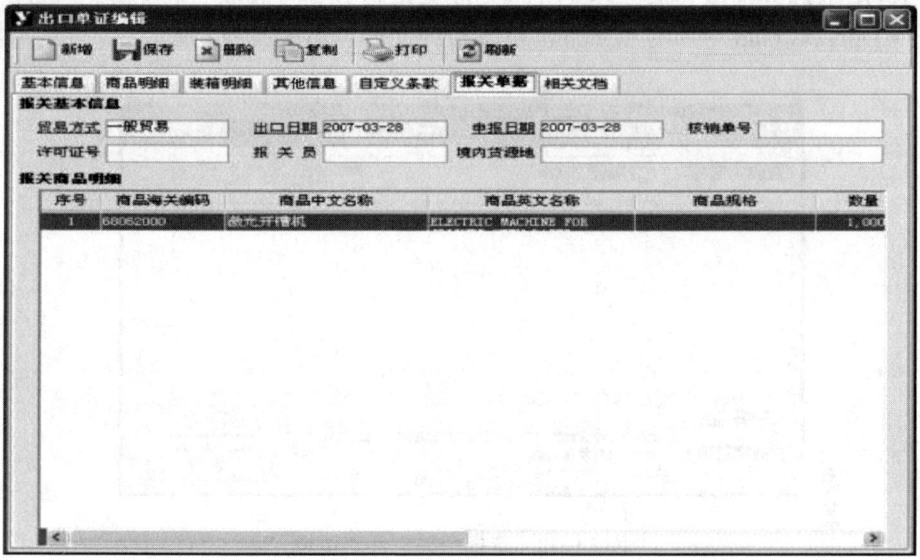

图 14-10　出口单证之报关单据

10. 相关文档(如图 14-11 所示)。【相关文档】窗口分页是可以允许上传一些附加文档,作为此笔业务的附加资料,以保证资料的完整性。

图 14-11　出口单证之相关文档

添加相关文档操作方法:

(1)在白色空白区域中,鼠标右键菜单选择【上传文件】选项,系统会弹出一个对话框用于选择需要上传的文件,此文件类型可以是 *. doc, *. xls, *. pdf, *. jpg, *. gif, *. bmp 等所有 Windows 可支持的文件(如图 14-12 所示)。

图 14-12　选择相关文件对话框

(2)用户选择待添加的文档,然后点击【打开】按钮,此时用户可以在白色区域中看到此文件。当前用户或其他用户(有相应查看权限)都可通过鼠标双击打开当前选中的相关文件,网络中其他用户还可以通过右键菜单【下载文件】选项,将此文件下载至本地计算机中存档或查看。

(3)若需要删除此相关文件,只需要选中此文件,然后通过右键菜单中的【删除】选项删除此文件。

11. 单证打印(如图 14-13 所示)。用户在快捷工具栏中点击【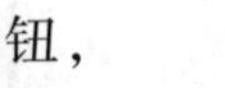

】按钮,系统弹出模板选择对话框,选择需要打印的模板,点击【确定】按钮后,系统会显示当前模板打印的预览界面。模板打印预览界面中包括了存到 Word(自由格式)、存到 Word(标准格式)、发送 E-mail、页面设置、打印单证、退出界面六个操作按钮。

鼠标双击打印预览界面,可直接修改当前打印预览格式,保存后会另存为一个新的模板格式(.frf),同时还可以临时修改打印预览数据,修改后的单证格式、数据将不会保存在数据库中,新模板单证格式需要重新手工导入系统中。

打印预览界面操作按钮介绍(从左至右):

比例缩放:按照不同比例对预览界面进行缩放显示。

打开报表:将以前导出的 *. frp 文件导入当前打印预览窗口中显示。

保存报表:将当前显示的打印预览界面内容导出成 *. frp, *. rtf, *. csv, *. Html 格式。rtf 格式文件可通过 Word 直接打开,csv 格式文件可通过 Excel 直接打开,Html 格式文件即网页形式。

打印单证:将当前显示的打印预览界面内容通过打印机直接打印出来。

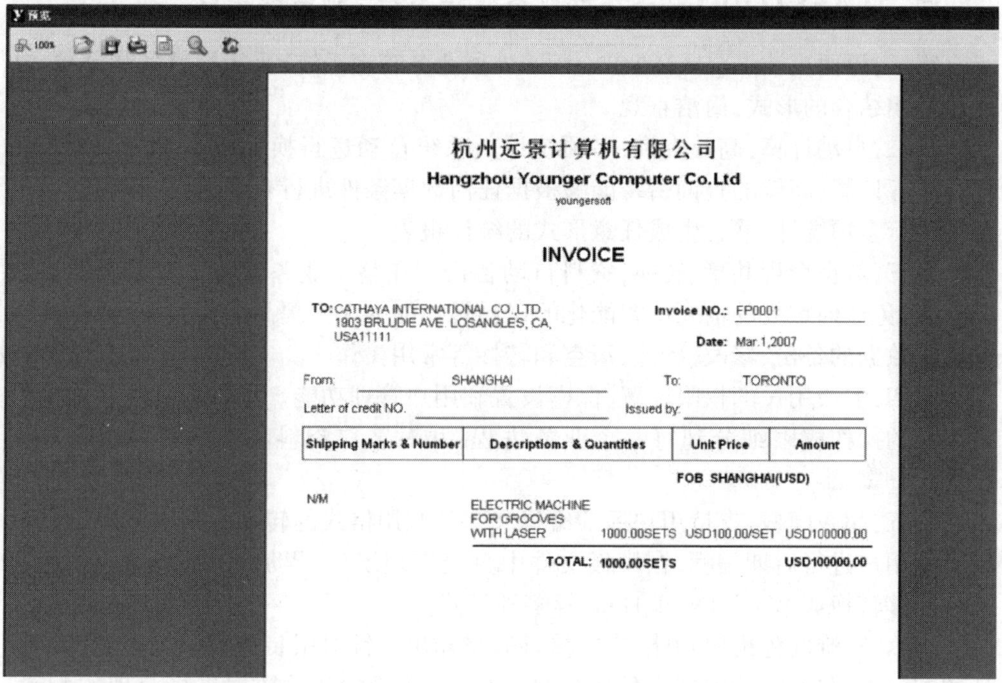
预览

100%

杭州远景计算机有限公司

Hangzhou Younger Computer Co.Ltd

youngersoft

INVOICE

TO: CATHAYA INTERNATIONAL CO.,LTD.
1903 BRLUDIE AVE LOSANGLES, CA,
USA11111

Invoice NO.: FP0001

Date: Mar.1,2007

From: SHANGHAI To: TORONTO

Letter of credit NO. Issued by:

Shipping Marks & Number	Descriptioms & Quantities		Unit Price	Amount
			FOB SHANGHAI(USD)	
N/M	ELECTRIC MACHINE FOR GROOVES WITH LASER	1000.00SETS	USD100.00/SET	USD100000.00
	TOTAL:	1000.00SETS		USD100000.00

图 14-13 打印预览界面

打印机设置:弹出打印机设置对话框,在此对话框用户可以更改当前连接的打印机名称、打印范围、打印纸张大小、打印方向、页边距等信息。

查找文本:查找当前预览界面中的数据信息,支持模糊查询功能。

关闭预览:退出打印预览界面。

第二节 《EASYTODO——外贸业务管理系统》

《EASYTODO——外贸业务管理系统》是阿丙软件有限公司继《轻松制单》之后推出的又一款外贸软件。该系统是结合了 4 000 多家用户的使用经验,经过数十位外贸专家的归纳、总结而提炼出的一套综合业务管理系统。该系统涵盖了业务进程中的产品管理、客户管理、供应商管理、船公司管理、报价管理、合同进程管理、信用证管理、单证制作、账务管理等业务进程项目。同时,公司针对外经贸企业业务多样性的特点,开发了适合各类企业的插件模块,企业可以根据自身的业务特点,有选择地进行模块组合,满足自身的要求。在此,我们重点介绍单证制作部分。

一、《EASYTODO——外贸业务管理系统》的主要特点

第一,界面简洁。《EASYTODO——外贸业务管理系统》采用导航条和菜单、功能按钮相结合的形式,简洁直观。

第二,自动计算,高效查询,多项统计。系统自动进行换汇成本、报价、锁定条件反算等计算,高效的查询引擎能够根据任何数据条件进行查询,配合相关的数据条件进行多项统计,并且生成任意形式的统计报表。

第三,数据全程共享、转换,资料自动备份。在整个业务流程中数据资料有效共享,避免任何重复的输入。智能化的资料转换能够大大提高操作效率,数据库工具提供数据的备份、修改、新建、清空和转抄等常用操作。

第四,多级用户的权限设置、保密设置和用户管理功能。用户的管理功能能够对用户的操作权限细分到每一个业务进程,并对客户资料和工厂资料进行保密设置。

第五,超级模板,支持用户后期编程和多种常用格式的转换。报表和单证的模板支持用户进行后期编程,在模板文件中直接实现统计、累加等功能,生成的报表文件能够转换成 Word、Excel、Html 等多种格式。

第六,三维配色配码功能,支持多种表格输出。针对服装和鞋帽等企业特别设计的配色配码功能,能够把产品的色号、尺码和数量的装箱数据进行合理的配置,自动完成归类后用动态表格输出。

第七,大容量的基础数据库配置。系统配备了海关同步万余种商品编码库、世界各个国家中英文名称库、世界各港口中英文名称库、全国区号邮编数据库等基础数据库。

第八,智能提醒,事务安排,办公助理。系统的提醒簿同业务数据关联,自动提醒业务进程中应该进行的操作,备忘录对约定的事务进行提醒。系统配备客户传真撰写、管理,批量信封、标签和信函的打印功能。

第九,数据库字段和界面的自定义功能。用户可以在系统中添加数据库字段,系统动态生成数据的输入界面,配合报表模板的编辑功能可以使输入的数据生成报表。系统中配有表格编辑器,用户可以对系统界面中的任何表格进行格式的编辑。

第十,独立的单证文件格式和外挂浏览器,支持异地传送和再编辑。系统生成的单证有固定的文件格式,使用户无须进入系统就可以通过外挂的浏览器对单证进行传送或者编辑,生成的单证可以进行口令保护、支持 E-mail 传送、多种格式的转换。

第十一,在线智能升级。智能在线升级系统保证了系统的及时更新,并通过网络及时向用户提供最新的系统信息和相关信息。

第十二,灵活的插件扩充。插件功能是系统的另一个特色,在不更改原来的系统的情况下可以根据用户的需要增加插件,同时,也提供一些通用的插件供用户选

择，如消息传递、申报审批和决策支持等。

二、《EASYTODO——外贸业务管理系统》操作指南

第一，点击桌面

快捷键，进入《EASYTODO——外贸业务管理系统》登录界面。

第二，在登录对话框（如图 14-14 所示）中，用户代码默认 ADMIN，口令为“PASS”，点击“确定”，进入《EASYTODO——外贸业务管理系统》操作平台。

图 14-14　《EASYTODO——外贸业务管理系统》登录对话框

第三，打开《EASYTODO——外贸业务管理系统》后，首先呈现的是事务安排备忘录界面（如图 14-15 所示）。

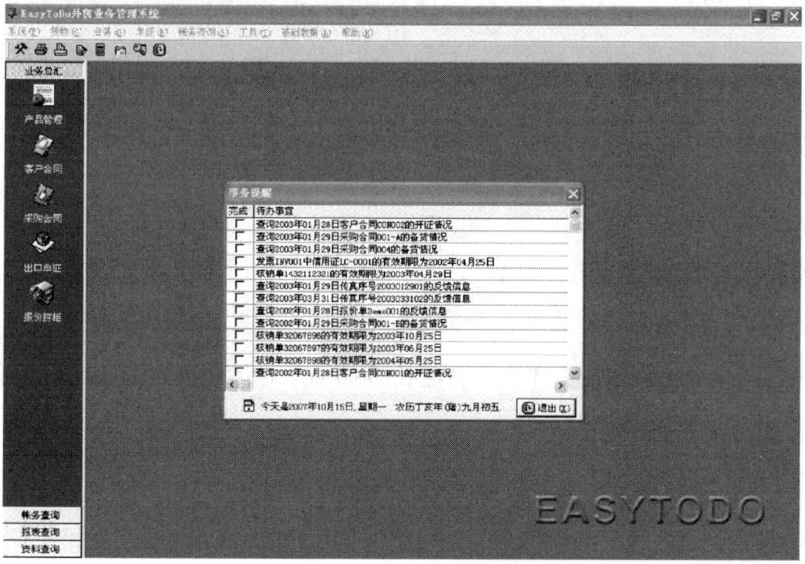

图 14-15　事务安排备忘录界面

浏览后关闭备忘录，打开出口单证模块，出口单证模块主要用于单证制作和单证管理，它包括基本信息、产品明细、单证条款、受益人证明及自定义条款等窗口分页。

在基本信息界面（如图 14-16 所示）分别录入有关该笔业务所涉及的合同、信用证、运输情况、出口方及开证申请人的基本信息。

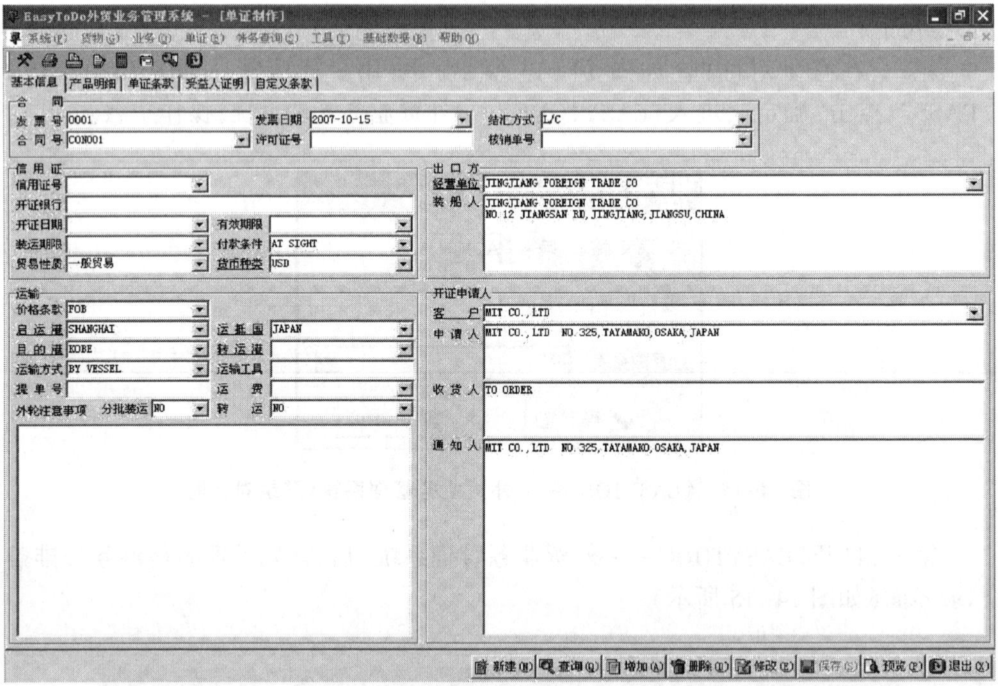

图 14-16 基本信息窗口分页

产品信息界面（如图 14-17 所示）可以进行产品信息的新建、查询、增加、删除、修改、预览及退出等操作。

产品明细的操作方法：

点击【新建(N)】按钮，弹出对话框（如图 14-18 所示），可以选择从空的单证新建、从已有单证复制或是从客户合同生成，然后点“确认”键，新建一个产品信息。

点击【查询(Q)】按钮，弹出“单证快速查找”对话框（如图 14-19 所示），根据窗口顶端设定的条件进行查询。

点击【增加(A)】按钮，弹出“添加单证产品”对话框（如图 14-20 所示），双击或按住 Ctrl 或 Shift 键+鼠标左键在已有产品库中选择产品添加到结汇格式中。

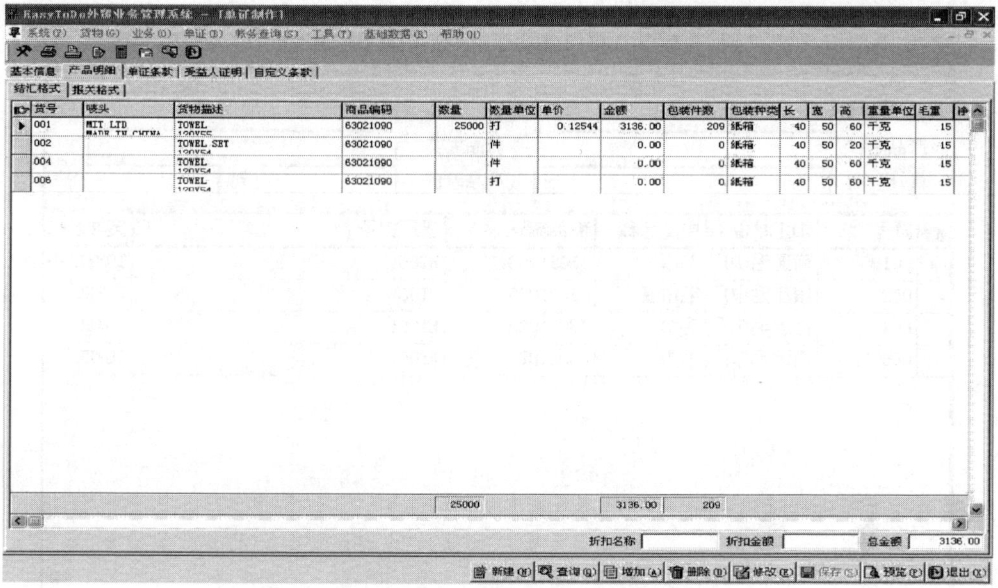

图 14-17　产品信息窗口分页

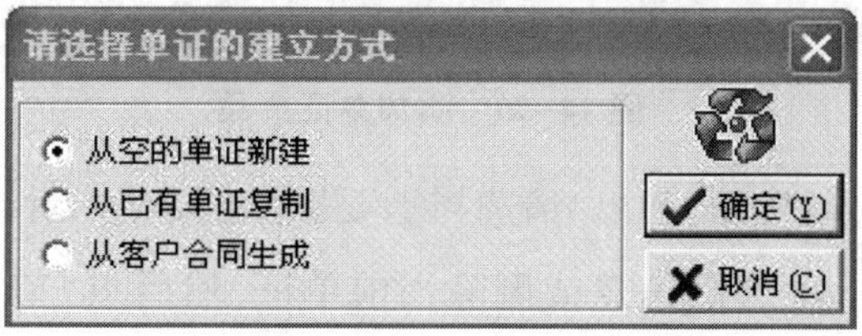

图 14-18　新建一个产品信息对话框

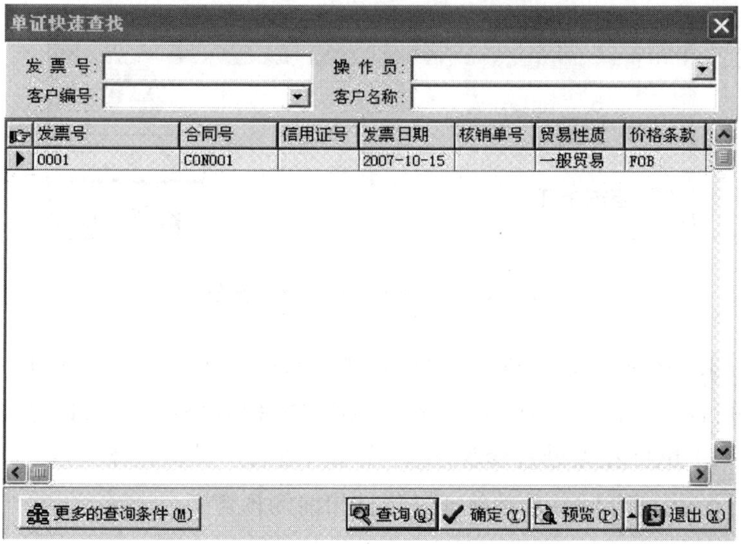

图 14-19　单证快速查找

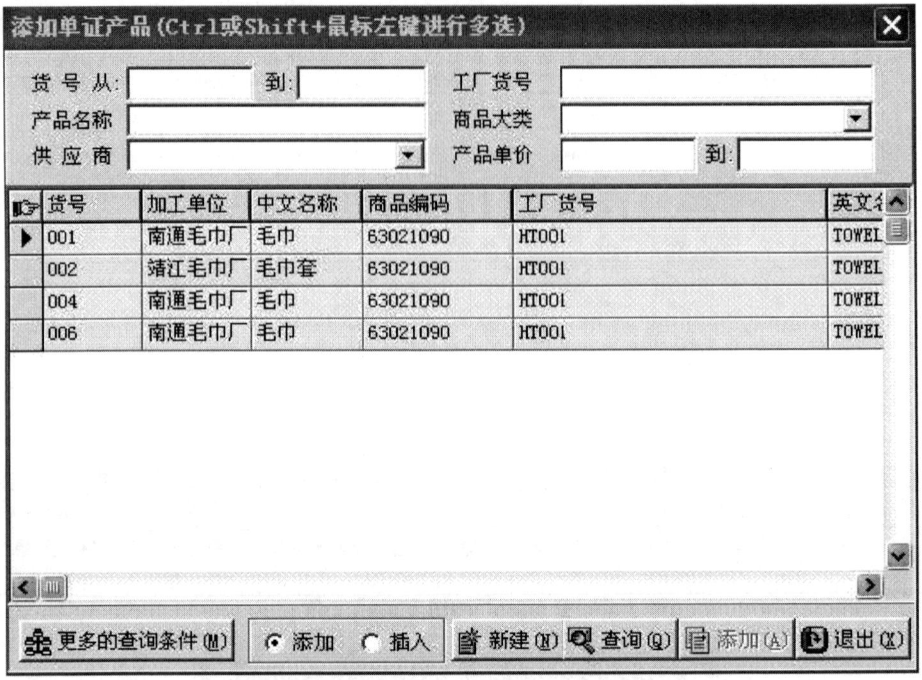

图 14-20　添加单证产品

点击【删除(D)】按钮，弹出“请选择需要删除的数据”对话框(如图 14-21 所示)，选择删除当前一项产品信息或删除当前单证，然后点“确认”键，完成产品信息的删除；也可按鼠标右键弹出编辑和删除的快捷键进行快速操作。

图 14-21　选择需要删除的数据

点击【修改(E)】按钮，弹出“单证货物”对话框(如图 14-22 所示)，对选中的产品信息进行修改，修改完成后点“确认”键完成相应修改；也可以选中要修改的产品信息，双击鼠标左键进行修改，鼠标拖动可进行产品的排序。

点击【预览(P)】按钮，对单证进行打印前的预览。

点击【退出(X)】按钮，退出出口单证模块。

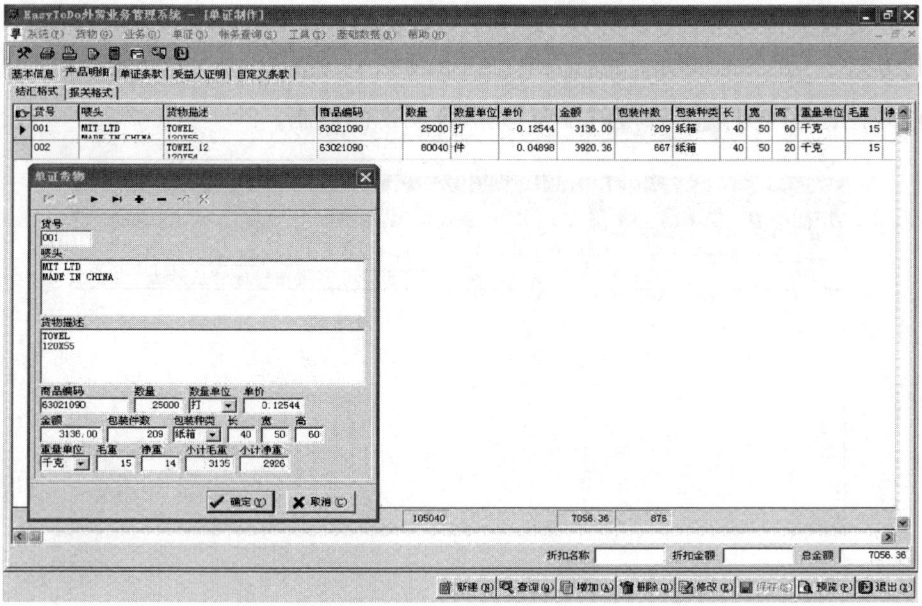

图 14-22 单证货物

在单证附加条款窗口分页界面(如图 14-23 所示)可以进行单证附加条款、汇票条款、保险条款和提单条款的信息处理,进行相关的操作后点【保存(S)】按钮,有关单证信息将会全部保存在数据库中。

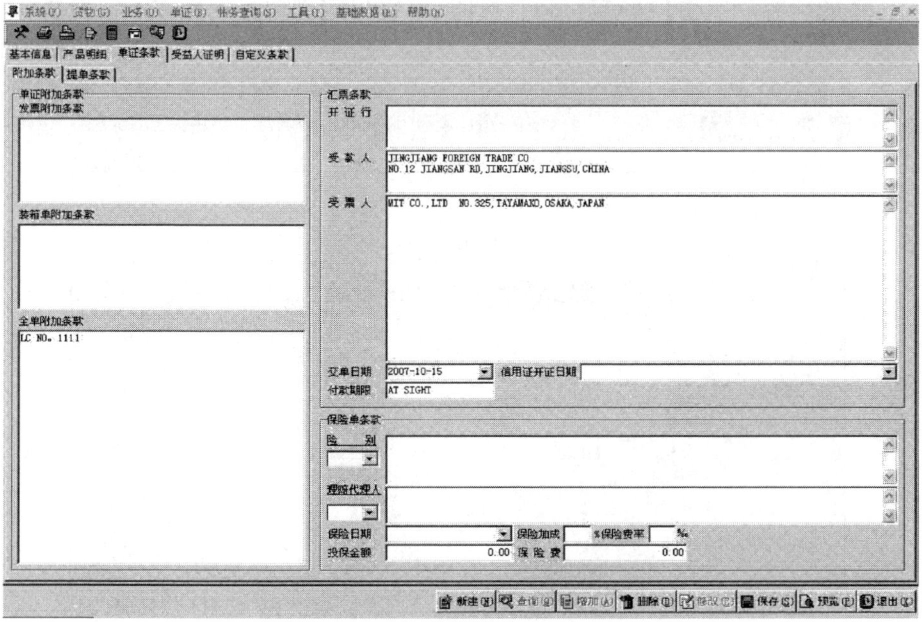

图 14-23 单证附加条款窗口分页

在受益人证明界面(如图 14-24 所示)中,可以按照信用证和合同(非信用证支付方式下)要求把证明函的名称填写在标题栏中,把证明函的内容输入到界面的空白处,然后点击【保存(S)】按钮,完成证明函的填制。

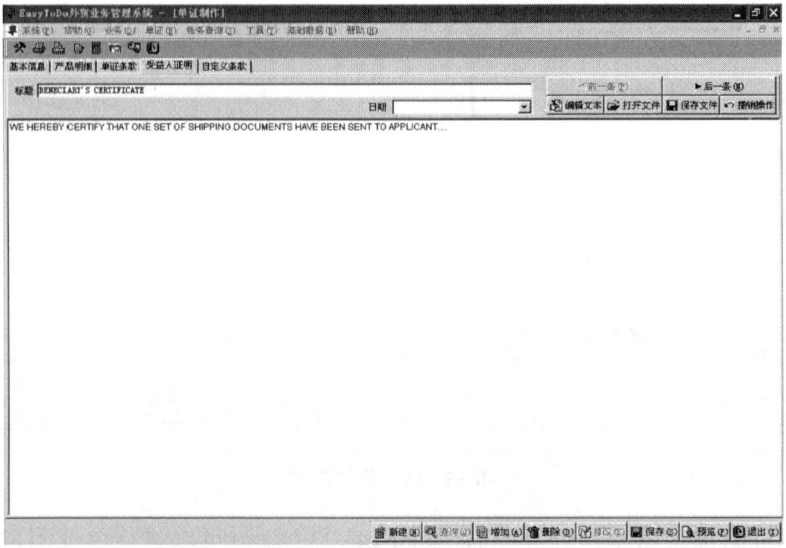

图 14-24 受益人证明窗口分页

在自定义条款界面(如图 14-25 所示)中,点击右上角的"自定义项目"按钮,输入相关的内容后点击【添加(A)】按钮,完成自定义项目的操作。

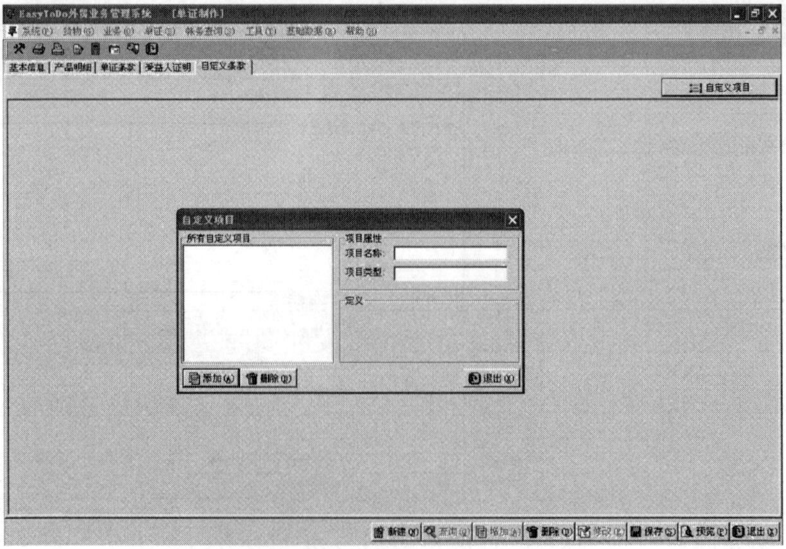

图 14-25 自定义条款窗口分页

点击左上角的【 】按钮，弹出打印（如图 14-26 所示）对话框，从所有单证、报关单证、结汇单证和其他单证中选择所要打印的大类，然后再选择具体的单据，点击【 生成单证 】按钮，生成预览单据（如图 14-27 所示）。

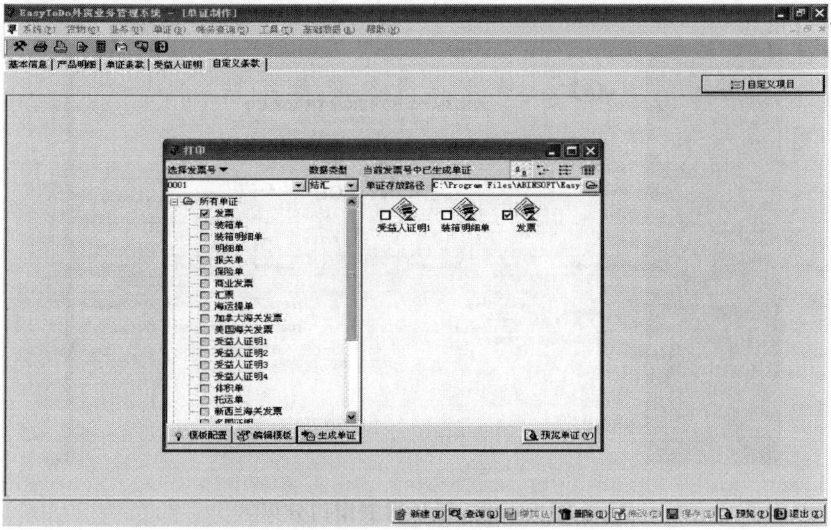

图 14-26　打印窗口分页

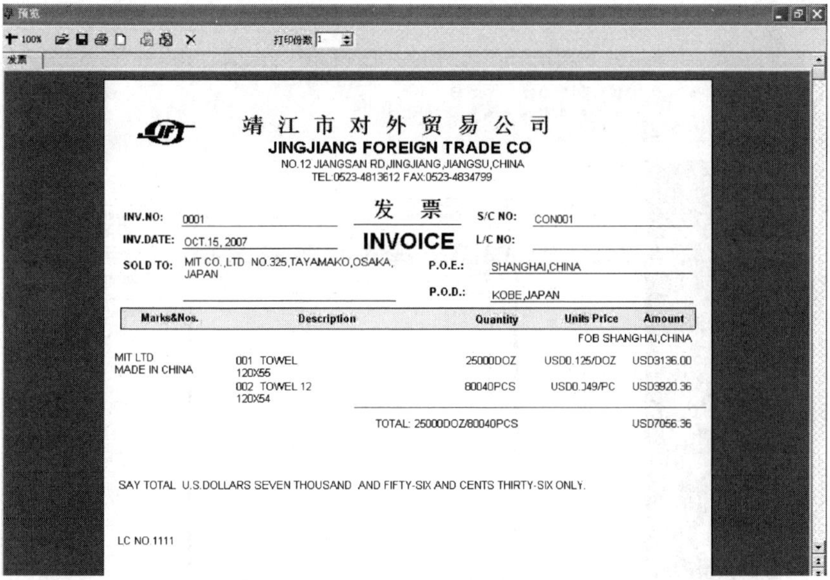
靖 江 市 对 外 贸 易 公 司

JINGJIANG FOREIGN TRADE CO

NO.12 JIANGSAN RD,JINGJIANG,JIANGSU,CHINA

TEL:0523-4813612 FAX:0523-4834799

发 票

INVOICE

INV.NO: 0001　　S/C NO: CON001

INV.DATE: OCT.15, 2007　　L/C NO:

SOLD TO: MIT CO.,LTD NO.325,TAYAMAKO,OSAKA, JAPAN　　P.O.E.: SHANGHAI,CHINA

P.O.D.: KOBE,JAPAN

Marks&Nos.	Description	Quantity	Units Price	Amount
				FOB SHANGHAI,CHINA
MIT LTD MADE IN CHINA	001 TOWEL 120X55	25000DOZ	USD0.125/DOZ	USD3136.00
	002 TOWEL 12 120X54	80040PCS	USD0.349/PC	USD3920.36
	TOTAL: 25000DOZ/80040PCS			USD7056.36

SAY TOTAL U.S.DOLLARS SEVEN THOUSAND AND FIFTY-SIX AND CENTS THIRTY-SIX ONLY.

LC NO 1111

图 14-27　打印预览窗口分页

如果单据生成后不是很理想或有差错需要修改，在“预览单据”上双击，进入单据修改编辑状态（如图 14-28 所示）。

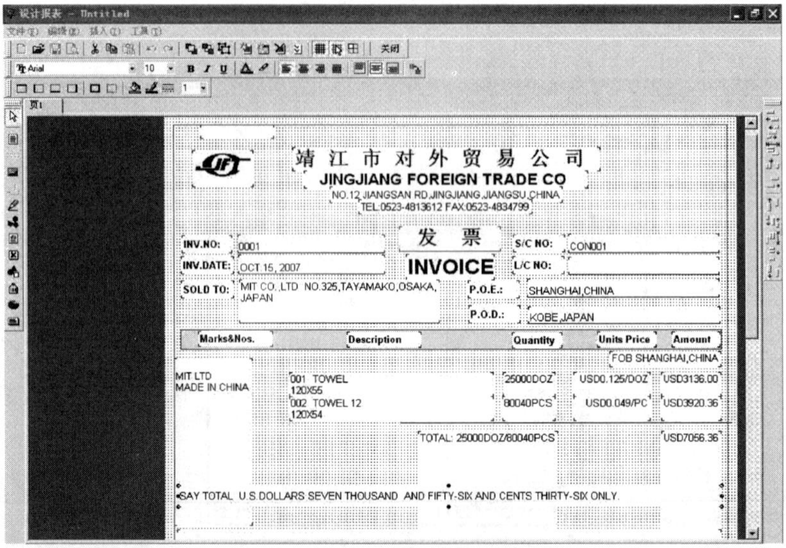

图 14-28　设计报表窗口分页

在修改编辑状态下，选中要修改的栏目双击后出现“文本编辑器”（如图 14-29 所示）修改相应的内容后，点击“文本编辑器”上方的【✓】按钮，保存修改的内容。

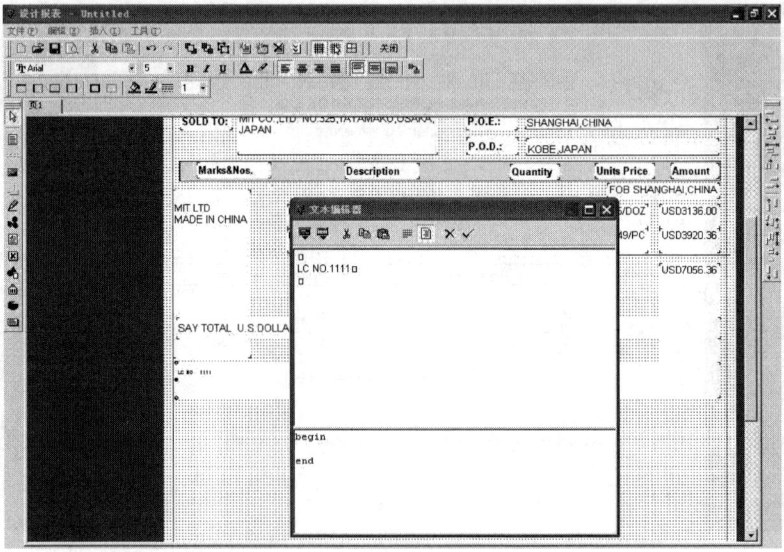

图 14-29　文本编辑器窗口分页

知识链接

推荐其他电脑制单软件

阿丙软件公司（http://www.abin.com.cn）开发的软件有：

①《轻松制单XP》

②《轻松制单208》

③《轻松制单208超值版》

④《外贸业务管理系统单机版EASYTODO》

⑤《外贸业务管理系统网络版》

⑥《综合外贸管理系统》

⑦《Etao—易淘》

本章小结

《远景单证通 V7.0》是杭州远景计算机有限公司开发的一款优秀的进出口单证制作软件。它的主要功能是帮助用户摆脱烦琐的手工单证制作，提高工作效率。通过由用户一次性录入制作整套进出口单证需要的数据内容，由计算机自动产生符合用户要求的全套进出口单证。由于采用了数据库技术，单证内容的查询、修改和复制都非常方便。《远景单证通》的核心技术是动态生成单证格式的模板技术，使得本软件能够适合任何地区、任何企业的特殊要求，可以由用户自己设计需要的单证格式并且能够和其他用户共享。这项技术的使用使得《远景单证通》能够适合所有外经贸企业的单证制作要求，进行商业化发行。同时，《远景单证通》还附带一些简捷、实用的办公管理功能方便用户使用。

《EASYTODO——外贸业务管理系统》是阿丙软件有限公司继《轻松制单》之后推出的又一款外贸软件。该系统是结合了 4 000 多家用户的使用经验，经过数十位外贸专家的归纳、总结而提炼出的一套综合业务管理系统。该系统涵盖了业务进程中的产品管理、客户管理、供应商管理、船公司管理、报价管理、合同进程管理、信用证管理、单证制作、账务管理等业务进程项目。同时，公司针对外经贸企业业务多样性的特点，开发了适合各类企业的插件模块，企业可以根据自身的业务特点，有选择地进行模块组合，满足自身的要求。我们重点介绍了单证制作部分。

本章测试

一、动脑思考

1.《远景单证通》电脑制单软件的特点有哪些?

2.《EASYTODO——外贸业务管理系统》的主要特点有哪些?

二、动手操练

1. 登录 pc6 网站(http://www. pc6. com)下载《极限外贸制单—外贸单证》软件免费版 2.0,然后进行安装,试着运用此软件缮制一套结汇单据。

2. 登录天空网站(http://www. downza. cn)下载《纵横外贸单证管理系统》软件,然后进行安装,试着运用此软件缮制一套结汇单据。

第十五章　单证综合操练

知识目标

1. 了解并熟悉各种出口结汇单证的基本知识

2. 了解并熟悉各种进口付汇单证的基本知识

技能目标

1. 掌握审核信用证的能力

2. 掌握缮制全套出口结汇单据的能力

3. 掌握审核全套进口付汇单据的能力

素质目标

1. 培养耐心细致的工作作风

2. 培养精益求精的大国工匠精神

案例库

A 公司和 B 公司双方就出口笔记本电脑签署一份出口合同，合同总金额为 100 000 欧元，信用证结算。出口商 A 公司将货物备妥后，将笔记本电脑从出口地机场空运至进口地机场。合同及信用证均规定货物应分两批发运，2022 年 5 月和 6 月各发运一批。经进口商 B 公司书面同意，出口商 A 公司于 2022 年 5 月 10 日发运了全部货物。货物运抵进口地机场后，被进口商 B 公司提走。但出口商 A 公司提交的单据却遭开证行拒付，拒付理由是单据不符合信用证有关分批装运的规定。出口商 A 公司向开证行提出两点反驳理由：(1)进口商 B 公司书面同意出口商 A 公司一次性发运全部货物；(2)进口商 B 公司已提取货物。那么，开证行的拒付理由是否合理？为什么？再有，出口商 A 公司向开证行提出的反驳理由是否成立？为什么？

课程思政

开证行的拒付合理。因为违反了信用证关于分批装运的规定，构成单证不符。由于信用证法律关系独立于合同法律关系，出口商的两点反驳理由均不成立。因此，进口商同意出口商一次性发运货物的意思表示不能约束开证行；再者，空运单据不是物权凭证，航空公司放货凭借的是到货通知和收货人的身份证明。

为了避免此类问题再现，我们一方面要把好审证第一关，进口商同意的条款必须落实到信用证修改中来，否则的话，买卖双方达成的一致意见对开证行无任何约束力。另一方面，提交议付货款单证必须做到单证相符、单单相符、单内相符。同时，因为空运单不是物权凭证，航空公司仅凭收货人的身份证明就可以放货，因此，运输采用空运的话，支付方式采用信用证付款对出口商而言，没有任何实际意义，因为不能控制物权，进口商又白白支付开证费用。如果采用空运的话，最好采用全额前T/T的支付方式，这样比较稳妥。因此，在实际业务中，我们要不断学习，与时俱进，不断提高工作质量，并且要善于总结工作经验，提高业务的综合处理能力。

第一节　全套出口结汇单证缮制

2022年7月15日，泰佛贸易公司单证员收到中国银行天津分行国际业务部的信用证通知函，告知美国联合纺织公司通过纽约化学银行开来一份信用证。信用证通知书见样例15-1，信用证见样例15-2，该笔信用证所对应的销售确认书见样例15-3，首先对信用证各条款进行审核，如发现信用证有关条款与销售确认书不符或难以接受，填写相关审证记录样例，见样例15-4，并交给主管该笔业务的业务员陈力，请其速与国外客户联系改证事宜。

样例15-1　信用证通知书

中国银行
BANK OF CHINA

Notification of Documentary Credit

ADDRESS:80, JIEFANG BEI LU, TIANJIN, CHINA
CABLE: CHUNGKOU
TELEX: 23233 TJBOC CN
FAX: 0086 22 23128900　　　　DATE: JULY 15,2022

To: 致 TIFERT TRADING CO., LTD NO. 86, ZHUJIANG ROAD, TIANJIN, CHINA		When corresponding please quote our Ref No.
Issuing Bank 开证行 CHEMICAL BANK NEW YORK. 55 WATER STREET, ROOM 1702, NEW YORK U. S. A.		Transmitted to us through 转递行
L/C No. 证号 DRG-LDLC01	Dated 开证日期 JUL 14, 2022	Amount 金额 USD895 632.00
Expiry 效期 AUG. 25, 2022	Tenor 远期	Charge 费用

Dear Sirs, 迳启者: We have pleasure in advising you that we have received from the a/m bank a(n) 兹通知贵公司,我行收自上述银行 ( )telex issuing 电传开立　　( )ineffective 未生效 ( )pre-advising of 预先通知　　( )mail confirmation of 证实书 (×)original 正本　　( )duplicate 副本 letter of credit, contents of which are as per attached sheet(s). This advice and the attached sheet(s) must accompany the relative documents when presented for negotiation. 信用证一份,现随附通知,贵公司交单时,请将本通知书及信用证一并提示。 (×)Please note that this advice does not constitute our confirmation of the above L/C nor does it convey any engagement or obligation on our part. 本通知书不构成我行对此信用证之保兑及其他任何责任。 ( )Please note that we have added our confirmation to the above L/C, negotiation is restricted to ourselves only. 上述信用证已由我行加具保兑,并限向我行交单。 Remark

This L/C consists of 2 sheets, including the covering letter and attachment(s).
本信用证连同面函及附件共两页纸。
If you find any terms and conditions in the L/C which you are unable to comply with or any error(s), it is suggested that you contact applicant directly for necessary amendment(s) of as to avoid any difficulties which may arise when documents are presented
如本信用证中有无法办到的条款或错误，请径与开证申请人联系进行必要的修改，以排除交单时可能发生的问题。

Yours faithfully,
for BANK OF CHINA

样例 15-2 信用证

FROM: CHEMICAL BANK NEW YORK
TO: BANK OF CHINA TIANJIN BRANCH
80 JIEFANG BEI LU, TIANJIN
PEOPLE'S REP. OF CHINA
TEST: FOR USD895 632.00 ON DATE14/07/2022
PLEASE ADVISE BENEFICIARY OF THE FOLLOWING IRREVOCABLE LETTER OF CREDIT ISSUED BY US IN THEIR FAVOR SUBJECT TO UCP 600:
DOCUMENTARY CREDIT NUMBER: DRG-LDLC01

DATE AND PLACE OF EXPIRY: AUG. 25, 2022 IN U. S. A.

APPLICANT: UNITED TEXTILES LTD, 1180 CHURCH ROAD NEW YORK, PA 19446 U. S. A.

BENEFICIARY: TIFERT TRADING CORP. NO. 68 ZHUJIANG ROAD, TIANJIN, CHINA.

AMOUNT: USD895 632. 00

AVALIABLE WITH: ANY BANK BY NEGOTIATIN OF BENEFICIARY'S DRAFT(S) AT 30 DAYS SIGHT DRAWN ON CHEMICAL BANK , NEW YORK, ACCOMPANIED BY THE DOCUMENTS INDICATED HEREIN.

COVERING SHIPMENT OF:

COMMODITY	ART. NO.	QUANTITY
BED SHEETS	ART. NO. BS-12	2 400 DOZEN
	ART. NO. BS-14	2 000 DOZEN
PILLOW CASES	ART. NO. PC-12	4 800 DOZEN
	ART. NO. PC-13	4 800 DOZEN

TRADE TERMS: CIF NEW YORK

SHIPPING MARK: UNITED TEXTILES / LD-DRGSC01/NEWYORK/NO. 1-UP

DETAILS AS PER S/C NO. LD-DRGSC01 DATED APR. 1, 2022

DOCUMENTS REQUIRED :

+3 COPIES OF COMMERCIAL INVOICE SHOWING VALUE IN U. S. DOLLARS AND INDICATING L/C NO. AND CONTRACT NO.

+2 COPIES OF PACKING LIST SHOWING GROSS/NET WEIGHT AND MEASUREMENT OF EACH CARTON.

+ CERTIFICATE OF ORIGIN IN TRIPLICATE ISSUED BY CCPIT OR CHINA CHAMBER OF INTERNATIONAL COMMERCE.

+2 COPIES OF INSURANCE POLICY OR CERTIFICATE ENDORSED IN BLANK FOR THE INVOICE VALUE OF THE GOODS PLUS 130% COVERING ALL RISKS AND WAR RISK AS PER AND SUBJECT TO OCEAN MARINE CARGO CLAUSES OF PICC PROPERTY AND CASUALTY COMPANY LTD DATED 1/1/2021.

+3/3 SET AND ONE COPY OF CLEAN ON BOARD OCEAN BILLS OF LADING MADE OUT TO ORDER OF APPLICANT AND BLANK ENDORSED MARKED FREIGHT TO COLLECT AND NOTIFY APPLICANT.

+BENEFICIARY'S CERTIFICATE EVIDENCING THAT ONE FULL SET OF COPY OF SHIPPING DOCUMENTS TO BE SENT TO APPLICANT DIRECTLY AFTER SHIPMENT BY REGISTERED AIRMAIL.

PARTIAL SHIPMENTS:	PROHIBITED
TRANSSHIPMENTS:	PROHIBITED
SHIPMENT FROM	CHINA PORT
TO:	NEW YORK
NOT LATER THAN:	AUG. 20, 2022

DOCUMENTS MUST BE PRESENTED WITHIN 7 DAYS AFTER SHIPMENT, BUT WITHIN VALIDITY OF THE LETTER OF CREDIT.

INSTRUCTIONS TO THE PAYING/ACCEPTING /NEGOTIATING BANK
NEGOTIATING BANK IS TO FORWARD ALL DOCUMENTS IN ONE AIRMAIL TO CHEMICAL BANK NEW YORK, 55 WATER STREET, ROOM 1702 , NEW YORK, NEW YORK 10041 U. S. A. ATTN: LETTER OF CREDIT DEPARTMENT

样例 15-3 销售确认书

SALES CONFIRMATION

编号 No. LD-DRGSC01

日期 Date APRIL 1,2022

THE SELLERS:
TIFERT TRADING CO. ,LTD
NO. 86,ZHUJIANG ROAD,TIANJIN,CHINA

THE BUYERS:
UNITED TEXTILES LTD.
1180 CHURCH ROAD NEW YORK, PA 19 446 U. S. A.
兹确认售予你方下列货品,其成交条款如下:
We hereby confirm having sold to you the following goods on the terms and conditions as specified below:

(1)货物名称及规格 Name of Commodity and Specifications	(2)数量 Quantity	(3)单价 Unit price	(4)总值 Total Amount
BED SHEETS		CIFC3 NEWYORK	
ARTICLE NO. BS-12	2 400DOZEN	USD127. 52/DOZ	USD306 048. 00
ARTICLE NO. BS-14	2 400DOZEN	USD139. 52/DOZ	USD334 848. 00
PILLOWCASES			
ARTICLE NO. PC-12	4 800DOZEN	USD23. 53/DOZ	USD112 944. 00
ARTICLE NO. PC-14	4 800DOZEN	USD29. 54/DOZ	USD141 792. 00
TOTAL	14 400DOZEN		USD895 632. 00

(5)包装

PACKING: ART. NO. BS-12 & BS-14 TO PACKED IN CARTONS OF 12 DOZEN EACH
ART. NO. PC-12 & PC-14 TO PACKED IN CARTONS OF 24 DOZEN EACH

(6) 装运唛头

SHIPPING MARK: AT THE SELLER'S OPTION

(7) 装运期限:收到可以转船及分批装运之信用证后 30 天内装出。

TIME OF SHIPMENT: WITHIN 30 DAYS AFTER RECEIPT OF L/C ALLOWING TRANSSHIPMENT AND PARTIAL SHIPMENTS

(8)装运口岸　　目的地:

PORT OF SHIPMENT: TIANJIN　　DESTINATION: NEW YORK

(9)付款条件:开给卖方 100%不可撤销即期付款及可转让信用证,并须注明可在上述装运日期后 15 天内在中国议付有效。

TERMS OF PAYMENT: BY 100% IRREVOCABLE, TRANSFERABLE LETTER OF CREDIT TO BE AVAILABLE BY SIGHT DRAFT AND REMAIN VALID FOR NEGOTIATION IN CHINA UNTIL THE 15TH DAY AFTER THE AFORESAID TIME OF SHIPMENT

(10)保险由卖方按发票金额的 110% ,按照中国人民财产保险股份有限公司海洋运输货物保险条款(2021 年 1 月 1 日)投保一切险和战争险。

INSURANCE: TO BE COVERED BY THE SELLER FOR 110% OF TOTAL INVOICE VALUE AGAINST ALL RISKS AND WAR RISK AS PER THE OCEAN MARINE CARGO CLAUSES(2021/1/1) OF PICC PROPERTY AND CASUALTY COMPANY LTD.

(11)买方须于 2022 年 7 月 15 日前开出本批交易的信用证,否则,卖方有权不经通知取消本确认书,或接受买方对本售货确认未执行的全部或部分,或对遭受的损失提出索赔。

THE BUYER SHALL ESTABLISH THE COVERING LETTER OF CREDIT BEFORE JULY 15TH, 2022 FAILING WHICH THE SELLER RESERVES THE RIGHT TO RESCIND WITHOUT FURTHER NOTICE, OR TO ACCEPT WHOLE OR ANY PART OF THIS SALES CONFIRMATION UNFULFILLED BY THE BUYER, OR TO LODGE A CLAIM FOR DIRECT LOSSES SUSTAINED IF ANY.

(12)凡以 CIF 条件成交的业务,保额为发票价的 110%,投保险别以本售货确认书中所开列的为限,买方如要求增加保额或保险范围,应于装船前经卖方同意,因此而增加的保险费由买方负责。

FOR TRANSACTIONS CONCLUDED ON C. I. F. BASIS IT IS UNDERSTOOD THAT THE INSURANCE AMOUNT WILL BE FOR 110% OF THE INVOICE VALUE AGAINST THE RISKS SPECIFIED IN THE SALES CONFIRMATION, IF ADDITIONAL INSURANCE AMOUNT OR COVERAGE IS REQUIRED, THE BUYER MUST HAVE THE CONSENT OF THE SELLER BEFORE SHIPMENT, AND THE ADDITIONAL PREMIUM IS TO BE BORNE BY THE BUYER.

(13)品质/数量异议:如买方提出索赔,凡属品质异议须于货到目的港之口起 2 个月内提出,凡属数量异议须于货到目的港之日起 15 天内提出。对所装货物所提任何异议属于保险公司、轮船公司及其他运输机构负责,卖方不负任何责任。

QUALITY/QUANTITY DISCREPANCY: IN CASE OF QUALITY DISCREPANCY, CLAIM SHOULD BE FILED BY THE BUYER WITHIN 2 MONTHS AFTER THE ARRIVAL OF THE GOODS AT THE PORT OF DESTINATION WHILE FOR QUANTITY DISCREPANCY CLAIM SHOULD BY FILED BY THE BUYER WITHIN 15 DAYS AFTER THE ARRIVAL OF THE GOODS AT THE PORT OF DESTINATION. IT IS UNDERSTOOD THAT SELLER SHALL NOT BE LIABLE FOR ANY DISCREPANCY OF THE GOODS SHIPPED DUE TO CAUSES FOR WHICH THE INSURANCE COMPANY SHIPPING COMPANY OTHER TRANSPORTATION ORGANIZATION ARE LIABLE.

(14)本确认书内所述全部或部分商品,如因人力不可抗拒的原因,以致不能履约或延迟交货,卖方概不负责。

THE SELLER SHALL NOT BE HELD LIABLE FOR FAILURE OR DELAY IN DELIVERY OF THE ENTIRE LOT OR PORTION OF THE GOODS UNDER THIS SALES CONFIRMATION IN CONSEQUENCE OF ANY FORCE MAJEURE INCIDENTS.

UNITED TEXTILES LTD	TIFERT TRADING CO. , LTD
RICHARD	王宏
买方 (the buyers)	卖方 (the sellers)

样例 15-4 审证记录表

信用证审核记录

收证日期

信用证证号		合同号		订单号	
开证行				开证日期	
开证申请人					
受益人					
货物名称		数量		金额	
装运期		有效期		交单期	
装运港		目的港		可否分批	
贸易术语		汇票期限		可否转运	
特殊条款					

续表

<table>
<tr><td rowspan="2">单据种类及份数</td><td>汇票</td><td>商业发票</td><td>装箱单</td><td>重量单</td><td>尺码单</td><td>保险单</td><td>海运提单正本</td><td>海运提单副本</td><td>电抄</td><td>原产地证书</td><td>GSP原产地证书</td><td>品质证</td><td>重量证</td><td>植检证</td><td>船行证明</td><td>寄单证明</td><td>寄样证明</td><td>受益人证明函</td><td>邮包收据</td></tr>
<tr><td></td><td></td><td></td><td></td><td></td><td></td><td></td><td></td><td></td><td></td><td></td><td></td><td></td><td></td><td></td><td></td><td></td><td></td><td></td></tr>
<tr><td rowspan="2">需要修改内容</td><td colspan="10">来证条款内容</td><td colspan="9">修改后条款内容</td></tr>
<tr><td colspan="10"></td><td colspan="9"></td></tr>
<tr><td colspan="2">业务员签字</td><td colspan="9"></td><td colspan="3">部门经理签字</td><td colspan="6"></td></tr>
</table>

2022 年 7 月 18 日通过中国银行天津分行收到信用证 DRG-LDLC01 修改通知书(见样例 15-5)和信用证的正式修改(见样例 15-6),经再次审核,客户已完全按要求改妥信用证。作为单证员请通知业务员办理出运手续,从速办理报检、订舱、报关等具体事宜。同时,天津静海被服厂提供的码单资料及货代配妥的舱位资料如下:

毛重:15 公斤/箱

净重:14 公斤/箱

尺码:45 厘米×35 厘米×30 厘米/箱

船名航次:HANJIN EXPRESS V. 138

提单号:COSCO20200818

海关编码:6302319100

发票号自行编制。

依据信用证及信用证修改,缮制信用证项下需要提交的商业发票(见样例 15-7)、装箱单(见样例 15-8)、海运提单(见样例 15-9)、保险单(见样例 15-10)、原产地证书(见样例 15-11)、受益人证明函(见样例 15-12)、汇票(见样例 15-13)等所有结汇单据,最迟在交单期 9 月 5 日前将全套结汇单据交到中国银行天津分行议付货款。

样例 15-5　信用证修改通知书

中国银行
BANK OF CHINA

修改通知书

Notification of Amendment

ADDRESS:80, JIEFANG BEI LU, TIANJIN, CHINA

CABLE: CHUNGKOU

TELEX: 23 233 TJBOC CN

FAX：0086 22 23128900　　　　　　　　　　　　　　　DATE：JULY 18，2022

To：致 TIFERT TRADING CO.，LTD NO. 86，ZHUJIANG ROAD，TIANJIN，CHINA	When corresponding please quote our Ref No.
Issuing Bank 开证行 CHEMICAL BANK NEW YORK. 55 WATER STREET，ROOM 1702，NEW YORK U. S. A	Transmitted to us through 转递行
L/C No. 信用证号 DRG-LDLC01	Amendment No. 修改次数 1
L/C advised 信用证通知日期 JULY 15，2022	Amendment dated 修改日期 JULY 18，2022
Dear Sirs， 逕启者： We have pleasure in advising you that we have received from the a/m bank a(n) 兹通知贵公司，我行收自上述银行 (×)telex of　电传开立　　　　( )ineffective　未生效 ( )original　正本　　　　( )duplicate　副本 amendment to the captioned L/C，contents of which are as per attached sheet(s). 内容见附件。 This amendment should be attached to the captioned L/C advised by us，otherwise，the beneficiary will be responsible for any consequences arising there from. 本修改须附于有关信用证；否则，贵公司须对因此产生的后果承担责任。 Remark 备注	

This L/C consists of 2 sheets，including the covering letter and attachment(s).
本信用证连同面函及附件共两页纸。

Yours faithfully
for BANK OF CHINA

样例 15-6　信用证修改

FROM：CHEMICAL BANK NEW YORK
TO：BANK OF CHINA TIANJIN BRANCH
　　NO. 80 JIEFANG BEI LU，TIANJIN
　　THE PEOPLE'S REP. OF CHINA
TEST：FOR USD895 632.00 ON DATE 14/07/2022

PLEASE ADVISE BENEFICIARY OF THE FOLLOWING AMENDMENT TO L/C NO. DRG-LDLC01 ISSUED BY US DATED 14/07/2022
DATE & NUMBER OF AMENDMENT：FIRST AMENDMENT ON JULY 18，2022 IN U. S. A.
THE LETTER OF CREDIT BE AMENDED AS FOLLOWS：
1. THE CORRECT ADDRESS OF BENEFICIARY IS NO. 86，ZHUJIANG ROAD，

TIANJIN, CHINA.

2. BENEFICIARY'S DRAFT SHOULD BE AT SIGHT INSTEAD OF AT 30 DAYS SIGHT.

3. PILLOW CASE ART NO. PC-14 INSTEAD OF ART NO. PC-13.

4. INSURANCE VALUE SHOULD BE INVOICE VALUE OF GOODS PLUS 10% NOT 130%.

5. B/L SHOULD BE MADE OUT TO OREDR OF SHIPPER INSTEAD OF TO ORDER OF APPLICANT AND MARKED FREIGHT PREPAID NOT FREIGHT TO COLLECT.

6. PARTIAL SHIPMENT AND TRANSSHIPMENT SHOULD BE ALLOWED INSTEAD OF PROHIBITED.

7. DOCUMENTS SHOULD BE PRESENTED FOR NEGOTIATION WITHIN 15 DAYS AFTER SHIPMENT INSTEAD OF 7 DAYS.

8. VALIDITY SHOULD EXTEND TO SEPT. 5, 2022.

OTHER TERMS AND CONDITIONS REMAIN UNCHANGED.

样例 15-7　空白商业发票

<table>
<tr><td colspan="2">Issuer</td><td colspan="3" rowspan="2">商业发票
COMMERCIAL INVOICE</td></tr>
<tr><td colspan="2" rowspan="2">To</td></tr>
<tr><td>No.</td><td colspan="2">Date</td></tr>
<tr><td colspan="2" rowspan="2">Transport details</td><td>S/C No.</td><td colspan="2">L/C No.</td></tr>
<tr><td colspan="3">Terms of payment</td></tr>
<tr><td>Marks and Numbers</td><td>Number and kind of package
Description of goods</td><td>Quantity</td><td>Unit Price</td><td>Amount</td></tr>
<tr><td></td><td></td><td></td><td></td><td></td></tr>
<tr><td colspan="5">Total:
Say total:</td></tr>
</table>

样例 15-8　空白装箱单

Issuer	装 箱 单 *PACKING LIST*	
To	Invoice No.	Date

Marks and Numbers	Number and kind of package Description of goods	Quantity	Package	G. W.	N. W.	Meas.

TOTAL：

SAY TOTAL：

样例 15-9　空白海运提单

1. Shipper

B/L No.

中远集装箱运输有限公司
COSCO CONTAINER LINES

TLX: 33057 COSCO CN
FAX: +86(021) 6545 8984

ORIGINAL

Port-to-Port or Combined Transport

BILL OF LADING

2. Consignee

3. Notify Party

4. Combined Transport * Pre - carriage by	5. Combined Transport * Place of Receipt
6. Ocean Vessel Voy. No.	7. Port of Loading
8. Port of Discharge	9. Combined Transport * Place of Delivery

RECEIVED in external apparent good order and condition except as other-Wise noted. The total number of packages or unites stuffed in the container, the description of the goods and the weights shown in this Bill of Lading are furnished by the Merchants, and which the carrier has no reasonable means of checking and is not a part of this Bill of Lading contract. The carrier has Issued the number of Bills of Lading stated below, all of this tenor and date, One of the original Bills of Lading must be surrendered and endorsed or signed against the delivery of the shipment and whereupon any other original Bills of Lading shall be void. The Merchants agree to be bound by the terms and conditions of this Bill of Lading as if each had personally signed this Bill of Lading.
SEE clause 4 on the back of this Bill of Lading (Terms continued on the back hereof, please read carefully).
* Applicable Only When Document Used as a Combined Transport Bill of Lading.

Marks & Nos. Container / Seal No.	No. of Containers or Packages	Description of Goods (If Dangerous Goods, See Clause 20)	Gross Weight (kg)	Measurement (m^3)
		Description of Contents for Shipper's Use Only (Not part of This B/L Contract)		

10. Total Number of containers and/or packages (in words)
Subject to Clause 7 Limitation

11. Freight & Charges	Revenue Tons	Rate	Per	Prepaid	Collect

Ex. Rate:	Prepaid at	Payable at	Place and date of issue
	Total Prepaid	No. of Original B(s)/L	Signed for the Carrier, COSCO CONTAINER LINES

LADEN ON BOARD THE VESSEL
DATE　　　　BY

样例 15-10 空白保险单

PICC 中国人民财产保险股份有限公司
PICC Property and Casualty Company Ltd

货物运输保险单 CARGO TRANSPORTATION INSURANCE POLICY

发票号(INVOICE NO.) 保单号次
合同号(CONTRACT NO.) POLICY NO.
信用证号(L/C NO.)
被保险人(INSURED) ________________________________

中国人民财产保险股份有限公司(以下简称"本公司")根据被保险人的要求,由被保险人向本公司缴付约定的保险费,按照本保险单承保险别和背面所载条款与下列条款承保下述货物运输保险,特立本保险单。

THIS POLICY OF INSURANCE WITNESSES THAT PICC PROPERTY AND CASUALTY COMPANY LTD(HEREINAFTER CALLED "THE COMPANY") AT THE REQUEST OF THE INSURED AND IN CONSIDERATION OF THE AGREED PREMIUM PAID TO THE COMPANY BY THE INSURED, UNDERTAKES TO INSURE THE UNDERMENTIONED GOODS IN TRANSPORTATION SUBJECT TO THE CONDITIONS OF THIS POLICY AS PER THE CLAUSES PRINTED OVERLEAF AND OTHER SPECIL CLAUSES ATTACHED HEREON.

标 记 MARKS & NOS.	包装及数量 QUANTITY	保险货物项目 DESCRIPTION OF GOODS	保险金额 AMOUNT INSURED

总保险金额(TOTAL AMOUNT INSURED) ________________________________

保费(PREMIUM) AS ARRANGED 启运日期(DATE OF COMMENCEMENT) ________________

装载运输工具(PER CONVEYANCE) ____________________

自(FROM) ____________________ 经(VIA) ____________________ 至(TO) ____________________

承保险别(CONDITIONS)

所保货物,如发生保险单项下可能引起索赔的损失或损坏,应立即通知本公司下述代理人查勘。如有索赔,应向本公司提交保单正本(本保险单共有____份正本)及有关文件。如一份正本已用于索赔,其余正本自动失效。

IN THE EVENT OF LOSS OR DAMAGE WITCH MAY RESULT IN A CLAIM UNDER THIS POLICY, IMMEDIATE NOTICE MUST BE GIVEN TO THE COMPANY' S AGENT AS MENTIONED HEREUNDER. CLAIMS, IF ANY, ONE OF THE ORIGINAL POLICY WHICH HAS BEEN ISSUED IN _______ ORIGINAL(S) TOGETHER WITH THE RELEVENT DOCUMENTS SHALL BE SURRENDERED TO THE COMPANY. IF ONE OF THE ORIGINAL POLICY HAS BEEN ACCOMPLISHED. THE OTHERS TO BE VOID.

赔款偿付地点 PICC Property and Casualty Company Ltd
CLAIM PAYABLE AT ______________
出单日期
ISSUING DATE AND PLACE ______________
核保人: 制单人: 经办人: Authorized Signature

样例 15-11　空白原产地证书

ORIGINAL

<table>
<tr><td>1. Exporter</td><td rowspan="2">Certificate No.

CERTIFICATE OF ORIGIN
OF
THE PEOPLE'S REPUBLIC OF CHINA</td></tr>
<tr><td>2. Consignee</td></tr>
<tr><td>3. Means of transport and route</td><td rowspan="2">5. For certifying authority use only</td></tr>
<tr><td>4. Country / region of destination</td></tr>
</table>

6. Marks and numbers	7. Number and kind of packages; description of goods	8. H. S. Code	9. Quantity	10. Number and date of invoices

<table>
<tr><td>11. Declaration by the exporter
The undersigned hereby declares that the above details and statements are correct, that all the goods were produced in China and that they comply with the Rules of Origin of the People's Republic of China.</td><td>12. Certification
It is hereby certified that the declaration by the exporter is correct.</td></tr>
<tr><td>Place and date, signature and stamp of authorized signatory</td><td>Place and date, signature and stamp of certifying authority</td></tr>
</table>

样例 15-12　空白证明函

TIFERT TRADING CO., LTD

NO. 86, ZHUJIANG ROAD, TIANJIN, CHINA

CERTIFICATE

Date:

样例 15-13　空白汇票

BILL OF EXCHANGE

No. ______________________　　　　Tianjin ____________

Exchange for

At ________________________________ Sight of this First Bill of Exchange

(Second of the tenor and date being unpaid) Pay to ____________________________ or order the sum of

Drawn under ____

L/C NO. ________________________　　Dated ________________________

TO

第二节　全套进口付汇单证审核

2022 年 10 月 8 日收到中国银行天津分行的通知，告知第 07/37-267 号信用证（见样例 15-14）项下的进口单据已到该行，该行要求速付款赎单。作为泰佛贸易公司的单证员，请速与该行联系，抓紧审单商业发票（见样例 15-15）、装箱单（见样例 15-16）、海运提单（见样例 15-17）、保险单（见样例 15-18）、原产地证书（见样例 15-19）及装船通知（见样例 15-20）和汇票（见样例 15-21）等单据，如果发现单证有不符点请填写审单记录表（见样例 15-22），同时请该行务必在收到单据后五天内以快捷方式发出拒付通知；如果单证相符，速办理付汇手续，赎单提货。

一、信用证

样例 15-14　信用证

MT S700	ISSUE OF A DOCUMENTARY CREDIT
FORM OF DOC. CREDIT	40A: IRREVOCABLE
DOC. CREDIT NUMBER	20: T-027651
DATE OF ISSUE	31C: 220816
APPLICABLE RULES	40E: UCP LATEST VERSION
DATE AND PLACE OF EXPIRY	31D: DATE 200930 PLACE AT THE NEGOTIATING BANK
APPLICANT	50: TIFERT TRADING CO. ,LTD NO. 86, ZHUJIANG ROAD, TIANJIN, CHINA
BENEFICIARY	59: ABC TRADING CO. ,LTD P. O. BOX1236, 60078 HAMBURG, GERMANY
AMOUNT	32B: CURRENCY USD AMOUNT 10800,00
AVAILABLE WITH/BY	41D: CHINA CONSTRUCTION BANK, HAMBURG BRANCH BY NEGOTIATION
DRAFTS AT...	42C: SIGHT
DRAWEE	42A: CHINA CONSTRUCTION BANK TIANJIN BRANCH
PARTIAL SHIPMENTS	43P: ALLOWED
TRANSSHIPMENT	43T: ALLOWED
PORT OF LOADING	44E: HAMBURG,GERMANY
PORT OF DISCHARGE	44F: TIANJIN, CHINA
LATEST DATE OF SHIPMENT	44C: 220915
DESCRIPTION OF GOODS	45A:

ELECTRIC TOOLS 300 DOZEN S301B DRILL

100 DOZEN S302B DRILL 100 DOZEN S303B DRILL

AT USD21.60 PER DOZEN CIF TIANJIN

DOCUMENTS REQUIRED 46A:

+ SIGNED COMMERCIAL INVOICE IN THREE FOLDS

+ PACKING LIST AND WEIGHT NOTE IN THREE FOLDS

+ FULL SET OF CLEAN ON BOARD OCEAN BILL OF LADING MADE OUR TO ORDER OF CHINA CONSTRUCTION BANK, TIANJIN BRANCH AND ENDORSED IN BLANK MARKED FREIGHT PREPAID AND NOTIFY APPLICANT

+ MARINE INSURANCE POLICY/CERTIFICATE ENDORSED IN BLANK FOR FULL CIF VALUE PLUS 10 PERCENT SHOWING CLAIMS IF ANY PAYABLE AT DESTINATION IN THE CURRENCY OF THE DRAFT COVERING ALL RISKS AND WAR RISK AS PER OCEAN MARINE CARGO CLAUSES AND WAR RISKS CLAUSES (1/1/2021) OF PICC PROPERTY AND CASUALTY COMPANY LTD.

+ CERTIFICATE OF ORIGIN

+ COPY OF MAIL SENT BY BENEFICIARY TO THE APPLICANT ADVISING DESPATCH WITH SHIP'S NAME BILL OF LADING NUMBER AND DATE AMOUNT AND DESTINATION PORT

ADDITIONAL COND. 47A:

+ DOCUMENTS MUST BE NEGOTIATED IN CONFORMITY WITH THE CREDIT TERMS.

+ A FEE OF USD50.00 OR EQUIVAEENT IS TO BE DEDUCTED FROM EACH DRAWING FOR THE ACCOUNT OF BENEFICIARY IF DOCUMENTS ARE PRESENTED WITH DISCREPANCY(IES).

+ ALL DOCUMENTS MUST BEAR OUR CREDIT NUMBER

+ COMBINED TRANSPORT B/L ACCEPTABLE

+ ONE FULL SET OF NON NEGOTIABLE SHIPPING DOCUMENTS MUST BE FORWARDED TO THE APPLICANT IMMEDIATELY AFTER SHIPMENT A BENEFICIARY'S CERTIFICATE TO THIS EFFECT IS REQUIRED

DETAILS OF CHARGES 71D:

ALL BANKING CHARGES INCLUDING REIMBURSING CHARGES OUTSIDE CHINA ARE FOR ACCOUNT OF BENEFICIARY

PRESENTATION PERIOD 48:

WITHIN 15 DAYS AFTER THE DATE OF SHIPMENT BUT WITHIN THE VALIDITY OF THE CREDIT

CONFIRMATION 49: WITHOUT

INSTRUCTIONS 78:

ALL DOCS MUST BE MAILED TO CHINA CONSTRUCTION BANK, TIANJIN BRANCH BY COURIER IN ONE LOT.

二、缮制、备妥的信用证项下的付汇单据

(一)商业发票

样例 15-15　商业发票

ABC TRADING CO., LTD

P. O. BOX1236, 60078 HAMBURG, GERMANY

COMMERCIAL INVOICE

INVOICE NO. TF-A008

TO: TIFERT TRADING CO., LTD　　DATE: SEPT. 5, 2022

NO. 86, ZHUJIANG RD, TIANJIN, CHINA　　DESTINATION: TIANJIN

MARKS & NOS.	COMMODITTY	QUANTITY	UNIT PRICE	AMOUNT
TIFERT	ELECTRIC TOOLS			
TIANJIN	S301B DRILL	300DOZ	PER DOZEN	CFR TIANJIN
NOS. 1-500	S302B DRILL	100DOZ	USD21.60	USD10 800.00
	S303B DRILL	100DOZ		
		500DOZ		

PACKED IN CARTONS OF ONE DOZ EACH

(二)装箱单

样例 15-16　装箱单

ABC TRADING CO., LTD

P. O. BOX1236 60078, HAMBURG, GERMANY

PACKING LIST AND WEIGHT NOTE

INVOICE NO. TF-A008

DATE: SEPT. 5, 2022

TIFERT　　500 DOZENS ELECTRIC TOOL

TIANJIN

NOS. 1-500

TOTAL G. W. 12 000.00KG(@24.00KG)

N. W. 11 000.00KG(@22.00KG)

PACKED IN CARTONS OF ONE DOZ EACH

ABC TRADING CO., LTD

Schmidt

（三）海运提单

样例 15-17　海运提单

Shipper ABC TRADING CO. ,LTD P. O. BOX 1236,60078 HAMBURG, GERMANY	B/L NO
Consignee TO ORDER	中国远洋运输(集团)总公司 CHINA OCEAN SHIPPING(GROUP)CO PORT TO PORT BILL OF LADING
Notify Party TIFERT TRADING CO. , LTD NO. 86, ZHUJIANG ROAD, TIANJIN, CHINA	

Pre-carriage by	Place of receipt	
Ocean Vessel Voy. No DONGFENG V. 122	Port of Loading HAMBURG	
Port of Discharge TIANJIN	Place of Delivery	Final Destination

Marks & Nos. Container Seal No.	No. of Containers or P'kgs 500	Kind of Packages; Description of Goods	Gross Weight	Measurement
TIFERT TIANJIN NOS. 1-500	500 CTNS	ELECTRIC TOOLS FREIGHT TO COLLECT	11 000. 00KG	35. 000M^3

TOTAL NUMBER OF CONTAINERS OR PACKAGES(IN WORDS)	FIVE HUNDRED CARTONS ONLY

FREIGHT & CHARGES	Revenue Tons	Rate	Per	Prepaid	Collect
Ex Rate	Prepaid at	Payable at		Place and date of Issue HAMBURG SEPT. 16 2022	
	Total Prepaid	No. Of Original B(S)/L THREE(3)		Signed for the Carrier	

LADEN ON BOARD THE VESSEL

DATE SEPT. 16,2022　　BY

（四）保险单

样例 15-18　保险单

PICC 中国人民财产保险股份有限公司汉堡分公司

货物运输保险单　　ORINGINAL

CARGO TRANSPORTATION INSURANCE POLICY

发票号(INVOICE NO.) TF-A008　　保单号次

合同号(CONTRACT NO.) 2022AG018　　POLICY NO. ZC22/20221865

信用证号(L/C NO.) T- 027651

被保险人(Insured)：ABC TRADING CO., LTD

中国人民财产保险股份有限公司(以下简称“本公司”)根据被保险人的要求，由被保险人向本公司缴付约定的保险费，按照本保险单承保险别和背面所列条款与下列特款承保下述货物运输保险，特立本保险单。

THIS POLICY OF INSURANCE WITNESSES THAT PICC PROPERTY AND CASUALTY COMPANY LTD(HEREINAFTER CALLED “THE COMPANY”) AT THE REQUEST OF INSURED AND IN CONSIDERATION OF THE AGREED PREMIUM PAID TO THE COMPANY BY THE INSURED, UNDERTAKES TO INSURE THE UNDERMENTIONED GOODS IN TRANSPORTATION SUBJECT TO THE CONDITIONS OF THIS POLICY AS PER THE CLAUSES PRINTED OVERLEAF AND OTHER SPECIAL CLAUSES ATTACHED HEREONN.

标记 MARKS & NOS.	数量及包装 QUANTITY	保险货物项目 DESCRIPTION OF GOODS	保险金额 AMOUNT INSURED
TIFERT TIANJIN NOS. 1-500	500 DOZEN	ELECTRIC TOOLS	USD11 880.00

总保险金额

TOTAL AMOUNT INSURED：U.S. DOLLARS ELEVEN THOUSAND EIGHT HUNDRED AND EIGHTY ONLY

保费　启运日期：　装载运输工具：

PREMIUM AS ARRANGED　DATE OF COMMENCEMENT AS PER B/L　PER CONVEYANCE：DONGFEN V.122

自　经　至

FROM HAMBURG　VIA ________　TO TIANJIN

承保险别：

CONDITIONS：

COVERING ALL RISKS AND WAR RISK AS PER OCEAN MARINE CARGO CLAUSES AND WAR RISK CLAUSES (1/1/2021) OF PICC PROPERTY AND CASUALTY COMPANY LTD.

所保货物，如发生保险单项下可能引起索赔的损失或损坏，应立即通知本公司下述代理人查勘。如有索赔应向本公司提交保险单正本(两份)及有关文件。如一份正本已用于索赔，其余正本自动失效。

IN THE EVENT OF LOSS DAMAGE WHICH MAY RESULT IN A CLAIM UNDER THIS POLICY, IMMEDIATE NOTICE MUST BE GIVEN TO THE COMPANY AGENT AS MENTIONED HEREUNDER CLAIMS IF ANY, ONE OF THE ORIGINAL POLICY WHICH HAS BEEN ISSUED IN 2 ORIGINALS TOGETHER WITH RELEVENT DOCUMENTS SHALL BE SURRENDRED TO THE COMPANY IF THE ORIGINAL POLICY HAS BEEN ACCOMPLISHED, THE OTHERS TO BE VOID

赔款偿付地点

CLAIM PAYABLE AT TIANJIN　　中国人民财产保险股份有限公司汉堡分公司

出单日期

ISSUING DATE SEPT. 16, 2022

(五)原产地证书

样例 15-19　原产地证书

1. Exporter(full name and address) ABC TRADING CO. ,LTD P. O. BOX 1236,60078 HAMBURG, GERMANY	CERTIFICATE No. **CERTIFICATE OF ORIGIN** **OF** **MALAYSIA**
2. Consignee(full name and address) TIFERT TRADING CO. , LTD NO. 86, ZHUJIANG ROAD, TIANJIN, CHINA	
3. Means of transport and route SHIPMENT FROM HAMBURG TO TIANJIN BY VESSEL	5. For certifying authority use only
4. Country/Region of Destination	

6. Marks and numbers of packages	7. Description of goods; Number and kind of packages;	8. H. S. CODE	9. Quantity or weight	10. Number and date of invoices
TIFERT TIANJIN NOS. 1-500	FIVE HUNDRED(500)CARTONS ELECTRIC TOOLS * * * *	8465 9100	500DOZEN	TF-A008 SEPT. 5, 2022

11. Declaration by the exporter The undersigned hereby declares that the above details and statements are correct; that all the goods were produced in Malaysia and that they comply with the Rules of Origin of Malaysia HAMBURG SEPT. 5, 2022	12. Certification It is hereby certified that the declaration by the exporter is correct. HAMBURG SEPT. 5, 2022
Place and date,signature and stamp of authorized signatory	Place and date,signature and stamp of certifying authority

(六)装运通知

样例 15-20　装船通知

ABC TRADING CO. , LTD

P. O. BOX1236,60078 HAMBURG,GERMANYY

SHIPPING ADVICE

FM: ABC TRADING CO. ,LTD

TO: TIFERT TRADING CO. , LTD

NOW WE INFORM YOU THE SHIPMENT DETAILS AS FOLLOWS:

L/C NO. T-027651

INVOICE NO. TF-A008

COMMODITY:ELECTIC TOOLS

BILL OF LADING NO. CPS5501

BILL OF LADING DATE: SEPT. 16, 2022

DESTINATION PORT: TIANJIN

QUANTITY/PACKAGE: 500DOZEN/500CARTONS

AMOUNT:USD10 800. 00

ABC TRADING CO. , LTD

Schmidt

(七)汇票

样例 15-21 汇 票

NO. ________

EXCHANGE FOR USD10 800.00   HAMBURG ________

AT * * * SIGHT OF THIS FIRST OF EXCHANGE

(SECOND OF THE SAME TENOR AND DATE BEING UNPAID)

PAY TO THE ORDER OF CHINA CONSTRUCTION BANK HAMBURG BRANCH

THE SUM OF U. S. DOLLARS TEN THOUSAND EIGHT HUNDRED ONLY

DRAWN UNDER L/C NO. T- 027651   DATED 220816

CHINA CONSTRUCTION BANK TIANJIN BRANCH

TO TIFERT TRADING CO. , LTD

ABC TRADING CO. , LTD

Schmidt

样例 15-22　审单记录表

发票号	船名	提单号
开证行		装期
信用证号	结汇金额	效期
		交单期

单据名称	汇票	商业发票	装箱单	保险单	原产地证书	检验证书	GSP原产地证书	海关发票	寄单证明	船行证明	受益人证明	电抄	海运提单	海运提单副本
应交份数														
预交份数														
存在问题及处理意见														

其他应注意事项：

制单员	审单员	银行复核	结汇日期

附录　各种原产地证书样本

1. 一般原产地证书

ORIGINAL

1. Exporter

Certificate No.

CERTIFICATE OF ORIGIN
OF
THE PEOPLE' S REPUBLIC OF CHINA

2. Consignee

3. Means of transport and route

5. For certifying authority use only

4. Country / region of destination

6. Marks and numbers	7. Number and kind of packages; description of goods	8. H.S.Code	9. Quantity	10. Number and date of invoices

11. Declaration by the exporter
The undersigned hereby declares that the above details and statements are correct, that all the goods were produced in China and that they comply with the Rules of Origin of the People's Republic of China.

Place and date, signature and stamp of authorized signatory

12. Certification
It is hereby certified that the declaration by the exporter is correct.

Place and date, signature and stamp of certifying authority

2. 普惠制原产地证书

ORIGINAL

1. Goods consigned from (Exporter's business name, address, country)

Reference No.

GENERALIZED SYSTEM OF PREFERENCES

CERTIFICATE OF ORIGIN

(Combined declaration and certificate)

FORM A

Issued in THE PEOPLE'S REPUBLIC OF CHINA
(country)

See Notes. overleaf

2. Goods consigned to (Consignee's name, address, country)

3. Means of transport and route (as far as known)

4. For official use

5. Item number	6. Marks and numbers of packages	7. Number and kind of packages; description of goods	8. Origin criterion (see Notes overleaf)	9. Gross weight or other quantity	10. Number and date of invoices

11. Certification

It is hereby certified, on the basis of control carried out, that the declaration by the exporter is correct.

Place and date, signature and stamp of certifying authority

12. Declaration by the exporter

The undersigned hereby declares that the above details and statements are correct; that all the goods were produced in CHINA
(country)

and that they comply with the origin requirements specified for those goods in the Generalized System of Preferences for goods exported to

(importing country)

Place and date, signature of authorized signatury

3. 中国—东盟自贸协定优惠原产地证书

Original

1. Products consigned from (Exporter's business name, address, country)	Reference No. **ASEAN-CHINA FREE TRADE AREA PREFERENTIAL TARIFF CERTIFICATE OF ORIGIN (Combined Declaration and Certificate)** **FORM E** Issued in THE PEOPLE'S REPUBLIC OF CHINA (Country) See Overleaf Notes
2. Products consigned to (Consignee's name, address, country)	
3. Means of transport and route (as far as known) Departure date Vessel's name / Aircraft etc. Port of Discharge	4. For Official Use ☐ Preferential Treatment Given ☐ Preferential Treatment Not Given (Please state reason/s) Signature of Authorised Signatory of the Importing Party

5. Item number	6. Marks and numbers on packages	7. Number and type of packages, description of products (including quantity where appropriate and HS number of the importing Party)	8. Origin criteria (see Overleaf Notes)	9. Gross weight or other quantity and value (FOB)	10. Number and date of invoices

11. Declaration by the exporter	12. Certification
The undersigned hereby declares that the above details and statement are correct; that all the products were produced in CHINA (Country) and that they comply with the origin requirements specified for these products in the Rules of Origin for the ACFTA for the products exported to (Importing Country) Place and date, signature of authorised signatory	It is hereby certified, on the basis of control carried out, that the declaration by the exporter is correct. Place and date, signature and stamp of certifying authority
13. ☐ Issued Retroactively ☐ Exhibition ☐ Movement Certificate ☐ Third Party Invoicing	

187106980

附录 各种原产地证书样本

4. 中国—智利自贸协定优惠原产地证书

ORIGINAL

1. Exporter's name,address, country:

2. Producer's name and address, if known:

3.Consignee's name, address, country:

Certificate No.:

CERTIFICATE OF ORIGIN

Form F for China-Chile FTA

Issued in The People's Republic of China

(see Instruction overleaf)

4.Means of transport and route (as far as known)

Departure Date

Vessel /Flight/Train/Vehicle No.

Port of loading

Port of discharge

5. For Official Use Only

☐ Preferential Tariff Treatment Given Under China-Chile FTA

☐ Preferential Treatment Not Given (Please state reasons)

Signature of Authorized Signatory of the importing Country

6. Remarks

7.Item number (Max 20)	8. Marks and numbers on packages	9. Number and kind of packages; description of goods	10. HS code (Six digit code)	11. Origin criterion	12. Gross weight, quantity (Quantity Unit) or other measures (liters,m^3,etc)	13. Number, date of invoice and invoiced value

14.Declaration by the exporter

The undersigned hereby declares that the above details and statement are correct, that all the goods were produced in

CHINA

(Country)

and that they comply with the origin requirements specified in the FTA for the goods exported to

CHILE

(Importing country)

Place and date, signature of authorized signatory

15.Certification

It is hereby certified, on the basis of control carried out, that the declaration of the exporter is correct.

Place and date*, signature and stamp of certifying authority

Certifying authority

Tel: Fax:

Address:

* A Certificate of Origin under China-Chile Free Trade Agreement shall be valid for one year from the date of issue in the exporting country.

185386584

5. 中国—巴基斯坦自贸协定优惠原产地证书

ORIGINAL

1. Exporter's Name and Address, Country

CERTIFICATE NO.

CERTIFICATE OF ORIGIN
CHINA-PAKISTAN FTA
(Combined Declaration and Certificate)

Issued in THE PEOPLE' S REPUBLIC OF CHINA
(Country)

See Instructions Overleaf

2. Consignee's Name and Address, Country

3. Producer's Name and Address, Country

4. Means of transport and route (as far as known)

Departure Date

Vessel /Flight/Train/Vehicle No.

Port of loading

Port of discharge

5. For Official Use Only

☐ Preferential Treatment Given Under China-Pakistan FTA Free Trade Area Preferential Tariff

☐ Preferential Treatment Not Given (Please state reason/s)

....

Signature of Authorized Signatory of the importing Country

6. Item number	7. Marks and numbers on packages; Number and kind of packages; description of goods; HS code of the importing country	8.Origin Criterion	9. Gross Weight, Quantity and FOB value	10. Number and date of invoices	11.Remarks

12.Declaration by the exporter

The undersigned hereby declares that the above details and statement are correct; that all the goods were produced in

CHINA
....
(Country)

and that they comply with the origin requirements specified for these goods in the China-Pakistan Free Trade Area Preferential Tariff for the goods exported to

PAKISTAN
....
(Importing country)

....
Place and date, signature and stamp of authorized signatory

13. Certification

It is hereby certified, on the basis of control carried out, that the declaration by the exporter is correct.

....
Place and date, signature and stamp of certifying authority

185378466

6. 中国—新西兰自贸协定优惠原产地证书及声明

ORIGINAL

1. Exporter's name, address, country:

Certificate No.:

CERTIFICATE OF ORIGIN

Form for the Free Trade Agreement between the Government of the People's Republic of China and the Government of New Zealand

2. Producer's name and address, if known:

3. Consignee's name, address, country:

Issued in the People's Republic of China

(see Instruction overleaf)

4. Means of transport and route (as far as known)

Departure Date

Vessel /Flight/Train/Vehicle No.

Port of loading

Port of discharge

5. For official use only

☐ Preferential Tariff Treatment Given Under China-New Zealand FTA

☐ Preferential Treatment Not Given (Please state reasons)

Signature of Authorized Signatory of the Importing Country

6. Remarks

7. Item number (Max 20)	8. Marks and numbers on packages	9. Number and kind of packages; description of goods	10. HS code (Six digit code)	11. Origin criterion	12. Gross weight, quantity (quantity unit) or other measures (litres, m^3, etc)	13. Number, date of invoice and invoiced value

14. Declaration by the exporter

The undersigned hereby declares that the above details and statement are correct, that all the goods were produced in

CHINA

(Country)

and that they comply with the origin requirements specified in the FTA for the goods exported to

NEW ZEALAND

(Importing Country)

Place and date, signature of authorized signatory

15. Certification

On the basis of control carried out, it is hereby certified that the information herein is correct and that the goods described comply with the origin requirements specified in the Free Trade Agreement between the Government of the People's Republic of China and the Government of New Zealand.

Place and date, signature and stamp of authorized body

DECLARATION OF ORIGIN

Free Trade Agreement between the Government of the People's Republic of China and the Government of New Zealand

I ____ being the

(print name and position)

EXPORTER / PRODUCER / EXPORTER AND PRODUCER

(strike out that which does not apply)

hereby declare that the goods enumerated on this invoice

______________(insert invoice number) are originating from

CHINA / NEW ZEALAND

(strike out that which does not apply)

in that they comply with the rules of origin requirements of the Free Trade Agreement between the Government of the People's Republic of China and the Government of New Zealand.

If applicable: These goods are covered by advance ruling ______________ (insert reference number) that deems the goods to qualify as originating in accordance with the rules of origin under the Free Trade Agreement between the Government of the People's Republic of China and the Government of New Zealand

Signed: ______________________________

Date: ______________________________

Note: This declaration must be printed and presented as a separate document accompanying the commercial invoice. The maximum number of items covered by this declaration should not exceed 20.

7. 中国—新加坡自贸协定优惠原产地证书

ORIGINAL

1.Goods consigned from (Exporter's business name,address, country)	Reference No. **CHINA-SINGAPORE FREE TRADE AREA PREFERENTIAL TARIFF CERTIFICATE OF ORIGIN** (Combined Declaration and Certificate) Issued in the People's Republic of China (Country) See Notes Overleaf
2.Goods consigned to (Consignee's name, address, country)	
3.Means of transport and route (as far as known) Departure date Vessel's name/Aircraft etc. Port of Discharge	4. For Official Use ☐ Preferential Treatment Given Under CHINA-SINGAPORE Free Trade Area Preferential Tariff ☐ Preferential Treatment Not Given (Please state reason/s) Signature of Authorised Signatory of the Importing Country

5.Item number	6. Marks and numbers on packages	7. Number and type of packages, description of goods (including quantity where appropriate and HS number of the importing country)	8. Origin criterion (see Notes overleaf)	9. Gross weight or other quantity and value (FOB)	10. Number and date of invoices

11.Declaration by the exporter The undersigned hereby declares that the above details and statement are correct; that all the goods were produced in CHINA (Country) and that they comply with the origin requirements specified for these goods in the China-Singapore Free Trade Area Preferential Tariff for the goods exported to SINGAPORE (Importing Country) Place and date, signature of authorised signatory	12.Certification It is hereby certified, on the basis of control carried out, that the declaration by the exporter is correct. Place and date, signature and stamp of certifying authority

8. 中国—秘鲁自贸协定优惠原产地证书及声明

ORIGINAL

1. Exporter's name and address:

2. Producer's name and address, if known:

3. Consignee's name and address:

4. Means of transport and route (as far as known):

Departure Date:

Vessel /Flight/Train/Vehicle No.:

Port of loading:

Port of discharge:

Certificate No.:

CERTIFICATE OF ORIGIN

Form for China-Peru FTA

Issued in the People's Republic of China

(see Overleaf Instruction)

For Official Use Only:

5. Remarks:

6. Item number (Max 20)	7. Number and kind of packages; description of goods	8. HS code(Six digit code)	9. Origin criterion	10. Gross weight, quantity (Quantity Unit) or other measures (liters, m³, etc.)	11. Number and date of invoice	12. Invoiced value

13. Declaration by the exporter:

The undersigned hereby declares that the above details and statement are correct, that all the goods were produced in

CHINA

(Country)

and that they comply with the origin requirements specified in the FTA for the goods exported to

PERU

(Importing Country)

Place and date, signature of authorized signatory

14. Certification:

On the basis of control carried out, it is hereby certified that the information herein is correct and that the goods described comply with the origin requirements specified in the China – Peru FTA.

Place and date, signature and stamp of authorized body

Declaration of Origin

I, ______________________________ being the

(print name, position, and legal name and address of enterprise)

EXPORTER / PRODUCER / EXPORTER AND PRODUCER

(strike out those which do not apply)

hereby declare that the goods enumerated on this invoice ____________ (insert invoice number) are originating from

CHINA / PERU

(strike out that which does not apply)

in that they comply with the rules of origin requirements of the China-Peru Free Trade Agreement.

Signed: ______________________________

Date: ______________________________

Exporter's Registration Number or Tax Identification Number: ____________

Note: This declaration must be printed and presented as a separate document accompanying the commercial invoice mentioned above. The number of items covered by this declaration should not exceed 20.

9. 中国—哥斯达黎加自贸协定优惠原产地证书

ORIGINAL

1. Exporter's name, address, country:

Certificate No.:

CERTIFICATE OF ORIGIN

Form for China-Costa Rica Free Trade Agreement

Issued in the People's Republic of China

(see Overleaf Instruction)

2. Producer's name and address, if known:

3. Importer's name,address,country:

For Official Use Only:

4.Means of transport and route (as far as known)

Departure Date:

Vessel /Flight/Train/Vehicle No.:

Port of loading:

Port of discharge:

5. Remarks:

6.Item number (Max.20)	7. Marks and Numbers on packages	8. Number and kind of packages; Description of goods	9. HS code (6 digit code)	10. Origin criterion	11. Gross weight or other quantity (e.g. Quantity Unit, liters, m³.)	12. Number, date of invoice and Invoiced value

13.Declaration by the exporter

The undersigned hereby declares that the above stated information is correct, and that all the goods are produced in

CHINA

(Country)

and that they comply with the origin requirements specified in the Free Trade Agreement for the goods exported to

COSTA RICA

(Importing Country)

Place, date and signature of authorized person

14.Certification

On the basis of the carried out control, it is hereby certified that the information herein is correct and that the described goods comply with the origin requirements of the China -Costa Rica Free Trade Agreement.

Place and date *, signature and stamp of the Authorized Body

Tel: Fax:

Address:

10. 亚太贸易协定优惠原产地证书

ORIGINAL

1. Goods consigned from: (Exporter's business name, address, country)	Reference No. **CERTIFICATE OF ORIGIN** **Asia-Pacific Trade Agreement** **(Combined Declaration and Certificate)** Issued in the People's Republic of China (Country)
2. Goods consigned to: (Consignee's name, address, country)	3. For Official use
4. Means of transport and route:	

5. Tariff item number:	6. Marks and number of Packages:	7. Number and kind of packages/description of goods:	8. Origin criterion (see notes overleaf)	9. Gross weight or other quantity:	10. Number and date of invoices:

11. Declaration by the exporter:	12. Certificate
The undersigned hereby declares that the above details and statements are correct: that all the goods were produced in CHINA (Country) and that they comply with the origin requirements specified for these goods in the Asia-Pacific Trade Agreement for goods exported to (Importing Country) Place and date, signature of authorized Signatory	It is hereby certified on the basis of control carried out, that the declaration by the exporter is correct. Place and date, signature and Stamp of Certifying Authority

11. 内地与香港更紧密经贸关系安排原产地证书

出口商（名称及香港地址）Exporter (full name and Hong Kong address)

证书编号 CERTIFICATE NO

签证日期 DATE OF ISSUE

证书有效截止日期 VALID UP TO

收货人（名称及内地地址）Consignee (full name and Mainland address)

原产地证书

[内地与香港关于建立更紧密经贸关系的安排]

CERTIFICATE OF HONG KONG ORIGIN

(CLOSER ECONOMIC PARTNERSHIP ARRANGEMENT)

(CEPA)

【原产地证书发证机构标志】

离境日期 Departure Date	工厂登记编号 Factory Number
船只／飞机／火车／货车编号 Vessel/Flight/Train/Vehicle No.	装货港 Place of Loading
到货口岸 Port of Discharge	

内部专用 For Internal Use Only

包装标志、数量及货柜编号；包装件数及种类；货物说明及产品内地税制编号；离岸价(港元) Marks, Nos. and Container No.; No. and Kind of Packages; Description of Goods and Mainland HS Code; FOB value (HK$)	数量（计量单位） Quantity (Quantity unit)	商标名称或标签 Brand Names or Labels (if any)
[原产地证书采用浅绿色纸质文本，纸张上已加入发证机构防伪水印。]		

本人谨证明以上描述之货物均符合《内地与香港关于建立更紧密经贸关系的安排》下货物贸易的原产地规则的要求。
I HEREBY CERTIFY THAT THE GOODS DESCRIBED ABOVE COMPLY WITH THE REQUIREMENTS OF THE RULES OF ORIGIN FOR TRADE IN GOODS UNDER CEPA.

【原产地证书发证机构印章】　　　　【原产地证书发证机构签署】

12. 内地与澳门更紧密经贸关系安排原产地证书

出口商（名称及澳门地址）Exportador (nome completo e morada em Macau)	证书编号 N°. DO CERTIFICADO 签证日期 DATA DA EMISSÃO 证书有效截止日期 VÁLIDO ATÉ
收货人（名称及内地地址）Consignatário (nome completo e morada no continente chinês)	**原产地证书** **[内地与澳门关于建立更紧密经贸关系的安排]** **CERTIFICADO DE ORIGEM DE MACAU** **(ACORDO DE ESTREITAMENTO DAS RELAÇÕES ECONÓMICAS E COMERCIAIS ENTRE O CONTINENTE CHINÊS E MACAU)** 澳门特别行政区政府经济局 Governo da Região Administrativa Especial de Macau

离境日期 Data de Saída	工业准照编号 N°. de Licença Industrial	
船只／飞机／火车／货车编号 N°. de Navio/Voo/Combolo/Veículo	装货地 Local de Carregamento	内部专用 Apenas para Uso Interno
到货口岸 Porto de Descarga	最终目的地（货物须转运者适用）Destino Final (no caso de haver Transbordo)	

包装标志，数量及货柜编号；包装件数及种类；货物摘要及产品内地协制编号；离岸价(澳门币) Marcas, Quantidades e Número de Contentor; Quantidades e Tipos de Embalagem; Descrição das Mercadorias e Número de SH do continente chinês; Valor FOB (MOP)	数量（计量单位）Quantidade (Unidade)	商标名称或标签 Denominação da Marca ou Etiqueta (se tiver)

本人谨证明以上描述之货物均符合「内地与澳门关于建立更紧密经贸关系的安排」下货物贸易的原产地规则的要求。

EU, ABAIXO ASSINADO, CERTIFICO QUE AS MERCADORIAS ACIMA MENCIONADAS OBEDECEM AS REGRAS DE ORIGEM ESPECIFICADAS NO AMBITO DO ACORDO DE ESTREITAMENTO DAS RELAÇOES ECONOMICAS E COMERCIAIS ENTRE O CONTINENTE CHINES E MACAU.

钢印 Selo Branco	签署 Assinatura

13. 海峡两岸经济合作框架协议原产地证书

海峡两岸经济合作框架协议原产地证书
正 本

如有任何涂改、损毁或填写不清均将导致本原产地证书失效

1.出口商（名称、地址）：

编号：

签发日期：

有效期至：

2.生产商（名称、地址）：

3.进口商（名称、地址）：

5.受惠情况

☐ 依据海峡两岸经济合作框架协议给予优惠关税待遇；

☐ 拒绝给予优惠关税待遇（请注明原因）

进口方海关已获授权签字人签字

4.运输工具及路线：

离港日期：

船舶/飞机编号等：

装货口岸：

到货口岸：

6.备注：

7.项目编号	8. HS 编码	9.货品名称、包装件数及种类	10.毛重或其他计量单位	11.包装唛头或编号	12. 原产地标准	13.发票价格、编号及日期

14.出口商声明

—本人对于所填报原产地证书内容的真实性与正确性负责；

—本原产地证书所载货物，系原产自本协议一方或双方，且货物属符合海峡两岸经济合作框架协议之原产货物。

出口商或已获授权人签字

地点和日期

15.证明

依据《海峡两岸经济合作框架协议》临时原产地规则规定，兹证明出口商所做申报正确无讹。

地点和日期，签字和签证机构印章

电话：　　　　传真：

地址：

№ 00012345678

第　页，共　页

14. 中国—冰岛自贸协定优惠原产地证书及声明

CERTIFICATE OF ORIGIN

<table>
<tr><td>1. Exporter (Name, full address, country)</td><td rowspan="2">No.

Certificate of Origin used in FTA between
CHINA
and
ICELAND

See notes overleaf before completing this form</td></tr>
<tr><td>2. Consignee (Name, full address, country)</td></tr>
<tr><td>3. Transport details (as far as known)
Departure Date
Vessel/Flight/Train/Vehicle No.
Port of loading
Port of discharge</td><td>4. Remarks</td></tr>
</table>

5. Item number (Max 20)	6. Marks and numbers	7. Number and kind of packages; Description of goods	8. HS code (Six digit code)	9. Origin criterion	10. Gross mass (kg) or other measure (liters, m³, etc.)	11. Invoices (Number and date)

<table>
<tr><td>12. ENDORSEMENT BY THE AUTHORIZED BODY
It is hereby certified, on the basis of control carried out, that the declaration of the exporter is correct.

……………………………………………………
Place and date, signature and stamp of authorized body</td><td>13. DECLARATION BY THE EXPORTER
The undersigned hereby declares that the details and statement above are correct, that all the goods were produced in
CHINA
…………………………………………………… (country)
and that they comply with the origin requirements specified in the FTA for the goods exported to
ICELAND
…………………………………………… (Importing country)

……………………………………………………
Place and date, signature of authorized signatory</td></tr>
</table>

Declaration of Origin

Free Trade Agreement between China and Iceland

Serial number of Declaration ______________

I ____ being the

(print name and title)

APPROVED EXPORTER (Registration number ___________________________)
hereby declare that the goods listed in the invoice as attached to this declaration _______________________(insert invoice number) has complied with the Rules of Origin of Free Trade Agreement between China and Iceland, being entitled to the preferential tariff treatment under that Agreement.

Description of goods	HS code (Six digit code)	Gross mass(kg) or other measure(liters, m^3, etc.)

Signature and stamp: ____________________________

Date: _____________________________________

Note: This declaration must be printed and presented as a separate document accompanying the commercial invoice. The maximum number of items covered by this declaration should not exceed 20.

15. 中国—瑞士自贸协定优惠原产地证书及声明

CERTIFICATE OF ORIGIN

1. Exporter (Name, full address, country)	**No.** **Certificate of Origin used in FTA between** **CHINA** **and** **SWITZERLAND** See notes overleaf before completing this form
2. Consignee (Name, full address, country)	
3. Transport details (as far as known) Departure Date Vessel/Flight/Train/Vehicle No. Port of loading Port of discharge	4. Remarks

5. Item number (Max 20)	6. Marks and numbers	7. Number and kind of packages;Description of goods	8. HS code (Six digit code)	9. Origin criterion	10. Gross mass (kg) or other measure (liters, m^3, etc.)	11. Invoices (Number and date)

12. ENDORSEMENT BY THE AUTHORISED BODY It is hereby certified, on the basis of control carried out, that the declaration of the exporter is correct. …………………………………… Place and date, signature and stamp of authorised body	13. DECLARATION BY THE EXPORTER The undersigned hereby declares that the details and statement above are correct, that all the goods were produced in CHINA …………………………………… (country) and that they comply with the origin requirements specified in the FTA for the goods exported to SWITZERLAND ……………………………………(Importing country) …………………………………… Place and date, signature of authorised signatory

ORIGIN DECLARATION

Free Trade Agreement between China and Switzerland

Serial-No. ______________

The exporter of the products covered by this document (registration No. ____) declares that, except where otherwise clearly indicated, these products are of CN preferential origin according to the China-Switzerland FTA.

This exporter is legally responsible for the truthfulness and authenticity of what is declared above.

____

(Place and Date)

____

16. 中国—韩国自贸协定优惠原产地证书

ORIGINAL

1. Exporter's name and address, country:	Certificate No.: CERTIFICATE OF ORIGIN Form for China-Korea FTA Issued in ____________ (see Overleaf Instruction)
2. Producer's name and address, country:	
3. Consignee's name and address, country:	
4. Means of transport and route (as far as known): Departure Date: Vessel/Flight/Train/Vehicle No.: Port of loading: Port of discharge:	5. Remarks:

6. Item number (Max 20)	7. Marks and Numbers on packages	8. Number and kind of packages; description of goods	9. HS code (Six-digit code)	10. Origin criterion	11. Gross weight, quantity (Quantity Unit) or other measures (liters, m^3, etc.)	12. Number and date of invoice

13. Declaration by the exporter: The undersigned hereby declares that the above details and statement are correct, that all the goods were produced in CHINA (Country) and that they comply with the origin requirements specified in the FTA for the goods exported to KOREA (Importing country) Place and date, signature of authorized signatory	14. Certification: On the basis of control carried out, it is hereby certified that the information herein is correct and that the goods described comply with the origin requirements specified in the China-Korea FTA. Place and date, signature and stamp of authorized body

185935865

17. 中国—澳大利亚自贸协定优惠原产地证书及声明

CERTIFICATE OF ORIGIN

1. Exporter's name, address and country:	Certificate No.: **CERTIFICATE OF ORIGIN** **Form for China-Australia Free Trade Agreement** Issued in: ______________
2. Producer's name and address (if known):	
3. Importer's name, address and country (if known):	For official use only:
4. Means of transport and route (if known): Departure date: Vessel/Flight/Train/Vehicle No.: Port of loading: Port of discharge:	5. Remarks:

6. Item number (max.20)	7. Marks and numbers on packages (optional)	8. Number and kind of packages; description of goods	9. HS code (6-digit code)	10. Origin criterion	11.Gross or net weight or other quantity (e.g. Quantity Unit, litres, m^3.)	12. Invoice number and date

13.Declaration by the exporter or producer The undersigned hereby declares that the above-stated information is correct and that the goods exported to AUSTRALIA (Importing Party) comply with the origin requirements specified in the China-Australia Free Trade Agreement. Place, date and signature of authorised person	14.Certification On the basis of the control carried out, it is hereby certified that the information herein is correct and that the described goods comply with the origin requirements of the China-Australia Free Trade Agreement. Place, date, and signature and stamp of the Authorised Body Tel: Fax: Address:

186310346

DECLARATION OF ORIGIN

China–Australia Free Trade Agreement

On behalf of ____

____, being the

(print exporter's or producer's name and address)

EXPORTER / PRODUCER / EXPORTER AND PRODUCER,

(strike out those which do not apply)

I hereby declare that the goods described below are originating goods from

AUSTRALIA / CHINA

(strike out that which does not apply)

in accordance with the rules of origin requirements of the China-Australia Free Trade Agreement.

I am legally responsible for the truthfulness and authenticity of what is declared in this document.

Item No.	Description of goods	Harmonised system code six (6) digits	Number and date of invoice	Reference number of advance ruling	Origin-conferring criteria

Signature: ________________________________

Name: ________________________________

Position: ________________________________

Date: ________________________________

Note: This declaration must be printed and presented as a separate document accompanying the commercial invoice. The maximum number of items covered by this declaration should not exceed 20.

18. 中国—格鲁吉亚自贸协定优惠原产地证书

ORIGINAL

1. Exporter's name, address and country:

Serial No.
Certificate No.

CERTIFICATE OF ORIGIN
Form for China-Georgia Free Trade Agreement
Issued in: the People's Republic of China

2. Producer's name, address and country:

3. Importer's name, address and country:

For official use only:

4. Means of transport and route(if known):
Departure Date:
Vessel/Flight/ Train/Vehicle No.:
Port of loading:
Port of discharge:

5. Remarks

6. Item number	7. Marks and numbers on packages	8. Number and kind of packages; description of goods	9. HS code (6-digit code)	10. Origin criterion	11. Gross or net weight or other quantity(e.g. Quantity Unit,litres,m^3.)	12. Number and date of invoice

13. Declaration by the exporter or producer
The undersigned hereby declares that the above stated information is correct, and that all the goods are produced in

CHINA
(Country)

and that they comply with the origin requirements specified in the Free Trade Agreement for the goods exported to

GEORGIA
(Importing country)

Place, date and signature of authorized person

14. Certification
On the basis of the control carried out, it is hereby certified that the information herein is correct and that the described goods comply with the origin requirements of the China –Georgia Free Trade Agreement.

Place and date, signature and stamp of the Authorized Body

19. 中国—毛里求斯自贸协定优惠原产地证书

ORIGINAL

1. Exporter's full name, address and country:	Serial No.: Certificate No.: **CERTIFICATE OF ORIGIN** **China-Mauritius** **Free Trade Agreement** Issued in: the People's Republic of China
2. Consignee's full name, address, country	
3. Means of transport and route (as far as known) Departure date: Vessel/Flight/Train/Vehicle No.: Port of loading: Port of discharge:	For official use only: 4. Remarks:

5. Item number	6. Marks and numbers on packages; Number and kind of packages; Description of goods	7. HS code (6-digit code)	8. Origin criterion	9. Quantity (e.g. Quantity Unit, litres, m^3)	10. Number, Date of Invoice

11. Declaration by the producer/exporter The undersigned hereby declares that the above stated information is correct and that the goods exported to ________________ (Importing Party) comply with the origin requirements specified in the China-Mauritius Free Trade Agreement. ________________ Place, date and signature of authorized person	12. Certification On the basis of the control carried out, it is hereby certified that the information herein is correct and that the described goods comply with the origin requirements of the China-Mauritius Free Trade Agreement. ________________ Place and date, signature or stamp of the Authorized Body

page 1 of 1

20. 中国—柬埔寨自贸协定优惠原产地证书

Original

1. Products consigned from (Exporter's business name, address, country)	Serial No. : Reference No. :
2. Products consigned to (Consignee's name, address, country)	**CHINA-CAMBODIA** **FREE TRADE AGREEMENT** **CERTIFICATE OF ORIGIN** **(Combined Declaration and Certificate)** See Overleaf Notes
3. Means of transport and route (as far as known) Departure date Vessel's name / Aircraft etc. Port of Discharge	4.For Official Use ☐ Preferential Treatment Given ☐ Preferential Treatment Not Given(Please state reason/s) ------------------------------------ Signature of Authorised Signatory of the Importing Party

5. Item number	6. Marks and numbers on packages	7. Number and type of packages, description of products(including quantity where appropriate and HS number in six digit code)	8.Origin criteria (see Overleaf Notes)	9. Gross weight or net weight or other quantity, and value (FOB) only when RVC criterion is applied	10. Number, date of Invoices

11. Declaration by the exporter The undersigned hereby declares that the above details and statement are correct; that all the products were produced in ------------------------------------ (Country) and that they comply with the origin requirements specified for these products in the Rules of Origin for the CCFTA for the products exported to ------------------------------------ (Importing Country) ------------------------------------ Place and date,signature of authorised signatory	12. Certification It is hereby certified,on the basis of control carried out,that the declaration by the exporter is correct. ------------------------------------ Place and date,signature and stamp of certifying authority
13. ☐ Issued Retroactively ☐ Exhibition ☐ Third Party Invoicing	

page 1 of 1

21. 区域全面经济伙伴关系协定优惠原产地证书

Original

1. Goods Consigned from (Exporter's name, address and country)	Serial No. : Certificate No. : Form RCEP REGIONAL COMPREHENSIVE ECONOMIC PARTNERSHIP AGREEMENT CERTIFICATE OF ORIGIN Issued in THE PEOPLE'S REPUBLIC OF CHINA (Country)
2. Goods Consigned to (Importer's/ Consignee's name, address, country)	
3. Producer's name, address and country (if known)	
4. Means of transport and route (if known) Departure Date: Vessel's name/Aircraft flight number, etc.: Port of Discharge:	5. For Official Use VERIFY URL:HTTP://CHECK.CCPITECO.NET/ Preferential Treatment: ☐ Given ☐ Not Given (Please state reason/s) --------------------------------- Signature of Authorised Signatory of the Customs Authority of the Importing Country

6. Item number	7. Marks and numbers on packages	8. Number and kind of packages; and description of goods.	9. HS Code of the goods (6 digit-level)	10. Origin Conferring Criterion	11. RCEP Country of Origin	12. Quantity (Gross weight or other measurement), and value (FOB) where RVC is applied	13. Invoice number(s) and date of invoice(s)

14. Remarks

15. Declaration by the exporter or producer	16. Certification
The undersigned hereby declares that the above details and statements are correct and that the goods covered in this Certificate comply with the requirements specified for these goods in the Regional Comprehensive Economic Partnership Agreement. These goods are exported to: --------------------------------- (importing country) --------------------------------- Place and date, and signature of authorised signatory	On the basis of control carried out, it is hereby certified that the information herein is correct and that the goods described comply with the origin requirements specified in the Regional Comprehensive Economic Partnership Agreement. --------------------------------- Place and date, signature and seal or stamp of Issuing Body

17. ☐ Back-to-back Certificate of Origin ☐ Third-party invoicing ☐ ISSUED RETROACTIVELY

page 1 of 1

22. 中国—尼加拉瓜自贸协定优惠原产地证书

Original

1. Exporter's full name, address and country:			**Certificate No.:** **CERTIFICATE OF ORIGIN** **China-Nicaragua Free Trade Agreement** Issued in: ____________			
2. Consignee's full name, address, country			For official use only:			
3. Means of transport and route (as far as known) Departure date: Vessel/Flight/Train/Vehicle No.: Port of loading: Port of discharge:			4. Remarks:			
5. Item number	6. Marks and numbers on packages; Number and kind of packages; Description of goods		7. HS code (6-digit code)	8. Origin criterion	9. Quantity (e.g. Quantity Unit, litres, m³)	10.Number, Date of Invoice
11. Declaration by the producer/exporter The undersigned hereby declares that the above stated information is correct and that the goods exported to ____________________ (Importing Party) comply with the origin requirements specified in the China-Nicaragua Free Trade Agreement. Place, date and signature of authorized person			12. Certification On the basis of the control carried out, it is hereby certified that the information herein is correct and that the described goods comply with the origin requirements of the China- Nicaragua Free Trade Agreement. Place and date Signature and stamp of the Authorized Body			

参 考 文 献

[1]谢娟娟. 对外贸易单证实务与操作[M]. 2版. 北京:中国人民大学出版社,2022.
[2]戈雪梅,谢恽. 外贸单证操作[M]. 2版. 北京:高等教育出版社,2022.
[3]莫运襟,崔蕾. 最新外贸单证实务[M]. 大连:东北财经大学出版社,2021.
[4]孟祥年. 外贸单证实务[M]. 北京:中国财政经济出版社,2019.
[5]杨金玲,朱蕾. 国际商务单证实务与操作[M]. 北京:清华大学出版社,2023.
[6]中国国际商会,国际商会中国国家委员会. 关于审核UCP600下单据的国际标准银行实务(ISBP821)[M]. 北京:对外贸易大学出版社,2023.
[7]宋毅英. 信用证、单据审核指南[M]. 北京:中国金融出版社,2008.
[8]阎之大. UCP600解读与例证[M]. 北京:中国商务出版社,2007.